JN416241

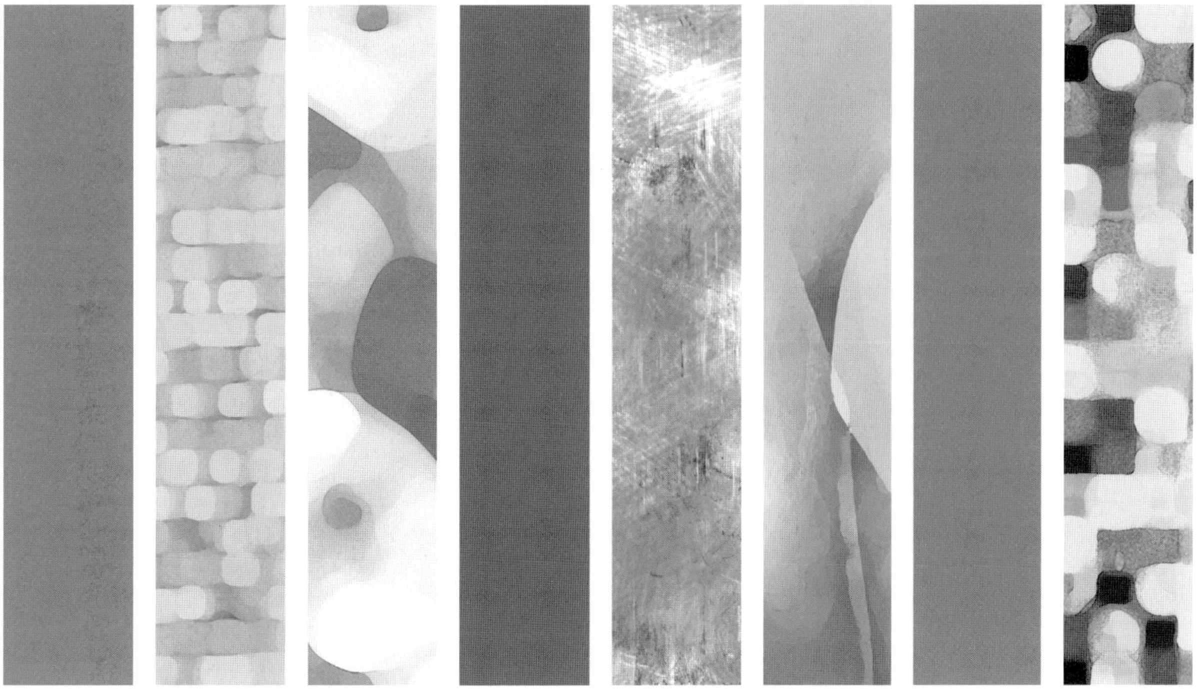

효과적인 카운슬링과 심리치료 실습서

레스 패럿 3세 · 시앙-양 탄 지음 | 유희동 · 정동섭 옮김

exercises for effective counseling and psychotherapy

CENGAGE Learning

창지사

CENGAGE Learning

Exercises for Effective Counseling and Psychotherapy

2nd Edition

Les Parrott, III

This edition first published in 2014 jointly by Cengage Learning Korea Limited and Chang Ji Sa

Original edition É 2003 Wadsworth, a part of Cengage Learning.
Exercises for Effective Counseling and Psychotherapy 2nd Edition by Les Parrott, III
ISBN: 9780534593384

This edition is translated by license from Wadsworth, a part of Cengage Learning, for sale in Korea only.

ALL RIGHTS RESERVED. No part of this work covered by the copyright herein may be reproduced, transmitted, stored or used in any form or by any means graphic, electronic, or mechanical, including but not limited to photocopying, recording, scanning, digitalizing, taping, Web distribution, information networks, or information storage and retrieval systems, without the prior written permission of the publisher.

For permission to use material from this text or product, email to
asia.infokorea@cengage.com

ISBN-13: 978-89-426-1092-1

Cengage Learning Korea Ltd.
Suite 1801 Seokyo Tower Building
133 Yanghwa-Ro, Mapo-Gu
Seoul 121-837 Korea
Tel: (82) 2 322 4926
Fax: (82) 2 322 4927

Cengage Learning is a leading provider of customized learning solutions with office locations around the globe, including Singapore, the United Kingdom, Australia, Mexico, Brazil, and Japan. Locate your local office at: **www.cengage.com/global**

Cengage Learning products are represented in Canada by Nelson Education, Ltd.

For product information, visit **www.cengageasia.com**

Printed in Korea
1 2 3 4 17 16 15 14

효과적인 카운슬링과 심리치료 실습서

레스 패럿 3세(Les Parrott III) Seattle Pacific University
시앙-양 탄(Siang-Yang Tan) Fuller Theological Seminary

유희동 · 정동섭 옮김

창지사

머리말

이 책은 레스 패럿 3세(Les Parrott III)가 집필한 『카운슬링과 심리치료(Counseling and Psychotherapy)』와 함께 사용하도록 고안된 활동 중심의 실습서이다. 이것은 당신으로 하여금 이론서의 내용을 완전히 습득하고, 그 안에서 다루고 있는 이론들로부터 비롯된 다양한 카운슬링 기술들을 연습하도록 돕기 위한 의도로 쓰여졌다.

이 워크북의 각 장들(chapters)은 두 부분으로 나누어져 있다. 1부에서는 연구 안내로서 이론서의 지식적이고 이론적인 내용들이 다루어진다. 1부의 처음 4장에서는 일반적인 연구 안내로서 각 부분의 독특한 연습 문제들과 활동들을 제시하면서 도입하는 장들의 내용이 취급된다.

1부의 나머지 장들에서는 『카운슬링과 심리치료』에서 다루어진 특별한 이론적 접근방법의 요약이 포함되어 있다. 이러한 요약은 '안내 학습' 에 뒤따라 나오는데, 거기에는 열두 가지 에세이식 질문들과 당신이 대답들을 기록해야 하는 공간이 주어져 있다. 각 질문은 이론서의 장 안에 있는 특별한 부분과 일치하는데, 이러한 질문들에 대한 당신의 대답들을 비교함으로써 당신은 그 장에 대한 당신의 개념적 지식을 평가해 볼 수 있다. 다음에는 '복습 단원' 이 나온다. 그것은 장(chapter)의 표제들에 의해서 범주화된 수많은 빈칸 채워 넣기 질문들로 구성되어 있다. 이러한 질문들을 통해서 당신은 실제적인 수준에서 그 장의 구체적인 내용을 얼마나 잘 내면화하고 있는지 평가할 수 있을 것이다. 그다음으로 그 장의 '주요 용어들' 의 목록이 나오고, '주요 용어 맞추기' 가 뒤따른다. 이것을 통해서 당신은 그 장의 구체적인 어휘에 대한 당신의 지식을 평가할 수 있을 것이다. 끝으로, 그 장은 '논의와 개인적 성찰을 위한 질문들' 로 마친다. 이러한 질문들은 당신 스스로 혹은 동료 학생들과의 논의를 북돋기 위해서 사용될 수 있다. 그런 질문들은 당신으로 하여금 그 장의 내용을 전체적으로 검토하고, 보다 개인적인 수준에서 당신이 그 장으로부터 무엇을 배울 수 있는지 평가하도록 돕기 위해서 고안되었다.

이 워크북의 2부는 『카운슬링과 심리치료』의 각 이론의 장들에서 논의된 어떤 카운슬링 기법들을 익히고 실습하기 위한 프로그램화된 접근법을 제공한다. 이론서에서 언급된 아홉 가지 이론으로부터 우리는 몇 가지 중요한 기법들(가장 효과적으로 판명된 것들)을 끄집어내어 당신이 이러한 방법들을 실습할 때 직접적인 경험을 가질 수 있도록 프로그램화된 학습 모델을 제공했다. 이러한 부분의 활동 단원에서는 특별한 이론의 방법들과 기술들을 간략하게 살펴보고, 다양하게 관련된 기술들을 적용하기 위한 프로그램화된 접근법을 포함시켰다.

각 활동 단원은 부분적으로 한 번에 한 가지 기술을 가르치는 마이크로 상담 개념에 근거하고 있다. 당신에게 전형적인 카운슬링 문제 혹은 주제가 주어지고 나서 특별한 이론적 관점을 어떻게 적용시킬 것인지에 대한 질문에 당신이 대답하도록 요구된다. 만일 당신의 대답이 맞으면 우리는 그것이 왜 맞는지 설명하고 나서 당신은 다음 질문으로 넘어가도 좋다. 만일 당신의 질문이 틀리면 우리는 그것이 왜 틀린지 설명하고, 당신에게 그것을 다시 검토하며 다른 답을 선택하도록 요구할 것이다. 당신이 그 프로그램에서 성공적으로 각 단계를 완성할 때까지 앞으로 나아가서 다음 질문으로 넘어가지 않도록 하는 것이 중요하다.

카운슬링 기술을 익히기 위한 프로그램화된 접근방법을 따라가면서 역할극을 포함하는 활동 단위가 주어지는데, 그 역할극은 두 명의 다른 사람들, 즉 내담자, 카운슬러, 그리고 관찰자 역할들을 바꾸면서 간단한 카운슬링을 해 보는 것이다. 이렇게 서로 역할을 바꿀 때 당신은 그것들을 오디오테이프나 비디오테이프에 기록해서 실습된 특별한 기술들의 적용을 잘 다듬기 위해서 사용하라. 이러한 접근법을 사용함으로써 당신은 『카운슬링과 심리치료』의 각 이론의 장들에서 논의된 어떤 카운슬링 기술들을 익히게 될 것이다.

이렇게 단계별로 프로그램화된 접근방법을 통해서 당신은 다양한 이론적 접근방법으로부터 비롯된 특별한 카운슬링 기법들의 적용을 충분히 파악하게 될 것이다. 그렇지만 이러한 학습 모델을 통해서 당신은 어떤 특정한 상담학파의 카운슬링 실습에 숙달되도록 준비된 것이 아니라는 점을 이해하는 것이 중요하다. 이론적인 관점의 적용은 그 접근방법에 있어서 심원한 훈련과 감독(supervision)을 요구한다. 이러한 실습방법은 단지 입문 수준에서 각 이론의 적용에 대한 당신의 지식을 심화시키기 위해서 고안된 것이다.

우리는 당신이 처음부터 상담에 대한 여러 가지 이론적인 접근방법들에 관해서 읽는 것뿐만 아니라, 이러한 각 이론들이 조성하는 기술들과 기법들을 실습하도록 권한다. 우리는 당신이 카운슬링과 심리치료의 기본적인 것들을 완전히 익히기 위한 도구로서 이러한 활동 중심의 워크북을 사용하기를 바란다. 최선을 다하기를 바라며…

레스 패럿 3세와 시앙-양 탄

역자의 글

『효과적인 카운슬링과 심리치료 실습서』는 아주 특이한 책이다. 지금까지 상담이론을 다룬 책은 많이 소개되었지만, 이와 같이 상담이론의 핵심내용을 재미있게 복습하게 하고, 각 이론이 주창하는 방법과 기술을 임상적으로 실습하도록 고안된 교재는 찾아보기 힘들었다.

시중에는 『상담의 이론과 실제』라는 제목의 교재가 여러 권 나와 있다. 그러나 제목과 달리 각 이론에 포함되는 기술들을 설명하고 있을 뿐 임상적으로 기술을 실습할 수 있도록 안내하는 책은 거의 없다고 해도 과언이 아니다. 이 책은 그런 공백을 속 시원하게 메워 주고 있다.

성경에서는 사람을 변화시키는 사역에 종사하는 상담사역자는 적어도 인격적인 자질과 사람에 대한 인간이해(지식), 그리고 말하고 들어 주는 대화기술이 필요하다고 가르치고 있다(로마서 15:14).

이 책은 독자들이 이미 구입해 사용하고 있는 이론서 『카운슬링과 심리치료』의 자매편으로 그 책의 내용을 모두 복습할 수 있도록 고안되었을 뿐 아니라, 2부에서는 각 이론에서 사용하는 기술을 실습을 통해 배울 수 있도록 배려하였다.

특히 초보 상담자를 위한 법적 · 윤리적 문제는 미국심리학회에서 제정한 윤리행동 강령으로 우리나라에 직접 적용할 수 있는 것은 아니지만 우리나라의 상담학회에서 상담윤리를 정립해 나가는 과정에 참고할 수 있는 좋은 자료가 될 것이다.

정신분석을 비롯해 모든 이론을 개관할 수 있도록 고안된 주관식 질문, 단답식 문제, 그리고 용어의 이해를 돕기 위한 해당용어를 연결하는 문제, 그리고 토론과 개인적 묵상을 위한 문제 등은 학생들이나 시험문제 출제를 고민하는 교수님들에게 큰 도움이 될 것이다.

2부에 나오는 기술 습득을 위해 제시된 연습 문제들은 실제적으로 각 이론에서 사용하는 기술이 다른 이론들, 즉 인간중심 상담이나 정신분석 기술 등 여타 치료이론의 기술과 어떻게 차별화되는지를 설명하면서 실습생을 자상하게 안내하고 있다.

상담심리학 분야의 용어가 통일되어 있지 않아 번역에 어려움이 적지 않았다. 영어에서 상담이나 치료를 받는 사람을 client로 표기하고 있는데 고객이라고 번역할 수 있지만 가능하면 내담자로 번역하였다. 많은 경우, 개념 이해가 어려우리라 염려되는 곳에는 영어 원어를 괄호 속에 처리하여 독자들의 이해를 도우려 노력하였다.

번역에 동참한 유희동 목사와 나의 작은 수고가 우리나라의 상담학 발전에 기여할 수 있기를 바라며, 이 책을 한국에 소개하여 출간할 수 있도록 허락해 주신 창지사 김기섭 사장님에게 감사를 드린다. 읽기 좋은 책으로 만들어 주신 최창숙 편집장님에게도 감사를 드린다.

이 실습서가 상담학을 전공하는 대학생들과 대학원생들 그리고 교수님들에게 널리 사용되기를 기대하며, 어렵게만 느껴지는 상담이론과 상담기술을 이 실습서 때문에 재미있게 습득할 수 있게 되기를 바란다.

2013년 역자를 대표하여

한동대 겸임교수 정동섭(Ph.D.)

감사의 글

나는 로리 누기어(Lori Nouguier)의 사려 깊은 협조에 감사하는데, 그녀는 이 워크북에 있어서 세심한 많은 부분들을 도와주었다. 그리고 시앙-양 탄 박사에게 많은 사랑의 빚을 졌는데, 그는 자신의 창의적인 에너지를 이 기획물에 기여했다. 학생들로 하여금 이론적인 기법들을 적용시키는 그의 기술은 매우 탁월하다.

— 레스 패럿 3세

나는 시몬 리브-파커에게 감사하고 싶은데, 그는 뛰어난 비서로서 내게 도움을 주었다. 나는 또한 나의 아내 안젤라(Angela)와 나의 자녀들인 캐롤린(Carolyn)과 앤드류(Andrew)에게 내 마음 깊은 곳으로부터 감사와 사랑을 표현하고 싶은데, 그들은 나를 신실하게 지지해 주고, 격려해 주며, 사랑하고, 기도해 주었다. 끝으로, 나는 레스 패럿 박사에게 감사하기 원하는데, 그는 나를 이 책의 공동 저자로 초청해 주었다.

— 시앙-양 탄

차 례

Part 1

내용을 정리하기 위한 연습 문제들

Chapter 1

카운슬링의 영역

예비적 자기 점검

이 장을 들어가기 전에 잠시 다음의 질문들을 생각해 보자. 각 항목을 보면서 당신의 마음에 가장 먼저 떠오르는 것을 적어 보라. 이 장의 공부를 끝마치고 나서 당신의 답변이 얼마나 달라졌는지 살펴본다면 도움이 될 것이다.

- 당신은 왜 전문적인 카운슬링 공부를 하기 원하는가?

- 당신은 얼마나 간절한 마음으로 카운슬러나 심리치료사의 도움을 구하는가?

- 당신이 카운슬러를 원한다면, 어떤 종류의 훈련과 공부를 해야 한다고 생각하는가?

- 당신이 카운슬러로 일하고 있다면, 당신은 전문가로서 계속해서 어떻게 자질을 성장시키고 계발시킬 것인가?

개 관

카운슬링 분야는 프로이드(Freud)나 애들러(Adler) 같은 몇몇 탁월한 사람들에 의해서 인정받았고, 로저스(Rogers)나 메이(May) 같은 몇 명의 뛰어난 사역자들에 의해서 주도되었으며, 번(Berne)이나 글래서(Glasser) 같은 수많은 주창자들에 의해서 널리 소개되었지만, 카운슬링 영역에 있어서 가장 생산적인 종사자들은 실제로 잘 알려지지 않은 심리치료사들로서, 그들은 열정을 가지고 심리치료 직무를 수행해 오고 있다. 이러한 카운슬러들은 그들이 일하고 있는 공동체 외에는 잘 알려져 있지 않지만, 그들의 기술을 사용해서 결혼의 위기를 해결하고, 문제 청소년들에게 희망을 안겨 주며, 학대당한 자녀들의 상처 난 인격을 회복시키고, 내담자의 순례의 길에 참여하는데, 내담자들은 따뜻한 마음과 이해력을 가지고 그들의 문제를 해결해 주며 그들의 삶을 지도해 주는 카운슬러에게 고마움을 느낀다.

이 장의 목적은 카운슬링이 무엇인지, 그것은 어디서 비롯된 것인지, 그리고 카운슬러나 심리치료사가 되기 위해서 어떻게 해야 하는지를 탐구함으로써 전문적 치료를 개괄적으로 살펴보고자 한다. 유럽-미국식 사고를 넘어선 카운슬링의 깊은 뿌리들이 발굴되고 그것을 점검하게 될 것이다. 그리고 카운슬링을 정의하는 시도들이 탐구될 것이다. 또한 카운슬링을 심리치료와 비교하고, 다른 점보다는 비슷한 점들을 보게 될 것이다. 계속해서 변화하는 역할들 가운데 카운슬러의 기능들이 설명되고, 치료 훈련 기관들이나 장소들도 언급될 것이다.

이 책을 공부하는 학생들은 카운슬링 영역에서 활동하고 봉사하는 것이 무엇인지 배우게 될 것이다. 그리고 꼭 그럴 필요는 없기 때문에 그들 가운데 많은 사람들이 학자가 되지는 않을 것이다. 어떤 사람들은 훌륭한 사역자들이나 주창자들이 될지도 모른다. 그러나 대부분의 사람들은 중요한 전문직에 종사함으로써 넘치는 만족감을 경험하게 될 것이다.

안내 학습

여기 있는 문제들을 통해서 당신은 이 과의 중요한 부분들을 학습하게 될 것이다. 주어진 빈칸에 답을 쓰고 나서 본문의 밑줄 쳐진 부분과 비교해 보라.

1. 카운슬링과 심리치료의 역사적 장소가 된 비엔나의 중요성과 영향력을 묘사하라.

2. 상담의 뿌리는 서구 문화를 넘어서 더 깊이 내려간다. 현대 카운슬링에 영향을 끼친 초기 유럽 외 지역의 영향력을 검토하라.

3. 당신 자신의 표현으로 카운슬링이 무엇인지 설명하라. 그 공통적인 요소들은 무엇인가?

4. 흔히 카운슬링과 심리치료가 같은 것처럼 보이는데, 어떻게 해서 그런지 설명하라.

5. 현대 카운슬러들은 카운슬링 이상의 일을 한다. 오늘날 카운슬러들의 여러 가지 기능과 카운슬링 방법들을 검토하라.

6. 정신건강 전문가들은 그들의 교육 배경과 전문성에 따라서 분류된다. 다양한 카운슬러들과 그들이 일하는 장소들을 검토하라.

7. 유능한 카운슬러들은 평생에 걸쳐 그들의 전문성을 발전시킨다. 그들이 고급 학위를 취득한 후에 어떻게 더 배우고 성장하는지 설명하라.

복습 단원

아래 항목들을 통해서 당신은 이 과의 특별한 내용을 마스터하게 될 것이다. 빈칸을 채워 아래의 각 문장을 완성하라.

비엔나와 그 너머

1. 많은 사람들은 오스트리아 방면 알프스 자락을 도는 다뉴브 강의 남쪽 강변에 자리 잡은 비엔나(Vienna)를 ____________의 발생지로 여긴다.

2. 지그문트 프로이드(Sigmund Freud)와 ____________는 비엔나에 살았는데, 그들은 모두 의과 대학에 다녔고, 심리치료 기술을 개발했다.

3. 프로이드의 초기 제자인 ____________은 취리히 대학에서 의학사(medical degree)를 취득했고, 바젤(Basel)에서 병원 개업을 시작하며 연구했다.

카운슬링의 역사

1. 누군가를 돕고자 하는 욕망–카운슬링–은 시간의 역사만큼 길고, ____________문화권에만 국한된 것은 아니다.

2. 아메리카 인디언과 몇몇 부족들은 샤먼(shaman)에 의지했는데, 그들은 보편적인 의미의 카운슬러보다는 ____________이고 ____________인 치료를 제공하는 사람들을 더욱 신뢰하였다.

3. 요세프 브로이어(Josef Breuer)라는 유명한 비엔나의 의사는 프로이드보다 14세 연상으로, 그에게 ____________ '이야기를 통해 히스테리성 증상을 제거하는 방법' 을 가르쳤다.

4. 정신분석의 발전 초기에 ____________은 이전의 섹슈얼리티(sexuality)에 초점을 맞춘 심리적 분석을 뛰어넘는 새로운 이해에 기여하였다.

무엇이 카운슬링인가?

1. 전문적 카운슬링은 단순히 ____________을 제공하는 것 이상이다.

2. 많은 카운슬링 정의들의 공통적인 요소들은 내담자를 돕고자 하는 카운슬러의 개인적인 ____________과 설명적 틀을 제공함으로써 ____________를 위한 구도(frame)를 제시하는 것이다.

3. 또 하나의 공통적인 특징은 카운슬링이 과학일 뿐만 아니라, ____________이라는 것이다.

4. 전문가는 자신의 업무에 있어서 고도의 ____________ 기준을 가지고 있다.

카운슬링 또는 심리치료?

1. 카운슬링은 전통적으로 심리치료보다는 덜 ____________으로 여겨졌다.

2. 어떤 이들은 면담 횟수를 그 결정적인 기준으로 삼기도 한다. 약 ____________회 정도의 세션이 카운슬링에 해당하고, 그 이상의 횟수가 필요하다면 그것은 심리치료라는 것이다.

3. 이 두 분야의 분명한 차이를 ____________은 사실상 불가능하다.

카운슬러의 기능

1. 전통적인 일대일 카운슬링과 병행하여 카운슬러는 내담자에게 ____________치료를 통하여 도움을 제공하는데, 이는 점점 일반화되고 있다.

2. ____________은 다양한 개인들, 집단들, 그리고 기관들 속에서 일하는 카운슬러들에 의해서 빠르게 애용되는 서비스 제공 방식이다.

3. 내담자들의 감정적인 고통은 종종 기본적인 대처 전략이나 기술을 수행하지 못한 결과이다. 이런 경우에 유능한 카운슬러는 ____________로서의 역할을 담당한다.

4. ____________이란 기존의 카운슬러들이 아직 경험이 미숙한 후배 카운슬러들을 교육함으로써 자신의 전문지식을 발전시키는 것을 말한다.

치료 교육 및 환경

1. 전형적으로 훈련과정에 있는 카운슬러들은 자기계발, 기술 개발, 그리고 ____________발전 분야에 있어서 성장과 전문지식의 발전을 증명해야 한다.

2. ____________은 정신건강과 정신병리학을 전문적으로 훈련받은 의사이다.

3. ____________는 보통 박사 과정에서 훈련을 받는다. 이들은 개인의 적응 문제, 결혼, 가족, 경력, 학교 등과 관련된 심리학적 문제를 해결하는 데 도움을 준다.

4. 사회복지사(social worker)는 다양한 환경에서 일하면서 정신적이고 ____________인 문제를 다룬다.

전문적 성장과 발전

1. 학문적인 이정표가 중요하지만, 숙달된 카운슬러들은 자기 분야의 ____________ 경향에 계속 접근할 수 있도록 책임 있는 기관에 지속적으로 참여한다.

2. 전문적인 발전을 위해 가장 좋은 것은 카운슬링 기관에 ____________으로 가입하는 것이다.

3. 100년이 넘은 ____________협회는 이 분야에서 가장 오래된 조직이고, 70,000명이 넘는 회원을 자랑한다.

4. ____________협회는 55,000명이 넘는 회원을 자랑하며, 16개 분과로 구성되어 있다.

추가 연습 문제

• **당신 자신의 말로 카운슬링 정의하기**

카운슬링에 대해서 설명하는 것보다 실제로 카운슬링을 하는 것이 더 쉽다고 말하는 사람들이 있다. 학자들이 내린 다양한 정의들을 볼 때, 이 말에 일리가 있는 것처럼 보인다. 많은 학자들이 이 과에서 지적한 공통적인 특징들을 다시 살펴본 후에 당신 자신의 말로 당신이 이해하는 정의를 적절하게 내려 보라.

• **당신은 상담 받기를 꺼려하는가?**

이론서에 있는 이 책의 측면 자료에는 당신이 자발적으로 상담 받기를 원하는가에 대해 평가하는 자가 테스트(1.2 도움 구하기를 망설이십니까?)가 있다. 이 평가문을 완성한 후에 잠시 당신의 점수를 매겨서 그 책에 제시되어 있는 해석을 읽어 보라. 이러한 자기이해와 더불어, 카운슬링 영역을 공부하고 있지 않는 사람들과 잠시 대화를 나누어 보라. 개인적으로나 전화상으로 수십 명의 사람들에게 카운슬러를 만나는 것에 대해서 어떻게 느끼는지 물어보라. 만일 그들이 미혼이라면, 데이트하고 있는 사람이 카운슬링을 받고 있는 것에 대해서 어떻게 느끼는지 물어보라. 그것이 그들에게 문제가 되는가? 그들이 결혼해서 자녀들을 두었다면, 그들의 자녀들이 카운슬링을 받거나, 전문 카운슬링을 받고 있는 다른 아이와 노는 것에 대해서 어떻게 생각하는지 그들에게 물어보라. 사람들이 전문 카운슬링을 받는 것에 대해서 어떻게 생각하는지 알아보기 위해서 당신이 할 수 있는 대로 해 보라. 당신의 발견들을 아래 난에 기록하고 비슷한 인터뷰를 수행한 다른 학생들과 그것을 비교해 보라.

• **오늘과 내일을 위해 준비할 것**

이론서는 유능한 카운슬러를 위한 전문적 성장과 발전의 중요성에 대해서 논의한다. 여기서는 미국심리학협회와 미국카운슬링협회에 대해서 언급한다. 잠시 이러한 두 기관에 연락해서 학생 멤버십에 대한 정보를 보내 달라고 하라. 연락할 수 있는 주소는 다음과 같다.

APA
750 First St., N. E.
Washington, DC 20002-4242

ACA
5999 Stevenson Ave.
Alexandria, VA 22304-3303

또한 이 두 기관으로부터 다른 분과들에 대한 특별한 정보를 요구할 수 있다. 다음은 두 기관 안에 있는 여러 분과들의 목록이다.

미국카운슬링협회(American Counseling Association)의 분과들

American College Personal Association (ACPA)
Association for Counselor Education and Supervision (ACES)
National Career Development Association (NCDA)
Association for Humanistic Education and Development (AHEAD)
American School Counselor Association (ASCA)
American Rehabilitation Counseling Association (ARCA)
Association for Measurement and Evaluation in Counseling & Development (AMECD)
National Employment Counselors Association (NECA)
Association for Multicultural Counseling and Development (AMCD)
Association for Religious and Value Issues in Counseling (ARVIC)
Association for Specialists in Group Work (ASGW)
International Association of Addictions and Offender Counselors (IAAOC)
American Mental Health Counselors Association (AMHCA)
Military Educators and Counselors Association (MECA)
Association for Adult Development and Aging (AADA)
International Association of Marriage and Family Counselors (IAMFC)
American College Counseling Association (ACCA)

미국심리학협회(American Psychological Association)의 분과들

Division 1: General Psychology
Division 2: Teaching of Psychology
Division 3: Experimental Psychology
Division 5: Evaluation, Measurement and Statistics
Division 6: Psysiological and Comparative Psychology
Division 7: Developmental Psychology
Division 8: The Society of Personality and Social Psychology
Division 9: Society for the Psychological and Social Psychology
Division 10: Psychology and the Arts
Division 12: Clinical Psychology
Division 13: Consulting Psychology

Division 14: The Society for Industrial and Organizational Psychology
Division 15: Educational Psychology
Division 16: School Psychology
Division 17: Counseling Psychology
Division 18: Psychologists in Public Service
Division 19: Military Psychology
Division 20: Adult Development and Aging
Division 21: Applied Experimental and Engineering Psychologists
Division 22: Rehabilitation Psychology
Division 23: Consumer Psychology
Division 24: Theoretical and Philosophical Psychology
Division 25: Experimental Analysis of Behavior
Division 26: History of Psychology
Division 27: Community Psychology
Division 28: Psychopharmacology and Substance Abuse
Division 29: Psychotherapy
Division 30: Psychological Hypnosis
Division 31: State Psychological Association Affairs
Division 32: Humanistic Psychology
Division 33: Mental Retardation and Development Disabilities
Division 34: Population and Environmental Psychology
Division 35: Psychology of Women
Division 36: Psychologists Interested in Religious Issues
Division 37: Child, Youth and Family Services
Division 38: Health Psychology
Division 39: Psychoanalysis
Division 40: Clinical Neuropsychology
Division 41: The American Psychology—Law Society
Division 42: Psychologists in Independent Practice
Division 43: Family Psychology
Division 44: Society for the Psychological Study of Lesbian and Gay Issues
Division 45: Society for the Psychological Study of Ethnic Minority Issues
Division 46: Media Psychology
Division 47: Exercise and Sport Psychology
Division 48: Peace Psychology
Division 49: Group Psychology and Group Psychotherapy

- **카운슬링과 심리치료와 관련된 정기 간행물들**

카운슬링 영역에 대해서 더 많은 것을 배울 수 있는 적절한 방법은 정기 간행물들을 통해서이다. 아래의 것들이 카운슬링과 심리치료와 관련된 정기 간행물의 전체 목록은 아니다. 그러나 이것은 이 분야의 범위를 가늠할 수 있는 충분한 자료이고, 또한 대학 도서관에서 구할 수 있는 많은 전문적 자료들을 포함한다. 이러한 간행물을 통해서 카운슬링 연구, 뉴스, 그리고 전문적 발전을 알 수 있다. 이 목록을 훑어보고 도서관에서 몇 권을 숙독하는 시간을 가져라. 당신이 이런 다양한 카운슬링 정보를 접하면 접할수록 당신은 이 분야를 더 잘 알게 되고 익숙해질 것이다.

American Journal of Psychiatry
American Journal of Psychotherapy
American Psychological Association Monitor
American Psychologist
American Vocational Journal
Career Development Quarterly
Clinical Psychology Review
Counseling and Values
Counseling Psychologist
Counselor Education and Supervision
Elementary School Guidance and Counseling
International Journal of Family Counseling
Journal of Specialists in Group Work
Journal of Clinical Psychology
Journal of Consulting and Clinical Psychology
Journal of Counseling and Development
Journal of Counseling Psychology
Journal of Cross Cultural Counseling
Journal of Employment Counseling
Journal of Family Counseling
Journal of Marriage and the Family
Journal of Multicultural Counseling and Development
Journal of Offender Counseling
Journal of Psychology and Theology
Measurement and Evaluation in Counseling and Development
Psychotherapy: Theory, Research & Practice
Rehabilitation Counseling Bulletin
School Counselor
Women and Therapy

복습 단원에 대한 해답

비엔나와 그 너머

1. 정신의학(Psychiatry), 혹은 정신분석학(Psychoanalysis), 혹은 심리치료(Psychotherapy)
2. 알프레드 애들러(Alfred Adler)
3. 칼 융(Carl Jung)

카운슬링의 역사

1. 서구
2. 영적, 전체론적
3. 카타르시스
4. 여성

무엇이 카운슬링인가?

1. 조언
2. 헌신, 변화
3. 기술(art)
4. 윤리적

카운슬링 또는 심리치료?

1. 심각한(intensive) 것
2. 12~15
3. 정의 내리는 것

카운슬러의 기능

1. 집단(group)
2. 자문(consultation)
3. 훈련자(trainer)
4. 감독(supervision)

치료 교육 및 환경

1. 과정(process)
2. 정신과 의사들(psychiatrists)
3. 상담심리학자(counseling psychologists)
4. 신체적

전문적 성장과 발전

1. 최신
2. 회원(membership)
3. 미국심리학(American Psychological)
4. 미국카운슬링(American Counseling)

Chapter 2

효과적인 카운슬러 되기

예비적 자기 점검

이 장을 들어가기 전에 잠시 다음의 질문들을 생각해 보자. 각 항목을 보면서 당신의 마음에 가장 먼저 떠오르는 것을 적어 보라. 이 장의 공부를 끝마치고 나서 당신의 답변이 얼마나 달라졌는지 살펴본다면 도움이 될 것이다.

- 당신은 카운슬러가 되는 데 어떤 특별한 두려움을 갖고 있는가?

- 효과적인 카운슬러를 생각할 때, 당신은 무엇이 마음속에 떠오르는가? 달리 말하자면, 당신은 성공적인 카운슬러를 어떻게 생각하는가?

- 당신은 잘못, 오류, 큰 실수, 작은 실수라는 말을 들을 때 마음속에 어떤 생각이 떠오르는가? 당신은 카운슬링을 배우면서 실수할 것이라고 생각하는가?

• 당신은 초보 카운슬러로서 마음속에 품고 있는 어떤 불합리한 기대들을 인식하고 있는가?

개 관

카운슬링 방법들과 이론들을 통해 치료에서 항상 성공하는 것은 아니다. 카운슬러의 개인적인 특성들이 효과적인 중재에 있어서 매우 중요하기 때문에 이 장에서는 그러한 특질들에 초점을 맞춘다. 여기서 심리적 건강의 중요성, 다른 사람들에 대한 진실한 관심, 공감적 능력, 인간적 온정, 자기인식, 모호성에 대한 포용력, 그리고 가치관에 대한 인식 등이 검토된다.

더욱이 초보 카운슬러들의 함정에 대해 탐구된다. 여기에서는 성급한 문제 해결, 한계를 설정하지 않는 것, 침묵에 대한 두려움, 심문, 성급함, 도덕적으로 해석하기, 추천하기를 꺼려함 등이 포함된다.

이 과의 높은 목표는 효과적인 카운슬러가 보여주는 몇몇 가장 중요한 자질들을 소개하고, 당신으로 하여금 훈련 중의 카운슬러가 일반적으로 갖기 쉬운 문제점들을 피하도록 하는 것이다.

안내 학습

아래 문제들을 통해서 당신은 이 과의 중요한 부분들을 학습하게 될 것이다. 주어진 빈칸에 답을 쓰고 나서 본문의 밑줄 쳐진 부분과 비교해 보라.

1. 효과적인 심리치료에 대한 전문지식과 비교해 볼 때, 개인적 자질들이 왜 중요한지에 대해서 언급하라.

2. 그 누구도 카운슬러들이 심리적 건강의 전형이라고 생각하지는 않지만, 카운슬러가 개인적 삶의 안정감을 가진 한 사람으로 성장하는 것은 매우 중요하다. 왜 그렇게 중요한가?

3. 카운슬러들이 다른 사람들에 대해 진실한 관심을 갖는 것의 중요성에 대해서 설명하라.

4. 공감적 능력은 무엇을 의미하며, 그것들은 카운슬러에게 어떻게 작용하는가?

5. 만일 카운슬러가 따뜻한 인간적 온정미를 갖지 못한다면, 치료 행위에 어떤 장애가 되는가?

6. 소크라테스의 "너 자신을 알라"는 고대 격언은 효과적인 카운슬러가 되기 위한 과정에 어떻게 적용되는가?

7. 카운슬러가 모호성을 포용하는 것이 왜 중요한지 설명하라.

8. 가치관은 무엇이고, 카운슬링 과정에 어떻게 영향을 미치는가?

9. 초보 카운슬러들이 가장 빠지기 쉬운 함정들 중의 하나가 성급하게 문제를 해결하려는 것이다. 이런 현상은 왜 일어나는가?

10. 성급한 문제 해결 외에 초보 카운슬러들에게 흔히 일어나는 다른 걸림돌들은 무엇인가?

복습 단원

아래 항목들을 통해서 당신은 이 과의 특별한 내용을 마스터하게 될 것이다. 빈칸을 채워 아래의 각 문장을 완성하라.

효과적인 카운슬러의 개인적 자질

1. 이론적 경향, 인터뷰 기술, 심지어 직업적 경험은 효과적인 치료를 결정하는 중요한 요인이 아니다. 카운슬러의 ___________이 효과성에 있어 단일한 가장 중요한 결정 기준이다.
2. 한 사람의 ___________이 부적절한 지식이나 형편없는 치료 기술을 보완할 수는 없다.
3. 카운슬러들이 심리적인 ________을 나타내지 않는다면, 그들은 해결의 부분이 되기보다 문제의 부분이 된다.
4. 일부 전문가들은 개인의 ___________회피를 모든 감정적 혼란의 본질로 보기도 한다.
5. 효과적인 카운슬러들은 ___________. 그들은 사람들이 더 나은 정신건강을 갖도록 도와주는 것에 관심이 있다.
6. ___________은 다른 사람의 입장이 되어 그들이 볼 수 있는 세계를 보는 능력이다.
7. 온정을 지닌 카운슬러는 관심, 배려, 주목하고 있음을 보여주는 동시에 개인적인 ___________을 허용한다.
8. 소유적이지 않은 온정의 목적은 내담자의 ___________을 보존하고, 신뢰감을 주고, 안전한 분위기를 제공하는 것이다.
9. 자신에 대한 지식은 카운슬러로 하여금 개인적인 한계를 파악하여 객관적이 되도록 해준다. 훈련받는 카운슬러들은 ___________을 씀으로써 자기 자신을 더 잘 알 수 있게 된다.
10. 내담자의 감정은 이유 없이 매일 동요한다. 그들은 막연하고 형용하기 어려운 증상들에 대해 가끔 불평한다. 이런 이유 때문에 효과적인 카운슬러는 ___________에 대한 포용력을 키워야 한다.
11. 가치관은 우리의 목표들과 그것에 다가가기 위해 어떻게 시도할지를 결정하는 ___________이다.
12. 카운슬러의 ___________은 의식적이든 무의식적이든 치료 작업의 일부분이 될 것이다.

초보 카운슬러들이 빠지기 쉬운 함정들

1. 충분히 ___________도 전에 문제를 해결하려고 하는 것은 치료법적인 실수 중 가장 흔한 것이다.
2. 노련한 카운슬러는 보통 한두 번의 면담으로 역기능적인 사람의 근원적인 문제를 _________이 쉽지 않음을 안다.
3. 이해심과 참을성을 가지려는 노력 하에, 대부분의 초보 카운슬러들은 스스로의 개인적인 ___________를 정하는 것에 어려움을 겪는다.
4. 카운슬링에서 ___________은 카운슬러에게 무엇인가를 말하라는 신호가 아니다.

5. 치료가 이루어지는 카운슬링의 가장 핵심적인 순간은 조용한 ___________ 시간을 통해 일어난다.

6. 훈련을 받는 카운슬러는 내담자에게 ___________ 공세를 퍼붓는 것을 자제하는 법을 배울 필요가 있다.

7. 카운슬링에서 "아하, 그렇구나!" 하는 순간이 있긴 하지만, 대부분의 치료 성과는 ___________.

8. ___________ 사고를 갖고 있지 않은 카운슬러는 새롭고 다른 정보가 드러나도 내담자에 대한 부정확한 것들을 계속해서 믿는 경향이 있다고 한 연구는 밝히고 있다.

9. 개인적 신념을 굳게 지키면서도 유능한 카운슬러는 ___________하는 실수를 범하지 않는다.

10. 초보 카운슬러는 다른 유능한 카운슬러를 ___________하는 것이 좋은 치료 작업의 한 부분이라는 것을 배울 필요가 있다.

자아를 실현하는 치료사

효과적인 카운슬러는 내담자가 더 많이 자아실현을 할 수 있도록 자아실현을 모색한다. 아래에 적힌 자아실현의 특성들을 사용해서 당신이 더욱 의도적으로 계발할 필요가 있는 자질들을 찾아보라. (각각의 구체적인 묘사는 이론서의 본 장에서 측면에 설명되어 있다. 당신의 자질에 해당하는 점수에 표기하라.)

현실에 기반을 두지 않음										현실에 기반을 둠
	1	2	3	4	5	6	7	8	9	10
자신과 타인을 수용하지 않음										자신과 타인을 수용함
	1	2	3	4	5	6	7	8	9	10
자발적이지 못함										자발적임
	1	2	3	4	5	6	7	8	9	10
문제 중심이 아님										문제 중심
	1	2	3	4	5	6	7	8	9	10
프라이버시에 대한 필요가 없음										프라이버시에 대한 필요가 있음
	1	2	3	4	5	6	7	8	9	10
자율적이지 못함										자율적임
	1	2	3	4	5	6	7	8	9	10
인식의 지속적인 새로움을 갖지 못함										인식의 지속적인 새로움을 가짐
	1	2	3	4	5	6	7	8	9	10
신비감이 없음										신비감을 가짐
	1	2	3	4	5	6	7	8	9	10

동정심이 없음									동정심을 가짐
1	2	3	4	5	6	7	8	9	10

관계성이 없음									관계성을 가짐
1	2	3	4	5	6	7	8	9	10

차별함									차별하지 않음
1	2	3	4	5	6	7	8	9	10

약한 윤리의식									강한 윤리의식
1	2	3	4	5	6	7	8	9	10

유머 감각이 없음									유머 감각이 있음
1	2	3	4	5	6	7	8	9	10

창의성이 없음									창의성이 있음
1	2	3	4	5	6	7	8	9	10

당신의 자질을 평가하는 시간을 가지면서 낮은 점수 세 가지와 높은 점수 세 가지에 원을 그려 표시하라. 불편하지 않으면, 그 결과를 다른 사람과 비교하고 낮은 점수로 매겨진 자질들을 어떻게 계발할 수 있는지에 대해서 의논하라.

당신은 무엇을 가치 있게 여기는가?

가치관은 당신의 정체성을 정의한다. 그것은 당신 삶을 움직이는 원동력이다. 당신이 가장 가치 있다고 여기는 열 가지를 기록하라. 이것은 당신이 서둘러서 할 수 있는 경솔한 연습이 아니다. 당신이 확신을 가지고 가장 중요하다고 여기는 것들을 시간을 두고 진지하게 생각하라. 열 가지를 다 생각하지 못하면, 할 수 있는 것만큼 기록하라.

1. ______
2. ______
3. ______
4. ______
5. ______
6. ______
7. ______
8. ______
9. ______
10. ______

기록한 후에 그것을 검토하면서 각각의 요소들이 카운슬러로서 당신의 작업에 어떻게 영향을 끼치는지 숙고하라. 불편하지 않다면, 이것들을 다른 사람과 의논하라.

복습 단원에 대한 해답

효과적인 카운슬러의 개인적 자질

1. 인격
2. 특성(자질)
3. 건강
4. 책임
5. 순수하다
6. 공감
7. 공간
8. 자아 존중
9. 저널
10. 모호성
11. 신념(혹은 믿음)
12. 가치관

초보 카운슬러들이 빠지기 쉬운 함정들

1. 이해되기
2. 알아내고 진단하는 것
3. 한계
4. 침묵
5. 명상
6. 질문
7. 점진적이고 느리다
8. 개방적인
9. 설교
10. 추천

Chapter 3

카운슬러가 되기 위한 법적 · 윤리적 문제

예비적 자기 점검

이 장을 들어가기 전에 잠시 다음의 질문들을 생각해 보자. 각 항목을 보면서 당신의 마음에 가장 먼저 떠오르는 것을 적어 보라. 이 장의 공부를 끝마치고 나서 당신의 답변이 얼마나 달라졌는지 살펴본다면 도움이 될 것이다.

- 만일 내담자가 당신의 전문성 외의 문제로 절실한 도움을 필요로 하고 있다면, 당신은 어떻게 할 것인가? 그 이유는?

- 당신은 치료 중에 내담자가 털어놓은 개인적 정보를 보고하는 것에 대해서 어떻게 느끼는가? 그렇게 함으로써 다른 사람의 생명을 구한다면 어떻겠는가?

- 당신은 AIDS에 걸려 있고 성적으로 문제를 갖고 있는 내담자를 그/그녀의 배우자에게 경계하라고 말하겠는가?

개 관

이 과의 목적은 카운슬러들 간에 일반적으로 인정받고 있는 법률적이고 윤리적인 관심들을 지지하기 위해서 카운슬러가 취해야 할 태도와 행동의 중요성을 강조하고 설명하는 데 있다. 이 과는 법률적이고 윤리적인 진료의 기초를 놓고 미덕(virtue)을 설명하면서 시작한다. 그리고 내담자와 카운슬러의 관계를 신뢰의 관점에서 점검하며, 기밀성과 면책 표시(confidentiality and privileged communication)를 특별한 윤리적 딜레마의 맥락에서 탐구한다.

복습 단원

아래 항목들을 통해서 당신은 이 과의 특별한 내용을 마스터하게 될 것이다. 빈칸을 채워 아래의 각 문장을 완성하라.

법률적, 윤리적인 진료의 기초

1. 법률적이고 윤리적인 카운슬링 진료는 카운슬러가 ________에 토대를 두지, 카운슬러가 ________에 토대를 두지는 않는다.
2. 법률적이고 윤리적인 카운슬링의 기반은 심리학에서 좀처럼 듣기 어려운 용어인 __________이다.
3. 건전한 카운슬링 진료는 법을 알고 내담자의 __________를 이해하는 것 위에 세워진다.
4. 효과적인 카운슬러는 자신이 가진 전문지식의 __________에 대해 스스로 투명하고 완전히 정직해야 한다.

내담자/카운슬러 관계

1. 치료 관계에서 필수적인 요소는 __________이다.
2. __________는 신뢰하는 관계의 기반이며 카운슬러 윤리의 초석이다.
3. 치료적인 맥락 밖에서 내담자와의 교제는 거의 항상 치료를 __________ 만들 것이다.

기밀성과 비밀 정보

1. __________의 문제는 카운슬러들에게 가장 흔한 윤리적 딜레마의 원천이다.
2. 부주의한 잘못으로 인해 비밀로 공유된 정보가 노출된 것을 정당화할 수 있는 __________은 없다.
3. 법률적으로 기밀성의 개념은 __________라고 알려져 있다. 그것은 내담자와의 비밀을 어기는 경우에 대한 법률적 조건들을 자세히 설명한다.
4. 카운슬러는 위험을 막을 수 있는 정보를 드러냄으로써 __________를 할 의무가 있다.
5. 카운슬러와 마찬가지로 __________도 내담자와의 상담의 기밀성을 존중할 의무가 있는 것은 물론이다.

의심이 들 때

1. 카운슬러가 이해를 돕기 위해 접근 가능한 __________을 사용하지 않고 카운슬링의 법률적, 윤리적 기준들－다른 동료와 상의하는 것－을 실천하지 않을 때 틀린 판단이 생겨난다.
2. 법적이고 윤리적인 고려들은 복잡하고 모호할 수 있으므로 유능한 카운슬러는 명확하지 않은 이슈들에 대해 다른 전문가들과 정기적으로 __________한다.
3. 카운슬러가 내담자의 필요에 효과적으로 응할 수 있는 능력에 회의를 느낄 때 __________은 최초 카운슬러의 보조적인 작업과 최종 카운슬러 양측 모두에게 있어 많은 상황에서 적절한 도움이 된다.

차례

미국심리학협회 심리학자를 위한 윤리적 원칙

가짐

4.06 이전의 성적 파트너와 함께 치료 받음

4.07 이전에 치료 받은 환자들과 성적 친밀감을 가짐

4.08 카운슬링의 중단

4.09 전문적 관계의 종료

5. 프라이버시와 기밀성

5.01 기밀성의 한계들을 논의함

5.02 기밀성의 유지

5.03 최소한의 사생활 침해

5.04 기록의 보관

5.05 정보 유출

5.06 자문

5.07 데이터베이스에 있는 기밀 정보

5.08 교훈적 또는 그 외의 목적을 위한 기밀 정보의 사용

5.09 기록과 데이터의 보존

5.10 기록과 데이터의 소유권

5.11 미지급 기록의 보류

6. 교육, 훈련, 감독, 연구 및 출판

6.01 교육과 훈련 프로그램의 구상

6.02 교육과 훈련 프로그램의 설명

6.03 정확하고 객관적인 교육

6.04 교육의 한계

6.05 학생과 피감독자의 성취 평가

6.06 연구 계획

6.07 책임성

6.08 법과 기준의 준수

6.09 기관의 승인

6.10 연구 책임

6.11 연구에 대한 인지 동의(Informed Consent)

6.12 인지 동의 변제

6.13 연구 목적의 촬영 및 기록에 대한 인지 동의

6.14 연구 참여자를 위한 예비 진술의 제공

6.15 허위 연구

6.16 데이터의 공유와 사용

6.17 침해의 최소화

6.18 참여자에게 연구에 관한 정보를 제공함

6.19 헌신을 예우함

6.20 연구에 있어서 동물의 돌봄과 사용

6.21 결과를 보고함

6.22 표절

6.23 출판의 신용

6.24 데이터의 이중 출판

6.25 데이터의 공유

6.26 전문 검열자

7. 법적 행위들

7.01 전문 직업의식

7.02 법적 평가

7.03 법적 행위하에 역할을 분명히 함

7.04 신실성과 정직

7.05 이전의 관계

7.06 법과 규칙의 준수

8. 윤리적 이슈들의 해결

8.01 윤리 법규에 친숙함

8.02 윤리적 이슈들에 직면함

8.03 윤리와 조직의 요구 사이의 갈등

8.04 윤리적 침해의 비공식적 해결

8.05 윤리적 침해를 보고함

8.06 윤리위원회의 협조

8.07 부적절한 고소

서론

미국심리학협회에 소속된 심리학자들을 위한 윤리적 원칙과 행위 강령(후에 윤리 강령으로 명명되는)은 서론, 전문, 6개의 일반 법칙들(A~F), 그리고 특별한 윤리적 기준들로 구성되어 있다. 서론에서는 윤리적 강령의 내용, 구성, 절차상 고려점들, 그리고 적용 범위가 논의된다. 전문과 일반 원리들은 심리학의 가장 높은 이상을 구현하기 위해서 심리학자들을 인도하기 위한 대망의(aspirational) 목표들이다. 전문적인 원리들과 일반 원리들이 그 자체로 강제 법칙은 아니라 하더라도 심리학자들이 윤리적 행위를 수행함에 있어서, 그리고 윤리 단체들이 윤리적 기준들을 해석함에 있어서 그것들은 고려되어야 한다. 윤리적 기준들은 심리학자로서 활동하기 위한 강제적 법칙들을 설정하고 있다. 상황에 따라 윤리적 기준의 적용이 다양할 수 있지만, 다양한 역할 가운데 있는 심리학자들에게 적용하기 위해서 대부분의 윤리 기준들은 폭넓게 쓰여져 있다. 윤리적 기준들은 배타적이 아니다. 그리고 주어진 행위가 윤리 강령에 의해 특별히 언급되어 있지 않더라도 그 행위가 반드시 윤리적이거나 비윤리적이라는 것을 의미하지는 않는다.

미국심리학협회의 회원권을 얻게 되면, 회원들은 미국심리학협회 윤리 강령과 그것을 보충하기 위해 사용된 법칙들과 절차들을 준수해야 한다. 심리학자들과 학생들은 미국심리학협회의 회원이든지 아니든지 간에 윤리 강령이 주 심리학 학회들(boards), 법원들, 혹은 다른 공공 기관들에 의해서 그들에게 적용될 수 있다는 것을 인식해야 한다. 이러한 윤리 강령은 심리학자들의 일과 관련된 활동들, 즉 심리학자들의 과학적이고 전문적인 기능들의 일부 또는 본성상 심리적인 활동들에만 적용된다. 여기에는 심리학 연구의 임상적 혹은 카운슬링의 실제, 교육, 피훈련자의 감독, 평가 수단들의 개발, 평가를 실행하는 것, 교육 상담, 기관에 자문하는 것, 사회적 중재, 행정, 그리고 기타 활동들이 포함된다. 이러한 일과 관련된 활동들은 심리학자의 순전히 사적인 행위와 구별될 수 있는데, 사적인 행위는 보통 윤리 강령의 범위를 벗어나 있다.

윤리 강령은 미국심리학협회와 기준들을 채택하는 다른 기관들에 의해서 적용될 수 있는 전문적 행위의 기준을 제공하기 위해서 고안되었다. 심리학자가 윤리 강령을 지켰거나 지키지 않은 것이 법적으로 책임이 있는지 없는지, 계약이 강제적인지 아닌지, 혹은 다른 법적인 결과들이 발생하는지 그렇지 않은지를 결정하지 않는다. 이러한 결과들은 윤리적이 아닌 법적인 법칙들 위에 근거하게 된다. 그렇지만 상황에 따라서는 윤리 강령을 따랐는지, 따르지 않았는지의 유무가 어떠한 법적 절차들에 있어서 증거로서 받아들여질 수 있다.

그들의 전문적 행동에 대한 결정들을 내리는 과정에 있어서 심리학자들은 적용될 수 있는 법들과 심리학회의 규정들 외에도 이러한 윤리 강령을 고려해야 한다. 만일 윤리 강령이 법에 의해서 요구되는 것보다 더 높은 기준의 행위를 설정한다면, 심리학자들은 더 높은 윤리적 기준을 따라야 한다. 만일 윤리 강령의 기준이 법의 요구 사항들과 갈등을 빚는 것처럼 보이면, 심리학자들은 윤리 강령에 대한 그들의 헌신을 알려주고, 책임 있는 방법으로 그 갈등을 해결하기 위한 조치들을 취해야 한다. 만일 법이나 윤리 강령이 그 문제를 해결할 수 없다면, 심리학자들은 다른 전문 자료들 및 그들 자신의 양심의 법칙들을 고려하고, 필요하다면 그 분야에 있는 다른 전문가들의 의견을 구해야 한다.

비윤리적 행위에 관한 불평들에 대해서 서류를 제출하고, 조사하며, 해결하는 절차들은 미국심리학협회(APA) 위원회의 현행 법칙들(Rules)과 절차들(Procedures)에 기술되어 있다. 윤리 강령을 어긴 회원에 대하여 APA가 취하는 행동들은 그 APA회원을 징계하고 견책하며 자격을 박탈하고, 그 문제를 다른 기관에 의뢰하는 것과 같은 것들이다. 심리학자의 윤리적 위반으로 단정되는 금전상의 손실들과 같은 변상 요구의 고소들은 사적인 협상, 행정 기관들, 혹은 법원들에 호소해야 한다. 윤리 강령을 어긴 행동들은 주(state) 심리협회들, 다른 전문 그룹들, 심리학 위원회들, 다른 주 혹은 연방 기관들, 그리고 건강 기관들을 위한 지불인들을 포함한 APA 이외의 다른 기관들에 의해서 심리학자에게 제재 조치가 취해질 수 있다. 윤리 강령 위반에 대한 행동들 외에 APA 내규들(Bylaws)에 따르면, 그 혹은 그녀가 중죄에 대한 유죄 판결, 연계된 주 심리학협회의 추방 혹은 정지, 혹은 면허의 정지나 상실 후에 APA는 회원자격을 박탈하는 행동을 취할 수 있다.

APA 윤리 강령의 이 판(version)은 1992년 8월 13일과 16일, 미국심리학협회 대표자 회의 중 공의회에 의해서 채택되었고, 1992년 12월 1일부터 발효되었다. APA 윤리 강령의 요지나 해석에 대한 문의들은 the Director, Office of Ethics, American Psychological Association, 750 First Street, NE, Washington, DC 2002-4242로 편지를 써 보내야 한다. 이 강령은 발효일이나 그 후에 발생하는 주장된 행위와 관련되어 일어난 고소들을 판결하기 위해서 사용될 것이다. 발효일 이전에 발생하는 행위와 관련된 고소들은 그 행위가 발생된 때 발효되었던 강령의 판(version)에 근거하여 판결하고, 1989년 무효가 된 규정들이 없다는 것을 제외하면, 이전의 판이 그 규정을 포함할지라도 그 고소들은 시행될 것이다. 윤리 강령들은 미래의 개정판을 위하여 계속적으로 검토되고 연구될 것이다. 강령에 대한 언급은 상기의 주소로 보낼 수 있다.

APA는 이전에 아래와 같은 윤리적 기준들을 출판했다.

American Psychological Association. (1953). Ethical standards of psychologists. Washington, D · C. : Author.

American Psychological Association. (1958). Standards of ethical behavior for psychologists, American Psychologist, 13, 268-271.

American Psychological Association. (1963). Ethical standards of psychologists. American Psychologist, 18, 56-60.

American Psychological Association. (1968). Ethical standards of psychologists. American Psychologist, 23, 357-361.

American Psychological Association. (1977, March). Ethical standards of psychologists. APA Monitor, pp. 22-23.

American Psychological Association. (1979). Ethical standards of psychologists. Washington, D · C. : Author.

American Psychological Association. (1981). Ethical principles of psychologists. American Psychologist, 26, 633-638.

American Psychological Association. (1990). Ethical principles of psychologists (Amended June 2, 1989). American Psychologist, 45, 390-395.

심리학자들의 APA 윤리 원칙들과 행위 강령의 복사본들을 APA Order Department, 750 First Street, NE, Washington, D · C. 20002-4242, 혹은 전화 (202) 336-5510로 요청하라.

1. 이 점에 있어서 가장 도움이 되는 전문적 자료들은 전문 심리학 기관들에 의해서 채택되고 인준된 지침들과 기준들이다. 그런 지침들과 기준들은 미국심리학협회(APA)나 그 분과들의 채택 유무와 상관없이－이 윤리 강령들처럼 강제적인 것은 아니지만－심리학자, 법원들, 그리고 전문 기구들에게 교육적인 가치를 갖고 있다. 그리고 그런 자료들은 다음과 같은 것들을 포함하지만, 그런 것들에 국한되지는 않는다.

   The APA' s General Guidelines for Providers of Psychological Services (1987), Specialty Guidelines for the Delivery of Services by Clinical Psychologists, Counseling Psychologists, Industrial/ Organizational Psychologists, and School Psychologists (1981), Guidelines for Computer Based Tests and Interpretations (1987), Standards for Educational and Psychological Testing (1985), Ethical Principles in the Conduct of Research with Human Participants (1982), Guidelines for Ethical Conduct in the Care and Use of Animals (1986), Guidelines for Providers of Psychological Service to Ethnic, Linguistic, and Culturally Diverse Populations (1990), and Publication Manual of the American Psychological Association (3rd ed., 1983). 총괄적으로 APA에 의해서 채택되지 않은 자료들은 APA 분과 41에 포함된다 (Forensic Psychology / American Psychology-Law Society's Specialty Guidelines for Forensic Psychologists, 1991).

전문

심리학자들은 연구에 근거한 과학적 지식의 타당하고 믿을 수 있는 체계를 계발하기 위해서 일한다. 그들은 그 지식을 여러 가지 상황 가운데 있는 인간의 행동에 적용시킬 수 있다. 그렇게 함으로써 그들은 연구자, 교육가, 진단자, 치료사, 감독, 자문가, 행정가, 사회 중재자, 그리고 전문적 증인과 같은 많은 역할을 수행한다.

그들의 목표는 행동에 대한 지식을 증대시켜서 그것을 적절할 때 개인과 사회의 조건을 향상시키기 위해서 실천적으로 적용시키는 것이다. 심리학자들은 연구, 교육, 그리고 출판에 있어서 탐구와 표현에 대한 자유의 중요성을 매우 존중한다. 그들은 또한 사람들이 인간 행동들에 대해서 인지된 판단들과 선택들을 계발하는 것을 도우려고 노력한다. 이 윤리 강령은 심리학자들이 그들의 전문적이고 과학적인 작업을 수행하기 위한 일반적인 가치 체계를 제공한다.

이 강령은 심리학자들이 직면하는 대부분의 상황들을 대처하기 위해서 일반적인 원칙들과 결정 규칙들을 제공하려고 한다. 그 주된 목표는 심리학자들이 상담하는 개인들이나 그룹들의 복지와 보호에 있다. 가장 수준이 높은 행위의 기준을 열망하는 것은 각 심리학자 개인의 책임이다. 심리학자들은 인간과 시민의 권리들을 존중하고 보호하며, 알면서도 부당한 차별적 치료에 가담하거나 묵과하지는 않는다.

심리학자의 치료와 관련된 행위에 대한 윤리적 기준의 역동적 체계의 계발은 개인이 평생에 걸쳐 윤리적으로 행동하려는 헌신을 요구한다. 다시 말해서, 적절할 때 학생들, 피감독자들, 고용인들, 그리고 동료들이 윤리적 행위를 격려하는 것; 필요할 때 윤리적 문제들에 대해서 다른 사람들과 상의하는 것 등이다. 각 심리학자는 개인적 가치들, 문화 그리고 경험으로부터 도출된 지침에 근거하여 윤리 강령의 가치들과 규칙들을 보충하지만, 위반하지는 않는다.

일반 원칙

원칙 A: 능력

심리학자들은 치료에 있어서 높은 기준을 유지하려고 노력한다. 그들은 자신의 특별한 능력의 경계들과 전문지식의 한계들을 인정한다. 그들은 교육, 훈련, 혹은 경험에 의해서 자격이 부여된 그런 서비스만 제공하고 그런 기술들만 사용한다. 심리학자들은 그룹들을 가르치고 봉사하고 연구할 때 필요한 능력들이 그룹들의 특성들에 따라서 변한다는 사실을 알고 있다. 그러한 영역들에 있어서 인정된 전문적 기준들은 아직 존재하지 않지만, 심리학자들은 그들이 상담하는 사람들의 복지를 보호하기 위해서 주의 깊은 판단을 하고 적절한 예방 조치를 취한다. 그들은 제공하는 서비스들과 관련된 적절하고 과학적이며 전문적인 정보에 대한 지식을 유지하고, 계속적인 교육의 필요성을 인식한다. 심리학자들은 과학적, 전문적, 기술적 그리고 행정적인 자원들을 적절하게 사용한다.

원칙 B: 신실성

심리학자들은 심리학의 학문, 교육 그리고 치료에 있어서 신실성을 촉진하기 위해서 노력한다. 이러한 행위들에 있어서 심리학자들은 다른 사람들에 대해 정직하고 공정하며 그들을 존중한다. 심리학자들의 자격, 서비스, 결과, 상담료, 연구, 혹은 교육을 묘사하고 보고하는 데 있어서 허위적이고, 잘못되거나 속이는 진술들을 작성하지 않는다. 심리학자들은 자신의 신념 체계들, 가치들, 필요들, 그리고 한계들과 이러한 것들이 그들의 상담에 끼치는 영향을 인식하려고 노력한다. 가능한 한 그들은 이러한 역할들을 따라 적절하게 기능한다. 심리학자들은 잠재적으로 해롭고 부적절한 이중 관계들을 피해야 한다.

원칙 C: 전문적이며 과학적인 책임성

심리학자들은 행위의 전문적인 기준들을 유지하고, 그들의 전문적인 역할들과 의무들을 명백하게 하며, 그들의 행동에 대한 적절한 책임성을 수용하고, 그들의 방법들을 다른 사람들의 필요에 적용한다. 심리학자들은 그들의 환자들, 내담자들, 혹은 그들의 서비스를 받는 사람들의 최고의 유익을 위하여 필요할 경우에 다른 전문가들 또는 기관들과 의논하거나 의뢰하고 협력한다. 심리학자들의 도덕적 기준들과 행위는 어떤 다른 사람에게는 개인적인 문제들이지만, 심리학자들의 행위가 그들 자신의 전문적인 책임성들을 손상시키거나, 심리학이나 심리학자들의 공적인 신뢰를 감소시킬 때는 예외적이다. 심리학자들은 자신의 동료들이 과학적이고 전문적인 행위를 윤리적으로 준수하는지에 대해서 관심을 가져야 한다. 적절할 때, 그들은 비윤리적인 행위를 방지하거나 피하기 위해서 동료들과 의논해야 한다.

원칙 D: 사람들의 권리와 존엄에 대한 존중

심리학자들은 모든 사람의 근본적인 권리들, 위엄, 그리고 가치를 적절하게 존중해야 한다. 그들은 법적인 다른 의무들이 이러한 권리들을 수행하는 데 불일치와 갈등으로 인도할 수 있다는 것을 염두에 두면서 사생활, 기밀성, 자기결정, 그리고 자율성에 대한 개인의 권리를 존중한다. 심리학자들은 나이, 성, 소수민족, 출생국, 종교, 성적 경향성, 장애, 언어, 사회 경제적 상태를 포함하여, 문화적이고 개인적인 역할 차이점들을 인식해야 한다. 심리학자들은 이러한 요소들에 근거한 차별들이 그들의 상담에 끼치는 영향을 제거하기 위해서 노력하고, 부당한 차별적 치료에 고의로 가담하거나 묵과하지 않는다.

원칙 E: 다른 사람들의 복지에 대한 관심

심리학자들은 그들이 전문적으로 상호 관계를 맺고 있는 사람들의 복지에 기여하기 위해서 노력한다. 전문적인 행위들에 있어서 심리학자들은 그들의 환자들이나 내담자들, 학생들, 피감독자들, 인간 연구 참여자들, 그리고 달리 영향을 받은 사람들의 복지와 권리들뿐만 아니라, 동물적인 연구 주제들의 복지를 심사숙고해야 한다. 심리학자들의 의무들과 관심들 사이에 갈등이 발생할 때, 그들은 해를 피하거나 최소화시키는 책임 있는 방식으로 이러한 갈등들을 해결하고 그들의 역할을 수행하려고 노력한다. 심리학자들은 그들과 다른 사람 사이에 존재하는 힘에 있어서 실제적인 차이점들에 민감해야 하고, 전문적 관계 도중이나 그 이후에 다른 사람들을 착취하거나 잘못 인도해서는 안 된다.

원칙 F: 사회적 책임성

심리학자들은 그들이 일하며 살고 있는 공동체나 사회에 대한 전문적이고 과학적인 책임성을 인식하고 있어야 한다. 그들은 인간의 복지에 기여하기 위해서 그들이 갖고 있는 심리학의 지식을 사람들에게 적용하고 알려준다. 심리학자들은 인간 고통의 원인들을 완화하기 위해서 관심을 갖고 일한다. 연구할 때, 그들은 인간의 복지와 심리학을 향상시키기 위해 노력한다. 심리학자들은 용어를 잘못 사용하는 것을 피하려고 노력한다. 심리학자들은 법을 준수하고, 그들의 환자들과 내담자들 그리고 대중의 유익에 기여하는 법과 사회적 정책의 발전을 장려한다. 그들은 개인적인 혜택을 거의 혹은 전혀 받지 않고, 그들의 전문적인 시간을 부분적으로 사용해야 한다.

윤리적 기준

1. 일반적 기준

이러한 일반 기준들은 모든 심리학자들의 전문적이고 과학적인 행위들에 잠재적으로 적용할 수 있다.

1.01 윤리적 코드의 적합성

윤리 강령을 따르는 심리학자의 행위는 단지 그 행위가 그 혹은 그녀의 작업과 관련된 기능들이거나, 그 행위가 본질상 심리학적일 때에만 이러한 윤리적 기준들 아래서 검토될 수 있다. 심리학자들의 역할들과 연계성이 없거나 영향을 끼치지 않는 개인적 행위들은 윤리 강령에 종속되지 않는다.

1.02 윤리와 법의 관계

만일 심리학자들의 윤리적 책임성이 법과 갈등을 일으킨다면, 심리학자들은 윤리 강령에 대한 그들의 헌신을 밝히고, 책임 있게 그 갈등을 해결하기 위한 조치들을 취해야 한다.

1.03 전문적 및 과학적 관계

심리학자들은 정해진 전문적 혹은 과학적 관계나 역할의 상황 안에서만 진단적, 치료적, 교육, 감독적인 자문, 혹은 다른 심리적 서비스를 제공한다. (참조: 기준들 2.01 전문 상담에 있어서 평가, 진단 및 중재 그리고 7.02 법적 평가)

1.04 권한의 한계

(a) 심리학자들은 그들의 교육, 훈련, 감독받은 경험, 혹은 적절한 전문적 경험에 근거하여 단지 그들의 권한 한계 내에서만 상담하고 가르치고, 연구한다.

(b) 심리학자들은 새로운 분야들이나 기술들에 유능한 사람들로부터 처음으로 적절한 수업, 훈련, 감독, 그리고 혹은 자문을 받은 후에만 새로운 분야들이나 관련된 새로운 기술들에 있어서 카운슬링을 제공하고 가르치거나 연구를 수행한다.

일반적으로 예비적 훈련을 위한 기준들로 인정된 영역들이 아직 존재하지 않을 때, 그럼에도 불구하고 심리학자들은 그들의 치료의 유능성을 확실히 하고, 환자들, 내담자들, 학생들, 연구 참여자들, 그리고 다른 사람들을 해로움으로부터 보호하기 위한 적절한 조치들을 취해야 한다.

1.05 전문성 유지하기

평가, 치료, 연구, 단체 상담, 혹은 다른 전문적 행위들에 가담하는 심리학자들은 그들의 치료 분야에 있어서 현재의 과학적이고 전문적 정보를 합리적으로 인식하고, 그들이 사용하는 기술들에 있어서 유능성을 유지하기 위해서 계속적인 노력을 강구해야 한다.

1.06 과학적이고 전문적인 판단의 기초

심리학자들은 과학적이고 전문적인 판단을 하거나 과학적이고 전문적인 시도들을 할 때, 과학적이고 전문적으로 도출된 지식에 의존해야 한다.

1.07 심리치료의 성격과 결과에 대한 설명

(a) 심리학자들이 사정, 평가, 치료, 상담, 감독, 교육, 자문, 연구, 기타 심리적인 서비스를 개인, 그룹, 혹은 단체에 제공할 때, 그들은 그러한 서비스를 받는 사람들이 적절히 이해할 수 있는 언어를 사용하면서 미리 그런 서비스의 성격에 대한 적절한 정보와 이후의 결과들이나 결론들에 대한 적절한 정보를 제공한다. (참조: 2.09 평가 결과의 설명)

(b) 만일 심리학자들이 법이나 단체의 역할들에 의해서 그런 정보를 특정한 개인이나 그룹에게 제공하지 못하게 된다면, 그들은 서비스를 시작할 때 그런 개인이나 그룹에게 알려 주어야 한다.

1.08 인간의 차이점들

나이, 성, 종족, 인종, 출생, 종교, 성적 경향성, 장애, 언어 혹은 사회 경제적 상태의 차이점들이 상당히 특정한 개인들이나 그룹들과 관련된 심리학자들의 카운슬링에 영향을 끼칠 때, 심리학자들은 그들의 서비스의 유능성을 보증하는 데 필요한 훈련, 경험, 자문, 혹은 감독을 확보하거나 적절한 의뢰를 갖는다.

1.09 다른 사람들에 대한 존중

그들의 일과 관련된 행위들에 있어서 심리학자들은 그들 자신의 것들과 다른 가치들, 태도들 그리고 견해들을 견지하기 위해서 다른 사람들의 권리를 존중해야 한다.

1.10 차별하지 않음

그들의 일과 관련된 행위들에 있어서 심리학자들은 나이, 성, 종족, 인종, 출생, 종교, 성적 경향성, 장애, 사회 경제적 상태에 근거하거나 법에서 금지하고 있는 부당한 차별에 관여하지 않는다.

1.11 성적인 괴롭힘

(a) 심리학자들은 성적인 괴롭힘에 관여하지 않는다. 성적인 괴롭힘은 성적으로 졸라대는 것, 신체적인 접근, 혹은 본질적으로 성적으로 간주되는 언어적 혹은 비언어적 행위인데, 그것은 심리학자로서 심리학자의 행위나 역할들과 관련하여 발생하고, 그것은 (1) 달갑지 않고, 공격적이며, 적대적인 작업 환경을 만들고, 심리학자가 이것을 알거나 들었거나 (2) 그것은 상황에 있어서 분별이 있는 사람에게 학대가 되기에 충분히 심각하거나 강렬하다. 성적인 괴롭힘은 한 가지의 강렬하거나 심각한 행동이나, 복합적이고 꾸준하거나 보편적인 행위들로 구성될 수 있다.

(b) 심리학자들은 성적 괴롭힘의 고소자들과 피고소자들에게 위엄과 존중을 허용한다. 심리학자들은 단지 성적인 괴롭힘으로 고소를 하거나 고소를 당하는 것에 근거하여 어떤 사람이 학문적인 입학이나 향상, 취업, 종신 재직, 진급하는 것을 부인하는 데 참여하지 않는다. 이것은 그런 절차의 결과나 다른 적절한 정보를 고려하면서 조치를 취하지 못하도록 하는 것이 아니다.

1.12 다른 학대

심리학자들은 고의로 나이, 성, 종족, 인종, 출생, 종교, 성적 경향성, 장애, 언어, 혹은 사회 경제적 상태와 같은 요소들에 근거하여 그들이 일하면서 만나는 사람들을 괴롭히거나 처신을 잘못하는 행동에 가담하지 않는다.

1.13 개인적 문제와 갈등들

(a) 심리학자들은 그들의 개인적인 문제들과 갈등들이 그들의 효율성을 방해하는 것을 인식해야 한다. 따라서 그들은 그들의 개인적 문제들이 전문적이거나 과학적인 의무를 지고 있는 환자, 내담자, 동료, 학생, 연구원, 혹은 다른 사람에게 해롭게 될 것 같다는 사실을 알거나 알아야만 할 때, 치료하는 것을 삼가야 한다.

(b) 더욱이 심리학자들은 상당히 손상된 치료를 막기 위해서 그들의 개인적 문제들의 징조들을 초기에 알아차려서 도움을 구할 의무가 있다.

심리학자들이 그들이 수행하는 작업과 관련된 일들을 방해하는 개인적 문제들을 알게 될 때, 그들은 전문적 자문이나 조력과 같은 적절한 조치를 취하고, 그들의 작업과 관련된 일들의 한계를 정하고, 정지하거나 종료해야 할지를 결정해야 한다.

1.14 피해 방지

심리학자들은 그들이 상담하는 환자나 내담자, 연구원, 학생 그리고 다른 사람들에게 해를 끼치는 것을 피하고, 예측할 수 없고 피할 수 없는 경우에는 피해를 최소화하기 위해서 합리적인 조치들을 취해야 한다.

1.15 심리학자들의 영향력 남용

심리학자들의 과학적이고 전문적 판단과 행동들이 다른 사람들의 삶에 영향을 끼치기 때문에 그들은 영향력을 남용할지도 모르는 개인적, 재정적, 사회적, 조직적, 혹은 정치적 요소들을 알아차리고 경계해야 한다.

1.16 심리학자들의 업무 남용

심리학자들은 교정 기계 장치들이 가동되지 않는 한 그들의 기술이나 자료들이 다른 사람들에 의해서 남용될 것 같아 보이는 행위들에 참여하지 않는다. (참조: 7.04 신실성과 정직)

만일 심리학자들이 그들의 작업이 남용되거나 와전된 것을 알게 되면, 그들은 남용이나 와전을 고치거나 최소화하기 위해서 적당한 조치를 취한다.

1.17 복합 관계

많은 공동체나 상황에 있어서 심리학자들이 환자, 내담자, 학생, 피감독자, 혹은 연구원들과 사회적 혹은 다른 비전문적 접촉들을 피하는 것은 가능하거나 적당하지 않을 것이다. 심리학자들은 다른 사람들과의 접촉이 그들의 작업과 그들이 다루는 사람들에게 잠재적으로 해로운 영향을 끼친다는 사실에 항상 예민해야 한다. 심리학자는 그런 사람들과 또 다른 개인적, 과학적, 전문적, 재정적, 혹은 다른 관계에 들어가거나 약속하는 것을 삼가야 하는데, 만일 그렇지 않으면 그런 관계 때문에 심리학자의 객관성이나 심리학자로서 효과적으로 자신의 기능을 수행하는 데 방해를 받거나, 다른 사람들이 해를 당하거나 다치게 될 경우에 해당한다.

마찬가지로, 이전에 존재하는 관계들 때문에 그런 해로움의 위험이 발생할 때, 심리학자는 가능하면 전문적이고 과학적인 의무를 떠맡는 것을 삼가야 한다.

만일 심리학자가 예측하지 못하는 요소들 때문에 잠재적으로 해로운 복합 관계가 발생했다는 사실을 알게 되면, 심리학자는 영향 받은 사람의 최선의 유익을 고려하고 윤리 강령을 최대한 준수해서 그것을 해결하려고 노력해야 한다.

1.18 환자나 내담자와의 교환

심리학자들은 심리적 서비스의 대가로 환자들로부터 물품, 서비스, 혹은 다른 비금전적 보상을 받는 것을 삼가야 하는데, 왜냐하면 그런 것을 통해서 갈등과 착취의 가능성과 전문적 관계의 왜곡이 생길 수 있기 때문이다. 심리학자는 단지 (1) 그것이 임상적으로 금기되지 않고, (2) 그 관계가 착취적이 아닐 때에만 교환 행위에 참여해도 된다. (참조: 1.17 복합 관계, 1.25 상담료 및 재정적 합의)

1.19 착취 관계

(a) 심리학자들은 학생, 피감독자, 피고용인, 연구 참가원, 그리고 내담자나 환자들과 같은 사람들에 대해서 감독하고, 평가하거나 다른 권위를 갖고 착취하지 말아야 한다. (참조: 4.05~4.07 내담자들이나 환자들과 성적인 관련을 맺는 것에 대해서)

(b) 심리학자들은 훈련 중에 있는 학생들이나 피감독자들을 평가하거나 직접적인 권위를 행사하여 성적인 관계들을 맺지 말아야 하는데, 왜냐하면 그런 관계들을 통해서 판단을 잘못하거나 착취적이 될 수 있기 때문이다.

1.20 카운슬링과 의뢰(referral)

(a) 심리학자들은 원칙적으로 그들의 환자나 내담자의 적절한 동의하에 적용 가능한 법과 계약상의 의무들을 포함한 그 밖에 관련된 사항들을 고려하여 최선의 유익에 근거한 적절한 자문과 의뢰의 예정을 세운다. (참조: 5.01 기밀성의 한계들을 논의함, 5.06 자문)

(b) 지시되어 있고, 전문적으로 적절할 때, 심리학자들은 그들의 환자나 내담자를 효과적이고 적절하게 상담하기 위해서 다른 전문가들과 협력해야 한다. 심리학자들의 의뢰적 치료는 법에 부합된다.

1.21 카운슬링을 위한 제삼자의 요청

(a) 심리학자가 제삼자의 요청으로 어떤 사람이나 독립체(entity)에 서비스를 제공하기로 동의할 때, 심리학자는 서비스를 시작할 때, 가능한 한 각 당사자와의 관계의 성격을 분명하게 해야 한다. 이러한 명료화에 포함되는 내용들은(치료사, 단체의 자문가, 진단자, 혹은 전문적 증인과 같은) 심리학자의 역할, 제공되는 서비스의 있을 법한 사용들 혹은 획득된 정보, 그리고 기밀성의 한계가 될지도 모르는 사실들이다.

(b) 만일 제삼자의 개입 때문에 심리학자가 갈등 역할을 수용하게 될 위험이 있다면, 심리학자는 그 혹은 그녀의 책임들을 명백하게 설명하고, 모든 당사자에게 이 일이 진행되는 상황을 적절하게 알리며, 윤리 강령을 따라서 그 상황을 해결하도록 한다.

1.22 하급자에 대한 위임과 감독

(a) 심리학자들은 그들의 고용인, 피감독자, 그리고 연구 보조원에게 그들이 독립적이거나 감독을 받으면서 그들의 교육, 훈련, 혹은 경험의 바탕 위에서 유능하게 수행할 수 있다고 기대하는 책임들만 위임해야 한다.

(b) 심리학자들은 그들의 고용인이나 피감독자에게 적당한 훈련과 감독을 제공하고, 그들이 서비스들을 책임 있고, 유능하며, 윤리적으로 수행하는 것을 관찰하기 위해서 합리적인 조치들을 취한다.

만일 제도적인 정책, 절차, 혹은 실무들이 이러한 의무의 성취를 막는다면, 심리학자들은 가능하면 그들의 역할을 수정하거나 그들의 상황을 고치려고 노력해야 한다.

1.23 전문적이고 과학적 작업의 문서 정리

(a) 심리학자들은 후에 그들이나 다른 전문가들에 의한 서비스의 제공을 용이하게 하기 위해서 그들의 전문적이고 과학

적인 치료를 기록으로 남겨서 책임을 확실하게 하고, 제도나 법의 다른 요구들을 충족시킨다.

(b) 심리학자들이 그들에게 카운슬링을 받는 사람들이나 참여자들과 관련된 법적 절차들에 있어서 이러한 전문적 서비스의 기록들이 사용될 것이라고 믿는 이유가 있다면, 그들은 문서가 법정에서 잘 검토될 수 있도록 세부적으로 잘 정돈하고 보관할 책임이 있다. (참조: 7.01 법적 행위에 있어서 전문 직업의식)

1.24 기록과 데이터

심리학자들은 그들의 연구, 치료, 그리고 다른 작업들과 관련하여 법을 준수하고, 윤리 강령의 요구들에 부합되도록 기록들과 자료들을 만들고 유지, 유포, 저장하며 간직하고 처분해야 한다. (참조: 5.04 기록의 유지)

1.25 상담료 및 재정적 합의

(a) 전문적이거나 과학적인 관계에 있어서 가능한 한 일찍 심리학자와 환자, 내담자, 혹은 다른 적절한 심리적 서비스의 수혜자는 상담료와 비용 지출 계획을 상세하게 설명하는 데 동의한다.

(b) 심리학자들은 상담료와 관련하여 서비스의 수혜자들이나 지불자들을 부당하게 이용하지 않는다.

(c) 심리학자들이 상담료를 받는 것은 법에 일치한다.

(d) 심리학자들은 그들의 상담료를 부정확하게 말하지 않는다.

(e) 만일 재정의 한계 때문에 서비스의 제한이 예상된다면, 가능한 한 빨리 환자, 내담자, 혹은 그 밖의 서비스의 수혜자와 의논해야 한다. (참조: 4.08 카운슬링의 중단)

(f) 만일 환자, 내담자, 혹은 그 밖의 서비스 수혜자가 동의한 상담료를 지불하지 않고, 심리학자가 상담료를 수납하기 위해서 미수금 처리 대행 회사나 법적 조치를 사용하기 원한다면, 심리학자는 먼저 그 사람에게 그러한 조치가 취해질 것을 알려주고, 그 사람에게 상담료를 조속히 지급할 수 있는 기회를 주어야 한다. (참조: 5.11 미지급 기록의 보류)

1.26 지불자와 재정 자원에 대한 정확한 기록

상담료 지불자들이나 연구 재정 자원 등에 대해서 보고할 때, 심리학자들은 제공된 연구나 서비스의 성격, 연구비용이나 상담료, 그리고 제공자의 신원, 연구 결과, 그리고 진단에 대해서 정확하게 언급한다. (참조: 5.05 발표)

1.27 의뢰와 상담료

심리학자가 고용주-고용인 관계 이외의 또 다른 전문인에게 상담료를 지불하고 받거나 그 금액을 나눌 때, 각자의 지급액은 제공된 서비스들(임상적, 자문적, 행정적, 혹은 기타)에 근거하며, 의뢰 그 자체에 근거하지 않는다.

2. 평가, 사정 및 중재

2.01 전문 상담에 있어서 평가, 진단 및 중재

(a) 심리학자들은 한정된 전문 관계의 맥락 안에서만 평가, 진단적 서비스, 혹은 중재들을 한다. (참조: 1.03 전문적 및 과학적 관계)

(b) 심리학자들의 평가, 추천서, 보고, 그리고 심리적 진단 혹은 평가서들은 그들이 발견한 사실에 대한 적절한 증거를 제공하기 위해서 (필요할 때, 개인 인터뷰를 포함하여) 충분한 정보와 기술들에 근거해야 한다. (참조: 7.02 법적 평가)

2.02 평가와 중재의 유능성과 적절한 사용

(a) 심리적 평가 기술, 인터뷰, 혹은 수단을 개발하고, 관리하고, 기록하고, 해석하거나 사용하는 심리학자들은 기술들의 유용성과 적당한 적용에 대한 연구라는 견지에서 적절한 방법과 목적으로 그런 일을 수행한다.

(b) 심리학자들은 평가 기술, 중재, 결과, 그리고 해석의 오용을 삼가고, 다른 사람들이 이러한 기술 정보를 잘못 사용하는 것을 막기 위한 합리적 조치들을 취한다. 여기에는 실제 테스트 결과들을 부모나 내담자 외에 그런 정보를 사용할 자격이 없는 다른 사람들에게 공개하지 않는 것을 포함한다. (참조: 1.02 윤리와 법의 관계, 1.04 권한의 한계)

2.03 테스트 구성

테스트와 다른 평가 기술을 가지고 연구를 개발하고 수행하는 심리학자들은 테스트 고안, 표준화, 확인, 편견의 감소나 제거, 그리고 사용을 위한 추천서에 대한 과학적 절차들에 관련된 현재의 전문적 지식을 사용해야 한다.

2.04 일반적 평가의 사용

중재를 수행하거나 평가 기술을 관리하고 기록하며 해석하거나 사용하는 심리학자들은 그들이 사용하는 기술의 신뢰도, 확인, 그리고 관련된 표준화 혹은 연구 결과의 적절한 적용과 사용에 익숙해야 한다.

심리학자들은 개인에 대한 진단, 판단, 혹은 예측의 정확성에 대한 한계를 인정해야 한다.

심리학자들은 개인의 성, 나이, 인종, 소수민족, 출생 국가, 종교, 성적 경향, 장애인, 언어, 혹은 사회 경제적 상태와 같은 요소들 때문에 특별한 중재나 평가 기술 혹은 규범이 그들에게 적용될 수 없거나, 행정이나 해석에 있어서 조정이 필요할 수 있는 상황들을 확인하려고 노력해야 한다.

2.05 평가 결과의 해석

평가 결과를 해석할 때—자동화된 해석들을 포함하여—심리학자들은 그들의 판단에 영향을 끼치거나 해석의 정확성을 감소시킬지 모르는 평가 받는 사람의 여러 가지 테스트 요소와 특성들을 고려해야 한다. 그들은 해석의 정확성이나 한계에 대해서 그들이 갖고 있는 중요한 유보 조항들을 지시해야 한다.

2.06 부자격자

심리학자들은 심리적 평가 기술을 자격이 없는 사람들에 의해서 조장하지 않는다. (참조: 1.22 하급자에 대한 위임과 감독)

2.07 폐기 테스트 및 시효가 지난 테스트 결과

심리학자들은 그들의 현재 목적을 위해서 평가 혹은 중재에 대한 결정이나 추천을 할 때 시효가 지난 자료나 테스트 결과에 기초를 두지 않는다. 마찬가지로, 심리학자들은 현재의 목적을 위해서 추천을 할 때 폐기되었거나 사용하지 않는 테스트나 수단에 기초하지 않는다.

2.08 테스트 점수를 매기고 해석하는 서비스

(a) 다른 전문가들에게 평가 혹은 점수를 매기는 절차를 제공하는 심리학자들은 그 절차들의 목적, 규범, 타당성, 신뢰성, 그리고 적용과 그들이 접근할 수 있는 어떤 특별한 자격들을 설명해야 한다.

(b) 심리학자들은 점수를 매기고 해석하는 서비스를 여러 가지 적절하게 고려할 뿐만 아니라, 그 프로그램이나 절차들이 타당하다는 증거를 갖고 (자동화된 서비스를 포함하여) 점수를 선택해야 한다.

(c) 심리학자들은 스스로 테스트에 점수를 매기고 해석하든지, 아니면 자동화되어 있든지, 다른 서비스를 사용하든지 상관없이 평가 수단들에 대한 적절한 적용, 해석, 그리고 사용에 대한 적절한 책임을 유지해야 한다.

2.09 평가 결과의 설명

미리 평가를 받고 있는 사람에게 관계의 성격이 분명하게 설명되지 않은 상황에서 (어떤 단체의 자문, 취업 전이나 안전 심사, 그리고 법적 평가들에서처럼), 방해받지 않는 한 심리학자들은 내담자를 위하여 평가받은 사람이나 법적으로 인정된 또 다른 사람에게 합리적으로 이해할 수 있는 언어를 사용하여 결과에 대한 설명이 제공됨을 확실하게 해야 한다. 점수를 매기고 해석하는 것이 심리학자와 보조자들에 의해서 이루어지든지, 아니면 자동화되어 있거나 기타 외부의 서비스에 의해서 이루어지든지 상관없이 심리학자들은 결과에 대한 적절한 설명이 주어진다는 것을 확실하게 하기 위해서 합리적 조치를 취해야 한다.

2.10 테스트의 안정성 유지하기

심리학자들은 테스트나 다른 평가 기술의 신실성과 안전을 유지하기 위한 노력이 법과 계약 의무 조항에 부합되어야 하며, 이러한 윤리 강령들을 준수해야 한다. (참조: 1.02 윤리와 법의 관계)

3. 광고와 다른 공적 진술서

3.01 공적 진술서의 정의

심리학자들은 전문적 서비스, 결과, 혹은 출판물이나 심리학의 분야에 관한 공적 진술서에서 윤리 강령을 따라야 한다. 공적 진술서 안에는 제출되었거나 미제출된 광고 소책자, 인쇄물, 전화번호, 개인적인 이력서나 경력서, 인터뷰, 혹은 미디어 사용에 대한 언급, 법적 절차에 대한 진술서, 강의나 공적인 구두적 표현들, 그리고 인쇄된 자료들이 포함되어 있지만, 이런 것들에 제한되지 않는다.

3.02 다른 사람들에 의한 진술서

(a) 심리학자들이 그들의 전문적 치료, 결과, 혹은 행위들을 조장하는 공적 진술서를 만들기 위해서 다른 사람들을 고용하는 경우 심리학자들은 그런 진술서의 전문적 책임성을 유지한다.

(b) 그 밖에 심리학자들은 (피고용인, 출판업자, 후견인, 단체 내담자, 그리고 인쇄나 방송 매체의 대표자들처럼) 그들이 통제하지 못하는 사람들이 심리학자들의 업무나 전문적 혹은 과학적 행위에 대해 현혹시키는 언급을 하지 못하도록 합리적 노력을 해야 한다.

(c) 만일 심리학자들이 그들의 일에 대해서 다른 사람들이 만든 허위 진술에 대해 알게 된다면, 심리학자들은 그런 진술을 고치기 위해서 정당한 노력들을 해야 한다.

(d) 심리학자들은 출판, 라디오, TV 혹은 다른 전달 매체의 고용인들에게 뉴스 항목의 광고에 대해서 대가를 보상하지 않는다.

심리학자의 행위와 관련된 유료 광고는 그것이 상황에 따라 명백하지 않는 한 식별되어야 한다.

3.03 허위 및 거짓 진술을 피함

심리학자들은 그들이 말하고 전달하고 제시한 것이나 그들이 놓친 것 때문에 그들의 연구, 치료, 혹은 다른 업무 활동들이나 그들이 연계된 사람들이나 기관들에 관해서 거짓되고 현혹시키며 오도하는 등의 사기성 공적 진술서를 작성하지 않는다. 예를 들면 (제한된 것은 아니지만) 심리학자들은 (1) 그들의 훈련, 경험, 혹은 능력; (2) 그들의 학위; (3) 그들의 자격증; (4) 그들의 기관 혹은 협회와의 관련성; (5) 그들의 서비스; (6) 그들의 서비스를 위한 과학적 혹은 임상적 기초나 그 성공 결과 및 정도; (7) 그들의 상담료; 혹은 (8) 그들의 출판물이나 연구 결과에 관해서 거짓되고 현혹시키는 진술서를 작성하지 않는다. (참조: 6.15 허위 연구)

심리학자들은 심리적 업무를 위한 자격증으로서 (1) 지역적으로 인준된 교육 기관에서 받거나 (2) 그들이 개업하는 주(state)에서 부여하는 심리적 인가증을 받기 위해서 기초가 되는 학위들만 획득해야 한다.

3.04 미디어에 발표함

심리학자들이 공공 강연, 발표, 라디오 혹은 TV 프로그램, 사전에 녹음된 테이프, 출판 기사, 우송된 자료, 혹은 다른 전달 매체들에 의해서 조언이나 언급을 할 때, 그들은 (1) 그 진술들이 적절한 심리학적 문헌이나 치료에 근거하고, (2) 그렇지 않다면 그 진술들이 윤리 강령(Ethics Code)에 일치하며, (3) 정보를 받는 사람들이 그들과 개인적으로 관계를 갖도록 권장되는 것은 아니라는 점을 확실하게 하기 위한 적당한 예방 조치들을 취해야 한다.

3.05 감사장(Testimonials)

심리학자들은 특별한 상황 때문에 부당한 영향에 쉽사리 상처입기 쉬운, 현재 심리치료를 받는 내담자나 환자 혹은 다른 사람에게 감사장을 요구하지 않는다.

3.06 개인적 간청

심리학자들은 특별한 상황 때문에 부당한 영향에 쉽사리 상처입기 쉬운, 실제로 심리치료를 받고 있거나 앞으로 그렇게 할 수 있는 내담자나 환자 혹은 다른 사람들로부터, 직접적으로 혹은 대리인을 통해서 주제넘게 일을 간청하는 데 관여하지 않는다. 단, 이것은 이미 예약된 치료 환자에게 유익을 주려는 목적으로 중요한 사람들과의 적절한 이차적 접촉을 실행하려는 노력에는 예외이다.

4. 치료

4.01 관계 수립

(a) 심리학자들은 치료 관계에서 가능한 한 빨리 치료의 성격과 예상되는 과정, 상담 비용, 그리고 기밀성과 같은 적절한 주제들에 대해서 내담자나 환자와 상의한다. (참조: 1.25 상담료 및 재정적 합의, 5.01 기밀성의 한계들을 논의함)

(b) 심리학자들의 업무가 내담자나 환자와 함께 감독을 받아야 한다면 감독자가 그 경우에 법적 책임을 갖고 있을 때, 상기의 논의에는 감독자의 사실과 이름이 포함된다.

(c) 심리학자가 학생 인턴이라면, 내담자나 환자가 그 사실을 알아야 한다.

(d) 심리학자들은 환자의 질문들에 대답하고 치료에 대한 분명한 오해들을 피하기 위해서 적절히 노력해야 한다. 가능할 때마다 심리학자들은 환자나 내담자가 분별 있게 이해할 수 있는 언어를 사용해서 말 혹은 글로 정보를 제공해야 한다.

4.02 치료에 대한 인지 동의(Informed Consent)

(a) 심리학자들은 참여자가 분별 있게 이해할 수 있는 언어를 사용해서 치료와 관계된 절차들에 대해서 적절한 인지 동의를 얻어야 한다. 인지 동의의 내용은 많은 상황에 따라서 달라질 수 있다. 그렇지만 인지 동의는 일반적으로 그 사람이 (1) 동의할 능력을 갖고 있고 (2) 절차에 대한 중요한 정보를 알고 있으며 (3) 부당한 영향력이 없이 자유롭게 동의를 표현하고 (4) 동의가 적절하게 문서화되어 있다는 것을 암시한다.

(b) 사람들이 법적으로 인지 동의를 할 수 없을 때, 대체 동의가 법적으로 허락된다면, 심리학자들은 법적으로 인정된 사람으로부터 인지된 허가서를 얻어야 한다. 더구나 심리학자들은 (1) 개인의 심리적 능력에 알맞은 방법으로 제안된 중재들에 관해서 법적으로 인지 동의를 할 수 없는 사람들에게 이 사실을 알려 주고 (2) 그런 중재에 동의를 구하고 (3) 그런 사람들이 좋아하는 것과 가장 관심을 두고 있는 것을 고려해야 한다.

4.03 부부 및 가족 관계들

심리학자가 (남편과 아내 혹은 부모와 자녀처럼) 관계를 갖고 있는 여러 사람들에게 카운슬링을 제공하기로 동의할 때, 심리학자는 처음에 (1) 개인들 중의 누가 환자이거나 내담자인지 분명히 하고 (2) 심리학자가 각 사람과 맺을 관계를 명백히 하기 위해서 노력해야 한다. 이러한 명료화에는 심리학자의 역할, 제공되는 서비스의 가능한 사용들 혹은 획득된 정보가 포함된다. (참조: 5.01 기밀성의 한계들을 논의함)

심리학자가 (남편과 아내에 대한 결혼 카운슬러로 이혼 절차에 한 편을 위하여 증인이 되는 것과 같이) 잠재적인 갈등 역할들을 수행하도록 요구받을지도 모른다는 것이 분명해질 때, 심리학자는 적절하게 자신의 업무들을 분명히 하고 조정하거나 그 일들을 취소하도록 노력해야 한다. (참조: 7.03 법적 행위하에 역할을 분명히 함)

4.04 카운슬링을 의뢰받아 정신건강 카운슬링을 제공함

다른 곳에서 이미 정신건강 카운슬링을 받고 있는 사람에게 카운슬링을 제공할 것인지, 말 것인지 결정함에 있어서 심리학자들은 치료 이슈들과 환자나 내담자의 복지를 주의 깊게 고려해야 한다. 심리학자는 이러한 이슈들을 혼란이나 갈등의 위험을 최소화하기 위해서 내담자의 유익을 위하여 환자나 내담자 혹은 법적으로 인정된 또 다른 사람과 의논하고, 적절할 때 다른 상담 제공자와 의논하며, 주의 깊고 민감하게 치료 주제들을 다루어야 한다.

4.05 현재의 환자나 내담자와 성적 친밀감을 가짐

심리학자들은 현재의 환자나 내담자와 성적인 친밀감을 맺지 않는다.

4.06 이전의 성적 파트너와 함께 치료 받음

심리학자들은 그들이 성적 친밀감을 맺고 있는 사람을 치료 환자나 내담자로서 받아들여서는 안 된다.

4.07 이전에 치료 받은 환자들과 성적 친밀감을 가짐

(a) 심리학자들은 전문적 상담이 중지되거나 종료된 후 적어도 2년 동안 이전의 환자나 내담자와 성적 친밀함을 맺지 않는다.

(b) 이전의 치료 받은 환자나 내담자와의 성적 친밀감이 환자나 내담자에게 해롭고, 그런 친밀감이 심리적 전문직에 대한 공적인 신뢰를 손상시키며, 필요로 하는 서비스의 공적인 사용을 저해하기 때문에 심리학자들은 대부분의 특별한 상황을 제외하고는 2년이 지나서도 이전의 치료 받은 환자나 내담자와 성적인 친밀감을 갖지 않는다. 치료 중지나 종료 2년 후에 그런 관계를 맺는 심리학자는 다음에 열거하는 관련된 모든 요소들의 관점에서 이기적 이용이 없었다는 것을 보여주어야 한다. (1) 치료가 종료된 이후로 지난 시간의 양, (2) 치료의 성격과 기간, (3) 종료 상황들, (4) 환자나 내담자의 개인사, (5) 환자나 내담자의 현재 정신 상태, (6) 환자나 내담자 및 다른 사람들에 나쁜 영향을 끼칠 가능성, (7) 치료 중에 치료자가 종료 후에 환자나 내담자와 성적이거나 로맨틱한 관계를 가질 가능성을 제안하거나 청하는 진술서나 행동들. (참조: 1.17 복합 관계)

4.08 카운슬링의 중단

(a) 심리학자가 병에 걸리거나 사망하거나 만날 수 없거나 장소를 옮기거나, 아니면 내담자가 장소를 옮기거나 경제적인 한계와 같은 요인들 때문에 카운슬링이 중단될 경우에, 심리학자들은 내담자를 돌보기 위하여 합당한 조치를 취해야 한다. (참조: 5.09 기록과 데이터의 보존)

(b) 고용이나 계약 관계에 놓여 있는 심리학자들은, 그 관계가 끝나는 경우에 환자나 내담자의 복지를 잘 고려하여, 법적으로 적절하게 환자나 내담자에 대한 책임을 다해야 한다.

4.09 전문적 관계의 종료

(a) 심리학자들은 환자나 내담자를 포기하지 말아야 한다. (참조: 1.25e, 상담료 및 재정적 합의)

(b) 심리학자들은 환자나 내담자가 더 이상 카운슬링을 필요로 하지 않거나, 카운슬링이 그들에게 도움이 되지 않거나, 분명하게 계속적인 카운슬링이 오히려 해로움을 끼치고 있을 때, 전문적 상담관계를 끝내야 한다.

(c) 환자나 내담자의 행동에 의해서 방해되는 경우가 아니라면, 어떤 이유에서든지 카운슬링 종료를 하기 전에, 만일 환자나 내담자가 즉시 다른 상담자를 필요로 한다면 다른 상담자에게 책임성의 이전을 촉진시키기 위해서, 심리학자는 환자나 내담자의 견해나 필요들에 대해서 의논하고, 결정을 위한 적절한 상담을 제공하며, 적절할 때 대체상담자를 제시하고, 다른 합리적인 단계들을 밟아야 한다.

5. 프라이버시와 기밀성

이러한 표준들은 잠재적으로 모든 심리학자들의 전문적이며 과학적인 행위들에 적용시킬 수 있다.

5.01 기밀성의 한계들을 논의함

(a) 심리학자들은 (실행 가능한 대로 미성년자와 법적 대리인을 포함하여) 과학적이거나 전문적인 관계를 갖고 있는 사람이나 기관과, (1) 그룹, 결혼, 가정 치료나 기관 상담에 적용되는 한계를 포함해서, 기밀성에 대한 적절한 한계뿐만 아니라, (2) 카운슬링을 통해서 알아낸 정보의 예측할 수 있는 사용 문제에 대해서 의논해야 한다.

(b) 기밀성의 논의가 불가능하지 않거나 법적으로 차단되어 있지 않다면, 카운슬링 관계를 시작할 때 그것을 의논하고, 그 후에는 새로운 상황이 확보될 때 재개한다.

(c) 카운슬링의 전자 기록은 내담자와 환자의 허락을 받아야 한다.

5.02 기밀성의 유지

심리학자들은 기밀성이 법, 제도적인 규칙, 혹은 전문적이거나 과학적인 관계들에 의해서 설정될 수 있다는 점을 인식하면서, 그들을 돕거나 카운슬링하고 있는 사람들의 기밀성의 권리를 존중하기 위한 주요한 의무를 갖고 적절한 조치를 취해야 한다.

5.03 최소한의 사생활 침해

(a) 사생활의 침해를 최소화하기 위해서, 심리학자들은 문서와 구두 보고서, 자문 회의, 그와 같은 것에서 단지 카운슬링에 부합된 목적만 포함시킨다.

(b) 심리학자들은 임상이나 카운슬링 관계에서 얻은 기밀성 정보들을 의논하거나, 환자, 개인이나 단체의 내담자들, 연구원, 상담지도를 받는 자 그리고 고용인에 관한 자료들을 평가할 때, 그것은 분명히 관련된 사람들을 위해서만 행해져야 한다.

5.04 기록의 보관

심리학자들은 그들이 다루고 있는 기록들을 만들고, 저장하며, 이용하고, 옮기며, 처리할 때, 이것들이 쓰여졌거나 자동화되었거나 다른 매개체로 되었든지 상관없이 기밀성을 유지해야 한다. 심리학자들은 법률을 준수하고, 이러한 윤리 강령(Ethics Code)의 요건들에 해당하는 방법으로 기록들을 보관하며 처리해야 한다.

5.05 정보 유출

(a) 심리학자들은 법이 지정하거나 정당한 목적을 위해서 법이 허락한 경우에만, 개인의 허락 없이도 기밀성 정보를 유출할 수 있는데, 그런 경우는 (1) 환자 혹은 개인이나 단체의 내담자들에게 필요한 전문 상담을 제공하기 위해서, (2) 적절한 전문적 자문을 얻기 위해서, (3) 환자나 내담자 혹은 다른 사람에게 피해가 되지 않도록 하기 위해서, (4) 상담 비용을 받기 위해서인데, 이 경우에 정보 유출은 그 목적을 달성하기 위해서 최소한 제한받는다.

(b) 또한 심리학자들은 법에 의해 금지되지 않는 한, 환자 혹은 개인이나 단체 내담자들의 적절한 동의(또는 환자나 내담자를 위해서 법적으로 공인된 다른 사람의 적절한 동의)를 받고, 기밀성 정보를 유출할 수 있다.

5.06 자문

동료들과 함께 상담할 때, (1) 심리학자들은 내담자나 단체의 사전 동의를 얻은 경우를 제외하고는 기밀성 관계를 맺고 있는 환자, 내담자, 연구원, 혹은 다른 사람이나 단체의 개인 신상을 잘 알 수 있는 기밀성 정보를 나누어서는 안 되며, (2) 그들은 자문의 목적을 달성하기 위해서 필요한 범위 내에서만 정보를 나누어야 한다. (참조: 5.02 기밀성의 유지)

5.07 데이터베이스에 있는 기밀 정보

만일 심리적 서비스의 수혜자에 관한 기밀 정보가 기록의 데이터베이스나 시스템에 입력되어서 수혜자에 의해 허락되지 않은 사람들에게 그 기록이 드러난다면, 심리학자는 개인 식별자(personal identifier)의 산입(inclusion)을 피하기 위해서 부호화(coding)나 다른 기술들을 사용한다.

만일 기관의 검토위원회나 유사 기구에 의해서 인정된 연구 프로토콜(protocol, 역자 주: 컴퓨터 상호 간의 대화에 필요한 통신 규약)이 개인 식별자를 포함해야 하는 경우, 그 정보가 해당되는 사람 외의 다른 사람들에게 접근되기 전에 그런 식별자들이 삭제되어야 한다. 그런 삭제가 불가능하다면, 심리학자들은 그런 자료들을 다른 사람에게 전송하거나 다른 사람이 수집하여 이러한 자료들을 보기 전에, 그들이 확인할 수 있는 사람들로부터 적절한 동의를 얻었는지를 결정하는 적당한 조치들을 취해야 한다.

5.08 교훈적 또는 그 외의 목적을 위한 기밀 정보의 사용

심리학자들은 개인이나 단체가 저술하는 데 동의하거나, 다른 윤리적이거나 법적인 승인이 있지 않는 한 그들의 저술, 강의, 혹은 다른 공공 전달 매체에 그들의 환자, 개인 혹은 단체의 내담자, 학생, 연구 참가자, 혹은 그들의 서비스의 다른 수혜자들에 관한 기밀적이고 개인적인 정보를 밝히지 않는다.

보통, 과학적이고 전문적인 발표를 할 때도 심리학자들은 그런 사람이나 단체들에 관한 기밀 정보를 위장해서 그것이 다른 사람들에게 개인적으로 확인될 수 없도록 해야 하고, 논의를 할 때도 스스로 확인되는 주제에 손상을 입히지 않도록 주의해야 한다.

5.09 기록과 데이터의 보존

심리학자는 사전에 계획을 세워서, 심리학자가 사망하거나 무자격자가 되거나 퇴직할 경우에도 기록이나 자료들의 기밀성이 보호될 수 있도록 해야 한다.

5.10 기록과 데이터의 소유권

기록이나 자료의 소유권은 법적인 원칙에 의해서 통제된다는 것을 인식하면서, 적당한 법적 조치들을 취해서 기록이나 자료가 환자 개인이나 단체의 내담자, 연구 참가자, 혹은 해당되는 다른 사람들의 최선의 유익을 위하여 사용될 수 있도록 해야 한다.

5.11 미지급 기록의 보류

심리학자들은 달리 법이 규정하지 않는 한 단지 상담료를 받지 못했다는 이유로 환자나 내담자의 치료를 위해서 요청되거나 당장 필요로 하는 기록들을 보류해서는 안 된다.

6. 교육, 훈련, 감독, 연구 및 출판

6.01 교육과 훈련 프로그램의 구상

교육이나 훈련 프로그램에 책임이 있는 심리학자들은 그 프로그램이 유능하게 고안되었고, 적당한 경험을 제공하며, 면허, 자격증, 혹은 그 프로그램에 의해서 요청되는 다른 목표들을 만족시킨다는 것을 확실하게 하기 위해서 노력해야 한다.

6.02 교육과 훈련 프로그램의 설명

교육이나 훈련 프로그램에 책임이 있는 심리학자들은 그 프로그램의 내용, 교육 목표와 목적, 그리고 그 프로그램의 효과적인 성취를 위해서 채워야 하는 요구들을 현재 정확하게 묘사하고 있다는 것을 확실하게 하기 위해 노력해야 한다. 이러한 정보는 관심이 있는 모든 당사자들에게 쉽게 접근될 수 있어야 한다.

심리학자들은 그들의 과정을 요약한 것에 대한 진술서가 정확해야 하는데, 특히 그 안에는 취급되는 주제, 진전을 평가하는 근거들 그리고 과정 경험의 성격이 포함된다. (참조: 3.03 허위 및 거짓 진술을 피함) 그들이 조절할 수 있을 정도로 워크숍, 세미나, 혹은 다른 비학위로 제공되는 교육 프로그램을 설명하는 공지사항, 카탈로그, 소책자, 혹은 광고에 책임이 있는 심리학자들은 그 프로그램에 참여하는 청중, 교육 목적, 강사, 그리고 관련 비용을 정확하게 묘사해야 한다.

6.03 정확하고 객관적인 교육

교육이나 훈련에 참여할 때, 심리학자들은 정확하며 적당한 정도의 객관성을 가지고 심리학적 정보를 제공해야 한다. 교육이나 훈련에 참여할 때, 심리학자들은 학생들이나 피감독자들을 지배할 수 있는 힘을 갖고 있다는 것을 인식하고, 개인적으로 품격을 떨어뜨리는 행위에 가담하는 것을 피하기 위해서 적절한 노력을 해야 한다. (참조: 1.09 다른 사람들에 대한 존중, 1.12 다른 학대)

6.04 교육의 한계

심리학자들은 필수적인 훈련, 치료의 법적 범위, 혹은 전문성이 부족한 개인들에게 최면술, 생체 자기 제어술(biofeedback, 역자 주: 뇌파형 등을 이용하는 정신 안정법), 그리고 투사 기법들을 포함한 특별한 훈련, 면허 혹은 전문지식을 요구하는 기술이나 절차의 사용을 가르치지 않는다.

6.05 학생과 피감독자의 성취 평가

학문적이고 감독적인 관계에 있어서 심리학자들은 학생과 피감독자에게 피드백(feedback)을 제공하기 위한 적절한 과정을 세운다. 심리학자들은 적절하게 세워진 프로그램을 학생과 피감독자가 실제로 수행한 근거 위에서 그들을 평가한다.

6.06 연구 계획

심리학자들은 과학적 능력과 윤리적 연구의 공인된 기준들에 따라서 연구를 고안하고, 수행하며, 보고한다. 심리학자들은 결과가 오도될 가능성을 최소화하기 위해서 그들의 연구를 계획한다. 연구를 계획할 때, 심리학자들은 윤리 강령에 따른 연구의 윤리적 수용을 고려해야 한다. 만일 윤리적 주제가 분명하지 않다면, 심리학자들은 제도적 검토위원회, 동물 보호와 사용위원회의 자문, 동료들의 자문, 혹은 다른 적당한 기제들을 통해서 그 주제를 해결하려고 노력해야 한다. 심리학자들은 인간 참여자들의 권리와 복지, 연구에 의해 영향을 받는 다른 사람들, 그리고 대상 동물의 복지를 위해서 적절한 보호를 수행하도록 필요한 조치들을 취해야 한다.

6.07 책임성

심리학자들은 참가자의 존엄성과 복지를 위한 적절한 관심을 갖고 연구를 유능하게 수행해야 한다. 심리학자들은 그들이나 그들의 감독이나 조정을 받고 있는 다른 사람들에 의해서 수행된 연구의 윤리적 행위에 대해서 책임이 있다. 연구자들과 조력자들은 그들이 적절하게 훈련받고 준비된 그런 작업들만 수행하도록 허락되어 있다. 연구 프로젝트의 발전과 이행의 부분적 과정으로서 심리학자들은 조사 중이거나 가장 영향을 받을 것 같은 어떤 특별한 사람들에 관하여 전문지식을 갖고 있는 사람들과 의논해야 한다.

6.08 법과 기준의 준수

심리학자들은 연구 행위에 관한 전문적 기준, 특히 인간 참여자들과 대상 동물들에 대한 연구와 관련된 기준들뿐만 아니라, 연방 그리고 주 법과 규정들에 일치하는 방식으로 연구를 계획하고 수행해야 한다.

6.09 기관의 승인

심리학자들은 연구를 수행하기 전에 주최측 기관이나 단체로부터 적절한 승인을 얻고, 그들의 연구 계획에 대한 적절한 정보를 제공해야 한다. 그들은 인정된 연구 프로토콜(protocol)을 따라서 연구를 수행한다.

6.10 연구 책임

(단지 익명의 조사, 자연 관찰, 혹은 비슷한 연구를 제외하고) 연구를 수행하기 전에 심리학자들은 참여자들과 연구의 성격과 각 당사자의 책임을 분명히 하는 동의를 해야 한다.

6.11 연구에 대한 인지 동의(Informed Consent)

심리학자들은 그들의 적절한 인지 동의를 얻기 위해서 연구 참여자가 적절히 이해할 수 있는 언어를 사용해야 한다. (기준 6.12 인지 동의 면제에 규정되어 있는 것을 제외하고) 그런 인지 동의는 적절하게 문서화되어야 한다. 심리학자들은 참여자에게 적절하게 이해될 수 있는 언어를 사용하면서 그들에게 연구의 성격을 알려 준다. 그들은 참여자에게 자유롭게 참여하고, 참여하기를 그만하고 연구에서 물러날 수 있다고 알려 준다. 그들은 그만두거나 물러설 때 예측되는 결과들을 설명한다. 그들은 참여자에게 자발적인 참여에 영향을 줄 수 있는 중요한 요소들을 알려 주어야 하는데, 그 안에는 기준 6.15 허위 연구에 규정되어 있는 것을 제외하고, 위험, 불편함, 반대 결과, 혹은 기밀성의 한계들이 포함된다. 그리고 그들은 가망 있는 참여자들이 질문하는 것에 대한 다른 측면들을 설명한다.

심리학자들이 학생이나 아래 직원과 같은 개인과 연구를 수행할 때, 심리학자들은 가망 있는 참여자가 참여하기를 그만두거나 물러나는 불운한 결과들로부터 그 혹은 그녀를 보호하기 위해서 특별한 배려를 해야 한다. 연구에 참여하는 것이 별도의 크레디트를 위한 과정의 요구나 기회일 때, 가망 있는 참여자에게 공평한 대체 행위의 선택이 주어진다. 법적으로 인지 동의를 할 수 없는 사람들을 위해서 심리학자들은 그럼에도 불구하고 (1) 적절한 설명을 제공하며, (2) 참여자의 동의를 얻고, (3) 대체 동의가 법적으로 허용된다면, 법적으로 인정된 사람으로부터 적절한 허가를 받는다.

6.12 인지 동의 면제

(단지 익명의 질문서, 자연 관찰, 혹은 어떤 종류의 공문서 연구를 포함하고 있는 연구들처럼) 계획된 연구가 연구 참여자의 인지 동의를 필요로 하지 않는지를 결정하기 전에, 심리학자들은 관련 규정 및 제도적인 검토위원회의 요구사항을 고려하고, 그들은 적절할 때 동료들과 의논해야 한다.

6.13 연구 목적의 촬영 및 기록에 대한 인지 동의

심리학자들은 연구가 공공장소에서 단순히 자연 관찰을 포함하고, 그 기록이 개인 신상을 해치지 않는 방식으로 사용될 경우가 아니라면, 어떤 형태로든 그것들을 촬영 혹은 기록하기 전에 연구 참여자로부터 인지 동의를 얻어야 한다.

6.14 연구 참여자를 위한 예비 진술의 제공

연구 참여자를 얻기 위한 예비 진술로써 전문적 서비스를 제공할 때, 심리학자들은 위험, 의무, 그리고 한계뿐만 아니라, 서비스의 성격을 분명히 해야 한다. (참조: 1.18 환자나 내담자와의 교환) 심리학자들은 연구 참여자를 얻기 위하여, 특히 참여를 강요할 경향이 있을 때 과도하거나 부적절한 금전 혹은 기타의 예비 진술을 제공해서는 안 된다.

6.15 허위 연구

심리학자들은 가짜 기술들의 사용이 가망 있는 연구의 과학적, 교육적, 혹은 응용 가치에 의해서 정당화되고, 그와 동시에 허위를 사용하지 않는 효과적인 대체 절차들이 가능하지 않다고 판단되지 않는 한 허위(deception)와 관련된 연구를 수행하지 않는다. 심리학자들은 신체적 위험, 불편함, 혹은 불쾌한 감정적 경험과 같은 그들의 참여 의지에 영향을 끼칠 수 있는 중요한 측면들에 대해서 연구 참여자를 절대로 속이지 않는다. 실험의 구상이나 행위의 중요한 특징인 어떤 다른 허위는 가능한 한 빨리 참여자들에게 설명되어야 하는데, 그 설명은 그들의 참여가 끝날 때가 더욱 좋지만, 연구의 결론이 맺어지기 전에 이루어져야 한다. (참조: 6.18 참여자에게 연구에 관한 정보를 제공함)

6.16 데이터의 공유와 사용

심리학자들은 연구 참여자에게 개인적으로 공유할 수 있는 연구 자료의 추가 사용과 예상치 못한 미래의 사용 가능성에 대해 알려 주어야 한다.

6.17 침해의 최소화

연구를 수행함에 있어서, 심리학자들은 적절한 연구 계획에 의해 보장되고, 과학적 조사로서 심리학자들의 역할에 일치하는 방식으로만 자료가 수집되는 데 있어 참여자나 주변 환경을 침해할 수 있다.

6.18 참여자에게 연구에 관한 정보를 제공함

심리학자들은 참여자가 연구의 이름, 결과, 그리고 결론에 대한 적절한 정보를 얻기 위한 즉각적인 기회를 제공하고, 심리학자들은 참여자가 가질지도 모르는 어떤 오해 등을 바로잡도록 노력해야 한다.

만일 과학적이거나 인본적인 가치들 때문에 이러한 정보가 지연되거나 보류된다면, 심리학자들은 해로움의 위험을 줄이기 위해서 적당한 조치를 취해야 한다.

6.19 헌신을 예우함

심리학자들은 연구 참여자에게 그들이 한 모든 헌신을 예우하는 적당한 조치들을 취해야 한다.

6.20 연구에 있어서 동물의 돌봄과 사용

동물과 관련된 연구를 수행하는 심리학자들은 그 동물을 인도적으로 잘 다룬다.

심리학자들은 현재의 연방, 주 그리고 지역 법이나 규정과 전문적 기준을 준수하며 동물을 획득하고, 돌보며, 사용하고, 처분한다.

연구 방법에 있어서 훈련받고, 실험용 동물을 돌보는 데 경험이 있는 심리학자들은 동물과 관련된 모든 절차를 감독하고, 그들의 안전, 건강 그리고 인간적인 치료를 적절하게 고려하는 데 책임이 있다.

심리학자들은 그들의 감독하에서 동물을 사용하는 모든 개인이 그들의 역할에 합당한 범위 안에서의 연구 방법들과 사용되고 있는 동물의 돌봄, 관리, 그리고 처리에 대한 지침을 확실하게 받아야 한다.

연구 프로젝트를 돕는 개인의 책임과 활동은 그들 각자의 능력에 맞아야 한다.

심리학자들은 동물의 불편함, 감염, 병 그리고 고통을 최소로 줄이기 위해서 노력해야 한다.

동물에게 고통, 스트레스, 혹은 배고프게 하는 절차는 단지 대체 절차가 불가능하고, 그 목표가 과학적, 교육적, 혹은 응용 가치에 의해서 정당화될 때만 사용되어야 한다.

수술 절차는 적절한 마취 상태에서 이루어져야 한다. 그리고 수술 중이나 그 후에 감염을 방지하고, 고통을 최소로 줄이기 위한 기술이 뒤따라야 한다.

적절한 상태에서 동물의 생명이 끝날 때, 고통을 최소로 줄이도록 노력하며, 공인된 절차를 따라서 그것을 신속하게 처리해야 한다.

6.21 결과를 보고함

심리학자들은 출판물에 있어서 자료를 조작하거나 결과를 허위 기재하지 않는다.

만일 심리학자들이 출판된 자료에 있어서 중요한 잘못을 발견한다면, 그들은 정정, 취소, 오류, 혹은 다른 적절한 출판 수단 안에 있는 그런 잘못을 바로잡기 위한 적당한 조치를 취해야 한다.

6.22 표절

심리학자들은 다른 저작이나 자료의 근원이 가끔 인용되는 경우, 다른 저작이나 자료의 상당한 부분이나 결합을 자신의 것으로 나타내지 않는다.

6.23 출판의 신용

심리학자들은 그들이 실제로 완성했거나 기여한 저작에 한해서만 저작권을 포함한 책임과 신용을 갖는다.

주요 저작권과 다른 출판권은 개인의 상대적 지위에도 불구하고 정확하게 관련된 개인의 과학적 혹은 전문적 기여를 반영한다. 부서장과 같이 단지 기관의 자리를 차지한다고 해서 저작권을 갖는 것은 아니다. 출판을 위한 연구나 저술에 조금 기여해도 각주나 서론에서 적절하게 그 사실이 알려져야 한다.

학생은 대체로 학생 논문이나 논술에 근거한 여러 명이 함께 쓴 글에서 보통 주요 저자로 기재된다.

6.24 데이터의 이중 출판

심리학자들은 이전에 출판된 자료를 원본의 자료로 출판하지 않는다. 그러나 적절한 승인을 동반할 경우에는 자료의 재출판을 막지는 않는다.

6.25 데이터의 공유

심리학자들은 연구 결과가 출판된 후에 재분석을 통해서 실질적인 요구들을 확인하고, 그 목적으로만 자료들을 사용하려는 다른 유능한 전문가들로부터 참여자의 기밀성이 보호되고 소유 자료에 대한 법적 권리가 포기될 경우 그들의 결론이 토대가 된 자료를 보류해서는 안 된다.

6.26 전문 검열자

출판, 양도, 혹은 다른 연구 계획을 위해서 제출된 자료를 검토하는 심리학자들은 그것을 제출한 사람의 기밀성과 정보에 있어서 소유권을 검토하고 존중해야 한다.

7. 법적 행위들

7.01 전문 직업의식

평가, 인터뷰, 자문, 보고, 혹은 전문가 증언과 같은 법적 기능들을 수행하는 심리학자들은 그런 행위들을 적용할 범위로 윤리 강령의 모든 규정들을 따라야 한다. 더욱이 심리학자들은 특별한 사람들에 관한 전문화된 지식을 포함한 그런 작업 영역의 적절한 지식과 능력 위에 그들의 법적인 행위를 둔다. (참조: 1.06 과학적이고 전문적인 판단의 기초; 1.08 인간의 차이점들; 1.15 심리학자들의 영향력 남용; 1.23 전문적이고 과학적 작업의 문서 정리)

7.02 법적 평가

(a) 심리학자들의 법적 평가, 추천, 그리고 보고는 (적절할 때, 개인 인터뷰를 포함하여) 그들의 연구 결과를 위한 적절한 증거를 제공하기에 충분한 정보와 기술들에 근거해야 한다. (참조: 1.03 전문적 및 과학적 관계; 1.23 전문적이고 과학적 작업의 문서 정리; 2.01 전문 상담에 있어서 평가, 진단 및 중재; 2.05 평가 결과의 해석)

(b) 아래 (C)에 언급한 것 외에도 심리학자들은 그들의 진술이나 결론을 지지하기에 적합한 개인의 심사를 수행한 직후에 기록되거나 구술된 법적 보고서나 증언을 제공한다.

(c) 정당한 노력에도 불구하고 그러한 심사가 가능하지 않을 때, 심리학자들은 그들의 제한된 정보가 그들의 보고서나 증언의 신뢰성과 타당성에 끼치는 영향을 명백하게 하고, 그들의 결론이나 추천의 성격과 범위를 적절하게 제한한다.

7.03 법적 행위하에 역할을 분명히 함

대부분의 상황에서 심리학자들은 법적 문제의 복합적이고 잠재적인 갈등 역할을 수행하는 것을 피해야 한다. 예를 들어, 심리학자들이 한쪽 당사자나 법원이나 사실 증인의 자문이나 전문가로서 법적 절차에서 한 가지 이상의 역할을 하도록 요청 받을 때, 그들은 가능한 한 미리 역할 기대와 기밀성(confidentiality)의 범위를 분명하게 하고, 그들의 전문적 판단과 객관성을 손상시키지 않는 범위 안에서 다른 사람을 오도하는 것을 피해야 한다.

7.04 신실성과 정직

(a) 법적 증언과 보고에 있어서 심리학자들은 진실하고, 정직하며, 솔직하게 증언하고, 적용할 수 있는 법적 절차에 일치하도록 그들의 증언과 결론의 근거를 확실하게 묘사해야 한다.

(b) 심리학자들은 오도되는 것을 피하기 위해서 필요할 때마다 그들의 자료나 결론의 한계를 인정해야 한다.

7.05 이전의 관계

한쪽 당사자와 이전의 전문적 관계 때문에 심리학자들이 증인으로 증언하지 못한다거나, 적절한 법에 의해 허용된 범위 안에서 그들의 서비스를 증언하지 못하도록 하지는 않는다. 그러나 심리학자들은 이전의 관계가 그들의 전문적 객관성이나 견해에 영향을 끼치고, 관련 당사자에게 잠재적인 갈등을 노출시키는 방법들은 고려해야 한다.

7.06 법과 규칙의 준수

법적 역할을 수행함에 있어서 심리학자들은 그들의 역할을 지도하는 규칙에 매우 익숙해야 한다. 심리학자들은 법원 체제의 이러한 원칙과 필요조건들에 의해서 그들에게 부과된 요구들을 자주 이행해야 한다는 것을 알아야 하며, 그들은 이러한 윤리 강령에 헌신해야 하며, 책임 있게 갈등을 해결하기 위한 조치들을 취함으로써 이러한 갈등을 해결하려고 노력해야 한다. (참조: 1.02 윤리와 법의 관계)

8. 윤리적 이슈들의 해결

8.01 윤리 법규에 친숙함

심리학자들은 이러한 윤리 강령, 적용할 수 있는 다른 강령들, 그리고 심리학자의 일에 그것을 적용하는 것에 익숙해야 할 의무가 있다. 윤리 기준을 알지 못하거나 오해하는 것이 비윤리적 행위의 책임에 대한 방어가 될 수 없다.

8.02 윤리적 이슈들에 직면함

어떤 행위의 특별한 상황이나 과정이 윤리 강령을 범했는지 그렇지 않은지가 불확실할 때, 심리학자는 보통 적절한 반응을 선택하기 위해서 윤리적 문제들에 대해 잘 알고 있는 다른 전문가들뿐만 아니라, 주 혹은 전국 심리윤리위원회나 다른 적절한 관계 기관들과 상의해야 한다.

8.03 윤리와 조직의 요구 사이의 갈등

관련된 기관의 요구와 윤리 강령이 서로 갈등을 빚는다면, 심리학자들은 갈등의 성격을 명백하게 하고, 윤리 강령에 대한 그들의 헌신을 알게 하며, 가능하면 윤리 강령을 전적으로 준수하는 방향으로 갈등을 해결하려고 노력해야 한다.

8.04 윤리적 침해의 비공식적 해결

심리학자들은 또 다른 심리학자에 의해서 윤리적 침해가 생겼다고 여겨질 때, 만일 비공식적 해결이 적절해 보이고 중재가 기밀성의 권리를 침해하지 않는다면, 그들은 그 갈등을 개인에게 가져와서 문제를 해결하려고 노력해야 한다.

8.05 윤리적 침해를 보고함

만일 분명한 윤리적 침해가 기준 8.04에 따른 비공식적 해결로 적절하지 않고, 그런 방법으로 적당하게 해결되지 않는다면, 심리학자들은 그 상황에 적절한 더 깊은 행동을 취해야 하는데, 이는 그 행동이 기밀성의 권리와 갈등을 불러일으키지 않을 때 가능하다. 그런 행동은 주 혹은 전국적 전문 윤리위원회나 주 자격증 발급위원회에 양도(referral)하는 것을 포함한다.

8.06 윤리위원회의 협조

심리학자들은 미국심리학협회(APA)나 그들이 속하고 관련된 주(state) 심리학협회의 윤리 조사, 절차, 그리고 결과적인 요구에 협조해야 한다. 그렇게 함에 있어서 그들은 기밀성에 대한 어떤 문제를 해결하기 위해서 합리적인 노력을 해야 한다. 협조하지 않는 것은 그 자체로 윤리를 침해하는 것이다.

8.07 부적절한 고소

심리학자들은 피고에게 해를 끼치려고 의도되어 있다거나 경박한 윤리적 고소를 제기하는 일들을 조장하지 말아야 한다.

미국카운슬링협회의 윤리 기준

전문

미국카운슬링협회는 교육적 · 과학적 전문 기관으로서, 그 회원들은 평생에 걸쳐 인간 발달의 향상을 위하여 헌신하고 있다. 협회 회원들은 우리 사회에 존재하는 다양성을 인정하고, 교차문화적 접근 방식을 통해서 각 개인의 가치, 존엄성, 가능성 및 고유성을 지원한다.

윤리적 강령의 세부 사항을 통해서 협회는 현재와 미래의 회원들과 회원들에게 카운슬링을 받는 내담자들과 회원들에 의해서 일반적으로 주어지는 윤리적 책임들의 성격을 분명하게 할 수 있다. 협회의 윤리적 강령으로서, 이 문서는 협회 회원의 윤리적 행동을 정의 내리는 원칙을 세운다. 미국카운슬링협회의 모든 회원들은 윤리 강령과 치료 기준을 반드시 준수해야 한다. 윤리 강령은 협회 회원들로 인해 발생한 윤리적 불만들을 처리하는 기준으로 사용될 것이다.

조항: 상담 관계

A.1. 내담자의 복지

a. 주요 책임

카운슬러의 주요 책임은 내담자의 존엄성을 존중하고 그의 복지를 증진시키는 것이다.

b. 적극적인 성장과 발달

카운슬러는 내담자의 관심과 복지를 촉진시키면서 내담자의 성장과 발달을 격려한다. 다시 말해서, 카운슬러는 의존적인 카운슬링 관계를 촉진시키는 것을 피한다.

c. 카운슬링 계획

카운슬러와 내담자는 통합적이고 개인적인 카운슬링 계획들을 짜기 위해서 함께 작업을 하는데, 그 계획들은 합리적인 성공을 약속하고, 내담자의 능력이나 상황과 걸맞아야 한다. 카운슬러와 내담자는 정기적으로 카운슬링 계획을 검토하고, 내담자의 선택의 자유를 존중하면서 계속적인 실행 가능성과 효율성을 확실하게 한다. (참조: A.3.b.)

d. 가족 관련

카운슬러는 보통 가족들이 내담자의 삶에 있어서 중요하다는 것을 인정하고, 적절할 때 가족의 이해와 개입을 요청하려고 노력한다.

e. 직업과 고용의 필요

카운슬러는 내담자의 전체적인 능력, 직업적 한계, 신체적인 제약, 일반적인 기질, 관심과 적성 형태, 사회적 기술, 교육, 일반적 자격, 그리고 기타 관련된 특징과 필요 등에 일치하는 상황이나 직장에서 일하기를 고려하는 내담자들과 상담한다. 카운슬러는 내담자로 하여금 내담자, 고용주, 혹은 대중의 복지와 이해관계에 어려움을 주는 위치에 참여하지 않는다.

A.2. 다양성을 존중함

a. 차별하지 않음

카운슬러는 연령, 피부색, 문화, 장애, 소수민족, 성별, 인종, 종교, 성적 성향, 결혼 유무, 혹은 경제적 상태에 근거한 차별을 간과하거나 관여하지 않는다. (참조: C.5.a, C.5.b.와 D.1.i.)

b. 차이를 존중함

카운슬러는 상담 받는 내담자의 다양한 문화적 배경을 적극적으로 이해하려고 노력해야 한다. 여기에는 카운슬러 자신의 문화적 · 인종적 · 민족적 정체성이 상담 과정에 관한 그/그녀의 가치와 신념에 어떻게 영향을 주는지 배우는 것 등이 포함되지만, 이것들만이 아니라 다양하다. (참조: E.8.과 F.2.i.)

A.3. 내담자의 권리

a. 내담자에게 솔직함

카운슬링이 시작되고, 그 과정이 진행될 때 필요하다면 카운슬러는 내담자에게 상담의 목적, 목표, 기술, 절차, 한계, 잠재적인 위험 요소 그리고 카운슬링의 이점들과 다른 관련된 정보에 대해서 알려 준다. 카운슬러는 진단의 함축된 의미, 테스트와 보고서의 의도적인 사용, 상담 비용과 청구서 조정을 확실하게 이해시키기 위한 단계를 밟는다. 내담자들은 기밀성을 기대하고, 카운슬링의 한계 및 감독과 전문적 치료 팀에 대한 설명을 듣고, 그들의 사례 기록에 대한 분명한 정보를 얻으며, 계속적인 카운슬링 계획에 참여하고, 어떤 추천된 카운슬링 서비스는 거절 가능하며, 거절할 경우 파생되는 결과에 대해서 조언을 받을 권리를 갖는다.

b. 선택의 자유

카운슬러는 내담자에게 카운슬링 관계에 들어가기 원하는지에 대해서 선택하고, 그리고 어떤 전문가들에게 카운슬링 받기를 원하는지에 대해서 결정할 수 있는 자유를 제공한다. 내담자의 선택을 한계 짓는 제한들이 완전히 설명되어야 한다. (참조: A.1.c.)

c. 승낙할 수 없음

자발적인 인지 동의를 할 수 없는 미성년자나 장애인을 카운슬링할 때, 카운슬러는 이러한 내담자에게 가장 유익한 입장에서 행동해야 한다. (참조: B.3.)

A.4. 다른 카운슬러에 의해 상담 받은 내담자

만일 내담자가 또 다른 정신건강 전문가로부터 카운슬링을 받고 있다면, 카운슬러는 내담자의 동의를 얻어서 이미 관련된 전문가들에게 알리고, 분명한 동의를 받아서 내담자를 위해 혼란과 갈등을 피해야 한다.

A.5. 개인적 필요와 가치

a. 개인적 필요

상담 관계에 있어서 카운슬러는 그 관계에 내재되어 있는 친밀성과 책임성을 알고, 내담자를 존중하며, 내담자를 희생시키며 자신의 개인적 필요를 채우려는 행동을 피해야 한다.

b. 개인적 가치

카운슬러들은 그들 자신의 가치, 태도, 신념, 그리고 행동과 이러한 것들을 다양한 사회 속에 어떻게 적용시켜야 하는지 알고 있어야 하며, 그들의 가치를 내담자에게 강요하는 것을 피해야 한다. (참조: C.5.a.)

A.6. 이중 관계

a. 가능하면 피하라

카운슬러는 내담자에 대해 영향력 있는 위치에 있음을 이해하고, 내담자의 신뢰와 의존을 부당하게 이용하는 것을 피해야 한다. 카운슬러는 모든 노력을 기울여 전문적 판단을 손상시키고 내담자에게 해로움을 끼칠 수 있는 내담자와의 이중 관계를 피해야 한다. (그런 관계의 예들은 내담자와의 가정적, 사회적, 재정적, 비즈니스 혹은 친밀한 인간관계 등이 포함되지만, 이런 것들뿐만 아니다.) 이중 관계를 피할 수 없을 때, 카운슬러는 인지 동의(informed consent), 자문, 감독, 그리고 문서 정리와 같은 적절하고 전문적인 예방 조치를 함으로써 판단이 손상되지 않고, 내담자를 부당하게 이용하지 않을 것을 확실하게 해 두어야 한다. (참조: F. 1.b.)

b. 상관이나 부하 관계

카운슬러는 내담자를 상관이나 부하로 여겨서 그들과 행정적, 자문적, 혹은 평가하는 관계를 가져서는 안 된다.

A.7. 내담자와의 성적 친밀성

a. 현재의 내담자

카운슬러들은 내담자와 어떤 종류이든 성적 친밀성을 가져서는 안 되며, 카운슬링하면서 그들과 함께 성적 관계를 맺어서도 안 된다.

b. 이전의 내담자

카운슬러들은 카운슬링 관계를 종료한 후 최소 2년 동안 이전의 내담자와 성적 친밀성을 가져서는 안 된다. 종료 2년 후에 그런 관계에 관여하는 카운슬러는 카운슬링 기간, 카운슬링한 시간의 양, 종료 상황, 내담자의 개인사와 정신 상태, 내담자에 대한 부정적 영향, 카운슬링 종료 후 내담자와 성적 관계를 맺기 위한 계획을 제시한 행동과 같은 요소들에 근거하여 그런 관계가 내담자를 부당하게 이용하려는 성격을 띠지 않는다는 것을 철저하게 점검하고 문서로 처리해야 할 책임을 갖고 있다.

A.8. 복합 관계의 내담자

부부나 부모 자녀 간의 관계와 같이 두 사람 이상의 내담자에게 카운슬링 서비스를 제공할 때, 카운슬러들은 처음부터 어떤 사람들이 내담자이며, 관련된 각 사람과 맺게 될 관계의 성격을 분명하게 해야 한다. 만일 카운슬러들이 잠재적인 갈등 역할을 요구받는 것이 분명해지면, 그들은 자신의 위치를 명백히 하거나, 조정하고, 적절하게 그들의 역할로부터 후퇴한다. (참조: B.2.와 B.4.d.)

A.9. 그룹 상담

a. 선발하기

카운슬러들은 예상되는 그룹 상담/치료 참가자들을 선발한다. 가능하면 카운슬러들은 자신의 필요와 목표가 그룹의 목표에 부합하고, 그룹 과정을 방해하지 않으며, 자신의 복지가 그룹의 경험 때문에 위험을 당하지 않을 내담자들을 선발한다.

b. 내담자 보호하기

그룹을 만들 때, 카운슬러들은 내담자들을 신체적 혹은 심리적 외상으로부터 보호할 수 있는 합리적 예방 조치를 마련한다.

A.10. 상담료와 교환 관계(참조: D.3.A.와 D.3.B.)

a. 사전 이해

카운슬러는 카운슬링 관계에 들어가기 전에 상담료를 지불하지 않을 경우에 미수금 처리 대행 회사 혹은 법적 조치를 포함하여 전문 카운슬링과 관련된 모든 재정적 관계를 내담자에게 분명히 설명해야 한다.

b. 상담료를 설정함

전문 카운슬링 서비스를 위한 비용을 설정함에 있어서 카운슬러는 내담자와 장소의 재정 상태를 고려해야 한다. 설정된 카운슬링 비용이 내담자에게 부적절한 경우에 해당 비용에 유사한 서비스를 찾도록 도움을 주어야 한다. (참조: A.10.d., D.3.a.와 D.3.b.)

c. 물품 제공 방지

카운슬러는 보통 카운슬링 서비스의 대가로 내담자로부터 물건이나 서비스를 받는 것을 삼가야 하는데, 왜냐하면 그런 거래를 통해서 전문적 관계에 잠재적 갈등, 부당한 이용 및 왜곡 등이 발생할 수 있기 때문이다. 카운슬러는 단지 관계가 부당하게 이용되지 않거나, 내담자가 그것을 요구하거나, 분명히 기록된 계약 문서가 있거나, 그런 거래가 그 공동체 안의 전문가들 사이에 통용될 때에만 물품을 제공할 수 있다. (참조: A.6.a.)

d. 프로 보노(Pro Bono) 서비스

카운슬러들은 그들의 전문적 행위의 일부를 재정적 대가가 거의 혹은 전혀 없는(Pro bono) 서비스들에 할애함으로써 사회에 기여한다.

A.11. 종결과 의뢰

a. 포기 금지

카운슬러는 카운슬링에 있어서 내담자를 포기하거나 무시하지 않는다. 카운슬러는 휴가 때문에 카운슬링이 중단되거나 카운슬링이 종료된 후에 필요하다면 계속적인 치료를 받을 수 있도록 적절한 조치를 해 준다.

b. 내담자를 돕지 못함

카운슬러들이 내담자들에게 전문적인 도움을 주지 못한다고 판단되면, 그들은 상담 관계에 들어가거나 카운슬링 관계를 지속하는 것을 피해야 한다. 카운슬러들은 의뢰 정보들에 대한 지식으로 적절한 대안을 제시할 수 있어야 한다. 만일 내담자가 제안된 의뢰를 거절한다면, 카운슬러들은 그 관계를 중단해야 한다.

c. 적절한 종료

카운슬러는 내담자가 더 이상 도움을 받지 못하거나, 더 이상 카운슬링을 할 필요가 없거나, 카운슬링을 통해서 내담자의 필요나 이익에 도움이 되지 못하거나, 내담자가 상담료를 지불하지 못하거나, 상담소나 기관의 제약 때문에 장래의 카운슬링 서비스를 제공하지 못할 때, 가능하면 내담자의 동의를 얻어서 카운슬링 관계를 종료할 수 있다. (참조: A.10.b.와 C.2.g.)

A.12. 컴퓨터 기술

a. 컴퓨터의 사용

컴퓨터 응용 프로그램을 카운슬링 서비스에서 사용할 때, 카운슬러는 1) 내담자가 지적으로, 정서적으로, 그리고 신체적으로 컴퓨터 응용 프로그램을 사용할 수 있는지, 2) 컴퓨터 응용 프로그램이 내담자의 필요에 적합한지, 3) 내담자가 컴퓨터 응용 프로그램의 목적과 작동을 이해하고 있는지, 그리고 4) 내담자가 컴퓨터 응용 프로그램을 계속해서 사용함으로써 있을 법한 오해를 바로잡고, 부적절한 사용을 발견하며, 수반되는 필요들을 평가할 수 있는지를 확실하게 해야 한다.

b. 한계에 대한 설명

카운슬러는 내담자가 카운슬링 관계의 한 부분으로서, 컴퓨터 기술의 한계들을 적절하게 설명받았는지 확인해야 한다.

c. 컴퓨터를 지원받을 수 있음

카운슬러는 카운슬링 서비스에서 컴퓨터 응용 프로그램을 누구든지 사용할 수 있도록 해야 한다. (참조: A.2.a.)

조항 B: 기밀성

B.1. 사적 권리

a. 사생활의 존중

카운슬러는 내담자의 사적 권리를 존중하고, 비밀 정보의 불법적이고 부당한 폭로를 피해야 한다. (참조: A.3.a.와 B.6.a.)

b. 내담자의 권리 포기

사적 권리는 내담자나 법적으로 인정된 그들의 대리인에 의해서 포기될 수 있다.

c. 예외 규정

정보를 폭로함으로써 내담자나 다른 사람들에게 당면한 위험을 막거나, 법적인 요건이 비밀 정보를 드러내도록 요구할 때, 카운슬러가 정보를 간직해야 한다는 일반적 요구는 적용되지 않는다. 카운슬러는 예외 규정의 타당성에 대한 의구심이 있을 때, 다른 전문가들과 상의해야 한다.

d. 전염성이 있고 치명적인 질병들

내담자가 일반적으로 전염성이 있고 치명적인 것으로 알려진 질병에 걸려 있다고 확인된 정보를 얻은 카운슬러는 신원을 확인할 수 있는 제삼자가 내담자와 관계를 맺음으로써 그 질병에 걸릴 수 있는 아주 위험한 상태에 있을 때, 그/그녀에게 정보를 알려 주는 것이 정당화된다. 정보를 누설하기 전에 카운슬러는 내담자가 이미 제삼자에게 그 혹은 그녀의 질병에 대해서 알려 준 적이 없고, 내담자는 가까운 장래에 제삼자에게 알려 줄 의도가 없다는 것을 확인해야 한다. (참조: B.1.c.와 B.1.f.)

e. 법원이 명령한 폭로

법원이 내담자의 허락 없이 비밀 정보의 폭로를 명령할 때, 카운슬러는 내담자나 카운슬링 관계의 잠재적인 위험 때문에 법원에 폭로하지 않겠다고 요구할 수 있다. (참조: B.1.c.)

f. 최소의 공개

상황 때문에 비밀 정보의 공개가 요청될 때, 반드시 필요한 정보만을 밝힌다. 가능하면 비밀 정보가 알려지기 전에 내담자는 이러한 사실을 알아야 한다.

g. 한계에 대한 설명

카운슬링이 시작되고, 필요하다면 카운슬링 과정 중이라도 카운슬러는 내담자에게 기밀성의 한계를 알려 주고, 기밀성이 깨어질 때 예측되는 상황들을 확인시켜 주어야 한다. (참조: G.2.a.)

h. 하급자

카운슬러는 내담자의 사생활과 기밀성이 고용인, 감독을 받는 사람, 사무직원, 그리고 자원봉사자들을 포함한 하급자들에 의해 유지되도록 모든 노력을 기울여야 한다.

i. 치료 팀

만일 내담자의 치료가 치료 팀에 의해서 계속적으로 재검토된다면, 내담자는 팀의 존재와 구성을 알아야 한다.

B.2. 집단과 가족들

a. 그룹 상담

그룹 상담에서 카운슬러는 분명히 기밀성을 정의하고, 특별한 그룹의 한계를 정할 때 그룹 상담과 관련된 기밀성의 중요성을 설명하고, 그 어려움들을 논의한다. 기밀성이 보장될 수 없다는 사실을 그룹원들에게 분명히 전달한다.

b. 가족 상담

가족 상담에서 한 가족 구성원의 정보는 허락 없이 또 다른 구성원에게 밝혀질 수 없다. 카운슬러들은 각 가족 구성원의 사적 권리를 보호해야 한다. (참조: A.8., B.3.와 B.4.d.)

B.3. 미성년자 혹은 무능한 내담자

미성년 내담자나 자발적인 인지 동의를 할 수 없는 개인을 카운슬링할 시에는, 적절할 때 부모나 보호자가 카운슬링 과정에 참여할 수 있다. 카운슬러들은 내담자의 최선의 유익을 위해 일하고, 안전한 기밀성을 위한 조치를 취해야 한다. (참조: A.3.c.)

B.4. 기록

a. 기록의 요구

카운슬러들은 그들의 내담자와 전문적 카운슬링을 하기 위해서 법, 규정, 혹은 기관이나 제도의 절차가 요구하는 대로 필요한 기록을 남겨야 한다.

b. 기록의 기밀성

기록이 쓰여졌든지, 녹음이 되었든지, 컴퓨터에 담겨졌든지, 어떤 다른 매체에 보관되었든지 상관없이 카운슬러는 그들이 작성하는 모든 카운슬링 기록의 안전과 기밀성을 확실하게 할 책임이 있다. (참조: B.1.a.)

c. 기록하거나 관찰할 것을 허락 받음

카운슬러는 컴퓨터상으로 세션을 기록하거나 관찰하기 전에 내담자로부터 허락을 받아야 한다.

d. 내담자가 볼 수 있음

카운슬러는 상담 기록이 내담자의 이익을 위해서 보존되는 것을 인정하고, 그 기록이 내담자에게 잘못되거나 해로운 정보를 포함하지 않는 한 유능한 내담자에 의해서 요청될 때, 기록이나 그 복사본을 내담자에게 제공해야 한다. 복합 관계에 있는 내담자들과 관련된 상황에서 기록의 접근은 비밀 정보의 경우 또 다른 내담자와 상관없는 기록의 일부에 한정된다. (참조: A.8., B.1.a.와 B.2.b.)

e. 보여 주거나 넘겨 줌

B.1 조항에 제시된 대로 예외적인 기밀성이 존재하지 않는 한, 카운슬러는 합법적인 제삼자에게 기록을 보여 주거나 넘겨 주기 위해서는 내담자로부터 문서화된 허가서를 얻어야 한다. 카운슬러의 기록을 받는 사람들에게 그들이 기밀성에 민감하다는 것을 확실히 하는 조처들이 취해져야 한다.

B.5. 연구와 훈련

a. 데이터의 위장 요청

훈련, 연구 및 출판을 목적으로 카운슬링 관계로부터 얻은 데이터를 사용할 때는 관련된 개인의 익명성을 확실하게 하기 위해서 위장된 내용에 국한한다. (참조: B.1.g.와 G.3.d.)

b. 신원 확인에 대한 동의

내담자가 자료를 검토하고, 그것을 발표하고 출판하는 것에 동의했을 경우에만 내담자의 신원 확인이 허용될 수 있다. (참조: G.3.d.)

B.6. 자문

a. 사생활의 존중

상담 관계에서 얻은 정보는 전문적인 목적을 위해서 그 사례와 관련된 사람들과만 논의되어야 한다. 서면 및 구두의 기록들은 자문의 목적에 적합한 자료들만 제시되어야 하며, 내담자의 정체성을 보호하고, 사생활의 부당한 침해를 방지하기 위한 모든 노력이 이루어져야 한다.

b. 협력 기관들

정보를 공유하기 전에 카운슬러는 다른 상담 기관들 안에 효과적으로 정보의 기밀성을 보호하는 정책들이 정의되어 있다는 것을 확인하기 위해서 노력해야 한다.

조항 C: 전문적 책임

C.1. 기준들에 대한 지식

카운슬러는 윤리 강령과 치료의 기준들을 알고, 이해하고, 준수할 책임을 갖고 있다.

C.2. 전문적 유능성

a. 능력의 한계

카운슬러들은 그들의 교육, 훈련, 지도받은 경험, 국가 전문 자격증, 그리고 적절한 전문적 경험의 바탕 위에서 그들의 능력의 한계 내에서만 치료한다. 카운슬러들은 다양한 내담자를 카운슬링하기 위해서 관련된 지식, 개인적 인식, 민감성, 그리고 기술들을 얻기 위한 헌신을 보여 주어야 한다.

b. 치료의 새로운 전문분야

카운슬러들은 적절한 교육, 훈련, 그리고 지도를 받은 후에만 새로운 전문분야에서 치료할 수 있다. 새로운 전문분야의 기술들을 개발하는 동안 카운슬러들은 그들의 카운슬링 능력을 확실하게 하고, 다른 사람들을 가능한 해로움으로부터 보호하기 위한 조치들을 취해야 한다.

c. 일할 수 있는 자격이 주어짐

카운슬러들은 교육, 훈련, 지도받은 경험, 국가 전문 자격증, 그리고 적절한 전문적 경험에 의해서 자격이 주어지는 직업자리만을 받아들여야 한다. 카운슬러들은 전문적 카운슬링을 위해서 자격이 있고 유능한 사람들만 고용한다.

d. 효율성 모니터링

카운슬러들은 지속적으로 전문가로서 그들의 효율성을 모니터링하고, 필요하면 개선을 위한 조치들을 취한다. 개인 상담소를 운영하는 카운슬러들은 카운슬러로서 그들의 효율성을 평가하기 위해서 동료의 감독을 찾는 적당한 조치들을 취한다.

e. 윤리적 의무에 대해 상의함

카운슬러들은 그들의 윤리적 의무 조항이나 전문적 치료에 관한 질문이 있을 때, 다른 카운슬러나 관련된 전문가와 상의하기 위한 적당한 조치들을 취해야 한다. (참조: H.1)

f. 지속적 교육

카운슬러들은 그들의 활동 분야에서 현재의 과학적이고 전문적인 정보를 적절한 수준으로 인식하기 위해서 지속적인 교육의 필요성을 인정해야 한다. 그들은 사용하는 기술에 있어서 유능성을 유지하기 위한 조치들을 취하며, 새로운 절차들에 대해 개방적이고, 그들이 상담하는 다양하고(하거나) 특별한 사람들과 관계를 맺고 있어야 한다.

g. 손상
카운슬러들은 그들의 신체적, 정신적, 혹은 감정적 문제가 내담자나 다른 사람에게 해를 끼칠 것 같을 때, 전문적 카운슬링을 주고받는 것을 삼가야 한다. 그들은 손상의 징조에 민감하고, 문제에 대한 도움을 구하며, 필요하다면 그들의 전문적 책임을 제한하고 중지하거나 종료해야 한다. (참조: A.11.c.)

C.3. 광고하고 내담자들에게 권유하기

a. 정확하게 광고하기
특히 대중을 사기성 치료기관으로부터 보호하기 위해서, 특히 면책 사유를 받은 사람들을 제외하고는 카운슬러들이 광고하는 데 어떤 제한은 없다. 카운슬러들은 거짓이 아니고, 잘못되지 않고, 허위적이거나 사기성이 없는 정확한 방법으로 그들의 자격을 증명함으로써 대중에게 그들의 서비스를 광고하거나 설명할 수 있다. 카운슬러들은 단지 학위가 고등교육인가협의회(the Council on Psotsecondary Accreditaion)에서 인정하는 지역인가기구 중의 어떤 대학(원)에서 학위를 받았을 때, 그 단과대학이나 종합대학에서 받은 상담 분야나 밀접한 관련 분야의 최고 학위를 광고할 수 있다.

b. 추천장
추천장을 사용하는 카운슬러들은 특별한 상황 때문에 지나친 영향에 민감한 내담자나 다른 사람들에게 그것을 권유하지 않는다.

c. 다른 사람에 의한 진술
카운슬러들은 다른 사람이 그들에 대해 쓴 진술서나 카운슬러의 전문성이 정확한지 확실하게 하기 위한 노력을 해야 한다.

d. 고용을 통해서 모집하기
카운슬러들은 개인적인 치료를 위해 내담자, 피감독자, 혹은 피상담자를 모집하거나 얻기 위해서 그들의 고용 장소나 제도적인 제휴처를 사용하지 않는다. (참조: C.5.e.)

e. 훈련 광고
전문성과 관련된 연구 성과를 계발하거나 워크숍이나 훈련 이벤트를 실행하는 카운슬러들은 이러한 연구 성과나 이벤트에 관한 광고가 정확하다는 것을 확실하게 하고, 내담자가 현명한 선택을 할 수 있도록 적절한 정보를 알려 주어야 한다.

f. 피상담자에게 판매하기
카운슬러들은 속이거나 마음이 약한 사람에게 지나친 영향력을 행사하는 방법으로 그들의 연구 성과나 훈련 이벤트들을 판매하기 위해서 카운슬링, 교육, 훈련, 혹은 감독 관계를 사용하지 않는다. 그러나 카운슬러들은 교육 목적으로 그들이 저술한 교재를 채택할 수 있다.

g. 전문 협회와의 관련
카운슬러들은 카운슬링의 개발과 향상을 촉진시키는 지역적, 주(state) 그리고 전국적 협회들에 적극적으로 참여할 수 있다.

C.4. 자격 증명서

a. 자격 증명서를 요구함

카운슬러들은 전문 자격증을 소유해야 하고, 다른 사람들이 그들의 자격증에 대해서 잘못 설명하는 것을 수정할 책임이 있다. 전문 자격증은 카운슬링이나 인접된 관련 정신건강 분야에 있어서 대학원 학위, 대학원 프로그램의 신임장, 전국적 임의 증명서, 정부에서 발행한 증명서이나 면허장, 미국카운슬링협회 전문 회원증, 혹은 대중에게 카운슬링에 있어서 특별한 지식이나 전문지식을 제시하는 어떤 다른 자격증을 포함한다.

b. 미국카운슬링협회의 전문 회원

미국카운슬링협회 전문(professional) 회원들은 대중에게 그들이 회원임을 공지할 수 있다. 정규(regular) 회원들은 그들이 자격을 갖춘 카운슬러라는 것을 암시하는 방식으로 미국카운슬링협회 회원임을 공지할 수 없다.

c. 자격 기준

카운슬러들은 자격증을 발행한 기관에 의해서 세워진 자격증 사용 지침을 따라야 한다.

d. 자격의 허위 진술

카운슬러들은 자격증이 나타내는 것 외에 어떤 것도 자격증에 귀속시켜서는 안 되고, 다른 카운슬러들이 어떤 자격증을 소지하고 있지 않기 때문에 그들은 자격이 없다는 것을 암시해서도 안 된다.

e. 다른 분야의 박사 학위

카운슬링이나 인접된 관련 정신건강 분야에서 석사 학위를 소지하고, 카운슬링이나 인접 관련 외의 분야에서 박사 학위를 소지하고 있는 카운슬러들은 그들이 개업할 때 '박사(Dr.)' 라는 호칭을 사용하지 않고, 대중에게 그들의 개업이나 카운슬러로서의 상태와 관련하여 박사 학위를 소지하고 있다고 알리지 않는다.

C.5. 공적인 책임

a. 차별하지 않음

카운슬러들은 나이, 피부색, 문화, 장애, 소수 민족, 성, 인종, 종교, 성적 경향, 혹은 사회 경제적 상태, 그 외의 어떤 다른 이유에 근거하여 부정적 영향을 끼치는 방식으로 내담자, 학생, 혹은 피감독자(supervisee)에 대해서 차별하지 않는다. (참조: A.2.a)

b. 성희롱

카운슬러들은 성희롱에 가담하지 않는다. 성희롱은 성적 간청(solicitation), 신체적 접근, 혹은 성격상 성적인 언어적 혹은 비언어적 행위 등으로 정의를 내리는데, 그것은 (1) 전문적 행위나 역할과 관련되어 발생하고, 달갑지 않고, 공격적이거나 적대적인 작업 환경을 만들든지 아니면, (2) 그 상황에서 이성적인 사람이 희롱으로 인식할 정도로 충분히 심각하거나 강렬한 것이다. 성희롱은 하나의 강렬하거나 심각한 행위, 아니면 복합적이고 끈질긴 다수의 행위들로 구성될 수 있다.

c. 제삼자에게 보고함

법원, 건강보험 회사, 평가 보고서를 받는 사람 그리고 다른 사람들을 포함하여 적절한 제삼자에게 카운슬러들의 전문적인 행위와 판단을 보고할 때, 그들은 정확하고 정직하며 차별이 없어야 한다. (B.1.g를 참조하라)

d. 대중 매체에 알림

카운슬러들이 공개 강의, 공지사항, 라디오나 TV 프로그램, 미리 녹음된 테이프, 인쇄된 기사, 우송 자료, 혹은 다른 대중 매체에 조언이나 논평을 제공할 때, 그들은 (1) 그 진술이 적절하고 전문적인 상담 저서나 치료에 근거하고, (2) 그 진술이 윤리 강령이나 치료 기준과 일치하며, (3) 그 정보의 수령자로 하여금 전문 카운슬링 관계가 수립되어 있다고 추정하는 것을 조장하지 않도록 조심해야 한다. (C. 6.b를 참조하라)

e. 부당한 수입

카운슬러들은 그들의 전문적인 위치를 사용해서 부당한 개인적 수입, 성적 호의, 부당한 이득, 혹은 일하지 않고 얻은 상품이나 서비스를 구하거나 받지 않는다. (C.3.d를 참조하라)

C.6. 다른 전문가들에 대한 책임

a. 다른 접근방법

카운슬러들은 그들 자신과 다른 전문 카운슬링의 접근방법들을 존중한다. 카운슬러들은 그들이 함께 일하는 다른 전문 그룹의 전통과 치료법을 알고 참작해야 한다.

b. 개인적인 공적 진술

공적인 상황에서 개인적인 진술을 할 때, 카운슬러들은 그들의 개인적 관점에서 말하고 있으며, 그들은 모든 카운슬러들이나 전문가를 대표하여 말하고 있지 않다는 것을 명백하게 해야 한다. (C.5.d.를 참조하라)

c. 다른 전문가가 카운슬링한 내담자

카운슬러들이 그들의 내담자가 또 다른 정신건강 전문가와 전문 관계를 가졌다는 것을 알게 될 때, 그들은 내담자에게 허락을 받아 다른 전문가에게 알려서 긍정적이고 협력적인 전문 관계를 수립하도록 노력해야 한다. (A.4를 참조하라)

조항 D: 다른 전문가들과의 관계

D.1. 고용주와 고용인과의 관계

a. 역할 정의

카운슬러들은 그들의 고용자와 고용인을 위해서 그들의 전문 역할의 범위와 수준을 정의하고 묘사해야 한다.

b. 동의

카운슬러들은 카운슬링 혹은 임상 관계, 기밀성, 전문적 기준의 준수, 공개적이고 개인적 자료의 구별, 기록된 정보의 유지와 반포, 표준 작업령, 그리고 책임성에 관해서 감독자, 동료 그리고 하급자와 작업 동의서를 설정한다. 각 경우에 동의하는 것은 관련된 사람들에게 세부적으로 알려져야 한다.

c. 부정적 조건

카운슬러들은 그들의 고용주에게 카운슬러의 전문적 책임성을 잠재적으로 파괴하거나, 손상시키거나, 그들의 효율성을 제한할지도 모르는 조건들을 일깨워 준다.

d. 평가

카운슬러들은 그들의 감독이나 고용주의 적절한 대표자에 의한 전문적 논평이나 평가에 정기적으로 따른다.

e. 서비스

카운슬러들은 자신과 직원들의 서비스 개발에 책임이 있다.

f. 목표

카운슬러들은 그들의 직원들에게 목표와 프로그램에 대해서 알려 주어야 한다.

g. 치료

카운슬러들은 상담소의 각 고용인과 내담자의 권리와 복지를 존중하고 향상시키는 개인적인 상담소의 치료를 제공한다. 카운슬러들은 전문적 서비스의 최상의 수준을 유지하도록 노력한다.

h. 개인적 선택과 과제

카운슬러들은 유능한 직원을 선발해서 그들의 기술과 경험에 부합되는 책임을 부여한다.

i. 차별

고용주이든 고용인이든 카운슬러들은 고용, 승진, 혹은 훈련에 있어서 (나이, 피부색, 문화, 장애, 소수민족, 성, 인종, 종교, 성적 경향, 혹은 사회 경제적 상태에 근거한 고려 등과 같이) 비인간적, 불법적, 혹은 정당화할 수 없는 치료들에 개입하거나 묵인하지 않는다. (A.2.a. 그리고 C.5.b.를 참조하라.)

j. 전문적 행위

카운슬러들은 전문적 행위의 높은 수준을 유지하기 위해서 내담자나 서비스가 수행되는 상담소 혹은 기관에 책임을 가진다.

k. 착취 관계

카운슬러들은 그들이 감독하고, 평가하거나 기관의 조절 혹은 권위를 갖고 있는 개인에 대해서 착취 관계에 개입하지 않는다.

l. 고용자 정책

상담소나 기관에 있어서 고용의 수락은 카운슬러들이 일반적인 정책과 원칙에 동의한다는 것을 의미한다. 카운슬러들은 내담자의 성장과 개발에 도움이 되는 기관의 정책에 있어서 변화를 고려하는 행위의 허용 기준에 대해 고용주와 합의에 이르도록 노력해야 한다.

D.2. 자문(B.6.을 참조하라)

a. 한 가지 의견으로서의 자문

카운슬러들은 그들의 내담자에 대해서 어떤 다른 전문적으로 유능한 사람과 상의하기로 결정할 수 있다. 내담자를 돕기 위해 자문가를 선택하는 데 있어서 카운슬러들은 자문가가 적절한 당사자가 되지 못하게 막는 이해 상황의 갈등에 빠지지 않도록 해야 한다. 카운슬러들이 이러한 자문 기준을 손상시키는 작업 환경에 처하게 되면, 그들은 정당한 대체 방안을 고려하기 위해 가능한 다른 전문가와 의논해야 한다.

b. 자문가의 유능성

카운슬러들은 그들이나 제시된 기관이 필요로 하는 일종의 자문 서비스를 제공할 수 있는 필요한 역량이나 자원을 갖고 있으며, 적절한 참조 자원들을 사용할 수 있다는 것을 확신해야 한다.

c. 내담자 이해하기

자문을 제공할 때, 카운슬러들은 그들의 내담자와 문제 정의, 변화의 목표, 그리고 선택된 중재의 예상되는 결과를 분명히 이해하려고 노력해야 한다.

d. 자문의 목표

자문 관계는 그 안에서 자기계발을 향한 내담자의 적응성과 성장이 지속적으로 격려되고 향상되는 것이다.

D.3. 자문을 위한 비용

a. 상담소 내담자로부터 비용을 받음

카운슬러들은 그/그녀가 종사하는 상담소나 기관을 통해서 내담자에게 상담 서비스를 제공하는 것에 대한 사적인 급료 혹은 다른 보상을 거절해야 한다. 특별한 기관의 정책에 따르면, 상담소의 내담자가 상담소 직원 중의 어떤 사람으로부터 사적인 카운슬링 서비스를 받기 위한 명백한 조항을 마련해 둘 수 있다. 그런 경우에 내담자가 사적인 카운슬링 서비스를 찾고 있다면, 다른 선택이 그에게 열려 있다는 것을 알고 있어야 한다. (참조: A.10.a., A.11.b.와 C.3.d.)

b. 의뢰 비용

카운슬러들은 다른 전문가로부터 의뢰 비용을 받아서는 안 된다.

D.4. 하청인 협약

카운슬러들이 제삼자에 대한 카운슬링 서비스를 위해 하청인으로 카운슬링할 때, 그들은 내담자에게 상담 기관이 내담자에게 카운슬링 서비스를 제공하면서 카운슬러들에게 둔 기밀성의 한계를 알릴 의무를 가진다. 그런 기밀성의 한계는 보통 카운슬링을 하면서 논의될 수 있다. (참조: B.1.e.와 B.1.f.)

조항 E: 평가, 사정 및 해석

E.1. 일 반

a. 평가 기술

교육적이며 심리적인 평가의 주요 목적은 비교적이거나 절대적인 관점에서 객관적이고 해석할 수 있는 수단을 제공하는 것이다. 카운슬러들은 테스트나 비테스트 데이터를 포함한 전체적인 평가 기법의 적용에 있어 이 단원에 있는 서술들을 해석할 필요를 인식해야 한다.

b. 내담자의 복지

카운슬러들은 교육적이며 심리적인 평가 기법들을 개발하고, 출판하며, 사용할 때, 내담자의 복지와 최선의 이득을 촉진시켜야 한다. 그들은 평가 결과와 해석을 잘못 사용하지 않도록 하며, 다른 사람들로 하여금 이러한 기법들이 제공하는 정보를 오용하지 못하도록 적절한 조치를 취해야 한다. 그들은 결과, 주어진 해석, 그리고 그들의 결론과 추천에 대한 근거를 아는 내담자의 권리를 존중해야 한다.

E.2. 테스트의 사용과 해석 능력

a. 유능성의 한계

카운슬러들은 능력의 한계를 인정하고, 그들이 훈련받은 테스트와 평가 서비스만 수행한다. 카운슬러들은 도구의 신뢰성, 타당성, 관련 표준성, 측정 오류, 그리고 사용된 기법의 적절한 적용에 익숙해야 한다. 컴퓨터를 기반으로 한 테스트 해석을 사용하는 카운슬러들은 측정되고 있는 구조와 이러한 종류의 컴퓨터 응용 프로그램을 사용하기 전에 사용되고 있는 특별한 수단에 대해 훈련을 받아야 한다. 카운슬러들은 감독자에 의해서 심리적 평가 기법들의 적절한 사용을 보장하기 위해서 적절한 조치를 취해야 한다.

b. 적절한 사용

카운슬러들은 그들 스스로 테스트에 대해 점수를 매기고 해석하든지, 아니면 컴퓨터화하거나 다른 서비스를 사용하든지 상관없이 평가 도구들을 적절하게 적용하고, 점수를 매기며, 사용할 책임이 있다.

c. 결과에 근거한 결정

카운슬러들은 테스트의 개발과 사용에 대한 타당성의 기준, 테스트 연구와 지침을 포함하여 교육 및 심리 측정을 철저히 이해하는 평가 결과에 근거한 개인이나 정책과 관련된 결정에 책임이 있다.

d. 정확한 정보

카운슬러들은 평가 도구나 기법에 대한 진술을 만들 때, 정확한 정보를 제공하고, 잘못된 언급을 피해야 한다. IQ나 학점에 해당하는 점수와 같은 용어의 적절하지 않은 함축들을 피하기 위한 특별한 노력이 강구되어야 한다. (참조: C.5.c.)

E.3. 인지 동의

a. 내담자에게 설명함

이 권리에 대한 분명한 예외 규정이 미리 동의되지 않는 한, 평가 전에 카운슬러들은 내담자(혹은 내담자의 법정대리인)가 이해할 수 있는 언어로 평가의 성격과 목적, 그리고 결과의 특별한 사용을 설명해야 한다. 점수 기록과 해석이 카운슬러, 조력자, 혹은 컴퓨터나 다른 외부 기관에 의해서 이루어지든지 그렇지 않든지 상관없이 카운슬러들은 적절한 설명이 내담자에게 주어지기 위한 적절한 조치들을 취해야 한다.

b. 결과의 수령자

심리 테스트를 받는 사람의 복지, 분명한 이해, 그리고 사전 동의는 테스트 결과의 수령자를 결정한다. 카운슬러들은 개인 혹은 그룹을 위한 테스트 결과를 방출할 때, 정확하고 적절한 해석을 포함해야 한다. (참조: B.1.a.와 C.5.c.)

E.4. 유능한 전문가에게 정보를 방출함

a. 결과의 오용

카운슬러들은 테스트 결과를 포함한 평가 결과와 해석들을 오용하지 않고, 다른 사람에 의해 그러한 오용을 방지하기 위한 적절한 조치를 취해야 한다.

b. 원래의 자료를 방출함

카운슬러들은 보통 내담자가 그/그녀의 동의나 그/그녀의 법적 대리인의 동의를 갖고 확인되어 있는 자료(예를 들어, 원안, 상담 혹은 인터뷰 기록, 혹은 질문지)를 방출한다. 그런 자료는 카운슬러들에 의해서 주로 그 자료를 해석할 능력이 있다고 인정된 사람에게만 방출되어야 한다. (참조: B.1.a.)

E.5. 정신 장애의 적절한 진단

a. 적절한 진단

카운슬러들은 정신 장애의 적절한 진단을 제공하기 위해서 특별히 조심해야 한다. (예를 들어, 치료 장소, 치료의 종류, 혹은 추천된 후속 조치 등의) 내담자를 돌보기 위해 사용된 (개인적 인터뷰를 포함한) 평가 기술들은 주의 깊게 선별되고 적절하게 사용되어야 한다. (참조: A.3.a.와 C.5.c.)

b. 문화적 감수성

카운슬러들은 내담자의 문제를 정의하는 방식에 문화가 영향을 끼친다는 것을 인식해야 한다. 정신 장애를 진단할 때 내담자의 사회 경제적이고 문화적인 경험이 고려되어야 한다.

E.6. 테스트 선택

a. 도구의 적절성

카운슬러들은 주어진 상황이나 특별한 내담자에게 사용하기 위한 테스트를 선택할 때, 도구의 타당성, 신뢰성, 심리 측정의 한계, 그리고 적절성을 주의 깊게 고려해야 한다.

b. 문화적으로 다양한 집단

카운슬러들은 사회화된 행동적 혹은 인지적 형태를 벗어날지 모르는 테스트의 부적절성을 피하기 위해서 문화적으로 다양한 집단의 평가를 위한 테스트를 선택할 때 주의를 기울여야 한다.

E.7. 테스트 관리의 조건

a. 관리 조건

카운슬러들은 규격화된 동일한 조건하에서 테스트를 관리한다. 테스트가 표준 조건하에서 관리되지 않거나, 테스트 중에 이상한 행동이나 비정상적인 것이 발생할 때, 그러한 상황들은 해석할 때 기록되고, 결과는 무효로 하거나 타당성이 의심스러운 것으로 지적될 수 있다.

b. 컴퓨터 관리

카운슬러들은 컴퓨터나 다른 전자 수단이 테스트 관리를 위해서 사용될 때, 내담자에게 정확한 결과를 제공하기 위해서 관리 프로그램들이 제대로 작동하는지 확인할 책임이 있다.

c. 무감독 테스트 치르기

테스트나 평가가 자기 관리/혹은 점수를 매기도록 고안되고 의도되며, 타당하지 않는 한 카운슬러들은 테스트나 평가의 무감독 혹은 부적절한 감독의 사용을 허락하지 않는다.

d. 유리한 조건의 공시

테스트 관리 전에 가장 유리한 테스트 결과를 만드는 조건이 심리를 받는 사람에게 알려져야 한다.

E.8. 테스트의 다양성

카운슬러들은 평가 기법을 사용하여 평가를 내리며, 도구가 표준화된 보통 그룹에서 제시되지 않은 사람들의 작업을 해석하는 데 있어서 주의해야 한다. 그들은 나이, 피부색, 문화, 장애, 소수민족, 성, 인종, 종교, 성적 경향, 그리고 사회 경제적 지위가 테스트 관리와 해석에 영향을 끼치는 것을 인식하고, 테스트 결과를 다른 관련된 요소와 함께 적절한 관점에 두어야 한다. (참조: A.2.a.)

E.9. 테스트 점수와 해석

a. 조건 보고하기

평가 결과를 보고할 때, 카운슬러들은 평가의 상황이나 테스트를 받는 사람의 부적절함 때문에 타당성이나 신뢰성에 관해서 존재하는 어떤 조건들을 보여 주어야 한다.

b. 연구 도구

카운슬러들은 반응 결과를 지원하기에 불충분한 기술적 데이터를 가지고 연구 도구의 결과를 해석할 때 주의를 기울여야 한다. 그러한 도구를 사용하는 특별한 목적이 심리 테스트를 받는 사람에게 분명하게 밝혀져야 한다.

c. 테스트 서비스
평가 과정을 지원하기 위한 테스트 점수 기록과 테스트 해석을 제공하는 카운슬러들은 그러한 해석의 타당성을 확인해야 한다. 그들은 정확하게 절차의 목적, 규범, 타당성, 신뢰성, 그리고 적용과 그들의 사용 시 적용되는 조건들을 명시해야 한다. 자동화된 테스트 해석 서비스를 공적으로 제공하는 것은 전문가 대 전문가의 자문으로 간주된다. 자문가의 형식적인 책임은 자문을 받는 사람에 대한 것이지만, 궁극적이고 매우 중요한 책임은 내담자에 대한 것이다.

E.10. 테스트의 안정성

카운슬러들은 법적이며 계약상의 의무들과 일치하는 테스트들과 다른 평가 기법의 진실성과 보완성을 유지해야 한다. 카운슬러들은 출판된 테스트나 그 부분을 출판사의 알림이나 허락 없이 전유하고, 복제하거나 수정해서는 안 된다.

E.11. 폐기된 테스트와 시효가 지난 결과

카운슬러들은 당면한 목적을 위하여 폐기되거나 시효가 지난 자료나 테스트 결과를 사용하지 않는다. 카운슬러들은 다른 사람에 의해서 소멸된 도구와 테스트 자료의 오용을 방지하도록 모든 노력을 기울여야 한다.

E.12. 테스트의 구성

카운슬러들은 교육적이며 심리적인 평가 기법의 개발, 출판, 그리고 사용에 있어서 테스트 구상을 위한 확립된 과학적 절차, 관련된 표준, 그리고 현재의 전문적 지식을 사용한다.

조항 F: 교육, 훈련 및 감독

F.1. 카운슬러 교육자와 훈련자

a. 교사와 실천자로서의 교육자
교육 프로그램들을 개발하고, 실행하며, 감독하는 데 책임이 있는 카운슬러들은 교사와 실천가로서 숙달되어 있어야 한다. 그들은 전문성의 윤리적, 법적 그리고 규정하는 측면에 관해서 잘 알고 있고, 그 지식을 적용하는 데 숙달되어 있으며, 학생과 피감독자가 책임을 인식하도록 해야 한다. 카운슬러들은 윤리적인 방식으로 카운슬러 교육과 훈련 프로그램을 수행하며, 전문적 행동을 위한 역할 모델로서 일해야 한다. 카운슬러 교육자는 카운슬러들의 개발을 촉진시키기 위해서 고안된 모든 과정들/혹은 워크숍들 안에 인간의 다양성과 관련된 자료를 활용하기 위해서 노력해야 한다.

b. 학생과 피감독자 사이의 관계 경계선
카운슬러들은 분명하게 그들의 학생과 피감독자와의 윤리적, 전문적 그리고 사회적 관계의 경계선을 정의하고 유지하도록 한다. 그들은 존재하는 힘 안에 있는 차이와 학생이나 피감독자가 그 힘의 차이를 이해할 수 없다는 점을 알아야 한다. 카운슬러들은 학생들과 피감독자에게 착취 관계의 가능성을 설명해야 한다.

c. 성적 관계

카운슬러들은 학생이나 피감독자와의 성적인 관계에 관여하지 말아야 학고, 성적 희롱을 하지 않도록 해야 한다. (참조: A.6.와 C.5.b.)

d. 연구에 기여함

카운슬러들은 학생이나 피감독자가 연구나 학문적인 프로젝트에 기여한 것에 대해서 그들에게 명예(credit)를 주어야 한다. 명예는 그들의 기여를 따라서 공동저작, 알림, 주석에 언급 혹은 적절한 수단을 통해서 주어진다. (참조: G.4.b.와 G.4.c.)

e. 가까운 친척

카운슬러들은 가까운 친척을 학생이나 피감독자로 받아들이지 않는다.

f. 감독 준비

임상 감독 서비스를 제공하는 카운슬러들은 감독 방법들이나 기술들에 있어서 적절하게 준비되어야 한다. 석사 과정의 학생들에게 카운슬링의 실제나 인턴십 감독자로서 일하는 박사 과정의 카운슬러들은 적절하게 훈련 프로그램에 의해서 준비되고 감독되어야 한다.

g. 내담자에 대한 서비스의 책임

다른 사람들의 카운슬링 서비스를 감독하는 카운슬러들은 내담자에게 제공된 카운슬러 서비스가 전문적이라는 것을 확실하게 하기 위한 적당한 조치를 취한다.

h. 보증(endorsement)

카운슬러들은 학생이나 피감독자가 보증을 받을 자격이 없다고 여겨진다면 졸업증, 자격증, 고용, 혹은 학문적 또는 훈련 프로그램의 성취에 대해서 보증하지 않는다. 카운슬러들은 보증 받을 자격을 갖추지 못한 학생이나 피감독자가 자격을 받을 수 있도록 적절한 조치를 취한다.

F.2. 카운슬러 교육과 훈련 프로그램

a. 오리엔테이션

들어가기 전에 카운슬러들은 예비 학생들에게 다음과 같은 상담 교육과 훈련 프로그램에 대해서 설명하지만, 이런 것들에 제한되지는 않는다. (1) 성공적인 훈련의 성취를 위해 요구되는 기술 습득의 형태와 수준, (2) 다루어져야 할 주제, (3) 평가를 위한 근거, (4) 훈련과정의 부분으로서 자기성장이나 자기표출을 격려하는 훈련 요소들, (5) 요구되는 임상 현장 경험을 위한 감독 배경의 행태와 현장의 요건들, (6) 학생과 피감독자의 평가와 졸업(dismissal)의 정책과 절차, (7) 졸업자를 위한 최근의 고용 전망

b. 연구와 실제의 통합

카운슬러들은 학문적 연구와 감독된 실제를 통합하는 카운슬러 교육과 훈련 프로그램을 확립한다.

c. 평 가

카운슬러들은 훈련에 앞서 학생과 피감독자에게 예상되는 유능성의 수준, 평가방법 그리고 교육이나 경험의 요소를 위

한 평가 시기를 설명한다. 카운슬러들은 학생과 피감독자에게 훈련 프로그램 전반을 통해서 정기적인 성취 평가와 평가 피드백을 제공한다.

d. 윤리 교육

카운슬러들은 학생과 피감독자로 하여금 전문직의 윤리적 책임과 표준, 그리고 전문직에 대한 학생과 피감독자의 윤리적 책임을 알도록 한다.

e. 동료 관계

학생과 피감독자가 그들의 동료를 위해서 카운슬링 그룹을 인도하고 임상 감독을 제공하도록 할당될 때, 카운슬러들은 이러한 역할에 배정된 학생과 피감독자가 동료들과 개인적 혹은 적대적인 관계를 갖고 있지 않으며, 그들이 카운슬러 교육자, 훈련자, 그리고 감독자로서 동일한 윤리적 의무를 갖고 있다는 것을 확실하게 하기 위한 조치를 취한다. 카운슬러들은 학생이나 피감독자가 카운슬링 그룹을 인도하고 임상 감독을 제공하도록 할당될 때, 동료의 권리가 손상되지 않는다는 것을 확실하게 하기 위한 모든 노력을 다한다.

f. 여러 가지 이론적 입장

카운슬러들은 여러 가지 이론적 입장을 제시해서 학생과 피감독자가 비교하고, 그들 자신의 입장을 개발할 수 있도록 한다. 카운슬러들은 전문적 실제의 과학적 근거에 대한 정보를 제공한다. (참조: C.6.a.)

g. 현장에 배치시킴

카운슬러들은 현장 배치와 다른 임상경험에 관한 훈련 프로그램 내에 있는 분명한 정책들을 개발한다. 카운슬러들은 학생이나 피감독자, 현장 감독자, 그리고 프로그램 감독자를 위한 역할과 책임을 분명하게 설명해야 한다. 그들은 현장 감독자가 감독할 자격이 있고, 이러한 역할에 대한 전문적이고 윤리적 책임을 알고 있다는 것을 확인해야 한다.

h. 감독자로서 이중 관계

카운슬러들은 학생 혹은 피감독자의 훈련 프로그램에 있어서 현장 감독자와 훈련 프로그램 감독자의 역할을 수행하는 것과 같은 이중 관계를 피해야 한다. 카운슬러들은 학생 혹은 피감독자를 위한 현장으로부터 어떤 형태의 전문적 서비스, 수수료, 위탁료, 배상 혹은 보상을 받지 않는다.

i. 프로그램의 다양성

카운슬러들은 다양한 배경과 특별한 요구를 갖고 있는 훈련 프로그램 관리자, 교수진과 학생을 위한 기관과 프로그램의 신규 모집과 유치에 대해서 반응해야 한다. (참조: A.2.a.)

F.3. 학생과 피감독자

a. 한계

계속되는 평가와 사정을 통해서 카운슬러들은 학생과 피감독자의 학문적이고 개인적인 한계가 성취를 차단할 수 있다는 점을 인식해야 한다. 카운슬러들은 학생과 피감독자를 도와서 필요 시 개선책을 확실하게 하고, 학문적이거나 개인적인 한계 때문에 유능한 서비스를 제공할 수 없는 훈련 프로그램 피감독자로부터 떠나야 한다. 카운슬러들은 학생이나 피감독자를 떠나거나 의뢰하기 위해서 전문적 자문을 구하고, 그들의 결정을 문서화해야 한다. 카운슬러들은 학생과 피감독자에게 이루어진 결정에 대해서 설명하고, 그들로 하여금 도움을 찾도록 요구하며, 그들을 떠나도록 확실하게 조치한다.

b. 자기성장 경험
카운슬러들은 학생과 피감독자에게 자기성장 혹은 자기표출을 요구하는 카운슬러 자신에 의해서 수행되는 훈련경험들을 고안할 때, 전문적 판단을 해야 한다. 보호 수단(safeguards)을 준비시켜서 교사, 훈련자, 혹은 감독자로서 카운슬러의 주요 역할이 전문직의 윤리적 의무를 따라 작동할 때, 학생과 피감독자가 그들의 자기표출로 말미암아 그러한 카운슬러들에게 영향을 끼칠지도 모르는 결과들을 인식하도록 해야 한다. 훈련경험의 평가적 요소들은 학생의 자기표출 수준과 구별되어 있고 의존하지 않으며 미리 결정되어 있는 학문적 표준을 명백하게 묘사해야 한다. (참조: A.6.)

c. 학생과 피감독자를 위한 상담
만일 학생이나 피감독자가 상담을 요청하는 경우, 감독자나 카운슬러 교육자는 적절한 의뢰(referral)를 해야 한다. 감독자나 카운슬러 교육자는 이것이 훈련경험과 관련된 간단한 역할이 아닌 한, 그들이 관리하고 교육하거나 평가하는 학생이나 피감독자에게 카운슬러로서 활동하지 않는다. (A.6.b.)

d. 학생과 피감독자의 내담자
카운슬러들은 교육 현장에 있는 내담자가 양도된 서비스와 이러한 서비스를 하고 있는 학생과 피감독자의 자격을 알고 있는지를 확인하기 위해서 모든 노력을 다해야 한다. 내담자는 전문적인 공개된 정보를 받고, 기밀성의 한계를 알려야 한다. 학생과 피감독자는 훈련과정에 있어서 카운슬링 관계에 대한 어떤 정보를 사용하기 위해서 내담자의 허락을 받아야 한다.

e. 학생과 피감독자의 기준
카운슬러가 되기 위해서 준비하는 학생과 피감독자는 윤리 강령과 치료 기준을 준수해야 한다. 학생과 피감독자는 내담자에 대해서 카운슬러에게 요구되는 그런 것들과 동일한 의무를 갖는다.

조항 G: 연구 및 출판

G.1. 연구 책임

a. 인간 피실험자(Human Subjects)의 사용
카운슬러들은 인간 피실험자에 대한 연구와 관련된 윤리 원칙, 연방 및 주 법들, 고용주 기관의 규정, 그리고 과학적 기준에 일치하는 방법으로 연구를 계획하고, 구상하고, 수행하며, 보고해야 한다. 카운슬러들은 문화적 감수성을 적절하게 반영하는 연구를 구상하고 수행한다.

b. 표준적인 실제로부터 이탈
카운슬러들은 연구 문제가 표준적으로 받아들여질 수 있는 실제로부터 이탈되고 있을 때, 연구 참여자의 권리를 보호하기 위해서 자문을 구하고 엄중한 보호 규정을 준수해야 한다. (참조: B.6.)

c. 상처를 피하기 위한 예방 조치
인간 피실험자에 대한 연구를 수행하는 카운슬러들은 실험 과정에서 피실험자의 복지에 대한 책임을 지고, 그들의 피실험자에 대한 심리적, 신체적, 혹은 사회적 상처를 야기하는 것을 피하기 위한 적절한 예방 조치를 해야 한다.

d. 책임 연구원의 책임

윤리적 연구 실제에 대한 최종적인 책임은 책임 연구원에게 있다. 연구 행위들과 관련된 모든 다른 사람들은 윤리적 의무와 그들 자신의 행위에 대해 전적인 책임을 진다.

e. 최소한의 개입

카운슬러들은 연구 참여 때문에 주체자들의 삶에 혼란을 야기하는 것을 피하기 위한 적절한 예방 조치들을 한다.

f. 다양성

카운슬러들은 다양성에 민감하고, 특별한 사람들에 대한 주제를 연구해야 한다. 그들은 적절할 때 자문을 구해야 한다. (참조: A.2.a.와 B.6.)

G.2. 인지 동의

a. 공개된 주제

연구에 대한 인지 동의를 얻을 때, 카운슬러들은 연구 참여자들이 이해할 수 있는 언어를 사용하면서 (1) 정확한 목적과 후속 절차들을 설명하고, (2) 경험적이거나 상대적으로 시험해 보지 않은 어떤 절차들을 확인하며, (3) 참석자에게 불편함과 위험에 대해 설명하고, (4) 개인 혹은 단체 안에서 합리적으로 예상될 수 있는 유익과 변화를 설명하며, (5) 참가자에게 유리하고 적절한 대체할 만한 절차를 공개하고, (6) 절차와 관련된 질문에 대답하며, (7) 기밀성에 대한 어떤 한계를 설명하고, (8) 주체자들(subjects)은 그들의 동의를 취소하고 언제라도 프로젝트 참여를 그만둘 수 있다고 알려 준다. (참조: B.1.f.)

b. 기 만

카운슬러들은 대체 절차들이 가능하고, 연구의 예상되는 가치가 기만을 정당화하지 않는 한 기만을 포함하고 있는 연구를 수행하지 않는다. 연구의 방법론적인 요건이 숨김이나 기만을 요구할 때, 연구자는 가능한 한 빨리 이러한 행위의 이유를 분명하게 설명해야 한다.

c. 자발적 참여

연구에의 참여는 일반적으로 자발적이며, 참여를 거절한 것에 대해서 처벌하지 않는다. 비자발적인 참여는 참여하더라도 주체자들(subjects)에게 해롭지 않고, 연구에서 필수적이라고 보여질 때만 적절하다.

d. 정보의 기밀성

연구 과정 중에 연구 참여자에 대해서 얻어진 정보는 비밀이다. 다른 사람들이 그런 정보에 접근할 수 있는 가능성이 있을 때, 윤리적 연구의 실제에 따르면, 기밀성을 보호하기 위한 계획들과 함께 그 가능성이 인지 동의를 얻기 위한 절차의 한 부분으로서 참여자에게 설명되어야 한다.

e. 인지 동의를 할 수 없는 사람

어떤 사람이 인지 동의를 할 수 없을 때, 카운슬러들은 적절한 설명을 하고 참여 동의를 얻으며, 법적으로 인정된 사람으로부터 적절한 동의를 얻어야 한다.

f. 참여자들에게 헌신함

카운슬러들은 연구 참여자들에게 전적인 헌신을 하기 위한 모든 조치들을 취한다.

g. 자료 수집 후의 설명

자료가 수집된 후에 카운슬러들은 어떤 오해들을 제거하기 위해서 참여자에게 연구의 성격을 분명하게 설명해야 한다. 과학적 혹은 인간적 가치가 정보를 지연하거나 보류하는 것을 정당화할 때마다 카운슬러들은 해로움이 야기되는 것을 피하기 위한 적절한 조치들을 취해야 한다.

h. 협력하기로 동의함

연구나 출판에 있어서 또 다른 개인과 협력하기로 동의하는 카운슬러들은 성취의 정밀성에 관하여, 그리고 요구된 정보의 완성과 정확성에 관해서 약속된 대로 협력할 의무를 가진다.

i. 후원자를 위한 인지 동의

연구를 추구함에 있어서 카운슬러들은 후원자, 기관, 그리고 출판사에게 그들의 개인 연구 참여자에게 허용하는 인지 동의를 주기 위해서 동일한 존중과 기회를 제공한다. 카운슬러들은 장래의 연구자들에 대한 그들의 의무를 인식하고, 개최 기관에게 피드백 정보와 적절한 공지사항이 주어졌는지 확인해야 한다.

G.3. 결과를 보고함

a. 결과에 영향을 주는 정보

연구 결과를 보고할 때, 카운슬러들은 연구 결과 혹은 자료의 해석에 영향을 끼쳤을지 모르는 연구자들(investigator)에게 알려진 모든 변수와 조건에 대해서 언급한다.

b. 정확한 결과

카운슬러들은 정확하게 그리고 결과가 잘못 도출될 가능성을 최소화 하는 방법으로 연구를 계획하고, 수행하고, 보고해야 한다. 그들은 데이터와 대체적 가설의 한계에 대해 철저히 논의해야 한다. 카운슬러들은 거짓 연구, 왜곡된 데이터, 허위 데이터들을 사용하지 않고, 의도적으로 그 결과들에 편향되지 않는다.

c. 불리한 결과를 보고할 의무

카운슬러들은 다른 카운슬러에게 전문적 가치가 있다고 판단되는 연구 결과에 대해서 의논한다. 기관, 프로그램, 서비스, 지배적인 의견, 혹은 수익 단체에게 불리하게 반영되는 결과가 보류되어서는 안 된다.

d. 피실험자의 신원

데이터를 제공하고, 또 다른 사람의 연구를 도와주며, 연구 결과를 보고하거나 원래의 데이터들을 사용할 수 있도록 하는 카운슬러들은 피실험자로부터 특별한 허락이 없는 한, 각각의 피실험자의 신원을 위장하기 위해서 적절한 조치를 취해야 한다. (참조: B.1.g.와 B.5.a.)

e. 연구물의 복사(Replication Studies)

카운슬러들은 연구물을 복사하기 원하는 자격 있는 전문가에게 원래의 연구 데이터를 충분히 사용하도록 할 의무가 있다.

G.4. 출 판

a. 다른 것들을 인정함

연구를 수행하고 보고할 때, 카운슬러들은 그 주제에 대한 이전의 저작에 익숙해지고, 인정하며, 저작권법을 준수하고, 전적으로 신뢰한다. (참조: F.1.d.와 G.4.c.)

b. 공헌자

카운슬러들은 연대 저작권, 알림, 각주의 언급, 혹은 다른 적절한 수단들 통해서 연구 혹은 개념 발달에 매우 중요하게 공헌한 사람들에게 영예를 준다. 가장 중요한 공헌자는 가장 먼저 기재되고, 다음의 기술적 혹은 전문적 공헌들은 각주 혹은 서론에서 언급되도록 한다.

c. 학생 연구

실질적으로 학생의 논문이나 논술에 근거한 연구에 있어서 학생은 중요한 저자로 기록된다. (참조: F.1.d.와 G.4.a.)

d. 이중 제출

카운슬러들은 한 번에 단 한 곳의 저널에 싣도록 원고들을 제출한다. 또 다른 저널이나 출판물에 전부 혹은 상당한 부분이 출판된 원고들은 이전의 출판사로부터 공지나 허락 없이 출판을 위해 제출되어서는 안 된다.

e. 전문적 검토

출판, 연구, 혹은 다른 학문적 목적을 위해 제출된 자료를 검토하는 카운슬러들은 그것을 제출한 사람의 기밀성과 소유권을 존중해야 한다.

조항 H: 윤리 문제의 해결

H.1. 기준에 대한 지식

카운슬러들은 윤리 강령과 상담 실제의 기준 및 그들이 소속된 다른 전문 기관이나 그들이 졸업했거나 자격증을 취득한 기관의 적용할 수 있는 윤리들에 익숙해야 한다. 그들이 윤리적 책임을 모르거나 이해하지 못한다고 해서 비윤리적 행동의 책임을 벗어나지 못한다. (참조: F.3.e.)

H.2. 미심쩍은 위반

a. 예상되는 윤리적 행위

카운슬러들은 전문적 준회원들(associates)이 윤리 강령을 준수하도록 해야 한다. 카운슬러들은 어느 카운슬러가 윤리적 방법으로 행하고 있는지 여부에 의문을 불러일으키는 합리적 이유를 갖고 있을 때, 그들은 적절한 조치를 취해야 한다. (참조: H.2.d.와 H.2.e.)

b. 자 문

특별한 상황이나 행동 과정이 윤리 강령을 침해할지 아닐지에 대해서 불확실할 때, 카운슬러들은 윤리에 대해서 잘 알고 있는 다른 카운슬러, 동료, 혹은 적절한 관계 기관과 의논해야 한다.

c. 기관의 갈등

만일 카운슬러들이 관련되어 있는 기관의 요구가 윤리 강령과 갈등을 일으킨다면, 카운슬러들은 그런 갈등의 성격을 일일이 열거하고, 그들의 감독자나 다른 책임 있는 관리에게 윤리 강령에 대한 그들의 헌신을 표현해야 한다. 가능하면 카운슬러들은 윤리 강령을 전적으로 준수할 수 있도록 기관의 변화를 향해서 움직여야 한다.

d. 비공식적인 해결

카운슬러들은 또 다른 카운슬러가 윤리적 기준을 위반하고 있다고 믿을 만한 합리적 이유가 있을 때, 그런 행동이 연관될지 모르는 기밀성의 권리를 침범하지 않는 조건하에서 우선 가능하면 다른 카운슬러들과 비공식적으로 그 문제를 해결하려고 노력해야 한다.

e. 의심되는 위반을 보고함

비공식적인 해결이 적절하거나 가능하지 않을 때, 이러한 행위가 해결될 수 없는 기밀성의 권리와 갈등을 갖지 않는 한 카운슬러들은 합리적인 이유를 갖고, 국가 전문윤리위원회에 의심되는 윤리적 위반을 보고하는 것과 같은 조치를 취한다.

f. 부당한 불만

카운슬러들은 부당하거나, 내담자나 일반인을 보호하기보다 카운슬러를 해롭게 할 의도가 있는 윤리적 불만사항의 제출을 제안하고 참여하거나 조장하지 않는다.

H.3. 윤리위원회와의 협력

카운슬러들은 윤리 강령을 집행하는 과정에서 협조한다. 카운슬러들은 미국카운슬링협회나 위반 때문에 기소된 사람들을 관할하는 달리 적절하게 구성된 협회들이나 이사회의 윤리위원회의 조사, 절차, 그리고 요건들에 협력해야 한다. 카운슬러들은 미국카운슬링협회의 정책과 절차에 익숙하고, 윤리 강령의 집행을 협조하는 데 참조하기 위해서 그것을 사용해야 한다.

실제(Practice)에 대한 기준

미국카운슬링협회(ACA)의 모든 회원들은 실제의 기준과 윤리 강령을 준수해야 한다. 실제의 기준은 윤리 강령의 최소한의 행동적인 언급을 나타낸다. 회원들은 실제에 적용할 수 있는 기준에 대한 더 깊은 해석과 확충을 위해서 윤리 강령의 적용할 수 있는 부분을 참조해야 한다.

조항 A: 카운슬링 관계

실제 기준 1(Sp-1) 차별하지 않음

카운슬러들은 다양성을 존중하고, 나이, 피부색, 문화, 장애인, 소수 민족, 성, 종교, 성적 경향, 결혼 상태, 혹은 사회 경제적 상태 때문에 내담자에 대해서 차별해서는 안 된다. (참조: A.2.a.)

실제 기준 2(Sp-2) 내담자에게 공개함

카운슬러들은 카운슬링을 시작하기 전과 그 관계 전체를 통해서 카운슬링 진행과 그 관계에 대해서 특히 서면으로 적당하게 내담자들에게 알려 주어야 한다. (참조: A.3.a.)

실제 기준 3(Sp-3) 이중 관계

카운슬러들은 그들의 전문적 판단을 손상시키거나, 내담자에게 해로움의 위험을 증가시킬 수 있는 내담자와의 이중 관계를 피하기 위해 모든 노력을 다해야 한다. 이중 관계를 피할 수 없을 때, 카운슬러들은 판단이 손상되지 않고, 사취가 일어나지 않는다는 것을 확실하게 하기 위한 적절한 조치를 취해야 한다. (참조: A.6.a.와 A.6.b.)

실제 기준 4(Sp-4) 내담자와의 성적 친밀성

카운슬러들은 현재의 내담자와 어떤 종류의 성적 친밀감에도 관여하지 않으며, 상담 관계가 종료된 후 최소 2년 안에 이전 내담자와 성적 친밀감에 빠지지 않는다. 종료 2년 후에 그런 관계에 가담하는 카운슬러들은 그런 관계가 사취적 성격을 갖지 않았다는 것을 철저하게 점검하고 문서화할 책임을 가진다.

실제 기준 5(Sp-5) 그룹 상담을 하는 동안 내담자를 보호함

카운슬러들은 그룹 작업 중 상호작용 때문에 생긴 신체적 혹은 심리적 외상(trauma)으로부터 내담자를 보호하기 위한 조치들을 취해야 한다. (참조: A.9.b.)

실제 기준 6(Sp-6) 비용에 대해서 미리 이해시킴

카운슬러 관계에 들어가기 전에 카운슬러들은 내담자에게 전문적 서비스와 관계된 재정적 합의에 대해서 설명해야 한다. (참조: A.10.a-d.와 A.11.c.)

실제 기준 7(Sp-7) 종결

카운슬러들은 상담 관계의 종료 후 필요할 때, 내담자가 계속적인 치료를 위해서 적절한 준비를 하도록 도와주어야 한다. (참조: A.11.a.)

실제 기준 8(Sp-8) 내담자를 돕지 못함

카운슬러들은 만일 그들이 내담자에게 전문적 도움을 줄 수 없다고 결정되면 카운슬링 관계에 들어가지 말고, 즉시 종료해야 한다. 카운슬러는 내담자를 위한 적절한 의뢰를 하도록 협조할 수 있다. (참조: A.11.b.)

조항 B: 기밀성

실제 기준 9(Sp-9) 기밀성의 요건

카운슬러들은 공개가 내담자에게 최상으로 유익하고, 다른 사람의 복지를 위해 필요하거나, 법으로 요청되지 않는 한 카운슬링 서비스와 관련된 정보를 비밀에 부쳐야 한다. 공개가 요구될 때, 반드시 필요한 정보만 드러내야 하며, 그런 공개에 대해 내담자에게 알려야 한다. (참조: B.1.a-f.)

실제 기준 10(Sp-10) 하급자를 위한 기밀성의 요건

카운슬러들은 내담자의 사생활과 기밀성이 하급자에 의해서 유지되고 있다는 것을 확실하게 하기 위한 조치들을 취해야 한다. (참조: B.1.h.)

실제 기준 11(Sp-11) 그룹 카운슬링에 있어서 기밀성

카운슬러들은 그룹 작업에서 비밀이 보장될 수 없다는 것을 그룹원들에게 분명하게 전달해야 한다. (참조: B.2.a.)

실제 기준 12(Sp-12) 가족 카운슬링에 있어서 기밀성

카운슬러들은 카운슬링 중에 한 가족 구성원에 대한 정보를 사전 동의 없이 또 다른 가족 구성원에게 공개하지 말아야 한다. (참조: B.2.b.)

실제 기준 13(Sp-13) 기록의 기밀성

카운슬러들은 카운슬링 기록을 만들고, 저장하며, 접근하고, 전달하며, 처리함에 있어서 적절한 기밀성을 유지해야 한다. (참조: B.4.b.)

실제 기준 14(Sp-14) 기록하거나 관찰하는 것을 허용함

카운슬러들은 카운슬링 회기들(sessions)을 전산으로 기록하거나 보전하기 위하여 내담자로부터 사전 동의를 얻어야 한다. (참조: B.4.c.)

실제 기준 15(Sp-15) 기록의 공개나 이전

카운슬러들은 Sp-9에 기재되어 있는 예외가 존재하지 않는 한, 기록을 제삼자에게 공개하거나 전달하기 위해서는 내담자의 동의를 얻어야 한다. (참조: B.4.e.)

실제 기준 16(Sp-16) 요구되는 데이터의 위장

카운슬러들은 훈련, 연구, 혹은 출판을 위해서 데이터를 사용할 때, 내담자의 신원을 위장해야 한다. (참조: B.5.a.)

조항 C: 전문적 책임

실제 기준 17(Sp-17) 능력의 한계

카운슬러들은 능력의 한계 내에서만 실행해야 한다. (참조: C.2.a.)

실제 기준 18(Sp-18) 계속 교육

카운슬러들은 그들의 전문적 능력을 유지하기 위해서 계속 교육에 참여해야 한다. (참조: C.2.f.)

실제 기준 19(Sp-19) 전문가의 손상

카운슬러들은 그들의 전문적 문제나 갈등이 내담자나 다른 사람에게 해를 끼칠지도 모를 때, 전문적 서비스를 제공하는 것을 삼가야 한다.

실제 기준 20(Sp-20) 정확하게 광고하기

카운슬러들은 광고할 때, 그들의 자격증과 서비스를 정확하게 나타내야 한다. (참조: C.3.a.)

실제 기준 21(Sp-21) 고용을 통한 내담자 모집

카운슬러들은 그들의 사적인 카운슬링을 위한 내담자를 모집하기 위해 고용된 자리나 기관의 제휴를 이용해서는 안 된다. (참조: C.3.d.)

실제 기준 22(Sp-22) 요구되는 자격 증명서

카운슬러들은 소유하고 있는 전문 자격증들만 요구하거나 암시하고, 다른 사람에 의해서 그들의 자격증의 알려진 잘못된 표현들을 고쳐야 한다. (참조: C.4.a.)

실제 기준 23(Sp-23) 성희롱

카운슬러들은 성희롱에 가담해서는 안 된다. (참조: C.5.b.)

실제 기준 24(Sp-24) 부당한 이득

카운슬러들은 부정한 개인적 수익, 성적 호의, 부당한 이득, 혹은 노력해서 얻지 않은 상품이나 서비스들을 구하거나 받기 위해서 그들의 전문적 위치를 사용해서는 안 된다. (참조: C.5.e.)

실제 기준 25(Sp-25) 다른 사람에 의해 서비스를 받는 내담자

내담자의 동의를 갖고, 카운슬러들은 같은 내담자를 서비스하는 다른 정신건강 전문가에게 카운슬러와 내담자 사이에 상담 관계가 존재한다는 것을 알려 주어야 한다.

실제 기준 26(Sp-26) 부정적인 고용 조건

카운슬러들은 그들의 고용주에게 잠재적으로 카운슬러의 전문적 책임을 파괴하거나 손상시킬지 모르거나, 그들의 효율성을 제한하거나, 내담자의 권리를 부인할지 모르는 제도적 정책이나 조건에 대해서 경계하도록 해야 한다. (참조: D.1.c.)

실제 기준 27(Sp-27) 인원의 선별 및 할당

카운슬러들은 유능한 직원을 선별해서 직원의 기술과 경험에 부합되는 책임을 할당해야 한다. (참조: D.1.h.)

실제 기준 28(Sp-28) 하급자와의 사취적 관계

카운슬러들은 그들이 감독하고, 평가하며, 교육적인 관리와 권리를 행사하는 개인과 사취적인 관계에 가담해서는 안 된다. (참조: D.1.k.)

조항 D: 다른 전문가와의 관계

실제 기준 29(Sp-29) 상담소 내담자로부터 수수료를 받음

카운슬러들은 그/그녀가 일하는 상담소나 기관을 통해서 그런 서비스에 자격에 있는 사람에게 자문하기 위해 수수료나 다른 보수를 받아서는 안 된다. (참조: D.3.a.)

실제 기준 30(Sp-30) 의뢰 비용

카운슬러들은 의뢰 비용을 받아서는 안 된다. (참조: D.3.b.)

조항 E: 평가, 사정, 그리고 해석

실제 기준 31(Sp-31) 능력의 한계

카운슬러들은 효과적인 테스트와 평가 서비스만을 수행해야 한다. 카운슬러들은 그들이 감독하고 있는 부자격한 사람들이 심리적 평가 기법을 사용하는 것을 허용해서는 안 된다. (참조: E.2.a.)

실제 기준 32(Sp-32) 평가 도구의 적절한 사용

카운슬러들은 그들이 의도하고 있는 방법으로 평가 도구를 사용해야 한다. (참조: E.2.b.)

실제 기준 33(Sp-33) 내담자에게 평가에 대해서 설명함

카운슬러들은 평가하기 전에 평가의 성격과 목적, 그리고 결과의 특별한 사용에 대해서 설명해야 한다. (참조: E.3.a.)

실제 기준 34(Sp-34) 테스트 결과의 수령자

카운슬러들은 정확하고 적절한 해석이 테스트와 평가 정보의 방출에 수반된다는 것을 확실하게 해야 한다. (참조: E.3.b.)

실제 기준 35(Sp-35) 사용하지 않는 테스트와 시대에 뒤처진 테스트 결과

카운슬러들은 현재의 목적을 위해서 그들의 평가나 중재 결정 혹은 추천서를 시대에 뒤처진 데이터나 테스트 결과들에 근거해서는 안 된다. (참조: E.11.)

조항 F: 교육, 훈련, 그리고 감독

실제 기준 36(Sp-36) 학생이나 피감독자와의 성적 관계

카운슬러들은 학생과 피감독자와 함께 성적인 관계에 가담하지 않는다. (참조: F.1.c.)

실제 기준 37(Sp-37) 연구에의 공헌에 대한 영예

카운슬러들은 연구와 학문적인 프로젝트에 기여한 학생이나 피감독자에게 영예를 주어야 한다. (참조: F.1.d.)

실제 기준 38(Sp-38) 감독 준비

임상 감독 서비스를 제공하는 카운슬러들은 감독 방법과 기술에 있어서 훈련되고 준비되어야 한다. (참조: F.1.f.)

실제 기준 39(Sp-39) 평가 정보

카운슬러들은 훈련 전에 학생과 피감독자에게 예상되는 유능성의 수준, 평가방법, 그리고 평가 시기에 대해 분명히 말해야 한다. 카운슬러들은 학생과 피감독자에게 훈련 프로그램 전체를 통해서 정기적인 성취 사정(appraisal)과 평가 피드백을 제공해야 한다. (참조: E.2.c.)

실제 기준 40(Sp-40) 훈련에 있어서 동료 관계

카운슬러들은 학생과 피감독자가 상담 그룹을 인도하거나 임상 감독을 제공하도록 할당될 때, 동료의 권리가 침해되지 않도록 보장하기 위해 모든 노력을 다해야 한다. (참조: F.2.e.)

실제 기준 41(Sp-41) 학생이나 피감독자의 한계

카운슬러들은 필요할 때, 학생과 피감독자를 도와서 잘못된 부분을 확실하게 고쳐 주어야 하며, 학문적으로나 개인적인 한계 때문에 유능한 서비스를 제공할 수 없는 학생과 피감독자를 훈련 프로그램에서 떠나보내야 한다. (참조: E.3.a.)

실제 기준 42(Sp-42) 자기성장 경험

학생이나 피감독자를 위하여 자기성장이나 자기표출을 포함한 경험들을 수행하는 카운슬러들은 참여자에게 전문성에 대한 카운슬러의 윤리적 의무를 알려 주고, 비학문적 성취에 근거하여 참여자에 대한 점수를 매겨서는 안 된다. (참조: F.3.b.)

실제 기준 43(Sp-43) 학생이나 피감독자를 위한 기준

카운슬러가 되기 위해 준비하는 학생과 피감독자는 윤리 강령과 카운슬러의 실제 기준을 준수해야 한다. (참조: F.7.e.)

조항 G: 실제의 연구와 출판

실제 기준 44(Sp-44) 연구에 있어서 상처를 피하기 위해 조심함

카운슬러들은 연구에 있어서 피실험자(subjects)에게 신체적, 사회적, 혹은 심리적 해나 상처를 일으키는 것을 피해야 한다. (참조: G.1.c.)

실제 기준 45(Sp-45) 연구 정보의 기밀성

카운슬러들은 연구 참여자에 관해 얻어진 기밀 정보를 간직해야 한다. (참조: G.2.d.)

실제 기준 46(Sp-46) 연구 결과에 영향을 주는 정보

카운슬러들은 연구 데이터와 결과에 영향을 끼쳤을지 모르는 연구자에게 알려진 모든 변수와 조건들을 보고해야 한다. (참조: G.3.a.)

실제 기준 47(Sp-47) 정확한 연구 결과

카운슬러들은 연구 데이터를 왜곡하거나 부정확하게 말해서도 안 되고, 연구 결과를 조작하거나 의도적으로 편견을 품으면 안 된다. (참조: G.3.b.)

실제 기준 48(Sp-48) 출판 공헌자

카운슬러들은 연구에 공헌한 사람들에게 적절한 영예를 주어야 한다. (참조: G.4.a.와 G.4.b.)

조항 H: 윤리적 문제를 해결함

실제 기준 49(Sp-49) 예상되는 윤리적 행동

카운슬러들은 카운슬러나 다른 정신건강 전문가가 윤리적 방법으로 행동하고 있는 것에 대해서 의심을 일으키는 합리적인 이유를 갖고 있을 때, 적절한 조치를 취해야 한다. (참조: H.2.a.)

실제 기준 50(Sp-50) 부적절한 불만

카운슬러들은 부적절하거나, 내담자나 사람들을 보호하기보다 정신건강 전문가를 해롭게 할 의도가 있거나, 불필요한 윤리적 불만들의 제출을 제안하거나 참여하거나 조장하지 않는다.

실제 기준 51(Sp-51) 윤리위원회와의 협력

카운슬러들은 위반 때문에 기소된 사람들을 관할하는 달리 적절하게 구성된 협회나 이사회의 미국카운슬링협회나 윤리위원회의 조사, 절차, 그리고 요건에 협력해야 한다. (참조: H.3.)

참고문헌

아래 문서들은 카운슬러들이 개업할 때, 그들을 안내하는 자료로서 사용할 수 있다. 이러한 자료들은 윤리 강령과 실제 기준의 부분이 아니다.

American Association for Counseling and Development/ Association for Measurement and Evaluation in Counseling and Development.(1989). The responsibilities of users of standardized tests (revised). Washington, D·C.: Author.

American Counseling Association.(1988). American Counseling Association Ethical Standards. Alexandria, VA : Author.

American Psychological Association.(1985). Standards for educational and psychological testing (revised). Washington, D·C.: Author.

Aerican Rehabilitation Counseling Association, Commission on Rehabilitation Counselor Certification, and counselors. Chicago, IL : Author.

Aerican School Counselor Association. (1992). Ethical standards for school counselors. Alexandria, VA : Author.

Joint Committee on Testing Practices. (1988). National Board for Certified Counselors Code of Ethics. Alexandria, VA : Author.

Prediger, D. J. (Ed.). (1993, March). Multicultural assessment standards. Alexandria, VA : Association for Assessment in Counseling.

윤리 기준의 해석을 위한 회원들의 요청에 반응하는 방침과 절차

1994년 4월 법사 위원회(Governing Council)에 의해서 개정됨. 1994년 7월 1일 발효됨.

조항 A: 적절한 요청

1. 회원들은 위원회가 회원 자신의 전문적 행동을 안내할 목적으로 미국카운슬링협회 윤리 기준의 공식적인 해석을 내려 주기를 요청할 수 있다.
2. 해석의 요청은 아래 상황에서는 고려되지 않을 것이다.
   a. 해석을 요청하는 개인이 미국카운슬링협회의 회원이 아니거나,
   b. 그 요청은 또 다른 정신건강 전문가의 행동이 비윤리적인지에 대해서 결정하도록 의도되었다. 미국카운슬링협회의 회원은 또 다른 정신건강 전문가의 행동이 비윤리적이라고 여겨질 경우에 가능하면 그 전문가와 직접 그 문제를 해결하고, 적절하다면 윤리적 고소(complaint)를 제기해야 한다.

조항 B: 절차

1. 회원은 해석을 위한 서면 요구서를 미국카운슬링협회 본부 위원회에 보내야 한다.
2. 질문은 다음 형식으로 제출되어야 한다. "카운슬러의 행동이 미국카운슬링협회의 윤리 강령의 항목이나 어떤 다른 항목을 침해하는가?" 질문은 독특하거나 구체적인 것들을 피하고, 될 수 있는 대로 일반적이며 짤막해야 한다.
3. 위원회의 직원 연락원은 필요하다면 그 질문을 개정해서 승인을 위하여 위원회 공동의장에게 보내야 한다.
4. 그 질문은 개인적으로 반응하도록 요구될 위원회 회원들에게 보내져야 한다.
5. 위원회 공동의장은 위원회를 대표하여 여론 해석을 개발해야 한다.
6. 여론 해석은 마지막 승인을 위하여 회원들에게 보내져야 한다.
7. 공식적인 해석이 질문을 보낸 회원에게 보내져야 한다.
8. 질문과 공식적 해석이 미국카운슬링협회 회보에 출간되지만, 해석을 요청한 회원의 신원이 밝혀져서는 안 된다.

윤리적 위반에 대한 고소를 제기하는 방침과 절차

조항 A: 일반

1. 미국카운슬링협회—이하 '협회' 혹은 'ACA' 로서 언급됨—는 인생을 통해서 인간 발달을 향상시키고, 상담의 전문성을 촉진시키는 데 헌신되어 있다.
2. 그 목표로 나아감에 있어서 협회는 ACA 총괄위원회(Governing Council)에 의해서 개발되고 승인된 윤리 강령을 시행한다.
3. 이 문서의 목적은 ACA 윤리 강령을 위반한 혐의를 받고 진행 중인 케이스에 대해서 그 절차를 상세히 설명하고, 제재 위원들의 선택을 성문화하며, 항소 절차를 언급함으로써 ACA 윤리위원회('위원회')의 작업을 촉진시키는 데 있다. 협회의 의도는 건전한 윤리적 실제들을 조장하기 위해서 회원들의 전문적 행위를 감시하는 것이다. 그렇지만

ACA가 어떤 개인의 작업을 보증하지는 않는다.

조항 B: 윤리위원회 회원들

1. 윤리위원회는 협회의 상임위원회이다. 위원회는 여섯 명의 임명된 위원으로 구성되는데, 그들 가운데는 임기가 중복되는 두 명의 공동의장을 포함한다. 두 위원은 선출된 위원장에 의해서 3년 임기를 위해서 매년 임명된다. 임명은 ACA 총괄 위원회의 비준을 필요로 한다. 위원회에 공석이 생기면, 같은 방법으로 위원장에 의해서 채워지고, 임명된 사람은 이전 위원이 맡았던 자리에서 그 위원의 남은 기간 동안 활동하게 된다. 위원회 위원들은 연속적으로 한 번 더 재임명될 수 있다.
2. 위원회 공동의장 중의 한 명은 활동 기간이 2년이 남아 있는 위원회 위원들 가운데서 선출된 위원장에 의해 해마다 임명되고, 총괄 위원회의 비준을 받아 2년 동안 공동의장으로서 활동한다.

조항 C: 역할과 기능

1. 윤리위원회는 다음과 같은 일들에 책임이 있다.
   a. 협회의 윤리 강령에 대해서 회원들을 교육시킴
   b. 정기적으로 윤리 위반에 대한 고소들을 처리하기 위한 방침과 절차뿐만 아니라, 협회의 윤리 강령에 있어서 변화들을 검토하고 위탁함
   c. 협회의 윤리 강령을 위반한 혐의의 고소들을 받아들이고 처리함
   d. 질문들을 받아들이고 처리함
2. 위원회는 고소들을 처리하기 위해서 해마다 최소 세 번 개인적으로 혹은 전화 회의를 통해서 만난다.
3. 윤리적으로 혐의가 있는 잘못된 행동에 대한 고소들을 처리함에 있어서 위원회는 문제의 분쟁에 대한 객관적이고 사실적인 설명을 수집해서 그 케이스를 해결하기 위하여 가능한 한 최선으로 권고한다. 어떤 조치를 취함에 있어서 위원회는 이유가 있을 때에만 그렇게 하고, 단지 합리적인 징계 조치를 취하며, 객관성과 정당성을 갖고 이러한 절차들을 사용하고, 일반적으로 협회와 그 회원의 유익과 목적을 촉진하기 위해서만 실행한다.
4. 일을 실행하기 위해서는 위원회의 투표권을 가진 여섯 명의 위원들 가운데 네 명의 투표가 필요하다. 위원회의 공동의장이나 어떤 다른 위원이 그 케이스에 대해서 개인적인 이해관계를 갖고 있는 경우에 그 혹은 그녀는 그 케이스를 검토하는 데서 물러나야 한다.
5. 위원회 위원들이 고소를 기피하고, 그 일을 처리하는 데 투표 위원들이 불충분할 경우에 위원장은 그 고소를 결정하기 위해서 이전의 ACA 위원회 위원들을 임명해야 한다.

조항 D: 위원회의 책임

1. 위원회 위원들은 편견이 없는 방법으로 직무를 맡아보고, 신속하게 일하며, 위원회의 행위의 기밀성을 보호하고, 관련된 모든 개인의 권리를 보호하기 위해서 설정된 절차를 실행할 의무를 가진다.

조항 E: 고소를 처리하는 공동의장의 책임

1. 고소를 시행하는 공동의장 중 한 사람이 특별한 케이스에 이해관계의 갈등을 갖고 있는 경우, 다른 공동의장이 그 고소를 처리해야 한다. 그 고소를 처리하는 공동의장은 결정을 내릴 때 투표를 해서는 안 된다.
2. 위원회 위원을 위한 상기의 지침들 외에도 본부의 연락 직원과 함께 공동의장은 다음과 같은 책임을 갖는다.
   a. ACA 본부를 거쳐서 피고의 회원 상태가 보증이 된 고소를 받는 일
   b. 혐의가 있는 행동(들)이 사실이라면, 그것이 ACA의 윤리 강령을 위반한 것인지, 그리고 위원회가 이러한 규칙을 근거로 그 고소를 검토할 것인지 결정하는 일
   c. 요청된 반환 수령 확인 우편(certified mail return receipt)으로 원고와 피고 회원에게 그 케이스 수령 사실을 통지하는 일
   d. 위원회의 위원들에게 그 케이스를 통지하는 일
   e. 원고, 피고 회원 그리고 다른 사람들로부터 추가 정보를 요청하는 일
   f. 위원회의 회의를 주재하는 일
   g. 확인 메일(certified mail)로 원고와 피고 회원에게 위원회의 권고와 결정에 대한 전달 사항을 준비하고 보내는 일
   h. ACA 사무총장(Executive Director)의 도움과 재정적인 승인을 받아서 법적 조언을 준비하는 일

조항 F: 재판권

1. 위원회는 개인들인 a 또는 b라면, 그 개인이 ACA의 윤리 강령을 위반했는지 아닌지 고려해야 한다.
   a. 미국카운슬링협회의 현재 회원
   b. 위반 혐의가 발생했을 당시 ACA 회원
2. 분과, 지부, 협력 기관, 혹은 다른 ACA 단체의 윤리위원회는 ACA 회원과 관련된 모든 윤리적 고소를 위원회에 위탁해야 한다.

조항 G: 고소를 제출할 자격

1. 위원회는 ACA 회원이 ACA 윤리 강령의 한 가지 이상 조항들을 위반했다는 고소를 아래의 개인으로부터 받아야 한다.
   a. ACA 회원이 ACA의 윤리 강령을 위반했다고 믿을 만한 이유를 갖고 있는 일반인 중의 회원
   b. ACA 회원이 ACA의 윤리 강령을 위반했다고 믿을 만한 이유를 갖고 있는 ACA의 회원이나 다른 돕는 전문가 중의 회원
   c. 위원회에 의해서 받은 정보를 통해서 공동의장이 ACA 회원이 ACA의 윤리 강령을 위반했다고 믿을 만한 이유를 갖고 있을 때, ACA 회원을 대표하여 위원회의 공동의장
2. 가능하면 개인은 윤리적 고소를 제출하기 전에 피고 회원과 직접적으로 고소를 해결하기 위해 노력해야 한다.

조항 H: 시간 선

1. 이러한 기준들에 설명된 한계들은 단지 지침들이며, 고소를 처리하기 위한 합리적인 시간 틀을 제공하기 위해서 설정

된 것이다.

2. 원고와 피고 회원은 적절할 때 마감 시간의 연장을 요구할 수 있다. 마감 시간의 연장은 특별한 상황에 의해 정당화될 때만 위원회에 의해서 주어진다.

조항 I: 의사 전달의 성격

1. 회원에 반하는 윤리적 고소에 대한 서면으로 된 의사소통만이 받아들여진다. 만일 개인으로부터의 전화 문의가 고소들에 대답하거나, 고소들에 대한 정보를 제공하면서 고소 제출로 받아들여진다면 개인의 전화 내용은 서면으로 된 의사 전달 요구로 알려지고, 그것에 따를 것이 요구된다.
2. 윤리적 고소에 대한 모든 통신은 the Ethics Committee, ACA Headquarters, 5999 Stevenson Avenue, Alexandria, VA, 22304로 보내져야 하고, '기밀 사항(confidential)' 이라고 적어야 한다. 이 과정은 원고와 피고 회원의 기밀성을 보호하기 위해서 필요하다.

조항 J: 고소를 제출함

1. 원고가 서명한 서면으로 된 고소만 고려되어야 한다.
2. 고소를 제출할 자격이 있는 개인은 고소의 성격을 개괄적으로 설명하는 편지를 ACA 본부 위원회에 보내야 한다.
3. 위원회의 ACA 연락 직원은 편지를 보낼 때 원고와 함께 의사소통을 해야 한다. 고소를 받아들인 것과 상기의 조항 F.1.에 정의된 피고 회원의 회원 상태의 확인이 원고에게 알려져야 한다. 고소의 수령이 알려진 후에 제안된 공식적 고소는 원고에게 보내져야 한다.
4. 만일 고소가 상기의 조항 F.1.에 정의된 대로 회원에 포함되지 않는다면, 연락 직원은 원고에게 알려야 한다.
5. 고소 처리 위원회 공동의장은 사실이라면 그 고소가 한 가지 조항 이상의 윤리 기준을 위반했는지, 고소를 받아들이는 경우에 그 고소를 적절하게 결정할 수 있는지 여부를 확정해야 한다. 그렇지 않을 경우, 그 고소를 받아들이지 않고, 원고에게 그 사실을 알려야 한다.
6. 만일 고소 처리 위원회 공동의장은 고소 혐의가 있는 행동이 위원회에 소송을 제기하는 이유에 대해서 정당한 결정을 내릴 만한 정보가 불충분하다면, 위원회의 ACA 연락 직원은 원고나 다른 사람들로부터 더 세밀한 정보를 요청할 수 있다.
7. 고소가 받아들여질 때, 공식적인 고소 자료들과 함께 고소를 위해 제출된 증거와 문서들이 피고에게 보내지고, 고소가 더 진행되기 전에 원고에게는 피고에게 그런 정보의 방출을 허가해야 한다는 사실이 통보되어야 한다.
8. 고소 처리 위원회 공동의장의 승인을 받은 후에 ACA 연락 직원은 원고의 서명을 위하여 그들에게 제출되어야 하는 공식적인 고소를 만들어야 한다.
   a. 원고로부터 온 서신을 받으면, 연락 직원과 고소 처리 위원회 의장은 그 고소가 진실하다면 위반되었을지 모르는 ACA의 모든 윤리 강령을 확인해야 한다.
   b. 공식적 고소는 이러한 정책이나 절차의 복사본, ACA 윤리 강령의 복사본, 확인 진술 서류 그리고 정보 허락과 방출에 대한 서류와 함께 원고에게 보내져야 한다. 원고는 완성된 고소, 확인 진술서, 정보 허락과 방출에 대한 서류에 서명을 하고 위원회로 되돌려보내야 한다. 공식적 진술에 서명하기 전에 위반되었을지도 모르는 강령의 조항들이 원고에 의해서 첨부되거나 삭제될 수도 있다는 것을 원고에게 설명해야 한다.
   c. 만일 원고가 공식적 고소에 있어서 윤리 강령의 조항을 첨가하거나 삭제하려고 한다면, 서명하지 않은 공식적 고

소가 변경 사항들을 기재해서 ACA 본부로 보내지고, 개정된 공식적 고소는 원고의 서명을 위해서 그들에게 보내져야 한다.

9. 완성된 공식적 고소, 확인 진술 서류 그리고 정보에 대한 허가와 방출이 원고들의 서명을 위해서 그들에게 제출될 때, 그들은 위원회가 고소를 검토하기 위해서 고려되기 원하는 모든 증거와 문서들을 보내야 한다.

조항 K: 고소된 회원에게 통지함

1. 일단 서명된 공식적 고소가 받아들여지면, 공식적 고소의 복사본과 고소를 위해 제출된 모든 증거와 문서의 복사본이 피고 회원에게 보내져야 한다.
2. 피고 회원은 그들을 상대로 한 고소에 반응하도록 요청될 것이다. 그들은 그들이 위반했다고 기소된 윤리 강령의 각 조항에 대해서 언급하도록 요청될 것이다. 만일 그들이 반응하고 싶으면, 그들은 60일 이내에 서면으로 그렇게 해야 한다는 것을 통보받을 것이다.
3. 피고 회원은 60일 이내에 고소를 검토함에 있어서 위원회에 의해 고려되기 원하는 모든 증거와 문서들을 제출해야 한다는 것을 통보받을 것이다.
4. 피고 회원은 고소가 그를 상대로 제기되었다는 것을 통고받은 후에 만일 위원회 앞에서 직접적인 형식적 청문회를 요청하기 원한다면, 서면으로 써서 배달 증명 우편(certified mail)으로 (ACA 본부를 경유하여) 위원회 공동의장에게 알리기 위해서 그들에게 60일이 주어진다. (참조. P 조항: 청문회)
5. 위원회 공동의장은 고소 혐의가 있는 행동이 위원회에 소송을 제기하는 이유에 대해서 정당한 결정을 내릴 만한 정보가 불충분하다면, 위원회의 ACA 연락 직원으로 하여금 원고나 다른 사람으로부터 더 세밀한 정보를 요청하도록 할 수 있다. 피고 회원에게는 반응 요청을 받은 후로부터 30일이 주어질 것이다.
6. 다른 사람에게 추가 정보를 요청하는 모든 요청들에는 정보 제공자가 완성해서 돌려주도록 요구되는 확인 증명 서류가 첨부되어야 한다.
7. 만일 위원회가 추가 정보를 얻기 원한다면, 위원회는 신중하게 충분한 이유를 갖고 그 케이스의 검토를 지연하거나 연기할 수 있다. 피고 회원은 만일 서면으로 그렇게 된다면, 위원회가 충분한 이유 때문에 그 케이스의 검토를 지연하거나 연기하도록 요청할 수 있다.

조항 L: 고소의 처리

1. 피고 회원의 반응을 받은 후에 위원회 회원에게 아래의 복사본이 제공될 것이다.
   a. 고소
   b. 피고 회원에게 보내진 입증하는 증거와 문서
   c. 반응, 그리고
   d. 피고 회원과 다른 사람에 의해서 제공된 입증 증거와 문서
2. 원고와 피고 회원 혹은 다른 사람에 의해서 제공된 증거와 문서에 근거해서 결정이 내려져야 한다.
3. 고소 처리 위원회의 공동의장은 특별한 고소에 대한 심의나 결정에 참여하지 않는다.
4. 회원이 고소와 관련된 문서의 복사본을 받은 후, 15일이 경과되고 나서 개최된 위원회의 차기 회의에서 위원회는 고소, 응답, 그리고 입증하는 문서에 대해서 논의하고, 할 수 있다면 고소의 결과를 결정해야 한다.
5. 위원회는 제공된 정보에 근거해서, 회원이 위반했다고 기소된 각 윤리 강령의 위반 여부를 결정해야 한다.

6. 심의 후에 위원회는 고소를 기각하거나, 기소 여부를 기각하기로 결정할 수 있다.
7. ACA의 어떤 윤리 강령이 위반되었다고 결정되는 경우, 위원회는 전체적인 고소를 위하여 허용된 가능한 처벌들을 부과할 수 있다.

조항 M: 고소

만일 원고와 피고 회원 모두 고소 절차를 중단하기로 동의한다면, 위원회는 사용할 수 있는 증거를 통해서 이것이 분명하다고 입증되면 신중하게 판결 절차를 마무리 짓는다. 위원회의 공동의장은 ACA 회원을 대신하여 원고로서의 역할을 해야 한다.

조항 N: 가능한 제재

1. 재판된(reprinted) 개선 요건들은 위원회에 의해서 규정될 수 있다.
2. 위원회의 승낙에 따른 지정된 기간 동안의 보호 감찰(probation). 개선 요건들이 지정된 기간 안에 성취되도록 부과될 수 있다.
3. 위원회의 승낙에 따른 지정된 기간 동안 ACA 회원권의 정지. 개선 요건들이 지정된 기간 안에 성취되도록 부과될 수 있다.
4. ACA 회원권의 박탈. 이러한 제재는 익명의 투표를 요구한다.
5. 보호 감찰 제재의 결과로서 위원회에 의해서 부과된 개선 요건을 만족스러운 방법으로 이행하지 못한 처벌은 위원회가 보호 감찰 기간이 끝나기 전에 보여진 좋은 이유에 근거하여 개선 요건의 수정을 결정하지 않는 한, 그 요건이 채워질 때까지 자동 정지(automatic suspension) 조치가 될 것이다.
6. 정지 제재의 결과로서 위원회에 의해서 부과된 개선 요건을 만족스러운 방법으로 이행하지 못한 처벌은 위원회가 정지 기간이 끝나기 전에 보여진 좋은 이유에 근거하여 개선 요건의 수정을 결정하지 않는 한, 그 요건이 채워질 때까지 자동적으로 영원히 제명(expulsion)될 것이다.
7. 다른 시정 조치

조항 O: 결과를 통지함

1. 피고 회원에게 그에 대한 고소와 관련된 위원회의 결정이 통지되어야 한다.
2. 피고 회원이 항소를 제출한 마지막 날 이후나, 항소가 제출된 경우, 혹은 제출된 항소 결정이 내려진 후에 원고에게 위원회의 결정이 통지되어야 한다.
3. 만일 위반 사실이 발견되고, 피고 회원이 정지되거나 제명되었다면, 위의 조항 O, 항목 2에 제시되어 있듯이 원고에게 고소의 결과를 통지한 후에 카운슬러 자격증, 졸업장, 혹은 등록위원회 및 다른 정신건강 자격증, 졸업장, 혹은 등록위원회뿐만 아니라 자원봉사 전국 자격증위원회, 그리고 적절한 전문협회들에게 그 결과를 통지해야 한다. 더욱이 ACA 분과들, 주 지부들, ACA 보험조합, 그리고 다른 ACA 관련 단체들에게 그 결과를 통지해야 한다.
4. 만일 위반 사실이 발견되고, 피고 회원이 정지되거나 제명되었다면, 위의 조항 O, 항목 2에 제시되어 있듯이 원고에게 고소의 결과를 통지한 후에 위반되었다고 판명된 ACA 윤리 기준의 조항들과 부과된 제재들을 포함하는 위원회의 통지가 ACA 뉴스지에 실려야 한다.

조항 P: 청문회

1. 위원회의 예비 결정 결과가 부가적 정보를 필요로 할 때 위원회의 판단에 따라 청문회가 열릴 수 있다.
2. 고소가 통지된 지 60일 이내에 피고 회원이 위원회 앞에서 공식적인 면전 혹은 전화 회의 청문회를 요청하면 청문회를 실시하여야 한다. (참조: 조항 K. 6.)
3. 피고는 피고에 의해서 요청된 청문회에 참석하는 것과 관련된 모든 비용을 부담한다.
4. 위원회 공동의장은 다음에 예정된 위원회 회의에서 그 케이스에 대한 공식 청문회 일정을 잡고, 원고와 피고 회원에게 직접 혹은 전화 회의로 그 청문회에 참석할 권리를 알려 준다.
5. 청문회는 위원회 회원들로 구성된 배심원 전원 앞에서 열리며, 피고 회원은 피고 회원의 주요 분과의 대표를 선택할 수 있다. 이 대표는 분과위원장에 의해서 확인되고, 투표 권리를 갖는다.

조항 Q: 청문회 절차

1. 목적
   a. 청문회는 윤리 강령의 위반이 발생했는지를 결정하고, 만일 그렇다면 적절한 처벌 조치를 결정하기 위해서 열려야 한다.
   b. 위원회는 심의를 할 때, 기본적인 정당성과 전문성의 원칙에 따라 인도받으며, 그 안에 규정되어 있지 않는 한 그 심의를 가능한 한 비밀에 부쳐야 한다.
2. 통지
   a. 청문회 전 적어도 45일 안에 고소를 처리하는 공동의장은 피고 회원에게 청문회의 시간과 장소 및 관련 기소 내용들을 통지해야 한다. 그 통지 안에는 피고 회원에 대해 제출된 고소의 공식적 진술과 뒷받침하는 증거가 포함된다.
   b. 피고 회원은 통지에 반응할 의무는 없지만, 적어도 15일 전에 미리 서면으로 충분한 이유를 갖고 요청하지 않는 한 위원회는 청문회를 미루거나 연기할 의무가 없다. 15일 전에 미리 통지되지 않고, 위원회에 의해서 연기되지 않을 때, 만일 피고가 청문회에 나타나지 않으면 위원회는 기록에 따라서 고소를 결정해야 한다. 피고 회원이 청문회에 나타나지 않는다고 해서 청문회는 그것을 처벌 조치를 취할 수 있는 충분한 증거로 간주할 수 없다.
3. 청문회의 실시
   a. 숙박. 청문회 장소는 위원회의 재량으로 결정한다. 위원회는 청문회를 열기 위한 개인 방을 제공하고, 위원회에서 허용된 기록 도구 이외의 기록 도구들이나 관찰자를 허용하지 말아야 한다.
   b. 주재관. 그 케이스에 책임이 있는 공동의장이 위원회의 청문회와 심의를 주재한다. 위원회의 청문회와 심의를 마칠 때, 공동의장은 즉시 피고와 원고에게 위의 조항 O, 항목 1과 2에 제시된 대로 서면으로 위원회의 결정을 알려주어야 한다.
   c. 기록. 청문회의 기록은 ACA의 본부에 3년 동안 증거에 제출된 서류들과 함께 만들어지고 보전되어야 한다. 그 기록은 위원회의 자유재량으로 받아들여진 증거의 요약 혹은 축어록(verbatim)으로 구성된다.
   d. 자문받을 수 있는 권리. 피고 회원은 참석한 법률 자문가로 하여금 청문회가 열리는 동안 그들을 조언하고 대리하도록 할 권리가 있다. ACA를 위한 법률 자문가는 또한 위원회를 조언하기 위해서 청문회에 참석하고, 회의석상의 특권을 갖는다.
   e. 증인. 각 당사자는 그 케이스에 대한 그 혹은 그녀의 설명을 실증하기 위해서 증인들을 호출할 수 있는 권리를 갖는다.

f. 위원회는 그 문제를 더 깊이 통찰할 수 있다고 여겨지는 증인들을 호출할 권리를 갖는다. ACA는 독자적인 재량으로 증인의 숫자와 신원을 결정한다.

g. 증인들은 증언을 하도록 호출될 때 외에는 청문회가 열리는 동안 참석하지 않고, 그들의 증언이나 반대 심문을 마치면 떠나야 한다.

h. 만일 어떤 질문이나 증언이 그 케이스의 문제와 관련이 있다면, 고소를 처리하는 공동의장은 반대자나 위원회의 위원에 의해서 질문이 제기되도록 허락해 주어야 한다.

i. 고소를 처리하는 공동의장은 어떤 질문과 증언이 그 케이스와 관련되어 있는지를 결정해야 한다. 만일 청문회가 관련이 없는 증언 때문에 어수선해진다면, 고소를 처리하는 공동의장은 다시 모이는 명령을 내릴 때까지 짧은 휴회를 하도록 한다.

j. 당사자를 위한 자문과 관련된 모든 비용은 각각의 당사자가 부담한다. 피고를 위한 증인들과 관련된 모든 비용은 피고가 청문회를 요청할 때, 피고가 부담한다. 만일 위원회가 청문회를 요청한다면, 증인들과 관련된 모든 비용은 ACA가 부담한다.

4. 증거 제시

a. 연락 담당 직원이나 고소를 처리하는 공동의장은 우선 피고에 대한 기소(들)를 제출하고, 간단하게 그 기소를 지지하는 증거를 설명하도록 요청받는다. 기소를 제출하는 사람은 또한 원고를 위하여 증인들을 심문하고 반대 심문을 하며, 청문회 동안 그 문제를 제출한 책임을 진다.

b. 그러고 나서 원고나 위원회의 한 사람은 피고에 대한 케이스를 제출하도록 요청받는다. 그 케이스를 실증할 수 있는 증인이 피고와 위원회의 질문들에 증언하고 답변하도록 요청받는다.

c. 만일 피고가 청문회에 참석할 수 있는 권리를 행사한다면, 그 혹은 그녀는 끝으로 그 혹은 그녀에 대한 기소를 반박하는 어떤 증거를 제출하도록 요청받는다. 이것은 위의 부항목 (3)에 기재되어 있는 증인들을 포함한다.

d. 피고는 단순히 증언을 거절한다는 이유로 유죄로 평결되어서는 안 된다. 그렇지만 일단 피고 회원이 증언하기로 하면, 그 혹은 그녀는 원고나 위원회의 회원들에 의해서 반대 심문을 받을 수 있다.

e. 위원회는 대략 3시간 안에 청문회를 종결시키도록 해야 한다. 각자는 그들이 증언할 때 시간을 엄수하도록 요청되어야 한다.

f. 고소를 처리하는 공동의장의 판단에 따라 단지 누적되고 반복되는 증거는 제거될 수 있다.

5. 증거의 관련성

a. 청문 위원회는 법정이 아니며, 증거의 공식적 법률들을 준수할 필요가 없다. 법정에서 증거로 채택될 증거는 만일 그것이 그 케이스와 관련이 있다면, 위원회 전에 청문회에서 채택할 수 있다. 즉, 제시된 증거가 그 케이스의 어떤 중요한 사실들을 설명하고 분명하게 하며 반박한다면, 그것은 일반적으로 고려되어야 한다.

b. 위원회는 청문회의 통지서에 명시되지 않았거나, 그 케이스의 사안들과 관련이 없는 어떤 기소를 지지할 목적으로 증거나 증언을 고려해서는 안 된다.

6. 입증의 부담

a. 윤리 강령을 위반했다는 사실을 입증할 부담은 원고와/나 위원회에 있다. 어떤 잘못에 대한 피고의 무죄를 입증하는 것은 피고에게 달려 있지 않다.

b. 기소(들)가 '의심 없이' 입증될 필요가 없을지라도 기소를 지지하기 위한 실질적이고 객관적이며 믿을 수 있는 증거가 없을 때, 위원회는 피고를 유죄라고 평결해서는 안 된다.

7. 위원회의 심의

a. 청문회를 마친 후, 위원회는 제출된 증거를 검토하고 결론에 도달하기 위해서 종결 회의로 모여야 한다. 만일 위원

회가 원한다면, ACA 법률 자문가가 위원회를 조언하기 위해서 최종 회의에 참석할 수 있다.

b. 위원회는 사실들의 유일한 재판관이며, 제출된 증거를 헤아리고 증인들의 신빙성을 평가해야 한다. 참석한 위원회 대다수 회원들의 행위가 위원회의 결정이 된다. 그들의 익명 투표는 ACA 회원권의 영구한 제명을 위해서 필요하다. 전체 청문회를 통해서 참석했던 위원회의 회원들만 투표 자격이 주어진다.

8. 위원회의 결정
   a. 위원회는 우선 기소를 당한 피고의 무죄 문제를 해결해야 한다. 위의 부항목 (5)에 있는 입증의 부담을 적용하면서 위원회 회원들은 구두 투표에 동의하지 않는 한, 비밀 투표를 시행해야 한다.
   b. 위원회의 대다수 회원들이 피고에게 죄가 있다고 여기지 않는 경우, 그 기소는 취소된다. 위원회에 의해 피고 회원의 윤리 강령 위반 사실이 확인되면, 위원회는 조항 N을 따라서 어떤 제재 조치가 취해져야 할지를 결정한다.
   c. 위의 조항 O에서 제시한 대로 고소를 처리하는 공동의장은 피고 회원과 원고에게 서면으로 위원회의 결정을 통지해야 한다.

조항 R: 항소

1. 회원이 ACA 윤리 강령을 위반했다는 ACA 윤리 위원회의 결정은 한두 가지 아래 사항에 근거하여 위반한 것으로 판명된 사람에 의해 항소될 수 있다.
   a. 위원회가 윤리적 위반의 고소들을 처리하기 위한 정책과 절차를 위반했거나
   b. 위원회의 결정이 제멋대로거나 변덕스러웠으며, 원고와 피고에 의해 제공된 자료들에 근거하지 않았을 경우
2. 회원은 한두 가지 ACA 윤리 강령을 위반한 것으로 판명되었다는 통지를 받은 후, 30일 이내에 그 결정에 항소하겠다는 내용을 서면으로 써서 배달 증명 우편(certified mail)으로 위원회에 알려 주어야 한다.
3. 항소는 단지 상기의 부조항 (1)에 기재된 항소의 한두 가지 근거들과 항소 이유를 언급하는 편지로 구성한다.
4. 항소하는 회원은 그 혹은 그녀가 속한 주요한 ACA 분과를 확인하도록 요청된다. ACA 회장은 2명의 이전 ACA 윤리 위원회 의장들과 확인 분과위원장으로 구성된 3명의 항소 배심원을 임명한다. ACA 변호사는 법률 조언자로 봉사하고, 의원석(floor)의 특권을 갖는다.
5. 위원회의 결정이 내려졌을 때, 3명의 항소 배심원들에게는 위원회에서 찾아볼 수 있는 자료의 사본, 청문회가 열렸다면 청문회 사본, 항소 회원에 의해서 제출된 편지의 사본이 주어진다.
6. 항소 배심원들은 일반적으로 위의 자료를 받은 후 60일 이내에 대다수의 찬성을 얻어야 하는 항소에 관한 결정을 내려야 한다.
7. 항소 배심원의 결정은 아래의 한 가지를 포함한다.
   a. 위원회의 결정을 지지한다.
   b. 새로운 결정을 위하여 위원회의 지도를 받아, 위원회의 결정을 취소하고 반송한다. 이 결정에 대해 서면으로 자세히 위원회에 알린다.
8. 위원회의 결정이 취소되고 반송될 때, 서면으로 써서 원고와 피고에게 알려주고, 추가적 정보가 우선 원고로부터 그러고 나서 피고 회원으로부터 요구될 수 있다. 위원회는 청문회 없이 또 다른 결정을 내려야 한다.
9. 위원회의 결정을 지지하는 항소 배심원의 결정은 최종적이다.

조항 S: 증거

1. 항소가 제출되지 않았거나 최종 결정이 고려되고 있을 때, 중요하고 새로운 증거가 제출될 경우에, 그 케이스는 위원회에 의해서 다시 열려질 수 있다.
2. 위원회가 중요하고 새로운 증거를 고려하는데, 만일 제명된 회원이 무죄라는 것이 입증되고 가능한 것으로 드러난다면, 위원회는 그 케이스를 다시 열어서 전체의 고소 과정을 다시 진행시켜야 한다.

조항 T: 기록

1. 고소에 관한 위원회의 기록은 그 안에 있는 조건을 제외하면 비밀에 부쳐야 한다.
2. 고소 기록의 원본은 ACA 본부나 ACA에 의해서 정해진 원거리 장소에 있는 잠겨진 자료함에 보관해야 한다.
3. 위원회의 회원들은 고소 기록들의 복사본을 비밀로 간직하고, 그 케이스가 종료되거나 그들이 더이상 위원회의 회원이 아닐 때, 기록의 사본을 없애야 한다.

조항 U: 고소와 관련된 법적 소송

1. 원고와 피고 회원은 그들이 고소와 관련하여 제기된 어떤 종류의(민사 혹은 형사상의) 법적 조치가 있다면 위원회에 알려 주어야 한다.
2. 고소에 관해서 어떤 종류의 법적 조치가 제기된 경우에, 고소와 관련된 모든 조치들은 법적 조치가 종결될 때까지 중지되어야 한다. 만일 법적 조치가 고소된 동일 원고와 동일 사건을 포함하지 않는다면, 위원회는 고소의 절차를 중지할 것인지에 대해서 법률 자문을 구해야 한다.
3. 만일 고소에 관한 조치가 중지된다면, 원고와 피고 회원에게 알려 주어야 한다.
4. 법적 조치가 종결된 후에, 고소에 대한 조치가 계속된다면, 원고와 피고 회원에게 알려 주어야 한다.

ACA 윤리 강령과 상담 기준들을 주문하는 것에 대한 정보를 받으려면, 아래 주소로 연락하면 된다.

ACA Distribution Center P. O. Box 531
Annapolis Junction, MD 20701-0531

전화: 301-470-4ACA (301-470-4222)
무료 전화: 1-800-422-2648
팩스: 301-604-0158

복습 단원에 대한 해답

법률적, 윤리적인 진료의 기초

1. 누구인가, 하는 일
2. 미덕(virtue)
3. 권리
4. 한계

내담자/카운슬러 관계

1. 신뢰
2. 인지 동의(informed consent)
3. 복잡하게

기밀성과 비밀 정보

1. 기밀성
2. 변명
3. 면책 표시(privileged communication)
4. 경고
5. 슈퍼바이저

의심이 들 때

1. 자원
2. 상의
3. 위탁(referral)/협동작업

Chapter 4

카운슬링에 있어서 현대의 쟁점들

예비적 자기 점검

이 장을 들어가기 전에 잠시 다음의 질문들을 생각해 보자. 각 항목을 보면서 당신의 마음에 가장 먼저 떠오르는 것을 적어 보라. 이 장의 공부를 끝마치고 나서 당신의 답변이 얼마나 달라졌는지 살펴본다면 도움이 될 것이다.

- 카운슬링과 심리치료의 진료는 전혀 정적이지 않다. 우리 사회 속의 변화들 때문에 이러한 전문 분야의 변화가 일어난다. 이런 점에 있어서 당신은 이미 어떤 변화들을 인식하고 있는가?

- 다문화 상담을 생각할 때, 당신의 머릿속에는 무엇이 떠오르는가? 그것이 당신에게 무엇을 의미하는지 생각해 보라.

- 당신의 관점에서 성별(gender)은 상담 과정에서 어떤 차이를 가져오는가?

• 당신과 다른 종교적 성향을 갖고 있는 사람을 상담할 때, 당신은 어떤 느낌을 갖는가?

개 관

다문화 상담, 성의 차이, 장애인들, 종교를 갖고 있는 내담자들, AIDS환자들, 그리고 연로한 사람들은 제각기 일련의 독특한 문제들과 특별한 필요들을 갖고 있다. 그러나 이 모든 사람들은 현대 카운슬러에게 도움을 요청하고 있고, 오늘날의 카운슬러들은 그 요청에 응답할 책임이 있다. 또한 훈련받는 카운슬러들은 카운슬링의 영역에서 이러한 현대적 관심사들에 전문적으로 응답할 책임이 있다.

안내 학습

여기 있는 문제들을 통해서 당신은 이 과의 중요한 부분들을 학습하게 될 것이다. 주어진 빈칸에 답을 쓰고 나서 본문의 밑줄 쳐진 부분과 비교해 보라.

1. 문화는 사람들이 그들의 총체적인 삶에서 배우고, 믿고, 가치 있게 여기고, 즐기는 모든 것으로 이루어져 있다. 오늘날 유능한 카운슬러가 되려면, 문화의 차이를 어떻게 그리고 왜 진지하게 여겨야 하는지 설명하라.

2. 교차-문화적 이슈들이 고려되어야 하는 것처럼 성의 차이도 그렇게 되어야 한다. 현대 카운슬링에 있어서 성의 중요성을 논의하라.

3. 장애인들은 수많은 중요한 장애물들로 인해 도전을 받는다. 이 단원에 언급되어 있는 세 가지 장애물들을 주목하고, 현대 카운슬러가 이러한 사람들에게 어떻게 효과적이 될 수 있는지에 대해서 설명하라.

4. 카운슬러들은 이전에는 성직자들의 주요 영역이었던 분야에서 도움을 요청받고 있다. 종교를 가진 내담자들의 특별한 관심들과 오늘날의 카운슬러들이 그들을 상담하기 위해 어떻게 준비해야 하는지에 대해서 논의하라.

5. 현대 사회에서 에이즈만큼 더 많은 주목을 받고 있는 질병은 없다. 오늘의 카운슬러들은 이 질병에 대해서 무엇을 알 필요가 있고, 그 병을 앓고 있는 내담자들을 어떻게 상담해야 하는지 설명하라.

6. 노년 인구가 증가함에 따라 오늘의 카운슬러들은 65세 이상의 사람들을 상담하기 위해서 준비해야 한다. 이러한 사실은 현대 카운슬러에게 무엇을 부과하는가?

복습 단원

아래 항목들을 통해서 당신은 이 과의 특별한 내용을 마스터하게 될 것이다. 빈칸을 채워 아래의 각 문장을 완성하라.

다문화 카운슬링

1. 연구들에 의하면, 소수인종 내담자들은 카운슬링 서비스를 적극적으로 활용하지 않을뿐더러, 설령 하더라도 치료적 관계를 너무 빨리 __________고 밝히고 있다.
2. 문화적으로 숙련된 카운슬러들은 인종과 신념 면에서 자신들과 내담자들 사이에 존재하는 __________에 대해 편안해 한다.
3. 문화적으로 숙련된 카운슬러들은 스스로의 __________ 태도, 믿음, 감정들을 인정한다.

성의 차이

1. 남성과 여성이 받는 치료의 중요한 차이가 자주 __________ 되었다.
2. 대부분의 상담 이론들은 남성들에 의해 발달되었고, 대부분의 치료자도 __________이다.
3. 우연이든 아니든, 카운슬링은 여성이 __________에 더 쉽게 빠질 수 있는 사회적 정황을 육성해 왔다.
4. 만일 기법으로써 권위적인 과정이 사용된다 하더라도, 치료는 여성의 __________ 의존성을 유지시키거나 강화시키는 효과를 내서는 안 된다.

장애인

1. 카운슬러들은 핸디캡이 있는 상황에 대한 __________ 때문에 신체적으로 어려움을 겪는 사람들에 대해 효과적인 서비스를 충분히 제공하지 못하고 있다.
2. 카운슬러는 핸디캡을 가진 아동과 그 부모의 __________에 대해 알아야 하고, 이와 동시에 그러한 권리를 어떻게 행사해야 하는지 부모에게 조언할 때 필요한 기술들에 대해서도 알고 있어야 한다.

종교적 내담자들

1. 최근 여론조사는 미국 인구의 __________에 해당하는 사람들이 그들의 삶에 종교가 '중요'하거나 '매우 중요'하다고 생각한다는 것을 지적하고 있다.
2. 카운슬러들은 전에는 __________의 주된 영역이었던 분야에서 도움을 요청받고 있다.
3. 카운슬러들은 종교적으로 헌신된 내담자들이 다른 내담자들보다 더 ____________________ 고정관념화된 가정을 버릴 필요가 있다.

에이즈

1. 에이즈는 신체 면역 구조를 파괴하는 질병이고, 인체 ________________에 의해 유발된다.
2. ________에 감염된 사람들은 완벽히 건강하게 보일 수도 있지만, 에이즈의 증후인 많은 건강 문제가 전개될 수 있다.
3. 환자가 HIV 양성임이 밝혀졌을 때는, 질병이 진행함에 따라 __________ 카운슬링이 꽤 효과적인 것으로 밝혀졌다.

노년계층

1. 에릭 에릭슨은 노년기의 첫 번째 발달 과제를 '________ 대 절망감'으로 정의했다.
2. 노년기의 변화와 역할 상실은 노인들의 __________에 크게 영향을 미친다.
3. __________ 카운슬링은 좋은 신체적 · 정신적 건강에 의해 보강되는 미래를 위해 은퇴자 계획을 더 효과적으로 지원할 수 있다.

미래의 상담

앞으로 20년 후에 카운슬러로 일하는 당신을 잠시 생각해 보라. 빈칸에 그 연도를 적어라. __________ 당신은 카운슬러로서 어디서 일할 것인지 상상해 보라. 그것을 묘사하라.

다음으로, 이때 당신의 치료에 영향을 줄지도 모르는 사회적 발전들은 어떤 것들이 있는지 생각해 보라. 기술적이고 사회적인 영향력들을 생각해 보라.

당신의 반응들을 다른 학생들의 반응들과 비교해 보라.

복습 단원에 대한 해답

다문화 카운슬링

1. 종결시킨다
2. 차이
3. 편파적인

성의 차이

1. 간과
2. 남성들
3. 감정적인 곤란
4. 고정관념화된

장애인

1. 편견과 선입관
2. 권리

종교적 내담자들

1. 2/3
2. 성직자들
3. 감정적으로 혼란스러울 것이라는

에이즈

1. 면역 결핍 바이러스(HIV)
2. HIV
3. 집단

노년계층

1. 통합(integrity)성
2. 취약성
3. 은퇴 전

Chapter 5

서론: 자신만의 치료 이론

이론을 다룬 제2단원의 각 과를 공부하기 전에 다음 두 가지 질문에 답하라.

1. 카운슬링을 배우는 학생들이 카운슬링 이론들을 배우는 것이 왜 중요한지 당신 자신의 말로 써보라.

2. 제2단원의 서론적인 장에 나와 있는 바른/틀린 질문들에 답을 한 후에 카운슬링에 대한 당신의 근본적인 신념들을 요약해 보라. 기초적인 용어를 써서 한 단락으로 카운슬링에 대한 당신 자신의 이론을 설명하라.

Chapter 6

정신분석치료

요약

1. **간략한 전기**. 프로이드(1856-1939)는 자신의 거의 모든 생애를 비엔나에서 보냈다. 그는 탁월한 학생이었지만, 유대인 혈통이었기에 그의 직업적인 선택들은 제한되었다. 의학에 정착한 그는 26세에 비엔나 대학에 자리를 얻었다. 그는 자신의 꿈들의 의미를 탐구하면서 인격의 역동성에 대한 통찰을 얻었고, 환자들을 관찰하면서 의학적 이론을 형성했다. 그는 자신의 정신분석적 학설로부터 갈라져 나간 동료들에 대해 포용력이 적었다. 그는 턱에 생긴 암으로 인해 런던에서 사망했다.

2. **역사적 발전**. 정신분석의 시초는 1880년대 초로 확인된다. 이 시기 동안 요세프 브로이어(Josef Breuer)의 히스테리 치료(특별히 안나 O.양에 대한)가 프로이드의 생각에 영향을 끼쳤다. 프로이드는 장 샤르코(Jean Charcot) 밑에서 최면술 기법을 탐구하며 연구를 계속했다. 이러한 두 가지 경험이 1896년 프로이드가 처음으로 '정신분석' 이라는 용어를 사용하는 데 결정적인 역할을 했다.

3. **인간 본성에 대한 시각**. 프로이드는 사람들이 '성(sex)' 과 '공격성' 이라는 본능적이고, 무의식적이며, 비이성적인 힘들에 지배된다고 보았다. 프로이드에게 있어서 인격은 사람의 통제를 넘어선 조건들과 사건들에 의해 완전히 결정되는 것이었다. 그는 의식(consciousness)을 전체 심리의 단지 작은 부분일 뿐이라고 보았다. 프로이드는 인격을 세 가지 구성 요소로 나누었다. 이드(id, 출생 시 존재하는 완전히 무의식적인, 모든 타고난 본능들을 포함하는), 에고(ego, 이드가 그것의 목적을 이루도록 돕기 위해 생후 6개월에서 8개월까지 이드로부터 발달하는), 그리고 슈퍼에고(superego, 약 3세에서 5세 사이에 에고로부터 발달하는 에고 이상형(ideal)과 의식을 포함하는)이다. 더 나아가 프로이드는 성인의 인격이 일련의 성 심리적 단계의 정해진 코스를 거치면서 약 5세가 될 때까지 형성된다고 믿었는데, 구강기, 항문기, 남근기, 잠복기, 그리고 성기기 단계이다.

4. **부적응적 행동의 발달**. 정신분석적 사고에서 비정상적인 증상들은 갈등과 고착이 처음 전개되는 성 심리 단계와 그 결과 초래되는 불안에 대처하기 위해 사용되는 방어기제의 방식에 따라 다양하다. 전성기기(pregenital) 단계들에서 과도한 양의 리비도의 고착은 전반적으로 다양한 성격 패턴들과 정신병리를 초래한다. 리비도는 또한 앞의 성 심리

단계나 오래전에 포기된 더 초기의 대상 선택으로 퇴보할 수도 있는데, 보통 강하게 고착되었다. 대부분 무의식의 수준에서 작용하는 불안은 모든 정신병리학의 핵심에 있다. 불안의 정도는 에고의 지배력(leadership)에 좌우된다. 약한 에고는 이드와 슈퍼에고와 씨름하느라 과도한 양의 심리 에너지를 소비하고 부적응적인 행동을 낳는다.

5. **치료의 목표**. 정신분석의 궁극적인 목표는 증상의 제거가 아니다. 오히려 그것은 무의식을 의식으로 만드는 것을 통한 성격의 전체적인 재건(reconstruction)이다. 사람의 에고는 공격적이고 성적인 충동들이 제어될 수 있도록 하기 위해 강해져야 한다. 정신분석은 전에 억압되었던 경험들이 전체 성격 구조에 재통합되도록 고안된다.

6. **치료자의 기능**. 분석가는 조언을 하거나 공감을 나누지 않고, 내담자가 마음속에 떠오르는 무엇이든지, 특별히 어린 시절의 경험들에 관하여 이야기할 수 있도록 격려한다. 고전적인 정신분석에서 분석의는 내담자의 해결되지 않은 갈등들, 감정들, 그리고 경험들을 분석자에게 투사하도록 허용함으로써 전이(transference)를 조성한다. 하지만 정서적인 중립자로서 정신분석가의 역할에 대한 이러한 고전적인 개념은 분석가를 더 활동적으로 보는 현대의 정신분석적 시각들에 의해 수정되어 왔다.

7. **주요 방법과 기법**. 정신분석에서 가장 오래 지속되는 치료기법들은 자유 연상(얼마나 비논리적이고 사소한지에 관계없이 내담자가 마음속에 떠오르는 무엇이든지 이야기할 수 있도록 하는 중요한 기법), 꿈 해석(거의 모든 사람에게 같은 것을 의미하는 일관적인 상징들의 사용을 통하여 주로 꿈의 숨어 있는 내용을 해석하는 것), 전이해석(내담자가 분석의에게 그 혹은 그녀의 삶으로부터의 중요한 권위의 인물로서 반응하고, 그럼으로써 어린 시절의 문제들의 본질을 노출시킬 때), 그리고 저항해석(오래된 행동 방식들을 없애는 데 도움이 되는 노력들에 대한 무의식적인 저항으로, 성격 문제들의 진정한 원인들을 규명하려는 시도를 방해하는 것)이다.

8. **적용**. 프로이드는 자신의 이론을 형성하는 데 있어서 사례 연구에 크게 의존하였다. '도라' 의 사례는 프로이드가 심리학적 통찰을 이끌어 내기 위해 저항과 전이를 어떻게 사용하였는지를 설명하는 한 가지 예이다. 치료 목표들이 너무 높아 얻어 내기 어렵고, 자기-패배적인 방식이 내담자에게 너무 깊게 형성되어 있기 때문에 정신분석치료가 집중적이고 시간이 오래 걸리는 것은 불가피하다. 한 분석적 세션으로부터 발췌된 현대의 인용문이 이 장에 묘사되어 있다.

9. **비판적 분석**. 정신분석은 신봉자와 강력한 비판자 양쪽 모두를 가지고 있다. 장점들은 그것의 포괄적인 본질과 다른 치료 이론들에 박차를 가한 기념비적인 가치이다. 단점들은 방법론적인 문제와 성격의 생물학적인 결정 인자들에 대한 지나친 강조, 개념들의 상대적인 모호성, 그리고 성과 문화적 편향성이다.

10. **현재의 상태**. 현대의 분석적 심리치료들은 정통적인 분석사고를 넘어서 놀랄 만큼 진화하였다. 많은 현대의 분석학자들이 의견을 달리하는 한 가지 중요한 이슈는 유아(성인도 마찬가지로)가 주로 쾌락 추구에 의해 동기 부여된다는 프로이드의 가정을 어느 정도까지 수용하는가에 관한 것이다. 현대의 정신분석적 사고는 에고(ego) 심리학(현재에 향해 있고 현실에 기초함, 정체성, 친밀감, 그리고 인간 본연의 모습의 이슈들에 초점을 맞춘), 대상-관계 이론들(초기 관계와 이성적 동기에 초점을 맞춘), 그리고 자아심리학(유아기에서 유래하는 자아(self)의 구성과 그것의 통합적인 기능에 초점을 맞춘)으로 나눌 수 있다.

안내 학습

아래 문제들을 통해서 당신은 이 과의 중요한 부분들을 학습하게 될 것이다. 주어진 빈칸에 답을 쓰고 나서 본문의 밑줄 쳐진 부분과 비교해 보라.

1. 어린아이로 자라나는 시기가 프로이드의 이론에 어떻게 영향을 끼쳤는지 묘사하라.

2. 당신은 정신분석 이론에 익숙하지 않은 사람에게 정신분석의 태동을 어떻게 설명하겠는가?

3. 프로이드 이론의 중심부에 무의식이 있다. 그것은 무엇이며, 어떻게 작동하는가?

4. 당신은 프로이드의 인격 구조(이드, 에고, 슈퍼에고)를 그림 언어를 사용해서 어떻게 묘사하겠는가?

5. 프로이드는 심리성적 발달의 다섯 단계를 통해서 인격이 형성된다고 믿었다. 이 단계들은 무엇이고, 그것은 어떻게 발달하는가?

6. 프로이드 이론에 있어서 부적응 행동은 보편적이며 불가피하다. 왜 그런가? 이드, 에고, 슈퍼에고를 사용해서 이것이 어떻게 일어나는지 설명하라.

7. 정신분석의 기본적인 혹은 궁극적인 목표는 무엇인가?

8. 프로이드는 정신분석의 세션 동안 동정심 있는 중립 상태가 분석가가 가져야 할 알맞은 마음 자세라고 지속적으로 주장했다. 이러한 견해는 보다 현대적인 분석 치료자들과 어떻게 다른가? 혹은 동일한가?

9. 정신분석은 많은 치료기법을 소개했다. 전이 해석과 저항의 해석을 설명하라.

10. 프로이드가 '도라(Dora)'를 치료한 것을 통해서 당신은 무엇을 배웠는가? 이 경우에 그는 정신분석 기법을 어떻게 사용했는가?

11. 정신분석치료는 공헌에 대한 찬사와 비판 가운데 쟁점의 여지를 남겨 놓고 있다. 그 이론과 치료의 가장 뛰어난 장점들과 단점들은 무엇인가?

12. 정신분석 신봉자들이 존재하는 동안 여러 가지 현대적 분석 심리치료자들이 생겨났다. 가장 잘 알려진 세 부류의 치료자들을 설명하라.

복습 단원

아래 항목들을 통해서 당신은 이 과의 특별한 내용을 마스터하게 될 것이다. 빈칸을 채워 아래의 각 문장을 완성하라.

간략한 전기

1. 프로이드가 세 살 때 그의 아버지는 가족을 __________로 이주시켰고, 거기서 프로이드는 그의 대부분의 생애를 보냈다.
2. 프로이드와 그의 아내는 세 명의 아들과 세 명의 딸을 낳았는데, 그중의 막내가 __________였다.
3. 프로이드는 나치의 박해를 피해서 오래된 집을 포기하고 __________으로 이주했는데, 거기서 ______ 세의 일기로 세상을 떠났다.

역사적 발전

1. 정신분석의 씨앗은 브로이어 박사의 환자로, 나중에 __________로 알려지게 된 베르타 파펜하임(Bertha Pappenheim)에 의해 뿌려졌다.
2. 브로이어 박사는 베르타 파펜하임의 치료를 '__________' 라고 부르기 시작했다.
3. 파리에 체류하는 동안 프로이드는 유명한 신경학자 __________를 만났는데, 프로이드는 그에게 최면에 대해서 배웠다.

인간 본성에 대한 시각

1. 프로이드는 __________의 폭로가 모든 인간의 생각, 감정, 그리고 행동을 설명할 수 있다고 믿었다.
2. __________는 생각하는 것의 초기 과정에 관여하는데, 원시적이며 비논리적이다.
3. 욕망과 소원의 저장고인 이드와 달리, __________는 마음의 의식적, 전의식적, 그리고 무의식적 관점을 모두 견지하며, 현실적인 행동의 계획들을 형성할 수 있다.
4. 각 사람의 슈퍼에고의 내용은 __________에 기인하는데, 유년기 동안에 중요한 성인들과 자신을 동일시함으로써 문화의 규범과 기준을 자신의 성격에 편입시키는 과정이다.
5. 프로이드에 따르면, 모든 인간은 심리성적 발달의 다섯 가지 순차적인 단계를 경험하는데, __________, __________, __________, __________ 그리고 __________이다.

부적응적 행동의 발달

1. 정신분석적 사고에 의하면, 우리 모두는 '__________' 이다.
2. 무의식적 수준에서 크게 작용하는 __________은 모든 정신병리학의 핵심에 있다.
3. 약한 에고는 대부분의 사람들이 사회적으로 용인하는 쾌락마저도 빼앗긴 채 엄격한 방어를 강요하는 가혹한 __________에게 지배당할 수 있다.

치료의 목표

1. 프로이드는 정신분석을 통해 얻어진 치료가 __________이거나 변경되지 않는다고 장담하지 않았다.
2. 정신분석의 궁극적인 목표는 증상들의 제거가 아니라, 인격의 전체적인 __________이다.
3. 프로이드가 치료에서 성취하려고 노력했던 것은 전반적으로 사람의 __________를 강화시키는 것이었다.

치료자의 기능

1. 분석가는 치료과정의 중립적인 __________로서, 내담자의 과거 경험의 해석을 제공하는 부득이한 경우에만 가끔씩 끼어든다.
2. 고전적인 정신분석에서 분석가는 내담자가 해결되지 않은 갈등이나 감정 그리고 경험을 분석가에게 투사하는 것을 허용함으로써 __________를 촉진시킨다.
3. 고전적인 정신분석가는 과거로부터 깊은 무의식적 물체의 억압을 제거하는 데 더 관심을 둔 반면, 분석적 경향을 띤 치료자들은 __________의 갈등들에 초점을 맞춘다.

주요 방법과 기법

1. 정신분석의 가장 중요한 기법인 __________은 내담자가 마음속에 떠오르는 것이 어떤 것이든지 말할 수 있도록 하는 것이다.
2. 분석가는 꿈의 의미를 토론하거나 해석할 수 있는데, 거기에는 __________ 내용이라고 불리는 표면적인 자료와 __________ 내용인 더 깊이 숨겨진 의미가 담겨 있다고 한다.
3. 치료자는 전이에 대해 빈틈없이 알고 있어야 하고, 그것을 개인적으로 받아들여서는 안 된다. 이 같은 일이 일어날 때를 __________라고 한다.
4. 의식적으로는 변화하기를 원하지만, 내담자는 오래된 행동 패턴들을 제거하는 데 도움을 주는 노력들에 무의식적으로 __________할 수 있다.
5. 치료의 마지막 단계에서 분석가는 내담자가 새로 발견한 통찰력을 매일의 삶의 경험으로 전환하도록 격려한다. 이것은 종종 ________________이라고 불린다.

적용

프로이드에 따르면 도라의 경우는 __________과 동시에 __________를 분명하게 보여 주었다.

비판적 분석

1. 정신분석 이론의 많은 부분이 정확한 __________ 실험에 적합하지 않은 용어로 제시된다. 예를 들면, 삶과 죽음 본능 같은 것이다.
2. 정신분석적 사고의 가장 중요한 비판은 그것을 여성에게 적용할 때 일어난다. 확실하고도 솔직하게 말하자면, 프로이드의 관점에서 볼 때 여자는 남자보다 __________하다.
3. 정신분석은 당면의 이슈를 다루지 않고, 주로 인격의 재구조화에 초점을 맞추고 있기 때문에 __________ 상담에 적용할 때 한계를 드러낸다.

현재의 상태

1. 가끔씩 '미국학파' 라고 불리는 __________ 심리학은 에고의 의식적인 적응과 통제 기능에 더 많은 관심을 기울이기 위해 생겨났다.
2. 대상관계 이론가들은 '영국학파' 에서 왔고, 프로이드 학파보다 더 명확하게 과거의 유년기 경험이 __________에서 무의식적으로 어떻게 반영되는지를 증명했다. 대상관계란 대략 '과거 대인관계' 라고 해석되는 기술적 의미이다.
3. 하인즈 __________는 자기의 구성에 기초한 자기심리학을 개발했는데, 자기(the self)는 유아기에 발생되어, 통합되고 발달됨으로 점점 더 건강한 관계나 그 반대인 다양한 성인 정신병리학을 낳게 된다.

주요 용어

이론을 배우는 것은 대부분 그 이론과 관련된 어휘를 익히는 것이다. 아래에 나열된 주요 용어들은 단지 그 일을 도울 것이다. 당신은 이 목록을 가지고 3×5 크기의 카드를 사용해서 스스로 플래시 카드(flash card) 테스트를 할 수 있다. 일단 이 어휘를 공부하고 나면, 당신은 다음에 나오는 맞추기 퀴즈를 가지고 당신의 지식을 점검해 볼 수 있다.

항문기(Anal Stage) 프로이드의 심리성적 단계의 두 번째로, 이 시기 동안에는 주로 만족이 제거 과정(elimination process)으로부터 온다.

불안(Anxiety) 뚜렷한 이유가 없는 두려움과 공포의 감정.

거세 불안(Castration Anxiety) 오이디푸스 콤플렉스 시기 동안 페니스가 거세될 것이라고 느끼는 소년의 두려움.

카타르시스(Catharsis) 경감될 것으로 기대되는 감정들의 표현.

의식(Conscious) 아이가 처벌받은 행위들을 담고 있는 슈퍼에고의 구성요소.

역전이(Countertransference) 치료사가 그전의 관계로부터 얻어진 감정, 상상, 행동들을 환자에게 전이하여 부적절한 치료적 관계를 만드는 현상.

방어기제(Defense Mechanism) 매일 매일의 삶의 갈등에 의해 야기된 불안으로부터 스스로를 방어하기 위해 에고에 의해 사용된 현실 왜곡 전략.

꿈 해석(Dream Analysis) 무의식적인 갈등들을 밝혀내기 위해 꿈들의 해석을 포함시키는 기법(technique).

에고(Ego) 본능들을 지시하고 통제하는 성격의 이성적 측면.

자아 이상(Ego Ideal) 사람이 추구해야 하는 도덕적인 혹은 이상적인 행동을 담고 있는 슈퍼에고의 구성요소.

엘렉트라 콤플렉스(Electra Complex) 심리성적 발달의 남근기에 여자아이들이 그들의 아버지에게 갖는 무의식적인 욕망으로, 그들의 어머니를 대체하거나 파괴하고 싶은 욕망을 동반한다.

고착(Fixation) 과도한 좌절이나 만족 때문에 리비도의 일부가 심리성적 단계의 하나에 투자된 채 남아 있는 상태.

자유 연상(Free Association) 내담자의 마음속에 떠오르는 무엇이나 이야기하도록 하는 기법; 공상에 잠기는 것을 크게 이야기하는 것의 일종.

본심을 드러낸 실언(Freudian Slip) 무의식적인 자료를 노출하는 혀의 실언.

성기기(Genital Stage) 프로이드의 심리성적 단계 다섯 번째이자 마지막 단계로, 이 시기 동안 사람은 성적인 충동의 표현을 위한 사회적으로 적절한 경로들을 배운다.

이드(Id) 쾌락 원칙에 따라 작동하고 충동들과 결합된 성격의 측면.

잠재적 내용(Latent Content) 꿈속에서 일어난 사건들의 상징적 의미.

잠복기(Latency Stage) 프로이드의 심리성적 단계의 네 번째 단계로, 주로 환경의 탐색과 기술과 흥미의 발달을 통해서 만족이 얻어진다.

리비도(Libido) 사람을 쾌락적인 행동이나 생각들로 움직여가는 삶의 본능들에 의해 명백하게 된 심리 에너지의 형태.

명백한 내용(Manifest Content) 꿈속에 있는 실제 사건들.

오이디푸스 콤플렉스(Oedipus Complex) 심리성적 발달의 남근기에 그들의 어머니에게 갖는 남자아이들의 무의식적인 욕망으로, 그들의 아버지를 대체하거나 파괴하고자 하는 욕망이 동반된다.

구강기(Oral Stage) 프로이드의 심리성적 단계 중 첫 번째이자 가장 원시적인 단계로, 이 시기 동안에 구강 영역이 만족의 주된 원천이다.

남근 선망(Penis Envy) 여성들이 페니스를 가진 남성들에게 느끼는 선망으로, 여성들은 없기 때문에 상실의 감각이 동반됨.

남근기(Phallic Stage) 프로이드의 심리성적 단계의 세 번째로, 주로 성기 조작과 탐색을 통해 만족이 얻어진다.

쾌락 원칙(Pleasure Principle) 프로이드는 고통을 피하고 쾌락을 극대화하기 위해 이 원칙 위에서 기능한다.

전의식(Preconscious) 어떤 것이 사람의 관심을 이것에 불러일으킨 후에라야 의식에 접근하기 쉬운 기억.

일차적 과정(Primary Process) 프로이드가 이것에 의해 본능적 충동들을 만족시키려고 시도하는 어린아이 같은 사고.

정신분석(Psychoanalysis) 지그문트 프로이드의 치료 시스템.

심리성적 단계들(Psychosexual Stages) 아이들이 거쳐 가는 단계들로, 본능적 만족은 신체의 상응하는 영역의 자극에 의존한다.

현실 원칙(Reality Principle) 프로이드 본능들의 표현에 대한 적당한 제재를 가하기 위해 에고는 이 원칙 위에서 기능한다.

저항(Resistance) 자유 연상에서 고통스러운 기억들을 드러내는 것을 막거나 거부하는 것.

2차 과정(Secondary Process) 외부 세계에 이성적으로 대처하기 위해 필요한 성숙한 사고 과정들.

슈퍼에고(Superego) 내면화된 어버이다운 그리고 사회적인 가치들과 기준들을 가진 성격의 도덕적 측면.

타나토스(Thanatos) 타락, 파괴, 그리고 공격성을 향한 무의식적인 충동.

전이(Transference) 치료사에게 무의식적인 자료를 두거나 전에 마주친 사람이었던 것처럼 치료사를 경험하는 내담자의 현상.

무의식(Unconscious) 억압된 충동들이나 원시적인 욕구들을 저장하는 심리의 영역.

자궁 선망(Womb Envy) 아기를 밸 수 없다는 것을 발견하면서 소년들이 경험하는 열등감.

주요 용어 맞추기

용어들

A. 잠복기(Latency Stage)
B. 무의식(Unconscious)
C. 일차적 과정(Primary Process)
D. 슈퍼에고(Superego)
E. 자궁 선망(Womb Envy)
F. 의식(Conscious)
G. 쾌락 원칙(Pleasure Principle)
H. 타나토스(Thanatos)
I. 불안(Anxiety)
J. 항문기(Anal Stage)
K. 리비도(Libido)
L. 고착(Fixation)

M. 남근 선망(Penis Envy)
N. 방어기제(Defense Mechanism)
O. 카타르시스(Catharsis)
P. 전이(Transference)
Q. 2차 과정(Secondary Process)
R. 전의식(Preconscious)
S. 정신분석(Psychoanalysis)
T. 역전이(Countertransference)
U. 꿈 해석(Dream Analysis)
V. 구강기(Oral Stage)
W. 이드(Id)
X. 오이디푸스 콤플렉스(Oedipus Complex)
Y. 저항(Resistance)
Z. 거세 불안(Castration Anxiety)
AA. 엘렉트라 콤플렉스(Electra Complex)
BB. 현실 원칙(Reality Principle)
CC. 남근기(Phallic Stage)
DD. 본심을 드러낸 실언(Freudian Slip)
EE. 명백한 내용(Manifest Content)
FF. 에고(Ego)
GG. 성기기(Genital Stage)
HH. 심리성적 단계들(Psychosexual Stages)
II. 자유 연상(Free Association)
JJ. 자아 이상(Ego Ideal)
KK. 잠재적 내용(Latent Content)

설명

_____1. 아기를 밸 수 없다는 것을 발견하면서 소년들이 경험하는 열등감.

_____2. 타락, 파괴, 그리고 공격성을 향한 무의식적인 충동.

_____3. 억압된 충동들이나 원시적인 욕구들을 저장하는 심리의 영역.

_____4. 프로이드의 심리성적 단계의 두 번째로, 이 시기 동안에는 주로 만족이 제거 과정(elimination process)으로부터 온다.

_____5. 매일 삶의 갈등에 의해 야기된 불안으로부터 스스로를 방어하기 위해 에고에 의해 사용된 현실 왜곡 전략.

_____6. 외부 세계에 이성적으로 대처하기 위해 필요한 성숙한 사고 과정들.

_____7. 이드는 고통을 피하고 쾌락을 극대화하기 위해 이 원칙 위에서 기능한다.

_____8. 어떤 것이 사람의 관심을 이것에 불러일으킨 후에라야 의식에 접근하기 쉬운 기억.

_____9. 무의식적인 갈등들을 밝혀내기 위해 꿈들의 해석을 포함시키는 기법(technique).

____10. 이드 본능들의 표현에 대한 적당한 제재를 가하기 위해 에고는 이 원칙 위에서 기능한다.

_____11. 뚜렷한 이유가 없는 두려움과 공포의 감정.

_____12. 치료사에게 무의식적인 자료를 두거나 전에 마주친 사람이었던 것처럼 치료사를 경험하는 내담자의 현상.

_____13. 오이디푸스 콤플렉스 시기 동안 페니스가 거세될 것이라고 느끼는 소년의 두려움.

_____14. 내면화된 어버이다운 그리고 사회적인 가치들과 기준들을 가진 성격의 도덕적 측면.

_____15. 심리성적 발달의 남근기에 여자아이들이 그들의 아버지에게 갖는 무의식적인 욕망으로, 그들의 어머니를 대체하거나 파괴하고 싶은 욕망을 동반한다.

_____16. 자유 연상에서 고통스러운 기억들을 드러내는 것을 막거나 거부하는 것.

_____17. 프로이드의 심리성적 단계 중 첫 번째이자 가장 원시적인 단계로, 이 시기 동안에는 구강 영역이 만족의 주된 원천이다.

_____18. 무의식적인 자료를 노출하는 혀의 실언.

_____19. 프로이드가 이것에 의해 본능적 충동들을 만족시키려고 시도하는 어린아이 같은 사고.

_____20. 프로이드의 심리성적 단계의 세 번째로, 주로 성기 조작과 탐색을 통해 만족이 얻어진다.

_____21. 꿈속에 있는 실제 사건들.

_____22. 프로이드의 심리성적 단계 다섯 번째이자 마지막 단계로, 이 시기 동안 사람은 성적인 충동의 표현을 위한 사회적으로 적절한 경로들을 배운다.

_____23. 경감될 것으로 기대되는 감정들의 표현.

_____24. 내담자의 마음속에 떠오르는 무엇이나 이야기하도록 하는 기법; 공상에 잠기는 것을 크게 이야기하는 것의 일종.

_____25. 쾌락 원칙에 따라 작동하고 충동들과 결합된 성격의 측면.

_____26. 꿈속에서 일어난 사건들의 상징적 의미.

_____27. 본능들을 지시하고 통제하는 성격의 이성적 측면.

_____28. 프로이드의 심리성적 단계의 네 번째 단계로, 주로 환경의 탐색과 기술과 흥미의 발달을 통해서 만족이 얻어진다.

_____29. 사람이 추구해야 하는 도덕적인 혹은 이상적인 행동을 담고 있는 슈퍼에고의 구성요소.

_____30. 아이들이 거쳐 가는 단계들로, 본능적 만족은 신체의 상응하는 영역의 자극에 의존한다.

_____31. 아이가 처벌받은 행위들을 담고 있는 슈퍼에고의 구성요소.

_____32. 과도한 좌절이나 만족 때문에 리비도의 일부가 심리성적 단계의 하나에 투자된 채 남아 있는 상태.

_____33. 지그문트 프로이드의 치료 시스템.

_____34. 심리성적 발달의 남근기에 그들의 어머니에게 갖는 남자아이들의 무의식적인 욕망으로, 그들의 아버지를 대체하거나 파괴하고자 하는 욕망이 동반된다.

_____35. 여성들이 페니스를 가진 남성들에게 느끼는 선망으로, 여성들은 없기 때문에 상실의 감각이 동반됨.

_____36. 치료사가 그전의 관계로부터 얻어진 감정, 상상, 행동들을 환자에게 전이하여 부적절한 치료적 관계를 만드는 현상.

_____37. 사람을 쾌락적인 행동이나 생각들로 움직여가는 삶의 본능들에 의해 명백하게 된 심리 에너지의 형태.

논의와 개인적 성찰을 위한 질문들

다음의 질문들은 소그룹 논의에서 이론의 더 깊은 탐구와/나 그 이론을 당신 자신의 삶에 어떻게 적용할 것인지에 대한 개인적 성찰을 위해서 사용될 수 있다.

1. 당신은 치료과정에서 초연하고, 객관적이며, 익명으로 남아 있는 치료적 가치에 대해서 어떻게 생각하는가?

2. 당신은 프로이드의 이론이 당신 자신의 삶에 어떻게 적용된다고 생각하는가? 만일 그것이 당신의 삶에 적용되지 않는다고 생각한다면, 왜 그런가?

3. 만일 당신이 프로이드와 대화를 나눈다면, 당신은 그의 이론에 대해서 어떤 질문들을 하겠는가?

4. 치료적 중재에 대한 당신 자신의 접근방법을 계발할 때, 당신은 정신분석으로부터 무엇을 배울 것인가?

복습 단원에 대한 해답

간략한 전기

1. 비엔나
2. 안나
3. 런던, 83

역사적 발전

1. 안나 O.
2. 말하는 치료
3. 장 샤르코(Jean Charcot)

인간 본성에 대한 시각

1. 무의식
2. 이드
3. 에고
4. 내사
5. 구강기, 항문기, 남근기, 잠복기, 성기기

부적응적 행동의 발달

1. 약간 신경증적
2. 불안
3. 슈퍼에고

치료의 목표

1. 영구적
2. 재건
3. 에고

치료자의 기능

1. 관찰자
2. 전이
3. 현재

주요 방법과 기법

1. 자유 연상
2. 발현적, 잠재적
3. 역전이
4. 저항
5. 감정의 재교육

적용

저항, 전이

비판적 분석

1. 과학적
2. 열등
3. 다문화

현재의 상태

1. 에고
2. 대상관계
3. 코허트

주요 용어 맞추기 해답

1. E	11. I	21. EE	31. F
2. H	12. P	22. GG	32. L
3. B	13. Z	23. O	33. S
4. J	14. D	24. II	34. X
5. N	15. AA	25. W	35. M
6. Q	16. Y	26. KK	36. T
7. G	17. V	27. FF	37. K
8. R	18. DD	28. A	
9. U	19. C	29. JJ	
10. BB	20. CC	30. HH	

Chapter 7

애들러치료

요약

1. 간략한 전기. 애들러(1870-1937)는 자신의 어린 시절이 불행하였고 신체적 · 가정적으로 힘든 시간을 거치며 성장했다고 회상하였다. 25세에 비엔나 대학에서 의학으로 학위를 받고, 곧 동네 클리닉에서 진료하기 시작했다. 제1차 세계대전 이후 애들러는 비엔나 학교 시스템을 위한 지도(guidance) 클리닉을 설립하였다. 이 일은 그에게 자녀 양육의 중요성에 대한 인식을 심어주었다. 1902년 애들러는 프로이드 토의 그룹에 초대받았다. 하지만 애들러는 한 번도 자신을 프로이드의 학생이라고 여긴 적이 없다. 그리고 애들러가 공개적으로 둘 사이의 차이에 대해 연설한 이후 완전히 갈라졌다. 애들러는 개인심리학회를 설립하였고, 자신만의 심리치료 이론을 구축하였다.

2. 역사적 발전. 애들러의 이론은 한스 바이힝거(Hans Vaihinger)의 '…라면(as if)' 원리에 크게 영향을 받았다. 자넷(Janet) 또한 그의 열등감에 관한 사고에 영향을 끼쳤다. 니체의 완벽을 향한 열망은 애들러의 수월성을 위한 개념 수립에 도움을 주었다. 물론 애들러에게 가장 큰 영향을 끼친 사람은 프로이드이다. 프로이드와 애들러는 거의 10년간(1902-1911) 협력하였다.

3. 인간 본성에 대한 시각. 애들러는 사람을 더 이상 단순화할 수 없는(irreducible) 전체로 보았다. 따라서 '개인(individual)심리학' 이란 용어를 사용한다. 애들러에 의하면 개인은 열등감을 경험하고 이를 극복하고자 노력한다. 이러한 우월성을 향한 열망이 결핍한 부분을 평균으로 바꿔놓는다. 애들러는 또한 미래에 대한 기대와 목표가 인간 활동의 동기이며, 사회적 관심(social interest: 타자에 대한 내재적 관심)을 위한 능력을 제공한다고 믿었다. 사회적 관심은 사람들이 지향하는 가장 중요한 목표이다.

4. 부적응적 행동의 발달. 애들러에 의하면 부적응적 행동은 낙담시키며, 실망스러운 환경으로부터 기인한다. 사람이 삶의 요구를 직접적으로 직면할 용기를 잃어버릴 때 열등의식은 열등감 콤플렉스로 전환한다. 시간이 흐른다고 항상 드러나는 것이 아닌 병리적 행동은 자신이 속했던 가족관계의 결과로서 아동시기로부터 기원한다. 응석받이로 자랐거나 소외되었을 경우 부적응적 행동이 나타나는데, 이 아이는 후에 개인적 우월성을 위한 비현실적 열망을 보임으로써 어떤 과오라도 보상받으려 할 것이기 때문이다.

5. **치료의 목표.** 치료자는 내담자의 열등감을 감소시키려 한다. 그리고 내담자의 사회적 관심을 상자에 담도록 도와준다. 내담자가 공헌하도록 격려하며, 수용할 수 있는 행동에도 깔려 있는 잘못된 동기를 교정하고, 평등성을 격려함으로써 애들러 치료자들은 내담자의 라이프스타일, 인식, 목표 변화를 추구한다.

6. **치료자의 기능.** 애들러 치료자는 종종 내담자가 이미 가지고 있는 강점 위에서 치료를 진행하는 교육자이다. 이때 격려는 중요한 요소로서 치료자는 내담자와 수용적이며, 보호하며, 협력적 관계를 구축하고 유지하는 데 힘쓴다. 치료는 상호 협력적이다. 내담자와 치료자는 파트너로서 상호 동의하고, 분명하게 파악된 목표를 향해 진행한다. 간단히 말해 애들러 치료자의 에너지는 분석이 아닌 격려에 집중된다.

7. **주요 방법과 기법.** 애들러치료의 가장 대표적 방법은 내담자의 라이프스타일, 즉 삶을 향한 가장 기본적 경향을 조사하는 것이 포함되어 있다. 이 작업은 '정신생활의 세 가지 출입문' 을 탐색함으로써 체계적으로 이루어진다. 첫 번째 출입문은 출생 순서이다. 즉 가족 내의 자신의 위치이며, 그 위치로부터 나오는 기대와 역할이다. 둘째는 자신의 현재 삶에 대한 철학을 담고 있는 초기 기억이다. 그리고 세 번째는 꿈이다. 애들러에 의하면 꿈은 자신이 미래의 문제를 어떻게 대처할 것인지에 대한 일종의 예행연습이다.

8. **적용.** 가장 대표적인 애들러 이론들은 어린이 치료에 적용될 수 있다. '파블로' 라는 아이의 예를 들어보자. 9세이고 누나와 남동생이 있다. 담임교사와 함께 치료자는 파블로가 향상된 사회적 상호작용과 타인에 대한 관심을 통해 또래 집단에 소속될 수 있는 상담 세션에 초점을 맞추었다.

9. **비판적 분석.** 애들러 이론은 광범위하게 적용된다. 다양한 종류의 사람들에게 효과적인 것으로 입증되었다. 또한 다른 심리학 이론에 큰 영향을 끼쳤다. 평등적이며 친사회적인 이상 또한 애들러 이론의 강점이다. 그 어떤 고전적 이론도 애들러만큼 상담의 맥락에서 다양성 이해의 중요성을 주장하지 못했다. 하지만 애들러 이론은 치료와 가르침이 개념 정의(definition)와 조직에 우선한다는 비판을 받는다. 그 결과 애들러 이론의 어려움은 그의 저작에 있어서 체계화의 부족과 함께 자신의 이론구념을 흐리게 만드는 모호함이다. 또 다른 한계는 튼튼한 연구기반이 부족하다는 것이다.

10. **현재의 상태.** 애들러 이론을 신봉하는 치료자의 숫자가 대단한 것은 아니지만, 그의 접근 이론은 어느 정도 현대의 많은 이론에 통합되어 있다. 애들러는 오늘날 카운슬러에게 지대한 영향을 끼쳤으며, 특화된 교육 기관들에서 계속해서 그의 방법과 전략을 새로운 치료자들에게 가르치고 있다.

안내 학습

아래 문제들을 통해서 당신은 이 과의 중요한 부분들을 학습하게 될 것이다. 주어진 빈칸에 답을 쓰고 나서 본문의 밑줄 쳐진 부분과 비교해 보라.

1. 어린아이의 인격이 형성되는 기간이 애들러 이론에 어떻게 영향을 끼쳤는지 묘사하라.

2. 당신은 개인심리학의 이론에 익숙하지 않은 사람에게 개인 심리치료가 어떻게 태동하게 되었는지 당신 자신의 말로 설명할 수 있는가?

3. 애들러 이론의 핵심은 인간은 더 이상 단순화할 수 없는 전체라는 것을 전제로 한다. 이것은 무엇을 의미하며, 왜 강조되는가?

4. 애들러는 신경증의 발전에 있어서 신체적 이상이나 인격 장애의 역할을 어떻게 설명하는가?

5. 프로이드는 인간의 행동이 과거에 의해서 추진된다고 여기는 반면에, 애들러는 미래에 의해서 조성된다고 생각한다. 애들러의 '목적원인론(finalism)' 개념을 염두에 두면서 이러한 강조점을 설명하라.

6. 사람들이 추구하는 가장 중요한 목표들 중의 하나는 사회적 관심이다. 그것은 무엇이며, 왜 중요한가?

7. 애들러에 의하면, 병리학적 행동의 씨앗들은 인생의 초기에 심어진다. 이러한 애들러의 견해로 볼 때, 부적응적 행동은 어떻게 형성되는지 몇 가지 예를 들어라.

8. 애들러 치료자는 프로이드 치료자와 접근방법에 있어서 어떻게 다른지 비교하라. 그리고 어떤 자질들과 기술들이 사용되는가?

9. 애들러치료의 최종적인 목표는 무엇인가?

10. 라이프스타일 조사는 이 접근방식에 있어서 중요한 치료기법이다. 그것은 어떻게 행해지며, 무엇을 포함하는가?

11. 당신은 애들러의 '파블로(Pablo)' 치료에서 무엇을 배웠는가? 애들러는 이 사례에서 애들러 기법을 어떻게 사용했는지 설명하라.

12. 비판적으로 분석해 볼 때, 이러한 접근방법의 가장 두드러진 장점들과 단점들은 무엇인가?

복습 단원

아래 항목들을 통해서 당신은 이 과의 특별한 내용을 마스터하게 될 것이다. 빈칸을 채워 아래의 각 문장을 완성하라.

간략한 전기

1. 애들러의 유년기 기억들 중의 하나는 튼튼한 형이 원기왕성하게 뛰어노는 동안 ________에 걸려 무기력하게 벤치에 앉아 있던 것이다.
2. 제1차 세계대전이 끝난 후에 애들러에게는 비엔나 학교 시스템을 위한 ________을 세우는 임무가 주어졌다.
3. 1911년 초에 애들러는 비엔나 학회에서 자신과 ________의 연구를 구별시키는 차이점들을 정교하게 준비하여 세 번의 강연을 했다.

역사적 발전

1. 애들러의 사고에 영향을 미쳤던 사람 중에 ________이 있는데, 그녀는 열등감이 신경증의 일반적인 원인이라고 믿었다.
2. 바이힝거(Vaihinger, 1911)의 이론, '________'의 심리학은 사람들이 스스로 설정한 허구의 목표들을 따라 살아간다고 제시하였다.
3. 동시대에 있어 애들러의 개인심리학에 가장 큰 영향을 끼친 사람은 당연히, 거의 10년 동안 애들러와 공동 연구를 했던 ________였다.

인간 본성에 대한 시각

1. 애들러의 프로그램에 중심이 되는 것은 인간은 더 이상 단순화할 수 없이 ________는 전제이다.
2. 모든 개인적인 진보, 성장, 그리고 발달은 그것이 상상이든지 현실이든지 우리의 열등함을 ________하기 위한 시도에서 나온 결과이다.
3. 애들러 카운슬링은 개인들이 ________을 추구하는 것에 의해 동기가 부여된다고 가정한다.
4. 애들러는 사람은 본래부터 다른 사람들의 행복에 관심을 갖는데, 그가 ________이라고 명칭을 붙인 역량을 가지고 있다고 믿었다.
5. 애들러에 따르면, 개인적 목표들에 관해 흥미를 자아내는 것은 그것들이 실제가 아니라 ________으로 존재한다는 것이다.

부적응적 행동의 발달

1. 자신의 ___________을 무의식적으로 확신하며, 그에 대해 환멸을 느낀 상태에 있는 사람들은 그들의 괴로움으로부터 벗어나기 위해서 비정상적인 행동을 전개시킨다.
2. ___________는 아이들로부터 독립과 주도권을 박탈하는데, 이것은 부모들이 저지르는 가장 심각한 실수이다.
3. 부모들이 그들의 아이들을 충분히 보살피고 배려해 주지 못할 때, 그들은 ___________라는 정반대의 실수 속으로 무너지게 되고, 세상은 차갑고 냉담하다는 인상을 심어 주게 된다.
4. 사람들은 애들러가 ______________________라고 부른 것을 개발함으로써 그들의 열등감을 보상하려고 할 수도 있는데, 즉 그들 자신의 능력과 성취들에 대해 과장된 평가를 함으로써 그렇게 한다.

치료의 목표

1. 사회적 관심을 육성하는 것 외에도 애들러학파 치료는 내담자 안에 있는 ___________을 감소시키려고 노력한다.
2. 애들러적인 치료는 업무나 상황을 잠재적인 위협과 위험의 관점이 아닌, 가능한 행동과 해결이라는 관점에서 보는 ___________ 사람들을 개발하기 위해 노력한다.
3. 대부분의 경우 적어도 치료를 시작하고 _____ 달째까지는 부분적인 향상을 보이는 것이 예상된다.

치료자의 기능

1. 애들러학파 치료자들은 내담자가 이미 보여준 강점들을 파악하고 증진시키면서 자주 ___________ 같은 기능을 담당한다.
2. 애들러학파 치료자들에게 공감, 따뜻함, 진실함의 자질들은 중요하며, 초점은 해석(interpretation), 직면(confrontation), 그리고 구체성(concreteness) 같은 활동 지향적인 _________에 있다.
3. 치료자의 ___________은 내담자의 명백한 모순을 해결하고 잘못된 목표들을 재편성하도록 도와준다.

주요 방법과 기법

1. ___________는 애들러적인 중재에 있어서 근본이 되는데, 특별히 치료적인 관계를 형성할 때 그러하다.
2. 모든 사람은 행동을 위한 지침이 되는 뚜렷한 ___________, 삶에 대한 기본적인 성향, 심리적 지도를 개발한다.
3. 애들러는 ___________아이들이 자주 과거로 향하는 경향이 있고, 향수에 젖어 있으며, 미래에 대하여 비관적이라는 점을 발견했다.
4. 애들러학파에게 ___________은 우리의 현재 삶의 철학을 요약한다.
5. 소위 '___________' 기법은 내담자가 삶에서 어떤 자극에 반응하고 행동할 수 있는 선택이 있음을 상기시킨다. 이 방법은 내담자로 하여금 어떻게 생각할지를 선택함으로 원하는 감정을 만들 수 있다고 가르친다.

적용

파블로 치료의 핵심은 파블로가 향상된 사회 상호작용과 __________에 대한 관심을 통해 또래 집단에 소속되도록 도와주는 것이었다.

비판적 분석

1. 애들러는 이론적 정의나 조직보다는 __________와 __________ 강조를 두었다.
2. 애들러는 개인이 선택할 수 있는 자유에 대한 입장은 분명하나, 이 자유를 허용하는 개인의 __________ 능력에 관한 그의 설명은 그렇지 않다.
3. 애들러의 이론은 치료자로 하여금 __________ 관점을 하나의 종합적 이론에 통합할 수 있도록 기여한다.

현재의 상태

1. 아이디어로만 따지면 프로이드의 이론을 가장 먼저 떠올릴 것이다. 하지만 __________으로만 따진다면 애들러가 가장 많이 사용된다.
2. 문제는 더 이상 누가 애들러학파인가가 아니라 __________ 애들러학파인가이다.

주요 용어

이론을 배우는 것은 대부분 그 이론과 관련된 어휘를 익히는 것이다. 아래에 나열된 주요 용어들은 단지 그 일을 도울 것이다. 당신은 이 목록을 가지고 3×5 크기의 카드를 사용해서 스스로 플래시 카드(flash card) 테스트를 할 수 있다. 일단 이 어휘를 공부하고 나면, 당신은 다음에 나오는 맞추기 퀴즈를 가지고 당신의 지식을 점검해 볼 수 있다.

출생 순서(Birth Order) 가족 체계(constellation: 첫째, 둘째 등등) 내에서의 자신의 위치. 애들러에 의하면 이것이 인성 발달의 중요한 요소가 된다.

보상(Compensation) 실제 혹은 가상적 열등의식을 극복하려는 동기. 노력과 행동을 통해 더 높은 수준의 발전을 추구한다.

자아의 창조적 능력(Creative Power of the Self) 적절한 삶의 스타일을 창조할 수 있는 개인의 능력.

초기 기억(Early Recollection) 치료평가 기법으로서, 한 개인의 가장 초기 기억이 그 사람의 삶에 중요한 관심이라는 가정.

허구적 목적원인(Fictional Finalism) 한 개인의 행동을 지도하는 상상의 혹은 잠재적 목표가 있다는 생각. 사람들은 마치 그것이 사실인 '것처럼' 행동한다.

개인심리학(Individual Psychology) 알프레드 애들러에 의해 공식화된 카운슬링 이론 및 진단, 치료방법.

열등감 콤플렉스(Inferiority Complex) 한 개인이 정상적인 열등감을 보상할 수 없을 때 발전하는 조건. 적절한 노력을 통하여 자신의 어려움을 극복할 수 없다는 믿음을 포함하여 과장된 나약함이 특징이다.

열등감(Inferiority Feelings) 인간이 노력하게 되는 원천으로, 모든 사람들의 정상적인 조건.

남성성 항의(Masculine Protest) 사회가 여자보다 남자를 우월하게 여긴다는 믿음에 대한 거부에 의해서 동기부여 되는 행동. 남성과 여성 모두에게 나타날 수 있다.

방치(Neglect) 아이에게 충분한 사랑과 관심을 주지 못하는 것. 방치를 통해 세상이 차갑고 비우호적인 장소라는 믿음이 생겨남.

기관 열등감(Organ Inferiority) 중대한 생리적 결함으로, 강한 열등감을 촉발시킨다. 그 이유는 알려져 있지 않다.

응석(Pampering) 또는 '버릇없게 망치는 것(spoiling)' 으로, 아이에게 과도한 관심을 주고 보호하는 것. 자발성과 독립성의 발달을 저해하고, 세상이 자신에게 빚을 지고 있다는 인상을 심어 준다.

사회적 관심(Social Interest) 개인적 · 사회적 목표를 성취하기 위해 다른 사람과 협력하려는 모든 개인의 내적 잠재력.

우월성 추구(Striving for Superiority) 완벽함과 완전함을 향한 의지. 개인에게 동기를 부여하는 궁극적 목표. 건전한 추구는 사회적 관심에 의해서 유도되지만, 병리적 추구는 타인의 복리를 무시한다.

라이프스타일(Style of Life) 개인의 행동과 특성의 독특한 성격구조나 패턴. 이 스타일에 의해 개인은 완벽성을 추구한다. 네 가지 기본적 라이프스타일이 존재한다. 주도형(dominant), 조정가형(getting), 회피형(avoiding), 사회적 유용형(socially useful)이 그것이다.

우월성 콤플렉스(Superiority Complex) 개인이 정상적 열등감을 과도하게 보상하고자 할 때 나타나는 조건. 권력과 안전에 관한 잘못된 느낌으로, 궁극적으로 잠재적인 열등감 콤플렉스와 관련된다.

목적론(Teleological) '멀다', '떨어진' 을 의미하는 그리스어 tele에서 온 말로, 인간행동의 목적 지향성을 나타내는 형용사.

주요 용어 맞추기

용어들

A. 라이프스타일(Style of Life or Lifestyle)
B. 초기 기억(Early Recollection)
C. 우월성 추구(Striving for Superiority)
D. 기관 열등감(Organ Inferiority)
E. 출생 순서(Birth Order)
F. 보상(Compensation)
G. 사회적 관심(Social Interest)
H. 개인심리학(Individual Psychology)
I. 목적론(Teleological)
J. 응석(Pampering)
K. 태만(Neglect)
L. 남성성 항의(Masculine Protest)
M. 열등감(Inferiority Feelings)
N. 열등감 콤플렉스(Inferiority Complex)
O. 자아의 창조적 능력(Creative Power of the Self)
P. 허구적 목적원인(Fictional Finalism)
Q. 우월성 콤플렉스(Superiority Complex)

설명

_____1. 치료평가 기법으로서 한 개인의 가장 초기 기억이 그 사람의 삶에 중요한 관심이라는 가정.

_____2. 알프레드 애들러에 의해 공식화된 카운슬링 이론 및 진단, 치료방법.

_____3. 아이에게 충분한 사랑과 관심을 주지 못하는 것. 이를 통해 세상이 차갑고 비우호적인 장소라는 믿음이 생겨남.

_____4. 가족 체계(constellation: 첫째, 둘째 등등) 내에서의 자신의 위치. 애들러에 의하면 이것이 인성발달의 중요한 요소가 된다.

_____5. 또는 '버릇없게 망치는 것(spoiling)'으로 아이에게 과도한 관심을 주고 보호하는 것. 자발성과 독립성의 발달을 저해하고, 세상이 자신에게 빚을 지고 있다는 인상을 심어 준다.

_____6. 완벽함과 완전함을 향한 의지. 개인에게 동기를 부여하는 궁극적 목표. 건전한 추구는 사회적 관심에 의해서 유도되지만, 병리적 추구는 타인의 복리를 무시한다.

_____7. 적절한 삶의 스타일을 창조할 수 있는 개인의 능력.

_____8. 한 개인이 정상적인 열등감을 보상할 수 없을 때 발전하는 조건. 적절한 노력을 통하여 자신의 어려움을 극복할 수 없다는 믿음을 포함하여 과장된 나약함이 특징이다.

_____9. 인간이 노력하게 되는 원천으로, 모든 사람들의 정상적인 조건.

_____10. '멀다', '떨어진'을 의미하는 그리스어 tele에서 온 말로, 인간행동의 목적 지향성을 나타내는 형용사.

_____11. 개인의 행동과 특성의 독특한 성격구조나 패턴. 이 스타일에 의해 개인은 완벽성을 추구한다. 네 가지 기본적 라이프스타일이 존재한다. 주도형(dominant), 조정가(getting), 회피형(avoiding), 사회적 유용형(socially useful)이 그것이다.

_____12. 개인적 · 사회적 목표를 성취하기 위해 다른 사람과 협력하려는 모든 개인의 내적 잠재력.

_____13. 실제 혹은 가상적 열등의식을 극복하려는 동기. 노력과 행동을 통해 더 높은 수준의 발전을 추구한다.

_____14. 개인이 정상적 열등감을 과도하게 보상하고자 할 때 나타나는 조건. 권력과 안전에 관한 잘못된 느낌으로, 궁극적으로 잠재적인 열등감 콤플렉스와 관련된다.

_____15. 한 개인의 행동을 지도하는 상상의 혹은 잠재적 목표가 있다는 생각. 사람들은 마치 그것이 사실인 '것처럼' 행동한다.

_____16. 사회가 여자보다 남자를 우월하게 여긴다는 믿음에 대한 거부에 의해서 동기부여 되는 행동. 남성과 여성 모두에게 나타날 수 있다.

_____17 중대한 생리적 결함으로, 강한 열등감을 촉발시킨다. 그 이유는 알려져 있지 않다.

논의와 개인적 성찰을 위한 질문들

다음의 질문들은 소그룹 논의에서 이론의 더 깊은 탐구와/나 그 이론을 당신 자신의 삶에 어떻게 적용할 것인지에 대한 개인적 성찰을 위해서 사용될 수 있다.

1. 애들러 이론에 대한 당신의 일반적인 인상은 어떠한가? 당신은 사회적 관심이 내담자들이 추구해야 할 중요한 목표라는 것에 동의하는가? 혹은 왜 동의하지 않는가?

2. 당신은 애들러의 이론이 당신 자신의 삶에 어떻게 적용된다고 생각하는가? 만일 그것이 당신의 삶에 적용되지 않는다고 생각한다면, 왜 그런가?

3. 만일 당신이 애들러와 대화를 나눈다면, 당신은 그의 이론에 대해서 어떤 질문들을 하겠는가?

4. 치료적 중재에 대한 당신 자신의 접근방법을 계발할 때, 당신은 개인심리학으로부터 무엇을 배울 것인가?

복습 단원에 대한 해답

간략한 전기

1. 구루병
2. 지도 클리닉들(guidance clinics)
3. 프로이드

역사적 발전

1. 재닛(Janet)
2. as if
3. 지그문트 프로이드

인간 본성에 대한 시각

1. 온전하다
2. 보상
3. 우월함
4. 사회적 관심
5. 가능성

부적응적 행동의 발달

1. 열등성
2. 응석 받아주기(pampering)
3. 방치(neglect)
4. 우월성 콤플렉스(superiority complex)

치료의 목표

1. 열등감
2. 용기 있는
3. 석

치료자의 기능

1. 교육자나 교사들
2. 행동
3. 직면(정면대립)

주요 방법과 기법

1. 격려(encouragement)
2. 라이프스타일
3. 첫째
4. 초기 기억들
5. 단추 누르기(push button)

적용

타인

비판적 분석

1. 치료, 가르치는 데
2. 창조적
3. 다문화적

현재의 상태

1. 치료 기법
2. 얼마만큼

주요 용어 맞추기 해답

1. B
2. H
3. K
4. E
5. J
6. C
7. O
8. Q
9. M
10. I
11. A
12. G
13. F
14. N
15. P
16. L
17. D

Chapter 8

실존치료

요약

1. **간략한 전기.** 메이(May, 1909-1994)는 미국 중서부에서 성장했다. 그는 미시간 주립대를 다녔고, 영어전공으로 오하이오에 있는 오벌린 칼리지를 졸업했다. 졸업 후에는 그리스 살로리카에서 교편을 잡았으며, 비엔나에서 두 해 여름을 보냈다. 그곳에서 알프레드 애들러가 진행하는 세미나에 참석하였다. 메이는 3년을 해외에서 보낸 다음 미국으로 돌아와 Union Theological Seminary에 들어가 목회를 준비했다. 졸업 후 2년간의 목회는 실패작이었다. 그는 이어 컬럼비아 대학에 들어가 임상심리를 전공하였다. 하지만 결핵 발병으로 공부를 중단하였다. 치료 기간 동안 그는 키르케고르의 책을 읽으며 실존주의에 관심을 갖게 되었다. 결국 박사 학위를 받고 실존 이론에 관한 저작활동에 들어갔다.

2. **역사적 발전.** 실존심리치료는 키르케고르와 니체의 철학에 뿌리를 두고 있다. 그들은 실존주의 사고를 서구 유럽에 도입하였고, 이후 영향력 있는 철학자들에게 영향을 주었다. 그들은 알베르트 카뮈, 장 폴 사르트르, 마르틴 하이데거, 그리고 마틴 부버 등이다.

3. **인간 본성에 대한 시각.** 실존주의는 한편으로는 종교적이지만, 한편으로는 무신론적이고 반종교적이다. 실존주의는 절망과 무의미뿐만 아니라 희망과 긍정도 강조한다. 간단히 말해 실존주의자들은 인간성에 관한 기본적 견해에 동의하지 않는다. 이런 다양성에도 불구하고 모든 실존주의자들은 살아 있다는 바로 그 성격에 내재해 있는 현상인 존재의 중요성에 동의한다. 실존주의자들은, 삶은 우리가 내리는 일련의 결정들을 통해서 성취되거나 제약된다고 믿는다. 하지만 무엇이 옳은 결정인지 결정적으로 알 수 있는 방법은 없다. 실존주의자들은 인간성의 연구에 있어서 경험이 주된 현상이라고 강조한다. 이론적 설명과 숨겨진 행동은 둘 다 경험 자체와 그 경험의 의미에 비하면 이차적인 것이다.

4. **부적응적 행동의 발달.** 실존주의적 철학에 의하면 존재의 인식 상태 속에서 살 수 없을 때 불가피하게 병리적 심리현상이 나타나게 된다. 물론 이러한 존재 상태는 큰 불안감을 야기할 잠재력을 가지고 있고, 자기기만과 더 심각한 부적응적 행동으로 나아갈 수도 있다. 중요한 점은 이러한 부적응적 행동이 근본적으로 무의미성의 결과라는 것이다. 부적응적 행동은 자신의 책임과 자유를 수용하지 못하고, 진정한 자아를 유기하고, 진정한 삶의 의미를 상실함에 따른 결과이다.

5. **치료의 목표.** 실존치료의 궁극적 목적은 내담자에게 삶의 목표와 의미를 찾도록 도와주는 것이다. 구체적으로, 실존주의는 내담자가 자신의 존재를 인식하며, 자신만의 특별함을 깨닫고, 타인과의 만남을 개선하고, 자유와 책임을 고양하도록 인도한다. 실존적 접근은 내담자가 자신을 최대한으로 성취하고 통합할 수 있는 방향으로 움직일 수 있도록 노력한다.

6. **치료자의 기능.** 실존치료자는 내담자를 만나는 직접적이고 주관적인 경험에 기반을 둔다. 내담자의 삶에 개인적 의미를 회복시키기 위해 치료자는 옹호, 공감, 배려, 반영, 행동, 환경의 개조 혹은 지지를 사용할 수 있다. 그들은 다른 사람들의 생각이나 신념에 의해 위협받지 않은 일종의 지적 유연성을 소유하고 있다. 이들은 어떤 특정한 지적 체계나 이론 그리고 이데올로기에 일방적으로 집착하지 않는다.

7. **주요 방법과 기법.** 실존 카운슬러들이 사용하는 다양한 방법이 존재한다. 하지만 치료의 전형적 코스는 현재 내담자가 처해 있는 상황으로부터 시작한다. '역설적 의도'는 내담자로 하여금 두려움의 기대에 반하여 행동하도록 요구한다. '탈반영' 은 과도한 자기관찰, 집착, 혹은 자기집중을 치료하는 방법이다. 내담자로 하여금 문제를 무시하고 무엇인가 우호적이고 재미있는 방향으로 인식을 전환시킨다. 태도를 개조하고 상황에 대해 생각하는 방법을 바꾸는 방법 또한 일반적으로 사용된다.

8. **적용.** 허치슨 부인의 예는 롤로 메이가 상담에 적용한 많은 원칙들을 잘 보여준다. 30대 중반의 교외 거주자인 이 여성은 강직된 발성기관의 문제로 고통을 받고 있었다. 이 여성은 자신의 마음을 다른 사람에게 터놓을 때 거부당할 것이라는 두려움을 갖고 있었다. 그래서 아예 침묵하는 편을 택했다. 메이는 또한 이 환자가 자주 실신하며 불안감에 사로잡힌다는 사실도 관찰할 수 있었다. 이런 현상은 자신의 의식이 살아나려 할 때마다 이를 죽이려는 시도로 해석한다. 마침내 허치슨 부인은 스스로 자신을 대면하게 되었다. 그 결과 더 많은 독립심과 긍정적 성장, 그리고 건강한 삶을 영위할 수 있었다.

9. **비판적 분석.** 실존치료는 광범위한 영향을 끼치고 있으며, 다른 접근법들이 회피해 왔던 문제들에 초점을 맞추었다. 그 결과 많은 사람들에게 영감을 부여했으며 큰 효과를 가져왔다. 억압된 죽음에의 공포와 소외, 무의미에 대한 감각은 정신병리학과 그 치료에 관한 우리의 이해 폭을 넓혀 주었다. 이들의 노력으로 전문가 집단은 인간에게 의미가 필요하고 의미를 추구해야 한다는 점을 일깨워 주었다. 이 방법은 또한 소수민족 내담자의 치료에 효과적이다. 다른 관점의 맥락에서 자신만의 문화적 유산을 이해함으로써 문화적 상대성을 제공할 수 있다. 하지만 실존주의는 체계화된 절차나 방법론, 혹은 치료 결과에 대한 실증적 효과를 검증할 수단을 제공하지 못한다.

10. **현재의 상태.** 오늘날 단지 소수의 치료자들만이 이 방법을 자신의 주요 접근법으로 선택하지만, 그 세력은 현대 심리치료의 지형을 바꿀 수 있을 정도로 강력하다. 이 방법은 현재 거의 모든 주요 치료 전통 속에 통합되어 있다.

안내 학습

아래 문제들을 통해서 당신은 이 과의 중요한 부분들을 학습하게 될 것이다. 주어진 빈칸에 답을 쓰고 나서 본문의 밑줄 쳐진 부분과 비교해 보라.

1. 롤로 메이의 인격이 형성되는 기간이 그의 이론 발달에 어떻게 영향을 끼쳤는지 묘사하라.

2. 당신은 실존치료 이론에 익숙하지 않은 사람에게 실존치료가 어떻게 태동하게 되었는지 당신 자신의 말로 설명할 수 있는가?

3. 실존치료 이론의 핵심은 실존에 대한 강조이다. 그것은 무엇을 의미하고, 살아 있음의 현상이 그것과 어떻게 관계되어 있는지 설명하라.

4. 실존치료자에 의하면, 만일 우리가 존재한다는 의식 상태를 갖고 사는 데 실패한다면 불안의 위기에조차 우리는 불가피하게 부적응적 행동에 빠진다. 이것은 어떻게, 왜 일어나는가?

5. 실존치료는 강요되지 않는다. 내담자들은 평가되고 프로그램화되는 객체로서 간주되지 않는다. 이렇게 이해할 때, 당신은 실존치료자의 기능을 어떻게 묘사하겠는가?

6. 실존치료의 궁극적인 목표는 내담자로 하여금 깨달으면서 책임 있는 결정들을 하도록 돕는 것이다. 이것이 어떻게 이루어지는지 보여주기 위한 실존주의 기법들을 묘사하라.

7. 초기 상담에서 시작되는 실존치료의 전형적인 과정을 묘사하라.

8. 젠들린(Gendlin)의 포커싱 기법과 그것이 왜 도움이 되는지 설명하라.

9. 빅터 프랭클(Victor Frankle)의 의미요법에 있어서, 그는 '의미에의 의지(Will to meaning)'에 대해서 언급한다. 이것은 무엇이며, 그것은 실존치료와 어떤 관련성을 갖고 있는가?

10. 실존주의 접근방법이 정신분석이나 개인심리학과 어떻게 다른지 비교하라.

11. 당신은 메이가 허치슨 부인을 치료한 것으로부터 무엇을 배웠는가? 이 사례에서 그가 실존주의 방법들을 어떻게 사용했는지 묘사하라.

12. 비판적으로 분석해 볼 때, 실존주의 접근방법의 가장 두드러진 장점들과 단점들은 무엇인가?

복습 단원

아래 항목들을 통해서 당신은 이 과의 특별한 내용을 마스터하게 될 것이다. 빈칸을 채워 아래의 각 문장을 완성하라.

간략한 전기

1. 오늘날 실존치료를 대표할 수 있는 수많은 이론가들이 있지만, 스위스 심리치료사인 루드비히 __________에서 시작했다고 보아야 한다.
2. 롤로 메이는 뉴욕의 유니온 신학교에 돌아와서 독일 철학자인 __________ 밑에서 학업을 마쳤는데, 그는 메이의 사고에 큰 영향을 미쳤다.
3. 메이의 박사 학위 논문인 『__________ 의 의미(The Meaning of Anxiety)』는 예언자적 작품이었다.

역사적 발전

1. 철학적 운동으로서의 실존주의는 19세기 __________에서 철학자 키르케고르(Søren Kierkegaard)와 니체의 저작으로부터 발전하였다.
2. 키르케고르는 종교적 신념은 합리적 논증에 의해서 지지될 수 없다고 주장하면서, 진정한 믿음은 근본적으로 비합리적이라고 믿었다. 그 근본에 있어 기독교는 신자들에게 '__________', 즉 신의 논리적 불가능성을 받아들일 것을 요구한다.
3. 니체는 "신은 __________." 고 선언했는데, 이 말은 한 성공회 주교가 자신의 책의 제목으로 쓰면서 1960년대 대중적 신학 슬로건이 되었다.

인간 본성에 대한 시각

1. 실존주의의 중심 주제는 ____________의 본질이다. 즉, 살아 있는 존재의 자연에 내재하고 있는 현상을 말한다.
2. 소위 ____________ 혹은 '여기와 지금(here-and-now)'의 관점으로 보면 그런 인간의 선택은 완전히 주관적인 것이다.
3. 개인이 선택하는 것에 대해 배우고 그 결과로 살아갈 때에만 인간은 진정으로 자유로울 수 있다. 하지만 자유롭게 선택하기 때문에 인간은 자신의 선택에 대해 완전한 ____________을 져야 한다.
4. 죽음 혹은 비존재 또한 실존주의적 인간성 이해에 중요하다. 왜냐하면 우리는 2개의 수준에서 살고 있기 때문이다. 우리는 존재의 ____________ 상태와 존재의 ____________ 상태를 살고 있다.
5. 실존주의 치료자는 인간의 동기를 과거의 사건으로 분석하지 않는다. ____________은 우리에게 동기를 부여하며 앞으로 진행할 수 있는 가능성을 제공한다.

부적응적 행동의 발달

1. 실존주의 치료자들은 만일 우리가 불안에 빠질 위험을 감수하더라도 존재의 __________ 상태에서 살지 못하면 우리는 불가피하게 부적응적 행동으로 무너져버릴 것이라고 생각한다.
2. 실존주의 심리학자들의 관점에서 정신병리학은 정도의 차이가 아니라 종류의 차이이다. 이들이 보기에 전통적인 명명법은 __________을 포함하여 소외되게 하며 비인격화하는 것이다.
3. 실존주의자에게 있어 이런 부적응적 행동은 근본적으로 __________, 즉 '존재론적 진공상태' 의 결과이다.

치료의 목표

1. 실존치료의 목표는 치료과정에서 등장하기 때문에 때로 __________ 보인다.
2. 프랭클은 창조적 가치나 경험적 가치보다 __________ 가치를 강조한다.
3. 내담자는 변화의 능력을 가지고 있는데, 변화는 실제화와 __________이라는 동일한 축에서 발생한다.

치료자의 기능

1. 실존주의 치료자는 진료의 책임이 정당하게 __________에게 있기를 기대한다.
2. 실존주의 치료자는 내담자를 만나는 __________이고 주관적인 경험 속에 갇혀 있지 않는다.
3. 내담자가 이런 __________을 받아들일 때만 치료적 변화가 일어날 수 있다.

주요 방법과 기법

1. 아마도 다른 어떤 치료자보다 실존주의 치료자들은 자신의 __________에 가장 적합한 방법이 있다면 사용하려고 할 것이다.
2. 치료 시작도 현재 내담자가 __________ 있는 환경에서 시작하고 여기서부터 진행해 나간다.
3. 완전히 실존주의적인 것은 아니지만, 젠들린(Eugene Gendlin)은 __________ 이라고 부르는 방법을 개발하였다. 이 방법은 주로 실존주의 카운슬러에 의해서 사용된다.
4. 빅터 프랭클(Victor Frankle)은 '__________' 이라는 개념을 처음 제시하였는데, 이 개념은 의미를 통해 치료를 제공하고 경험하게 하는 수단을 의미한다.
5. 애들러와 같이 프랭클은 '__________ __________' 에서 큰 가치를 발견하였다. 이 방법은 내담자에게 자신의 두려움의 기대에 반하여 행동하도록 요구하는 것이다.

적용

메이는 허친스 부인의 정신이 혼미해지는 것과 불안감의 급습을 자신의 살아나는 ________ 를 죽이려는 시도로 해석했다.

비판적 분석

1. 실존치료는 개인의 선택과 자유에 대한 특별한 초점을 통해 __________ 내담자가 겪는 다문화 문제의 해결에 특히 유용할 수 있다.
2. 실존주의는 인간 조건의 풍부한 이해를 제공하지만, 그 치료적 접근에 있어서 어떤 체계적 __________, 혹은 실증적 자료를 제공하지 않는다.
3. 치료자 개인별로 다를 수 있다는 명제가 설득력이 있다 하더라도, 실존주의 치료는 체계적 이론 __________을 분명히 금지하고 있다.

현재의 상태

전문 종사자들이 자신을 '실존분석치료자' 나 '실존주의자' 라고 광고하지 않는다 하더라도 오늘날 내담자들이 진료실의 문을 들어가면 대부분 __________의 가정과 접근법에 노출되어 있다.

주요 용어

이론을 배우는 것은 대부분 그 이론과 관련된 어휘를 익히는 것이다. 아래에 나열된 주요 용어들은 단지 그 일을 도울 것이다. 당신은 이 목록을 가지고 3×5 크기의 카드를 사용해서 스스로 플래시 카드(flash card) 테스트를 할 수 있다. 일단 이 어휘를 공부하고 나면, 당신은 다음에 나오는 맞추기 퀴즈를 가지고 당신의 지식을 점검해 볼 수 있다.

불안(Anxiety) 자신의 존재에 본질적으로 여겨지는 어떤 가치에 대한 위협으로 생긴 우려. 죽음이 존재의 절대적이고 불가피한 측면이기 때문에 어느 정도의 불안은 인간의 자연스러운 특성이다.

악마적 욕망(Daimonic) 자신의 자아 전체를 통제할 수 있는 내적인, 양성적이고(benign), 불법적인 세력으로서 섹스, 욕망, 에로스, 생식, 자기-확증, 파괴성, 분노, 증오, 그리고 권력의지를 포함한다. 이런 악마적 욕망이 의식 속으로 수용되고 통합되어야 심리적으로 건강할 수 있다.

다자인(Dasein) 생리적 · 물리적 환경(Umwelt), 타자(Mitwelt), 그리고 자기 자신(Eigenwelt)의 세계에 존재하는 개별적이고, 자율적이며, 책임적인 자아로의 자신에 대한 의식적 · 무의식적 이해. 강한 다자인은 건강한 자아의 핵심이다.

다자인 분석(Dasein Analysis) 미다드 보스(Medard Boss)에 의해서 개발된 실존치료 방법. 개인의 존재나 '세상 속에 존재하는(being-in-the-world)' 자신만의 특별한 방법에 초점을 둔다.

탈반영(Dereflection) 내담자로 하여금 문제에 대한 생각을 중단하게 함으로써 과도한 생각이나 초반영(hyperreflection)에 대처하는 기법.

자신만의 세계(Eigenwelt) 자신과 자신만의 잠재력 그리고 가치와 관련된 세계. '세상 속에 존재하는' 3개의 동시적이며 상호 연관된 양식들 가운데 하나.

포커싱(Focusing, 집중하기) 내담자가 자신의 경험을 어떤 관점으로 바라보는지 파악하기 위한 내적 성찰과 변화의 기법.

죄책감(Guilt) 자신의 모든 내적 잠재력을 성취하는 것이 불가능하다는 생각('자신만의 세계' 의 부인), 타인과 완벽하게 관계를 맺을 수 없다는 생각['타자와의 세계(Mitwelt)' 의 부인], 그리고 항상 자연과의 교감을 인식함['물리적 환경(Umwelt)' 의 부인]에서 유래하는 회의감.

의도성(Intentionality) 인간이 의식적 · 무의식적으로 목적의식을 가지고 목적론적으로 행동할 수 있는 능력.

의미요법(Logotherapy) 제2차 세계대전 직후 빅터 프랭클에 의해서 개발된 실존분석적 심리치료 기법. 의미를 통해 선택의 힘을 사용하고 치료를 경험할 수 있는 개인의 능력을 강조한다.

사랑(Love) 타인의 존재에 기뻐하고, 타인의 가치와 발전이 자신의 가치와 발전만큼 중요하다는 사실을 기꺼이 인정함.

타자와의 세계(Mitwelt) 타인과의 관계의 세계. '세상 속에 존재함' 의 3가지 동시적이고 상호 연관된 양식들 중의 하나.

존재론적 특성(Ontological Characteristics) 다자인(Dasein), 불안, 죄책감, 의도성, 사랑, 보살핌과 같이 특징적이고 절대적으로 인간적인 성격.

존재론(Ontology) 존재 혹은 있음의 과학.

역설적 의도(Paradoxical Intention) 내담자로 하여금 자신의 실제 지시에 반하는 무엇인가를 지시하는 기법. 이러한 방법은 비자발적인 것을 억지로 할 수 없는 사람에게 성공적으로 적용될 수 있다.

현상학적(Phenomenological) 각 개인의 경험의 존엄성과 완전성에 관한 존경의 태도. 그리고 경험의 개인적 의미에 대한 연구의 접근 혹은 방법론.

목적론(Teleology) 목적에 대한 철학적 연구로서, 이것에 따르면 자연적 과정은 기계론(mechanism)에 의해서가 아니라, 전체적인 자연적 구상 안에 있는 유용성에 의해서 결정된다.

물리적 환경(Umwelt) 내적 · 외적 사물의 세계로 우리의 생리적 · 물질적 환경을 형성함. '세상 속에 존재함(being-in-the-world)' 의 세 가지 동시적 상호 관련된 양식의 하나.

의지(Will) 자신이 선택한 목표를 향해 움직이는 의식적 능력. 의도성의 보다 자명한 측면이다.

주요 용어 맞추기

용어들

A. 의지(Will)
B. 악마적 욕망(Daimonic)
C. 타자와의 세계(Mitwelt)
D. 포커싱(Focusing)
E. 다자인(Dasein)
F. 존재론(Ontology)
G. 사랑(Love)
H. 역설적 의도(Paradoxical Intention)
I. 불안(Anxiety)
J. 물리적 환경(Umwelt)
K. 현상학적(Phenomenological)
L. 죄책감(Guilt)
M. 목적론(Teleology)
N. 존재론적 특성(Ontological Characteristics)
O. 탈반영(Dereflection)
P. 의도성(Intentionality)
Q. 자신만의 세계(Eigenwelt)
R. 의미요법(Logotherapy)
S. 다자인 분석(Dasein Analysis)

설명

_____1. 생리적 · 물리적 환경(Umwelt), 타자(Mitwelt), 그리고 자기 자신(Eigenwelt)의 세계에 존재하는 개별적이고, 자율적이며, 책임적인 자아로의 자신에 대한 의식적 · 무의식적 이해. 강한 다자인은 건강한 자아의 핵심이다.

_____2. 타인의 존재에 기뻐하고, 타인의 가치와 발전이 자신의 가치와 발전만큼 중요하다는 사실을 기꺼이 인정함.

_____3. 타인과의 관계의 세계. '세상 속에 존재함' 의 3가지 동시적이고 상호 연관된 양식들 중의 하나.

_____4. 내담자로 하여금 문제에 대한 생각을 중단하게 함으로써 과도한 생각이나 초반영(hyperreflection)에 대처하는 기법.

_____5. 존재 혹은 있음의 과학.

_____6. 각 개인의 경험의 존엄성과 완전성에 관한 존경의 태도. 그리고 경험의 개인적 의미에 대한 연구의 접근 혹은 방법론.

_____7. 자신의 존재에 본질적으로 여겨지는 어떤 가치에 대한 위협으로 생긴 우려. 죽음이 존재의 절대적이고 불가피한 측면이기 때문에 어느 정도의 불안은 인간의 자연스러운 특성이다.

_____8. 인간이 의식적 · 무의식적으로 목적의식을 가지고 목적론적으로 행동할 수 있는 능력.

_____9. 내담자가 자신의 경험을 어떤 관점으로 바라보는지 파악하기 위한 내적 성찰과 변화의 기법.

_____10. 제2차 세계대전 직후 빅터 프랭클에 의해서 개발된 실존분석적 심리치료 기법. 의미를 통해 선택의 힘을 사용하고 치료를 경험할 수 있는 개인의 능력을 강조한다.

_____11. 목적에 대한 철학적 연구로서, 이것에 따르면 자연적 과정은 기계론(mechanism)에 의해서가 아니라, 전체적인 자연적 구상 안에 있는 유용성에 의해서 결정된다.

_____12. 자신이 선택한 목표를 향해 움직이는 의식적 능력. 의도성의 보다 자명한 측면이다.

_____13. 내적 · 외적 사물의 세계로 우리의 생리적 · 물질적 환경을 형성함. '세상 속에 존재함(being-in-the-world)'의 세 가지 동시적 상호 관련된 양식의 하나.

_____14. 자신과 자신만의 잠재력 그리고 가치와 관련된 세계. '세상 속에 존재하는' 3개의 동시적이며 상호 연관된 양식들 가운데 하나.

_____15. 미다드 보스(Medard Boss)에 의해서 개발된 실존치료의 방법. 개인의 존재나 '세상 속에 존재하는(being-in-the-world)' 자신만의 특별한 방법에 초점을 둔다.

_____16. 내담자로 하여금 자신의 실제 지시에 반하는 무엇인가를 지시하는 기법. 이러한 방법은 비자발적인 것을 억지로 할 수 없는 사람에게 성공적으로 적용될 수 있다.

_____17. 다자인(Dasein), 불안, 죄책감, 의도성, 사랑, 보살핌과 같이 특징적이고 절대적으로 인간적인 성격.

_____18. 자신의 모든 내적 잠재력을 성취하는 것이 불가능하다는 생각('자신만의 세계'의 부인), 타인과 완벽하게 관계를 맺을 수 없다는 생각['타자와의 세계(Mitwelt)'의 부인], 그리고 항상 자연과의 교감을 인식함['물리적 환경(Umwelt)'의 부인]에서 유래하는 회의감.

_____19. 자신의 자아 전체를 통제할 수 있는 내적인, 양성적이고(benign), 불법적인 세력으로서 섹스, 욕망, 에로스, 생식, 자기-확증, 파괴성, 분노, 증오, 그리고 권력의지를 포함한다. 이런 악마적 욕망이 의식 속으로 수용되고 통합되어야 심리적으로 건강할 수 있다.

논의와 개인적 성찰을 위한 질문들

다음의 질문들은 소그룹 논의에서 이론의 더 깊은 탐구와/나 그 이론을 당신 자신의 삶에 어떻게 적용할 것인지에 대한 개인적 성찰을 위해서 사용될 수 있다.

1. 실존치료에 대한 당신의 일반적인 인상은 무엇인가? 당신은 나(I)라는 의미가 인간의 삶에 있어서 최우선적이라는 것에 동의하는가?

2. 당신은 이 이론이 당신 자신의 삶에 어떻게 적용된다고 생각하는가? 만일 그것이 당신의 삶에 적용되지 않는다고 생각한다면, 왜 그런가?

3. 만일 당신이 롤로 메이나 빅터 프랭클과 대화를 나눈다면, 당신은 그들에게 어떤 질문들을 하겠는가?

4. 치료적 중재에 대한 당신 자신의 접근방법을 계발할 때, 당신은 실존주의 상담으로부터 무엇을 배울 것인가?

복습 단원에 대한 해답

간략한 전기

1. 빈스방거(Ludwig Binswanger)
2. 폴 틸리히(Paul Tillich)
3. 불안

역사적 발전

1. 유럽
2. 불합리한 것
3. 죽었다

인간 본성에 대한 시각

1. 존재(existence)
2. 현상학적(phenomenological)
3. 책임
4. 잊음(forgetfulness), 깨어 있음(mindfulness)
5. 다자인(Dasein)

부적응적 행동의 발달

1. 인식
2. 진단명
3. 무의미

치료의 목표

1. 모호해
2. 태도적
3. 통합

치료자의 기능

1. 내담자
2. 직접적
3. 책임

주요 방법과 기법

1. 취향
2. 처해
3. 포커싱(focusing, 집중하기)
4. 의미요법(Logotherapy)
5. 역설적 의도(Paradoxical intention)

적용

자아

비판적 분석

1. 소수민족
2. 절차나 방법론
3. 학습

현재의 상태

실존주의

주요 용어 맞추기 해답

1. E
2. G
3. C
4. O
5. F
6. K
7. I
8. P
9. D
10. R
11. M
12. A
13. J
14. Q
15. S
16. H
17. N
18. L
19. B

Chapter 9

인간 중심 치료

요약

1. **간략한 전기.** 로저스(1902-1987)는 부유하고 보수적인 미국 중서부 가정에서 자라났다. 어려서부터 책을 매우 좋아하였고, 실험적 방법에 대한 깊은 존경심을 발전시켰다. 그는 위스콘신 대학에서 농학과 역사를 전공하였고, 2학년 때 기독교 미션에 헌신하였다. 유니온 신학교를 마친 후 컬럼비아 대학에서 임상심리로 박사 학위를 취득하였다. 그는 실제적 임상에 몰입하였고, 첫 번째 저서를 출간한 후 오하이오 주립대학에 자리를 잡았다. 이후 시카고 대학과 위스콘신 대학에서 가르친 후 1968년 캘리포니아의 라욜라에 '인간 연구센터(Center for Studies of the Person)'를 창립하였고, 85세의 나이로 별세했다.

2. **역사적 발전.** 인간 중심 치료법의 기원은 로저스가 종종 '카운슬러 중심의 치료'라고 명명한 방법의 반대 명제로서 찾아볼 수 있다. 카운슬러 중심의 치료는 치료자가 실험을 수행하고, 질문을 던지며, 내담자에게 특정한 행동을 취할 것을 제안하는 것이다. 로저스의 혁명적 접근법은 '환자'라는 용어를 '내담자'라는 용어로 바꾼 미묘한 변화에서 드러난다. 그는 처음으로 자신의 접근법을 '비지시적(nondirective) 카운슬링'이라 부르고, 나중에 다시 '인간 중심 상담'으로 용어를 바꾸었다. 이유는 사람의 능력에 대해 긍정적 초점을 맞추기 위해서다.

3. **인간 본성에 대한 시각.** 로저스는 인간을 낙관적 렌즈를 통해서 이해하고, 인간성을 근본적으로 선하다고 주장했다. 그는 사람이 내재적으로 성장하고 건전한 방향으로 나아가는 경향이 있다고 강조했다. 로저스에게 이 같은 '실제화(actualizing) 경향'이야말로 모든 인간을 움직이는 중요한 동기이다. 그것은 로저스가 '유기체의 가치화과정(organismic valuing process)'이라고 명명한 내적인 능력에 의해서 지도된다. 내적인 능력이란 스스로 자신을 고양시키는 것을 선택하고 그렇지 않은 것을 배제하는 것을 의미한다. 실제화의 동기는 성취에 대한 내적 의지를 불러일으킨다. 그리고 유기체의 가치화과정은 무엇이 이러한 내적 성취를 제공하는지를 결정하고 드러낸다. 로저스는 적절한 상황이 주어지면 정상적 성장과 발전을 위한 능력이 모든 인간에게서 발휘될 수 있다고 믿었다.

4. **부적응적 행동의 발달**. 자아 개념의 왜곡은 즉시 유기체의 가치화과정을 손상시키고 부적응적 행동을 유발한다. 로저스는 습득된 가치, 사고, 느낌, 행동이 각 개인의 유기체의 가치화과정에 의해 승인된 경험에 따라 근본적으로 다를 수 있다고 주장했다. 따라서 거의 완전한 분열(dissociation)이 발달할 수 있다. 중요한 점은 이것이 내적인 경향보다는 외적인 방향성을 가지고 있어 개인은 타인의 기대에 맞추어 감정을 왜곡하게 된다는 것이다. 이러한 불일치(incongruity)는 심리학적 고통과 부적응을 낳게 된다.

5. **치료의 목표**. 치료는 문제 해결이 아니다. 오히려 내담자가 자신이 진정 누구인지, 그리고 어떻게 완전하게 기능하는 인간이 될 수 있는지 알 수 있는 과정을 조성하는 것이다. 내담자로 하여금 타인을 감동시키고, 자신에게 거짓말을 하며, 인식을 왜곡시키려는 필요를 제거하도록 한다. 이 치료법은 타인을 기쁘게 하려는 불건전한 필요를 제거하며, 좀 더 자기 자신의 경험을 의지하도록 유도한다.

6. **치료자의 기능**. 인간 중심 치료자의 기능은 행동이 아닌 존재에 뿌리를 내리고 있다. 치료자의 주요 임무는 안전과 신뢰의 환경을 조성하는 것이다. 이를 통해 내담자로 하여금 자기실제화와 가치화과정을 다시 통합할 수 있도록 도와주는 것이다. 치료자는 이 목표를 정확한 공감적 이해와 일치, 그리고 무조건적인 긍정적 태도를 통해 달성한다. 이러한 기술이 학습을 통해 습득될 수도 있지만, 더욱 효과적이기 위해서는 이러한 요소들이 치료자의 깊은 내면으로부터 흘러나와야 한다. 치료자는 비권위적이다. 가르치거나 조언을 주고 해석하려 들지 않는다.

7. **주요 방법과 기법**. 로저스는 실제 치료에 있어서 인격의 성장과 변화를 위한 '필요충분' 조건 세 가지를 파악하였다. '일치' 는 치료자의 내적인 경험과 관찰 가능한 외적인 행동이 일치를 이루는 것을 의미한다. 무조건적인 긍정적 태도란 내담자의 가치가 타인의 기대나 승인에 의존하지 않는 것을 의미한다. 마지막으로 공감적 이해란 치료자가 내담자의 입장으로 들어가 그의 관점에서 세상을 이해하는 것으로, 내담자의 내적인 가치판단 기준을 받아들이는 것이다.

8. **적용**. 로저스는 상담의 실제를 시청각화한 최초의 인물이다. 그는 이 기술을 사용하여 이론이 형성되는 동안 철저한 연구 사례를 축적하였다. 오크 부인의 사례는 그중의 하나이다. 이 사례를 보면 로저스가 진정한 자아 개념과 자율성의 성장을 위해 어떻게 위의 세 가지 근본적 요소를 사용하고 있는지 실증해 주고 있다. 그가 기록한 내용과 소위 문제 중심 접근법의 비교를 통해 카운슬러 중심 방법과 내담자 중심 방법의 분명한 차이를 파악할 수 있다.

9. **비판적 분석**. 이 방법론이 보여주는 개인에 대한 존중과 내담자에 대한 의존은 가장 뛰어난 점이다. 내담자가 스스로 책임을 질 수 있을 것이라는 믿음은 큰 강점이다. 하지만 이 접근법은 내담자가 자신에 대한 정확한 평가를 어떻게 제시할 수 있는지 질문을 남겼다. 그리고 사람이 근본적으로 선하다는 철학적 명제는 비평가들 사이에 많은 문제를 낳았다. 이 방법론이 비교문화 카운슬링에 미친 국제적 영향과 공헌에 대해서는 어느 누구도 이의를 제기하지 않는다. 하지만 초기의 촉진적 과정이 끝난 이후 이러한 상황에 완전한 해답을 줄 수 없다. 그럼에도 불구하고 수많은 다인종적 내담자를 위한 기초를 제공한 점만은 분명하다.

10. **현재의 상태**. 로저스 방법론을 훈련받은 세대는 그의 접근방법에 의해 지대한 영향을 받았다. 특히 절충적 카운슬러들이 그러하다. 하지만 그의 중대한 영향에도 불구하고 대부분의 심리학자들은 이 방법론을 자신의 주요한 이론적 지향점으로 채택하지 않는다. 필요하지만 충분하지 않다는 그들의 주장 중의 일부는 그가 자신의 학파를 만드는 데 반대했다는 점에서 근거한다.

안내 학습

아래 문제들을 통해서 당신은 이 과의 중요한 부분들을 학습하게 될 것이다. 주어진 빈칸에 답을 쓰고 나서 본문의 밑줄 쳐진 부분과 비교해 보라.

1. 로저스의 인격이 형성되는 시기가 그의 이론 발달에 어떻게 영향을 주었는지 묘사하라.

2. 당신은 인간 중심 치료의 역사에 익숙하지 않은 사람에게 그 치료법의 태도를 당신 자신의 말로 어떻게 묘사하겠는가?

3. 로저스 이론의 핵심은 과거 경험보다 현재에 초점을 두면서 인간의 인격을 낙관적으로 보는 것이다. 인간 중심 치료자에게 있어서 이것은 무엇을 의미하는지 설명하라. 여기서는 '실제화 경향(actualizing tendency)' 이라는 용어를 사용하라.

4. 로저스는 부적응적 행동 발달에 있어서 중요한 역할을 하는 것으로 자아 개념(self-concept)을 언급한다. 그가 부적응적 행동 발달을 어떻게 이해했는지 좀 더 설명하라.

5. 치료자의 인격적 특성이 매우 중요하다. 그렇다면 당신은 인간 중심 치료자의 중요한 기능을 어떻게 설명할 것인가?

6. 인간 중심 치료의 궁극적 목표는 무엇인가?

7. 로저스에게 있어서 '진정한 자아를 향해서 움직이는 것'은 무엇을 의미하는가?

8. 로저스는 치료 작업을 통해서 인격에 있어서 성장과 변화를 향한 세 가지 '필요충분한' 조건들을 확인했다. 이러한 조건들을 묘사하라.

9. 순수함(혹은 일치, congruence)의 개념을 설명하라.

10. 인간 중심 치료에 있어서 내담자의 가치는 다른 사람들의 기대에 의존하지 않는다. 이것은 왜 중요한가?

11. 당신은 로저스가 오크(Oak) 부인을 치료한 것을 통해서 무엇을 배웠는가? 그는 이 사례에서 인간 중심 기법들을 어떻게 사용했는지 묘사하라.

12. 비판적으로 분석해 볼 때, 이러한 치료법의 두드러진 장점들과 약점들은 무엇인가?

복습 단원

아래 항목들을 통해서 당신은 이 과의 특별한 내용을 마스터하게 될 것이다. 빈칸을 채워 아래의 각 문장을 완성하라.

간략한 전기

1. 로저스는 위스콘신대에 입학하여 __________과 __________를 전공하였다.
2. 로저스의 아버지는 그가 프린스턴대로 가고자 한다면 모든 비용을 대주려고 하였으나, 그는 독립을 선언하고 훨씬 진보적인 뉴욕의 __________ 신학교로 진학하였다.
3. 1968년에는 캘리포니아 라욜라(La Jolla)에 '__________ 연구센터'를 세우는 데 일조한다. 이 기관은 일종의 실험적 '심리치료 커뮤니티'로서 사회/행동주의 과학자들과 연구원들이 모여 다양한 훈련과 연구, 프로젝트를 수행하는 기관이 되었다.

역사적 발전

1. 로저스의 방법과 시각은 그가 비난한 '__________ 중심의 치료' 법에 대한 대응이라고 할 수 있다.
2. 로저스는 전통적인 '__________'라는 말 대신에 '고객' 또는 '내담자'라는 단어를 사용하였다. 그의 생각에 환자는 의사가 고쳐야 할 '병'을 가지고 있는 존재로 부각되었다.
3. '__________ 카운슬링(nondirective counseling)'이라는 용어로 지칭되었던 이 방법은 1951년 '내담자 중심 카운슬링(clientcentered counseling)'이라는 말로 바뀌었다. 이는 인간의 능력에 대한 긍정적 강조점을 드러내기 위해서이다.

인간 본성에 대한 시각

1. 프로이드와는 달리 이 접근법은 인간을 근본적으로 __________ 존재로 여긴다.
2. 로저스는 사람들이 내면적으로 성장하기를 원하며, 건전한 방식으로 행동하는 경향이 있다고 강조하였다. 사람들은 자신의 능력을 최대한으로 개발하고자 한다. 그는 이러한 지향적 경향, 실제화 경향을 유기체의 __________ 경향으로 정의하였다.
3. 로저스는 물론 인간들이 무서운 악을 행할 수 있는 존재라는 사실도 인식하고 있었다. 하지만 이러한 성향은 가족이나 사회가 아이들에게 끼친 부정적인 '__________의 조건들'의 결과라고 생각했다.
4. 적절한 __________가 주어진다면 이러한 방어기제는 감소할 것이고, 개인은 신뢰할 만하고, 믿을 수 있으며, 건설적이고, 선하게 행동하게 될 것이다.

부적응적 행동의 발달

1. 다른 사람의 판단이라는 왜곡에 오염되지 않는 한, __________은 유기체의 가치화과정이 믿을 만한 인도자 기능을 계속할 수 있도록 한다.

2. 아이들은 부모의 사랑과 보호를 유지하기 위해 자신이 실제로 __________ 자아를 왜곡시키는 방법을 배웠다.
3. 부적응적 행동은 사람들이 __________ 지향보다는 __________ 지향을 할 때 발생한다.

치료자의 기능

1. 치료자의 중요한 과제는 __________ 하고도 __________ 할 수 있는 환경을 제공하는 일이다.
2. 소위 '치료의 3요소(therapeutic triad)'라 불리는 것은 정확한 __________ 이해, __________, 그리고 __________ 긍정적 태도이다.
3. 로저스학파는 내담자에게 __________을 하거나 해석하거나 가르치려고 시도하지 않는다.

치료의 목표

1. 인간 중심의 치료법은 이러한 __________의 필요성을 제거해도 안전한 환경을 만들기 위해 노력한다.
2. 인간 중심 치료법에서는 먼저 내담자로 하여금 __________을 벗어던지도록 노력하게 한다.
3. 완전하게 기능하는 개인은 다른 사람을 기쁘게 하는 일을 한다 하더라도 그 일을 하기 위해 다른 사람이 __________ 필요는 없다.
4. 내담자가 자신의 감정적 갑옷을 벗어버림으로써 비로소 자신을 타인에게뿐 아니라 __________을 통해 얻어지는 즐거움에 자신을 내어줄 수 있다.

주요 방법과 기법

1. 문제의 원인을 설명하거나 취해야 할 행동을 처방하기도 전에 로저스는 단지 그들을 가치 있는 인간으로 __________ 이미 상태가 호전되는 것을 발견하였다.
2. 내담자가 성장하기 원한다면, 치료자는 진실하고 투명해야 한다. 이러한 진실의 상태가 로저스가 말한 __________ 이다.
3. 내담자와의 관계에 있어서 불편한 부분이 있고 그것을 공개하지 않으면, 이러한 어색함은 진정성을 가로막게 되며 __________를 만들어낸다.
4. 치료자에게 수용되기 위하여 내담자가 갖추어야 하는 어떤 __________도 존재하지 않는다.
5. 인간 중심 치료법의 세 번째 요소는 __________이다. 즉, 타인의 자리로 들어가 그의 관점에서 세상을 이해하는 능력을 의미한다.
6. 효과적인 공감적 이해를 위해 치료자는 가능하면 정확하게 내담자에게 피드백을 주고 그들이 표현한 감정을 '__________'할 수 있어야 한다.

적용

치료가 진행되면서 오크 부인은 문제에 덜 집착하게 되었고, 점차로 자신을 __________하고 __________을 가지게 되었다.

비판적 분석

1. 아마도 칼 로저스의 강점은 인간에 대한 흔들리지 않는 __________이라고 할 수 있다.
2. 비평가들은 칼 로저스가 순진한 __________였다고 말한다.
3. 실용적이며 임상 단계에 있는 많은 전문 의사들은 __________이 필요 없고 전적으로 진실성, 공감, 무조건적인 긍정적 태도에 의지한다는 사실에 동의하지 않는다.

현재의 상태

1. 칼 로저스의 치료법을 수많은 필름과 비디오테이프로 실연하는 것을 지켜본 결과는 '내용과 __________의 불행한 혼란'이라고 할 수 있다.
2. 현재 대부분의 심리학자들은 인간 중심 치료법을 __________고 여기지만 충분하다고 생각하지는 않으며, 치료자들은 그의 접근법을 기초로 이해하고, 이 __________ 위에 다른 치료법을 구축한다.
3. 이 방법론은 습득하는 데 상대적으로 긴 시간이 요구되지 않는다. 왜냐하면 주로 __________ 기술을 강조하기 때문이다. 따라서 이 방법은 오늘날 카운슬링 교육의 기초로 사용된다.

주요 용어

이론을 배우는 것은 대부분 그 이론과 관련된 어휘를 익히는 것이다. 아래에 나열된 주요 용어들은 단지 그 일을 도울 것이다. 당신은 이 목록을 가지고 3×5 크기의 카드를 사용해서 스스로 플래시 카드(flash card) 테스트를 할 수 있다. 일단 이 어휘를 공부하고 나면, 당신은 다음에 나오는 맞추기 퀴즈를 가지고 당신의 지식을 점검해 볼 수 있다.

실제화 경향(actualizing tendency) 자신의 모든 잠재력을 개발하려는 인간의 내재적 경향. 자신이 물려받은 성품(nature)이 허락하는 한 최고가 되고자 한다.

조건적인 긍정적 태도(conditional positive regard) 타인이 자신의 기준에 적합할 때에만 받아들이는 것.

일치(congruence) 자신의 완전한 유기체적 경험과 가치의 조건에서 자유로운 자아 개념 사이의 건전한 일치(unison) 상태. 효과적인 치료를 위한 세 가지 기본 조건 가운데 하나.

공감(empathy) 내담자의 관점에서 내담자의 세계를 정확하게 이해하려는 행동. 효과적인 치료를 위한 세 가지 기본 조건 가운데 하나.

참만남 그룹(집단감수성 훈련 그룹: encounter group) 상대적으로 잘 조정된 소수의 집단체. 활발한 상호작용을 통해 개인으로 하여금 자신에 대해 그리고 다른 사람과의 관계를 잘 이해할 수 있도록 함.

경험(experience) 현재 본인의 내부에서 자각하고 있는 사고, 필요, 인지를 포함한 모든 것.

완전하게 기능하는(fully functioning) 자신의 잠재력을 인식하고 모든 능력과 재능을 사용하는 개인을 가리킴. 그는 자신의 최대의 경험 반경과 자신에 대한 완전한 지식을 향해 움직인다.

진정성(genuineness) 타인과의 관계에서 진정으로 솔직한 상태(truly oneself). 효과적인 치료를 위한 세 가지 기본 조건 가운데 하나.

이상적 자아(ideal self) 희망, 도덕적 이상, 가치를 포함하여 소유하고 싶은 자아 개념.

불일치(incongruence) 자신의 전체적인 유기체적 경험과 가치의 조건에 의해 눌려진 자아 개념 사이의 분열. 이 상태는 내적인 긴장과 혼란을 가져온다.

내적 준거의 틀(internal frame of reference) 특정 시간에 한 개인이 자각하는 경험의 영역.

내사(introjection) 타인의 표준을 자신의 내부(personality)에 통합시킴.

비지시적 치료(non-directive therapy) 내담자가 자신의 감정을 나타내고, 문제를 규정하며, 행동을 해석하는 심리치료법. 이때 치료자는 이 과정을 감독하는 것이 아니라 내담자 스스로 그 과정을 규명할 수 있는 따뜻하고 수용적 분위기를 조성해 준다.

유기체의 가치화과정(organismic valuing process) 자신의 행복을 고양시키는 것을 선택하고, 그렇지 않은 것은 배제시키는 내재적 능력.

인간 중심 접근(person-centered approach) 로저스가 '비지시적' 이란 용어를 대체하면서 제시한 용어. 이 용어는 좀 더 정확하게 그의 접근법을 반영하고 있다.

현상학(phenomenology) 인성의 이해에 있어서 개인의 주관적 경험이나 느낌, 사적인 개념의 이해가 중요함을 강조함.

긍정적 태도(positive regard) 내담자의 발언과 행동적 자산에 대해 선택적 주의를 기울임.

자기 실현(self-actualization) 자신의 능력과 특성에 대한 학습된 인지의 총화(collection).

자아 개념(self-concept) 자신의 능력과 특성에 대한 학습된 지각의 집합체.

중요한 타자(significant other) 부모와 같이 긍정적 태도의 중요한 원천.

무조건적인 긍정적 태도(unconditional positive regard) 타인을 가치의 조건 없이 받아들임. 성공적인 치료 관계의 세 가지 근본적 특성 가운데 하나.

따뜻함(warmth) 치료관계에 있어서 돌봄을 표현하는 비언어적 수단. 음조, 자세, 표정 등.

주요 용어 맞추기

용어들

A. 완전하게 기능하는(fully functioning)
B. 자아 개념(self-concept)
C. 경험(experience)
D. 자기 실현(self actualization)
E. 인간 중심 접근(person-centered approach)
F. 실제화 경향(actualizing tendency)
G. 조건적인 긍정적 태도(conditional positive regard)
H. 현상학(phenomenology)
I. 이상적 자아(ideal self)
J. 내사(introjection)
K. 내적 준거의 틀(internal frame of reference)
L. 일치(congruence)
M. 진정성(genuineness)
N. 긍정적 태도(positive regard)
O. 참만남 그룹(encounter group)
P. 중요한 타자(significant other)
Q. 공감(empathy)
R. 무조건적인 긍정적 태도(unconditional positive regard)
S. 따뜻함(warmth)
T. 불일치(incongruence)
U. 유기체의 가치화과정(organismic valuing process)
V. 비지시적 치료(nondirective therapy)

설명

_____1. 인성의 이해에 있어서 개인의 주관적 경험이나 느낌, 사적인 개념의 이해가 중요함을 강조함.

_____2. 자신의 능력과 특성에 대한 학습된 지각의 집합체.

_____3. 특정 시간에 한 개인이 자각하는 경험의 영역.

_____4. 자신의 모든 잠재력을 개발하려는 인간의 내재적 경향. 자신이 물려받은 성품(nature)이 허락하는 한 최고가 되고자 한다.

_____5. 내담자의 관점에서 내담자의 세계를 정확하게 이해하려는 행동. 효과적 치료를 위한 세 가지 기본 조건 가운데 하나.

_____6. 타인과의 관계에서 진정으로 솔직한 상태(truly oneself). 효과적인 치료를 위한 세 가지 기본 조건 가운데 하나.

_____7. 자신의 전체적인 유기체적 경험과 가치의 조건에 의해 눌려진 자아 개념 사이의 분열. 이 상태는 내적인 긴장과 혼란을 가져온다.

_____8. 자신의 능력과 특성에 대한 학습된 인지의 총화(collection).

_____9. 타인의 표준을 자신의 내부(personality)에 통합시킴.

_____10. 상대적으로 잘 조정된 소수의 집단체. 활발한 상호작용을 통해 개인으로 하여금 자신에 대해 그리고 다른 사람과의 관계를 잘 이해할 수 있도록 함.

_____11. 치료 관계에 있어서 돌봄을 표현하는 비언어적 수단. 음조, 자세, 표정 등.

_____12. 타인이 자신의 기준에 적합할 때에만 받아들이는 것.

_____13. 내담자가 자신의 감정을 나타내고, 문제를 규정하며, 행동을 해석하는 심리치료법. 이때 치료자는 이 과정을 감독하는 것이 아니라 내담자 스스로 그 과정을 규명할 수 있는 따뜻하고 수용적 분위기를 조성해 준다.

_____14. 타인을 가치의 조건 없이 받아들임. 성공적인 치료 관계의 세 가지 근본적 특성 가운데 하나.

_____15. 자신의 잠재력을 인식하고 모든 능력과 재능을 사용하는 개인을 가리킴. 그는 자신의 최대의 경험 반경과 자신에 대한 완전한 지식을 향해 움직인다.

_____16. 로저스가 '비지시적'이란 용어를 대체하면서 제시한 용어. 이 용어는 좀 더 정확하게 그의 접근법을 반영하고 있다.

_____17. 부모와 같이 긍정적 태도의 중요한 원천.

_____18. 자신의 완전한 유기체적 경험과 가치의 조건에서 자유로운 자아 개념 사이의 건전한 일치(unison) 상태. 효과적인 치료를 위한 세 가지 근본 조건 가운데 하나.

_____19. 희망, 도덕적 이상, 가치를 포함하여 소유하고 싶은 자아 개념.

_____20. 내담자의 발언과 행동적 자산에 대해 선택적 주의를 기울임.

_____21. 자신의 행복을 고양시키는 것을 선택하고, 그렇지 않은 것은 배제시키는 내재적 능력.

_____22. 현재 본인의 내부에서 자각하고 있는 사고, 필요, 인지를 포함한 모든 것.

논의와 개인적 성찰을 위한 질문들

다음의 질문들은 소그룹 논의에서 이론의 더 깊은 탐구와/나 그 이론을 당신 자신의 삶에 어떻게 적용할 것인지에 대한 개인적 성찰을 위해서 사용될 수 있다.

1. 인간 중심 치료에 대한 당신의 일반적인 인상은 무엇인가? 당신은 인간 인격에 대한 낙관적인 견해와 과거보다 현재에 초점을 두고 있는 이 치료법에 동의하는가?

2. 당신은 로저스의 이론이 당신 자신의 삶에 어떻게 적용된다고 생각하는가? 만일 그것이 당신의 삶에 적용되지 않는다고 생각한다면, 왜 그런가?

3. 만일 당신이 로저스와 대화를 나눈다면, 당신은 그에게 그의 이론에 대해서 어떤 질문들을 하겠는가?

4. 치료적 중재에 대한 당신 자신의 접근방법을 계발할 때, 당신은 인간 중심 치료로부터 무엇을 배울 것인가?

복습 단원에 대한 해답

간략한 전기

1. 농업, 역사
2. 유니온
3. 인간

역사적 발전

1. 카운슬러
2. 환자
3. 비지시적

인간 본성에 대한 시각

1. 선하고 믿을 수 있는
2. 내재적
3. 가치
4. 기회

부적응적 행동의 발달

1. 자아 개념
2. 인식한
3. 내적, 외적

치료자의 기능

1. 안전, 신뢰
2. 공감적, 일치(congruence), 무조건적
3. 조언

치료의 목표

1. 외관
2. 자기은폐와 거짓
3. 될
4. 진실함

주요 방법과 기법

1. 받아들이고 인정했을 때
2. 일치(congruence)
3. 불일치(incongruence)
4. 가치조건
5. 공감
6. 반영

적용

표현, 확신

비판적 분석

1. 존중
2. 낙관주의자
3. 해석

현재의 상태

1. 스타일
2. 필요하다, 기초
3. 듣는

주요 용어 맞추기 해답

1. H	12. G
2. B	13. V
3. K	14. R
4. F	15. A
5. Q	16. E
6. M	17. P
7. T	18. L
8. D	19. I
9. J	20. N
10. O	21. U
11. S	22. C

Chapter 10

게슈탈트치료

요약

1. **간략한 전기**. 펄스(Frederick Perls: 1893-1970)는 독일 가정에서 외동아들로 자랐다. 장난이 심했지만, 책을 좋아했으며 우등생이었다. 프레드릭 빌헬름(Frederick Wilhelm) 대학에서 의학사(M.D.)를 취득하였고, 의무병으로 독일군에 입대했다. 제1차 세계대전 이후 펄스는 정신분석 훈련을 받고 프랑크푸르트에서 골드슈타인(Kurt Goldstein)과 일하였다. 골드슈타인은 펄스에게 인간을 부분의 합이 아닌 완전한 전체라는 관점으로 가르쳤다. 30년대 펄스는 나치를 피해 남아프리카로 이주했으며, 거기서 아내 로라와 함께 성공적인 치료센터를 운영하였다. 1936년 프로이드를 만난 펄스는 뉴욕으로 이주하여 그곳에 게슈탈트 연구소를 설립하였다. 그는 프로이드의 이론을 부인하는 데 전력을 다했다.

2. **역사적 발전**. 게슈탈트치료법은 3명의 독일 학자들(Wertheimer, Koffka, Köhler)에게 기원을 두고 있다. 펄스는 개인의 인식을 '형상-배경' 이라는 게슈탈트적 이분법으로 보았다. 그리고 이 같은 전제하에 자신의 이론을 구축하였다. 게슈탈트치료법에 영향을 미친 역사적 사건은 철학과 심리학에 미친 실존주의 운동이다.

3. **인간 본성에 대한 시각**. 펄스는 사람이 환경과의 관계 속에서 발전한다고 믿었다. 그는 이 발전을 사회적, 정신물리학적, 영적 단계로 구분했다. 그의 실존적이고 인본주의적 관점은 인간 스스로 방향을 설정하는 것이다. 따라서 사람은 자기의 삶을 스스로 책임져야 한다. 건강한 사람은 의미 있는 전체(게슈탈트)를 형성하는 개인의 경험의 결과이다. 이 결과는 자각의 초점에 즉각적으로 존재하는 경험과 배경에 존재하는 경험 사이에 유연한 전이가 발생할 때 가능하다.

4. **부적응적 행동의 발달**. 게슈탈트 이론에서 자각, 책임, 환경과의 접촉 부족과 필요의 부인이 특징인 부적응적 행동은 사람들이 자기규제의 능력을 사용하지 못하고, 자신의 에너지를 무기력하고 타인에 의존적인 존재인 것처럼 행동하거나 환경을 수많은 방식으로 조작하는 데 허비함으로써 발생한다. 그 결과는 불안정한 상태에 빠지는 것이다. 자아가 개인과 환경의 경계를 규정할 수 없게 되는 것이다.

5. 치료의 목표. 게슈탈트치료는 타인이 자신을 위한 결정을 내려주는 것이 아니라 스스로 책임을 지도록 인도한다. 내담자는 완전하고 통합적 존재로 변해가는 과정을 관리하는 것이다. 내담자가 감정과 인식, 사고, 그리고 신체로 구성된 체계적 전체로서 기능하게 하는 것이다. 이 과정은 심리학적 요소로부터 분리될 수 없다. 이 목표는 종종 '아하' 라는 경험을 통해 달성된다. 우리는 갑자기 오랫동안 인식하지 못했던 것을 발견하고 이해하게 된다.

6. 치료자의 기능. 치료자의 기능은 치료자의 변화를 책임지는 것이 아니라 변화를 위한 촉매자 역할을 하는 것이다. 그 결과 치료자는 종종 지원과 도움을 바라는 내담자의 요구를 적극적으로 좌절시키는 역할을 담당한다. 환자에게 자신의 자원을 사용하도록 강요하는 것이다. 치료자는 또한 역설적 렌즈를 통해 변화를 관찰한다. 변화는 내담자가 자기 아닌 자신이 되려고 애쓸 때가 아닌, 진정한 자신이 되려고 할 때 일어난다. 따라서 치료자 역시 더 실력 있는 치료자가 되려고만 애쓰지 말고 지금 진정한 자신이 되기 위해 노력해야 한다.

7. 주요 방법과 기법. 펄스는 많은 치료법을 제시했다. 이 모든 것은 말보다는 경험적인 것이다. 게슈탈트는 말이 아니라 행동이다. 치료를 위한 일반적 '규칙' 을 제시한 후(e.g. 동등한 위치에서 현재형으로 의사소통을 할 것) 치료자는 다양한 방법을 구사할 수 있다. 그 주요 방법에는 꿈 작업, 질문을 진술로 바꾸기, 대명사 사용하기, 책임지기, 투사해 보기, 빈 의자, 순회하기, 과장, 대면 등이 포함된다.

8. 적용. 펄스는 자신의 치료법을 공개 워크숍을 통해 실연해 보였다. 『있는 그대로의 게슈탈트 축어록(*Gestalt Therapy Verbatim*)』이라는 책에서 그가 자신의 이론을 다양한 상황에 직접 적용하고 기록한 것을 발견할 수 있다. '베벌리(Beverly)' 부인의 예에서 펄스는 환자가 자신의 감정을 드러내고, 자신에게 초점을 맞추고, 숨으려고 조작한 게임이나 장치를 드러낼 수 있다는 사실을 직접 실연해 보였다.

9. 비판적 분석. 게슈탈트치료는 파편화된 정신의 통합을 전체론적으로 강조한다. 그 어떤 방법보다 정신, 신체 감정의 통합을 강조한다. 수많은 통찰적 호소력을 지니고 있으나 그 의도된 결과는 의심스럽다. 개성에 대한 뚜렷한 강조로 말미암아 관계성이 이차적 위치로 전락하였다. 게슈탈트의 최고선은 자기충족이다. 이 치료법은 교차문화적 상담에 유익을 제공한다(e.g. 이 기법을 사용하여 문화 간의 장벽 일부를 제거할 수 있다). 하지만 또한 많은 한계를 안고 있다(오히려 저항과 더 많은 수치심을 유발할 수도 있다). 그럼에도 불구하고 신체적 장애를 가진 사람들을 치료하는 데 매우 유용한 것으로 밝혀졌다.

10. 현재의 상태. 경험적 접근으로서 게슈탈트치료법은 다른 이론적 접근법에 도발적 도전을 하였다. 하지만 전문가 집단에 의해 거의 인정을 받지 못한다. 많은 점에서 게슈탈트치료의 펄스 시대는 끝이 났다. 부분적으로 연구 기반의 부족으로 인해 순수한 의미의 게슈탈트치료자는 거의 없다. 인기가 하락하고 있음에도 불구하고 이 접근법은 그 전략이 다른 접근법에 통합되면서 계속해서 카운슬링 분야에 영향을 끼치고 있다.

안내 학습

아래 문제들을 통해서 당신은 이 과의 중요한 부분들을 학습하게 될 것이다. 주어진 빈칸에 답을 쓰고 나서 본문의 밑줄 쳐진 부분과 비교해 보라.

1. 펄스의 인격이 형성되는 시기가 그의 이론 발달에 어떻게 영향을 끼쳤는지 묘사하라.

2. 당신은 게슈탈트치료법에 익숙하지 않은 사람에게 그 치료법의 태동을 당신 자신의 말로 어떻게 묘사하겠는가?

3. 인간성에 대한 게슈탈트 이론의 근본적인 전제들을 묘사하라. 유기체-환경의 장, 유기체적 자기 규정, 심리학적 항상성과 자각(organism-environment field, organismic self-regulation, psychological homeostasis, and awareness)이라는 개념들을 반드시 포함하라.

4. 게슈탈트 이론에 따르면, 사람들은 여러 가지 방법들로 심리적인 문제들을 계발한다. 그것들을 묘사하라.

5. 펄스는 우리의 존재가 진정으로 우리 자신과 접촉하는 것을 잠재적으로 방해하는 신경증의 다섯 가지 층들을 확인했다. 이러한 층들[가식(phony), 공포(phobic), 난국(impasse), 내폭(implosive) 그리고 외폭(explosive)]을 각각 묘사하라.

6. 게슈탈트치료자의 역할은 매우 적극적이다. 왜 그런지, 그리고 그것은 무엇을 포함하는지 설명하라.

7. 게슈탈트치료의 주요 목표들 중의 하나는 개인들로 하여금 그들에 대한 결정들을 하기 위해서 다른 사람들을 의지하기보다 그들 자신에 대한 책임을 지도록 돕는 것이다. 이러한 상담의 접근방법 중에 다른 중요한 목표들은 무엇인가?

8. 게슈탈트치료의 중요한 방법들과 기법들을 살펴볼 때, 언어적인 접근보다 경험적인 접근방법이 두드러진다. 이것은 이러한 돕는 과정의 4중적인 단계들에 어떻게 적용되는지 묘사하라.

9. 펄스는 꿈들을 어떤 시간에 개인이 놓인 위치를 보여주는 '메시지들'로 묘사했다. 이것은 정신분석의 꿈 해석 이론과 어떻게 다른가?

10. '빈 의자' 기법이 게슈탈트치료자에 의해서 어떻게 실행되는지 묘사하라.

11. 당신은 펄스가 베벌리(Beverly) 부인을 치료한 것을 통해서 무엇을 배웠는가? 그는 이 사례에서 게슈탈트 기법들을 어떻게 사용했는지 묘사하라.

12. 비판적으로 분석할 때, 이러한 접근방법의 두드러진 장점들과 약점들은 무엇인가?

복습 단원

아래 항목들을 통해서 당신은 이 과의 특별한 내용을 마스터하게 될 것이다. 빈칸을 채워 아래의 각 문장을 완성하라.

간략한 전기

1. 제1차 세계대전 이후에 펄스는 비엔나와 베를린에서 __________ 에서 공부하기 시작했다.
2. 유럽에서 파시즘의 파고가 높아지자 펄스는 1934년 나치가 밀어닥치기 직전에 네덜란드를 떠나 __________로 이주하였다. 그곳에서 그는 '남아프리카 정신분석연구소' 를 열었다.
3. 마침내 펄스는 캘리포니아 빅서(Big Sur)의 '__________ 연구소(Esalen Institute)' 발전에 기여하게 되었다.

역사적 발전

1. 게슈탈트치료법의 특징적 뿌리는 심리학이 독립된 학문으로 정착되기 시작한 __________세기로 거슬러 올라간다.
2. 게슈탈트치료법은 즉각적 인식의 초점인 경험의 집합으로서의 __________과 __________ 혹은 배경을 형성하는 것 사이의 유연한 전이(transition)를 추구한다.
3. 1921년 세 명의 독일 심리학자인 '막스 베르트하이머(Max Wertheimer)', '__________', '볼프강 쾰러(Wolfgang Köhler)' 가 베를린 게슈탈트학파 창립에 참여하였다.

인간 본성에 대한 시각

1. 펄스는 사람이 그들의 __________에 따라 발달한다고 믿었다. 이 발달에는 세 가지 단계가 있다.
2. 극소수의 사람만이 세 번째 단계인 __________ 단계에 도달한다.
3. 한 개인의 전경에 등장하는 것은 그의 현재의 __________에 근거한다.
4. 살아 있는 유기체가 소금과 물 그리고 산성과 알칼리성의 균형을 찾기 위해 노력하는 것처럼 우리 인간 역시 자신과 환경 사이의 균형을 유지하려고 조절한다. 게슈탈트치료법에서는 이것을 __________이라고 부른다.
5. __________은 더욱 완전한 자기실현을 위한 방향감각과 동기를 제공한다.

부적응적 행동의 발달

1. 비록 펄스가 부적응적 행동에 관한 체계적인 이론을 발전시키지는 못했지만, 그는 진정으로 우리 자신과의 접촉을 방해할 가능성이 있는 신경증의 다섯 가지 층을 지적하였다. 그 첫 번째가 __________의 층이다.
2. 공포의 층에서 개인은 자신이 부정하고 싶은 __________의 측면을 인정하기를 거부한다.
3. 개인적 갈등은 종종 개인적 필요와 __________의 요구를 결합하지 못한 결과이다. 그렇지 않다면 현재(the now)에 완전히 거주할 수 있을 것이다.
4. 사람들이 자신의 자아와 환경 사이의 경계를 결정하는 데 있어 완전히 무기력하다면 그 결과는 일시적 불안정이라는 __________ 상태가 된다.

치료의 목표

1. 치료의 가장 중요한 목표 중의 하나는 자신에 대한 __________을 자신이 지게 돕는 것이다.
2. 치료자는 내담자에게 '환경적 도움'에서 벗어나 '__________ 돕는' 방향으로 이동하도록 도전을 준다.
3. __________이란 떼어낼 수 없는 한 개인의 모든 부분을 하나로 모으는 것이다.
4. 치료의 또 하나의 기본적 목표는 내담자로 하여금 __________를 자각하게 하는 것이다.

치료자의 기능

1. 치료자의 역할은 매우 __________이다.
2. 치료자의 중요한 기능 중의 하나는 지원과 도움을 바라는 요구를 __________ 것이다. 그래서 내담자가 스스로의 자원을 의지하도록 유도한다.
3. 게슈탈트치료자는 심리테스트 같은 표준화된 __________를 사용하지 않는다.

주요 방법과 기법

1. 정신분석가와는 달리 게슈탈트치료자들은 꿈을 __________ 않는다.
2. 반복적으로 같은 꿈을 꾸었다면 ____________________를 자각할 수 있는 인식의 길이 열릴 수도 있다. 따라서 내담자는 그 메시지를 돌아보아야 할 것이다.
3. 치료자는 내담자가 질문할 때 그 질문을 __________로 바꿀 것을 요구한다. 그러면 자신의 생각에 대해 본인이 책임을 질 수 있다.
4. 내담자가 모든 감정이나 신념을 표현할 때 "제가 __________집니다."라는 말로 끝내게 한다.
5. 내담자로 하여금 인식하지 못하거나 거부하고 있는 자아의 일부분을 되찾게 하기 위해 치료자는 내담자에게 ________________를 해볼 것을 권유한다.
6. __________은 무의식적으로 한 움직임이나 제스처를 강조하게 함으로써 내담자는 자신의 행동에 내포되어 있는 내적 의미를 잘 지각할 수 있다.

적용

베벌리(Beverly)의 상담 사례는 펄스가 그의 이론을 '__________ 작업 세미나'에서 어떻게 적용했는지를 직접 보여준 것 중의 하나이다.

비판적 분석

1. 게슈탈트치료의 가장 매력적인 특징 중의 하나는 파편화된 정신의 통합에 대한 __________ 강조라 하겠다.
2. 다른 비평가들은 내담자가 사용하는 게임이 아닌 __________ __________이 사용하는 게임에 대해서도 의문을 제기한다.
3. 게슈탈트치료법은 내담자가 특정한 __________의 관점에서 인식하고 해석할 수 있도록 매뉴얼화할 수 있다.
4. 신체적 장애를 가진 환자를 치료할 때, 만약 환자가 적응을 거부하거나 적응에 호전적일 경우 게슈탈트 접근은 매우 __________하다.

현재의 상태

1. 게슈탈트가 시대정신과 부합되었다 하더라도 __________를 내리는 데는 실패하였다고 할 수 있다.
2. 게슈탈트치료법의 인기 하락을 빈약한 __________ 기반에서 찾는 사람도 있다.
3. 현재 세계적으로 ________개 이상의 게슈탈트 연구소가 있고,「게슈탈트저널(*Gestalt Journal*)」을 발간하고 있다.

주요 용어

이론을 배우는 것은 대부분 그 이론과 관련된 어휘를 익히는 것이다. 아래에 나열된 주요 용어들은 단지 그 일을 도울 것이다. 당신은 이 목록을 가지고 3×5 크기의 카드를 사용해서 스스로 플래시 카드(flash card) 테스트를 할 수 있다. 일단 이 어휘를 공부하고 나면, 당신은 다음에 나오는 맞추기 퀴즈를 가지고 당신의 지식을 점검해 볼 수 있다.

인정(Acknowledgment) 개인이 자신을 발견하는 것. 인정을 통해 자아에 대한 감각과 평가를 발전시킨다.

적응(Adaptation) 이 과정을 통해서 개인은 자신의 경계를 발견하고 자신을 비자아와 구별한다.

공격성(Aggression) 유기체가 자신의 필요를 채우기 위해 환경과 접촉하거나, 필요의 만족에 저항하는 것을 맞서는 수단. 목표는 파괴가 아니라 단지 저항을 극복하는 것이다.

찬동(Approbation) 사람들이 자신의 인격 내에 분열을 발달시키고 자아 이미지를 생성하는 과정(외부의 기준에 근거한 자아). 찬동은 건전하고 건강한 자아의 개념 생성을 방해한다.

자각(Awareness) 시각적 · 청각적 인지뿐 아니라 신체적 감각을 포함한 자신의 생각, 느낌, 행동을 관찰하고 주목하는 과정. 이 개념은 자신의 '지금' 경험을 구성하는 흐르는 파노라마로서 인식된다.

완결(Closure) 정신이 인식된 이미지의 잃어버린 부분을 종합한다는 게슈탈트 개념. 사실상 정신은 현실과 희망하는 '그림' 사이의 갭을 닫아 준다.

형상(Figure) 개인의 주의 깊은 자각의 중심을 차지하고 있는 것. 현재 개인의 집중을 지배하고 있는 것.

게슈탈트(Gestalt) 모양, 형상, 지형, 전체성 또는 전부를 뜻하는 독일어.

게슈탈트 심리학(Gestalt Psychology) 역동적 경험의 조직이 형상의 패턴으로 변해 가는 것에 초점을 맞춘 접근법. 이러한 관점은 경험을 정적이고 원자적인 감각으로 분석하는 구조주의에 대한 반발로서 출현했다. 또한 복잡한 행동을 원소적인 조건반사로 분해하는, 마찬가지로 원자적인 접근을 하는 행동주의(behaviorism)에 반대한다.

배경(Ground) '형상'이 아닌 인식장의 부분. '형상'과 함께 게슈탈트를 구성한다.

여기와 지금(Here and Now) 치료가 진행 중인 현재 일어나는 느낌의 이해를 강조함. 과거의 경험에는 거의 또는 전혀 강조를 두지 않는다.

항상성(Homeostasis) 살아 있는 유기체가 자신과 환경 사이에 균형이나 평형을 찾으려는 경향.

난관(Impasse) 치료과정의 진행이 중단되거나 실패가 임박한 경우. 더 이상의 통찰이 기대될 수 없거나 진행이 극단적 저항에 의해 막혀 있는 경우 발생함.

내사(Introjection) 타인의 개념, 행동의 표준, 가치를 무비판적으로 수용함. 습관적으로 내사하는 사람은 자신의 인격을 발달시키지 못함.

유기체적 자기규정(Organismic Self-regulation) 외부의 요구나 내부의 필요에 직면한 개인이 요구와 필요 사이의 유기체적 균형을 유지함으로써 긴장을 완화시키는 과정.

투사(Projection) 개인이 동일화할 수 없거나 거부하는 인격의 부분을 외부세계 안에 위치시키는 과정.

근접성(Proximity) 서로 가까이 있는 물체나 자극은 단일체로 인식될 것이라는 게슈탈트 원칙. 예를 들어 길게 늘어져 있으나 서로 연결되어 있지 않은 네온사인이 한 단어나 문장이 된다고 하는 것.

반전(Retroflection) 원래 어떤 기능이 개인으로부터 나와 세상을 향했으나 방향이 바뀌어 다시 개인에게 돌아가는 과정. 그 결과는 행위자로서의 자아와 수용자로서의 자아 간의 분열이다.

자아(Self) 긴급한 필요와 환경적 압력에 반응함으로써 행동을 현실화시키는 창조적 과정. 자아의 근본적 특징은 제스처의 형성과 구별이다.

자아 이미지(Self image) 외부 기준을 부과함으로써 창조적 성장을 방해하는 인성의 부분.

유사성(Similarity) 인식의 장에서 자극이 비슷한 사물을 집단화시키는 것.

주요 용어 맞추기

용어들

A. 형상(Figure)
B. 유사성(Similarity)
C. 공격성(Aggression)
D. 자아 이미지(Self image)
E. 완결(Closure)
F. 여기와 지금(Here and Now)
G. 내사(Introjection)
H. 배경(Ground)
I. 적응(Adaptation)
J. 유기체적 자기규정(Organismic Self-regulation)
K. 자아(Self)
L. 항상성(Homeostasis)
M. 난관(Impasse)
N. 반전(Retroflection)
O. 게슈탈트 심리학(Gestalt Psychology)
P. 자각(Awareness)
Q. 투사(Projection)
R. 근접성(Proximity)
S. 찬동(Approbation)
T. 인정(Acknowledgment)
U. 게슈탈트 심리학(Gestalt Psychology)

설명

_____1. 외부의 요구나 내부의 필요에 직면한 개인이 요구와 필요 사이의 유기체적 균형을 유지함으로써 긴장을 완화시키는 과정.

_____2. 유기체가 자신의 필요를 채우기 위해 환경과 접촉하거나 필요의 만족에 저항하는 것을 맞서는 수단. 목표는 파괴가 아니라 단지 저항을 극복하는 것이다.

_____3. 원래 어떤 기능이 개인으로부터 나와 세상을 향했으나 방향이 바뀌어 다시 개인에게 돌아가는 과정. 그 결과는 행위자로서의 자아와 수용자로서의 자아 간의 분열이다.

_____4. 정신이 인식된 이미지의 잃어버린 부분을 종합한다는 게슈탈트 개념. 사실상 정신은 현실과 희망하는 '그림' 사이의 갭을 닫아 준다.

_____5. 개인이 동일화할 수 없거나 거부하는 인격의 부분을 외부세계 안에 위치시키는 과정.

_____6. 사람들이 자신의 인격 내에 분열을 발달시키고 자아 이미지를 생성하는 과정(외부의 기준에 근거한 자아). 찬동은 건전하고 건강한 자아의 개념 생성을 방해한다.

_____7. 인식의 장에서 자극이 비슷한 사물을 집단화시키는 것.

_____8. 역동적 경험의 조직이 형상의 패턴으로 변해 가는 것에 초점을 맞춘 접근법. 이러한 관점은 경험을 정적이고 원자적인 감각으로 분석하는 구조주의에 대한 반발로서 출현했다. 또한 복잡한 행동을 원소적인 조건반사로 분해하는, 마찬가지로 원자적인 접근을 하는 행동주의(behaviorism)에 반대한다.

_____9. 타인의 개념, 행동의 표준, 가치를 무비판적으로 수용함. 습관적으로 내사하는 사람은 자신의 인격을 발달시키지 못함.

_____10. 개인이 자신을 발견하는 것. 인정을 통해 자아에 대한 감각과 평가를 발전시킨다.

_____11. 긴급한 필요와 환경적 압력에 반응함으로써 행동을 현실화시키는 창조적 과정. 자아의 근본적 특징은 제스처의 형성과 구별이다.

_____12. '형상' 이 아닌 인식장의 부분. '형상' 과 함께 게슈탈트를 구성한다.

_____13. 시각적 · 청각적 인지뿐 아니라 신체적 감각을 포함한 자신의 생각, 느낌, 행동을 관찰하고 주목하는 과정. 이 개념은 자신의 '지금' 경험을 구성하는 흐르는 파노라마로서 인식된다.

_____14. 살아 있는 유기체가 자신과 환경 사이에 균형이나 평형을 찾으려는 경향.

_____15. 개인의 주의 깊은 자각의 중심을 차지하고 있는 것. 현재 개인의 집중을 지배하고 있는 것.

_____16. 서로 가까이 있는 물체나 자극은 단일체로 인식될 것이라는 게슈탈트 원칙. 예를 들어 길게 늘어져 있으나 서로 연결되어 있지 않은 네온사인이 한 단어나 문장이 된다고 하는 것.

_____17. 이 과정을 통해서 개인은 자신의 경계를 발견하고 자신을 비자아와 구별한다.

_____18. 외부 기준을 부과함으로써 창조적 성장을 방해하는 인성의 부분.

_____19. 모양, 형상, 지형, 전체성 또는 전부를 뜻하는 독일어.

_____20. 치료가 진행 중인 현재 일어나는 느낌의 이해를 강조함. 과거의 경험에는 거의 또는 전혀 강조를 두지 않는다.

_____21. 치료과정의 진행이 중단되거나 실패가 임박한 경우. 더 이상의 통찰이 기대될 수 없거나 진행이 극단적 저항에 의해 막혀 있는 경우 발생함.

논의와 개인적 성찰을 위한 질문들

다음의 질문들은 소그룹 논의에서 이론의 더 깊은 탐구와/나 그 이론을 당신 자신의 삶에 어떻게 적용할 것인지에 대한 개인적 성찰을 위해서 사용될 수 있다.

1. 게슈탈트치료에 대한 당신의 일반적인 인상은 무엇인가? 당신은 이 치료법의 인간 인격에 대한 견해와 경험에 초점을 두고 있는 것에 동의하는가?

2. 당신은 펄스의 이론이 당신 자신의 삶에 어떻게 적용된다고 생각하는가? 만일 그것이 당신의 삶에 적용되지 않는다고 생각한다면, 왜 그런가?

3. 만일 당신이 펄스와 대화를 나눈다면, 당신은 그의 이론에 대해서 어떤 질문들을 하겠는가?

4. 치료적 중재에 대한 당신 자신의 접근방법을 계발할 때, 당신은 펄스의 이론으로부터 무엇을 배울 것인가?

복습 단원에 대한 해답

간략한 전기

1. 정신분석연구소
2. 남아프리카
3. 이슬런

역사적 발전

1. 19
2. 형상(figure), 기반(ground)
3. 쿠르트 코프카(Kurt Koffka)

인간 본성에 대한 시각

1. 환경
2. 영적인
3. 필요
4. 항상성(homeostasis)
5. 자각

부적응적 행동의 발달

1. 가식
2. 자아
3. 환경
4. 우려되는

치료의 목표

1. 책임
2. 스스로
3. 통합
4. 현재

치료자의 기능

1. 적극적
2. 좌절시키는
3. 평가도구

주요 방법과 기법

1. 해석하지
2. 미해결과제
3. 진술 형태
4. 책임
5. 역할놀이
6. 과장

적용

꿈

비판적 분석

1. 전체론적
2. 치료자 본인들
3. 문화
4. 유용

현재의 상태

1. 뿌리
2. 연구
3. 60

주요 용어 맞추기 해답

1. J
2. C
3. N
4. E
5. Q
6. S
7. B
8. U
9. G
10. T
11. K
12. H
13. P
14. L
15. A
16. R
17. I
18. D
19. O
20. F
21. M

Chapter 11

교류분석

요약

1. **간략한 전기.** 몬트리올 퀘벡에서 태어난 번(1910-1970)은 환자에게 헌신적이었던 아버지를 존경하였다. 아버지를 일찍 여읜 번은 의대에 진학했고 미국 시민이 되었다. 그리고 곧 심리치료가로서 의무부대에 입대한다. 제2차 세계대전 이후 번은 샌프란시스코로 이주하였고, 에릭슨(Eric Erikson) 밑에서 정신분석 훈련을 재개하였다. 정신분석협회로부터 공식적 인정을 받을 수 없었지만, 번은 자신만의 심리치료방법을 개발하였다. 이것이 '교류분석' 이고, 그는 이것을 훨씬 '합리적' 접근법이라고 불렀다. 그는 『심리 게임(*Games People Play*)』을 포함한 수많은 책과 논문을 썼다.

2. **역사적 발전.** TA의 기원은 수없이 다양한 원천에서 찾을 수 있다. 번은 특히 프로이드, 애들러, 로저스의 접근을 융합하고, 병합하고, 종합하였다. 처음부터 번은 자신의 이론을 접근 용이하게 만들었으며, 이는 성공을 거두었다. 번이 대인관계를 설명하기 위해 사용한 다이어그램은 이후 카운슬링 치료실, 교실, 회사 세미나 등에 점차적으로 확대되었다.

3. **인간 본성에 대한 시각.** 번은 사람들이 주로 어린 시절에 시작된 행동의 패턴을 초월하려는 심리적 욕구에 의해 동기부여된다고 주장하였다. 이 욕구에는 '자극의 욕구(타인에게 인정받고 승인받고자 하는 필요)', '구조적 욕구(우리가 받는 자극의 숫자를 최대화하기 위해 시간을 사용하는 방법)', '위치적 욕구(삶의 근본적인 결정을 확인받고 확증받기 위한 필요)' 의 세 가지 종류가 있다. 인성은 3개의 의식적 · 전의식적 에고 상태로 구성된다. 각각은 느낌, 사고, 행동의 조직적인 심리체계이다. '부모', '성인', '아이' 에고 상태가 있다.

4. **부적응적 행동의 발달.** 번에 의하면 정신적 병리현상은 에고 상태의 혼란으로부터 연유한다. 이 혼란은 사람이 각 에고 상태의 교류를 완료하지 못하고 흔들릴 때 발생한다(e.g. 에고 상태 사이의 자유로운 상호작용의 흐름이 막히게 됨). 또한 부적응적 행동은 게임을 통해 발생한다. 게임이란 숨겨진 동기로 일련의 반복적인 교류를 지속하는 것이다. 게임은 사람들이 자신의 부정적인 'not OK' 포지션의 확인을 타인에게 의지할 때 발생한다. 그리고 그 결과로 친밀감을 회피하게 된다.

5. **치료의 목표.** TA의 근본적인 목표는 내담자로 하여금 자율성을 획득하게 하는 것이다. 즉 자신의 행동이나 느낌에 대한 책임을 지게 한다. 또한 자신의 삶을 스스로 통제하고 자신의 운명을 계획하고 지도한다. 지금과 현재를 살아가는 데 적절치 못한 모든 인식을 떨쳐버리게 하는 것이다. 다른 말로 치료자는 내담자로 하여금 '아이'와 '부모'의 영향으로부터 '성인'을 해방시키는 것이다. 또 다른 TA의 목표는 내담자가 자신의 중요한 삶의 포지션이 무엇인지 발견하게 함으로써 자신의 관계를 분석하게 하는 것이다(e.g. 나도 OK-너도 OK).

6. **치료자의 기능.** TA치료자는 내담자가 자신의 자원을 동원할 수 있도록 촉매자 역할을 담당한다. 스승과 비슷한 역할을 함으로써 치료자는 구조분석, 스크립트분석, 게임분석 같은 주요 개념을 설명한다. 또한 내담자로 하여금 세 가지 에고를 모두 효과적이고 완전하게 사용하게 하며 게임을 중단하게 만든다.

7. **주요 방법과 기법.** TA는 전형적으로 치료자와 내담자 사이에 계약을 체결한다. 이 계약은 내담자가 성취하고자 하는 바와 치료자의 의무를 기술한 진술서이다. 이 진술서는 또한 목표가 언제 달성되었는지를 알 수 있는 기준이 명시된다. 구조분석은 내담자의 에고 상태를 파악하기 위해 사용된다. 이를 통해 내담자는 각 에고가 어떻게 작동하는지 인식하게 된다. 기능분석은 내담자에게 거래를 설명해 주기 위해 사용되는 학습방법이다. 게임분석은 내담자가 시행 중인 게임의 방법을 보여준다. 스크립트분석은 주로 어린 시절에 확정된 삶의 방향을 검토한다.

8. **적용.** TA는 많은 사례를 제공하지 않는다. 그럼에도 불구하고 한때 알코올중독치료를 받은 적이 있는 34세의 '에나토스키(Enatosky)' 부인의 사례는 번의 많은 방법론을 실례로 보여준다. 번은 그녀가 TA에 특별한 특성을 보였다고 주목하였다. 그녀는 즉시 자신과 남편 그리고 아들 사이에 벌어지는 게임에 대한 사회적 통제를 강화해 나갔다.

9. **비판적 분석.** TA는 단기적 치료에 유익하다. 그리고 다양한 환경에 적용될 수 있다. TA와 게슈탈트의 결합은 특히 유용하다. 심리 내부가 아닌 대인관계의 현실에 주목하는 소수의 접근법 가운데 하나이다. TA의 언어가 대중적인 것은 사실이지만 남용될 수 있고, 다리가 되기보다는 장애요인이 될 수도 있다. 비교문화적 차원에서 TA는 특정 문화의 필요에 민감하게 작용하였고, 소수인종의 의식 함양에 도움을 주었다. 하지만 TA의 전문용어는 소수인종이 이해하는 데 장애요인이 될 수도 있다.

10. **현재의 상태.** TA는 1960년대 대단한 대중적 인기를 구가하였다. 그리고 영향력은 데이터의 집적과 전문 저널에 의해서 지속되었다. 현재 이 방법이 수많은 치료자의 방법으로 통합되었지만, TA를 자신의 주요 방법으로 지목하는 사람들은 거의 없다. 그럼에도 불구하고 선별적으로 많은 치료자들에 의해 원용되고 있다.

안내 학습

아래 문제들을 통해서 당신은 이 과의 중요한 부분들을 학습하게 될 것이다. 주어진 빈칸에 답을 쓰고 나서 본문의 밑줄 쳐진 부분과 비교해 보라.

1. 에릭 번의 인격이 형성되는 시기가 그의 이론 발달에 어떻게 영향을 끼쳤는지 묘사하라.

2. 당신은 교류분석의 역사에 익숙하지 않은 사람에게 그것의 태동을 당신 자신의 말로 어떻게 묘사하겠는가?

3. 번은 기본적인 심리적 욕구(hungers)를 통해서 사람들은 인생 초기에 시작된 행동의 형태들을 초월하도록 동기화된다고 생각했다. 이러한 기본적인 전제를 확장해서 인간성에 대한 번의 견해를 설명하라.

4. 번은 세 가지 의식적 혹은 무의식적 에고 상태들을 묘사한다. 각각의 특징들을 확인하고 설명하라.

5. 번에 따르면, 부적응적 행동은 혼란된 자아 상태들의 결과이다. 그에게 있어서 이것은 무엇을 의미하며, 차단(blocking), 오염(contamination), 배제(exclusion) 그리고 게임들(games)과 같은 개념들은 부적응적 발달 부분에 어떻게 작용하는가?

6. 명령들(injunctions)이 부적응적 행동에 어떻게 기여하는지 설명하라.

7. TA치료자는 구조분석과 교류분석에 상당히 많은 시간을 쏟는다. TA치료자가 어떻게 이것을 하는지 설명하라.

8. 자율성(autonomy)이 어떻게 교류분석의 궁극적인 목표가 되고, 자율성의 자질들을 당신의 말로 표현할 수 있는지 묘사하라.

9. 구조분석, 기능분석, 게임분석, 그리고 스크립트분석의 차이는 무엇인가?

10. 메리 맥클루어 골딩(Mary McClure Goulding)과 로버트 골딩(Robert Goulding)의 '재결정학파(redecision school)'에 대한 당신의 이해를 요약하라.

11. 당신은 번이 에나토스키(Enatosky) 부인을 치료한 것을 통해서 무엇을 배웠는가?

12. 비판적으로 분석해 볼 때, 이러한 접근방법의 가장 두드러진 장점들과 약점들은 무엇인가?

복습 단원

아래 항목들을 통해서 당신은 이 과의 특별한 내용을 마스터하게 될 것이다. 빈칸을 채워 아래의 각 문장을 완성하라.

간략한 전기

1. 아버지의 영향으로 에릭은 __________ 의과대학에 진학하였고, 1935년에 의사 자격증을 취득하였다.
2. 15년 넘게 일하면서 번은 공식적인 인정을 한 번도 얻지 못한 채 __________ 자격증(credential)을 따려고 애썼다.
3. 대부분의 생산적 일은 카멜(Carmel)과 __________에 있는 그의 두 사무실에서 이루어졌다.

역사적 발전

1. 번은 오랜 시간 __________에 종사하였고, 이 경험이 훗날 TA로 불릴 사상을 형성하는 밑거름이 되었다.
2. TA의 뿌리는 또한 맥길(McGill) 대학에서 발견되기도 한다. 펜필드(Wilder Penfield) 박사가 주도한 __________ 연구가 그이다.
3. 처음부터 번은 자신의 이론을 __________하기 위해 노력했다.

인간 본성에 대한 시각

1. 번은 기본적인 심리학적 __________가 사람들로 하여금 삶의 초기에 시작된 행동 패턴을 초월하도록 동기를 부여한다고 믿었다.
2. 번은 __________를 사회적 상호작용의 기본 단위라고 기술한다.
3. __________란 사람들이 어떻게 '스트로크'의 숫자를 극대화하는지를 가리킨다.
4. __________란 생애의 근본적인 결정에 대해 정당성을 인정받고 확증받고 싶어 하는 욕구이다.
5. 번에 의하면 인격은 3개의 에고 상태(ego state)로 구성되는데, 그것들은 각각 __________, __________, 그리고 __________ 에고이다.
6. __________ 아이는 원할 때 모든 것을 하고자 하는 완전한 자유를 추구한다.

부적응적 행동의 발달

1. TA에 있어 나타나는 두 가지 중요한 경계 문제는 '저지(blocking)'와 '__________'이다.
2. __________는 특정 에고가 한 개인을 지배할 때 발생한다.
3. 번은 __________이란 용어를 선호했는데, 그 이유는 이 단어가 선수, 규칙, 행동, 예상 가능한 결과 등을 포함하며 경쟁이라는 아이디어를 암시하기 때문이다.
4. 스스로 '괜찮지 않다(not OK)'를 확신시키는 수단으로서, 또 진정한 친밀감을 선택하는 모험을 하지 않는 이유를 정당화하기 위해 사람들은 종종 번이 __________이라고 부른 습관적 느낌 방식을 개발했다.

치료의 목표

1. TA의 근본적인 목표는 내담자로 하여금 __________을 회복하게 하는 것이다. 즉, 자신의 행동, 느낌에 대해 책임을 지고, 자신의 삶에 주도권을 되찾고, 자신의 운명을 계획하고 이끌어가는 것이다.
2. TA의 또 다른 목표는 내담자로 하여금 자신의 __________, 즉 교류를 분석할 수 있도록 도와주는 것이다.
3. 삶의 포지션은 __________로 연출된다. 이것은 우리 삶의 게임과 교류를 묶는 드라마다.

치료자의 기능

1. TA치료자는 내담자가 자신의 자원을 활용할 수 있도록 __________의 역할을 한다.
2. 교류분석(transactional analysis)은 사회적 상호교환에서 나타나는 __________ 상태를 진단한다.
3. 가장 일반적인 교차교류는 성인-성인 교류적 자극이 __________-아이 반응으로 연결될 때 발생한다.
4. __________ 교류는 두 개 이상의 에고 상태가 동시에 작동할 때 발생한다.

주요 방법과 기법

1. TA는 전형적으로 내담자와 치료자 사이에 __________을 체결함으로써 치료를 시작한다. 이 계약은 내담자가 카운슬링을 통해 무엇을 얻고자 하는지에 대한 '진술서'와 치료자가 그 과정을 촉진하기 위하여 무엇을 할 것인가에 대한 '진술서'를 포함한다. 또한 그 목표가 언제 달성되었는지 알 수 있는 구체적 기준들을 명시한다.
2. 다섯 가지의 기능적 에고 상태에서 각각 얼마나 많은 에너지가 존재하는지 측정하는 방법 중의 하나는 __________을 이용하는 것이다.
3. __________ 스크립트는 부모가 금지했기 때문에 자신이 원하는 바를 하지 못한다. '그때까지'는 보상을 얻기 위해 특정 시점까지 기다려야 한다. '언제나'는 똑같은 행동을 계속 반복해서 하도록 강요한다.
4. 클라우드 슈타이너(Claude Steiner)는 과거의 스크립트를 변경할 수 있는 근거로 '감정적 __________'이란 개념을 제시했다.
5. TA 기반의 프로그램이 선호하는 치료의 형태는 __________ 세팅이다.

적용

'에나토스키(Enatosky) 부인'의 사례는 교류분석의 __________ 측면을 제시한다.

비판적 분석

1. 우리에게 의미 있는 삶의 경험은 대부분 대인관계에서 발생하기 때문에 교류분석은 __________ 현실에 집중하는 치료법과는 달리 대인관계에 집중하는 몇 안 되는 방법이라는 측면에서 강점을 지니고 있다.
2. TA에서 사용하는 __________은 치료자로 하여금 다문화 맥락에서 자신의 문화적 가치를 강요하지 못하게 한다.
3. TA만의 __________는 종종 장애물로 작용한다. 특히 소수인종들에게는 이해하기 힘들뿐더러 실행한다는 것은 더욱 난해한 일이다.

현재의 상태

1. 1960년대의 베스트셀러인 __________은 TA 열풍을 몰고 왔으나 비평가들은 한낱 깜짝 인기일 뿐이라고 치부했다.
2. TA의 방법은 철저하게 훈련받은 일부의 사람들만이 이해할 수 있음에도 불구하고 많은 치료자들이 __________으로 사용하는 기법 가운데 하나이다.

주요 용어

이론을 배우는 것은 대부분 그 이론과 관련된 어휘를 익히는 것이다. 아래에 나열된 주요 용어들은 단지 그 일을 도울 것이다. 당신은 이 목록을 가지고 3×5 크기의 카드를 사용해서 스스로 플래시 카드(flash card) 테스트를 할 수 있다. 일단 이 어휘를 공부하고 나면, 당신은 다음에 나오는 맞추기 퀴즈를 가지고 당신의 지식을 점검해 볼 수 있다.

활동(Activities) 어떤 일이나 목표지향적인 행동. 활동 상태에서 개인은 임무의 성취가 필요한 스트로크를 가져올 수 있는 상황을 설정한다.

순응적 아이(Adapted Child) '부모'와의 상호작용에 의해서 통제되는 경향이 있음.

성인에고 상태(Adult Ego State) 사실에 특징적으로 관여함. 정보를 통합하며 성숙한다.

아이에고 상태(Child Ego State) 유년시절에 경험한 모든 느낌과 행동 방식으로 구성됨.

보완적 교류(Complementary Transaction) 때로 평행적 교류라고도 불림. 자극과 반응의 벡터가 평행하여 참여자에게 각각 하나씩, 단지 두 에고 상태에서만 관여함.

조건적 스트로크(Conditional Stroke) 무엇을 함으로써 주어지는 스트로크.

오염(Contamination) 두 에고 상태 경계 문제 가운데 하나. 오염은 '부모' 의 편견적이고 비합리적인 생각과 태도 또는 '아이' 의 옛 느낌이 '성인' 의 논리적이고 분명한 사고를 방해할 때 발생한다.

계약(Contract) 치료자와 내담자 사이에 치료의 목표, 단계, 조건을 명시한 진술서.

통제적 부모(Controlling Parent) 의견이 강하고, 위압적이며, 과보호하고, 원칙적이고, 처벌을 선호하며, 요구가 많고, 통제하려는 경향이 있음.

교차적 교류(Crossed Transaction) 벡터가 평행하지 않을 때 발생. 2개 이상의 에고 상태가 관련됨.

깎아내리기(Discounting) 내적 · 외적 경험의 일부를 무시하거나 왜곡함. 문제의 존재, 문제의 중요성, 문제가 변화할 가능성, 자신의 능력 등을 깎아내리는 것. 밑지고 파는 것.

드라마 삼각(Drama Triangle) 한 개인이 학대자, 다른 사람은 구원자, 제3자는 피해자 역할을 감당하는 삼각 상호관계. 사랑하는 관계에서 주로 발생.

에고 상태(Ego State) 자연 상태에서 발생하는 정신의 상태와 관련된 행동의 패턴.

배제(Exclusion) 경계 문제의 하나. 하나 혹은 그 이상의 에고 상태가 작동하지 않음.

여과된 스트로크(Filtered Stroke) 왜곡된 혹은 관련 없는 정보를 담고 있는 스트로크.

게임(Game) 일련의 '이중 교류(duplex)' not OK나 깎아내린 포지션을 정당화하는, 잘 정의되고 예측 가능한 보상과 변경으로 이끈다.

금지명령(Injunction) 부정적인 자녀양육 행동 유형. 자녀로 하여금 규정화된 방식으로 행동하도록 지시함. 일반적으로 "하지 마!" 메시지를 담고 있음.

친밀감(Intimacy) 솔직하고 게임을 배제한 관계. 상호 착취하지 않으며, 자유롭게 주고받음.

삶의 포지션(Life Position) 유년 시절에 사람들은 자신 및 타인의 내적 가치에 관해 포지션을 취할 필요를 경험함. 4개의 포지션이 존재함. "나도 OK, 너도 OK", "나는 OK, 너는 not OK", "나는 not OK, 너는 OK", "나도 not OK, 너도 not OK".

꼬마 교수(Little Professor) 아이에고 상태의 일부분으로 '성인' 사고의 전조.

자연적 아이(Natural Child) 아이에고 상태의 부분으로 유치하고, 충동적이며, 훈련되지 않고, 감정적으로 표현력이 풍부함.

부정적 스트로크(Negative Stroke) '너는 not OK' 라는 메시지를 담고 있는 고통적 스트로크. 수용자 측에서 불쾌한 느낌을 받는다.

양육적 부모(Nurturing Parent) 관심이 있고, 사랑하며, 용서하고, 확신을 주며, 허용하고, 따뜻하게 보호하고, 걱정해 줌.

부모에고 상태(Parent Ego State) 당사자와 일종의 파워관계를 가졌던 중요한 타자로부터 받은 정신 상태의 집합.

여가(Pass time) 행동을 요구하지 않는 상대적으로 안전한 주제에 관해 의견 및 사고 느낌을 교환하는 반-제의적(semi ritual) 대화.

위치의 욕구(Position Hunger) 자신의 삶에 대한 기본적 결정을 끊임없이 확인받고 싶은 필요. 자신과 세계에 대한 만족(OKness)을 결정.

긍정적 스트로크(Positive Stroke) '너는 OK' 라는 메시지를 담은 유쾌한 스트로크. 수용자 측에서 좋은 느낌을 갖게 한다.

래킷(Racket) 습관적 과정(보통 보완적 교류). 이를 통해 개인은 'not OK' 라는 삶의 포지션을 정당화하기 위해 환경을 해석하고 조작한다.

의식(Rituals) 습관적 인사와 같이 개입과 위험성이 낮은 스트로크를 상호 교환함. 이것은 매우 형식화되어 있고 예측 가능함.

대본(스크립트, Script) 삶의 초기에 자신의 세계에서 일어나는 중요한 일들에 대한 반응으로 일련의 결정을 내리는데, 이를 통하여 각 개인이 가지고 있는 삶의 계획.

우표수집(Stamp) 나중의 행동을 정당화하기 위해 수집하는 어떤 느낌 혹은 스트로크.

자극(Stimulus) 자극과 스트로크에 대한 보편적 필요.

스트로크(Stroke) 한 개인에게 자극을 제공하는 주의(attention)의 단위.

구조의 욕구(Structure Hunger) 자신이 받을 수 있는 스트로크의 숫자를 극대화하기 위해 자신의 시간을 쓰고자 하는 사람들의 필요.

공생(Symbiosis) 두 명 혹은 그 이상의 개인들이 한 인격을 형성하는 것처럼 행동함. 동행.

교류(Transaction) 두 사람 간의 스트로크의 교환. 구체적 에고 상태 간의 자극과 반응으로 구성됨.

교류분석(Transactional Analysis) 내적 '에고 상태' 와 대인관계에서 행해지는 '게임' 을 드러내는 특징적 상호작용에 초점을 맞춘 심리치료.

이면적 교류(Ulterior Transaction) 공개적(사회적) 메시지 및 숨겨진(심리적) 메시지를 담고 있는 교류. 각도적(angular) 혹은 이중적 교류로 나뉜다. 각도적 교류는 3개의 에고 상태가 관여한다. 메시지가 한 사람의 한 에고 상태에서 다른 사람의 두 에고 상태로 동시에 보내질 때 발생한다. 이중교류는 네 개의 에고 상태가 관여한다. 각 사람이 두 개의 에고 상태를 사용한다. 이중교류 시 두 개의 보완적 교류가 동시에 나타난다. 하나는 사회적 레벨이고 다른 하나는 심리적 레벨이다.

무조건적 스트로크(Unconditional Stroke) 존재에 있어서 자연스럽게 발생하고 특별한 노력을 필요로 하지 않는 조건에 관여한다.

후퇴(Withdrawal) 시간을 구조화하는 데 있어서 가장 제약적이고 최소한의 보상만을 보장받는 방법. '후퇴'를 통해 시간을 구조화하는 사람은 과거에 저축해 놓은 스트로크나 미래 속에 그려 놓은 환상만으로 산다.

주요 용어 맞추기

용어들

A. 여가(Pass time)
B. 우표수집(Stamp)
C. 여과된 스트로크(Filtered Stroke)
D. 계약(Contract)
E. 긍정적 스트로크(Positive Stroke)
F. 대본(스크립트, Script)
G. 자연적 아이(Natural Child)
H. 활동(Activities)
I. 게임(Game)
J. 스트로크(Stroke)
K. 순응적 아이(Adapted Child)
L. 의식(Rituals)
M. 교류(Transaction)
N. 위치의 욕구(Position Hunger)
O. 후퇴(Withdrawal)
P. 친밀감(Intimacy)
Q. 깎아내리기(Discounting)
R. 구조의 욕구(Structure Hunger)
S. 부정적 스트로크(Negative Stroke)
T. 성인에고 상태(Adult Ego State)
U. 드라마 삼각(Drama Triangle)
V. 부모에고 상태(Parent Ego State)
W. 오염(Contamination)
X. 교차적 교류(Crossed Transaction)
Y. 에고 상태(Ego State)
Z. 금지명령(Injunction)
AA. 공생(Symbiosis)
BB. 통제적 부모(Controlling Parent)
CC. 꼬마 교수(Little Professor)

DD. 삶의 포지션(Life Position)
EE. 래킷(Racket)
FF. 무조건적 스트로크(Unconditional Stroke)
GG. 아이에고 상태(Child Ego State)
HH. 배제(Exclusion)
II. 양육적 부모(Nurturing Parent)
JJ. 교류분석(Transactional Analysis)
KK. 이면적 교류(Ulterior Transaction)
LL. 자극(Stimulus)
MM. 조건적 스트로크(Conditional Stroke)
NN. 보완적 교류(Complementary Transaction)

설명

______1. 어떤 일이나 목표지향적인 행동. 활동 상태에서 개인은 임무의 성취가 필요한 스트로크를 가져올 수 있는 상황을 설정한다.

______2. 자연 상태에서 발생하는 정신의 상태와 관련된 행동의 패턴.

______3. 솔직하고 게임을 배제한 관계. 상호 착취하지 않으며, 자유롭게 주고받음.

______4. 두 명 혹은 그 이상의 개인들이 한 인격을 형성하는 것처럼 행동함. 동행.

______5. 치료자와 내담자 사이에 치료의 목표, 단계, 조건을 명시한 진술서.

______6. 존재에 있어서 자연스럽게 발생하고 특별한 노력을 필요로 하지 않는 조건에 관여한다.

______7. 내적 · 외적 경험의 일부를 무시하거나 왜곡함. 문제의 존재, 문제의 중요성, 문제가 변화할 가능성, 자신의 능력 등을 깎아내리는 것, 밑지고 파는 것.

______8. 내적 '에고 상태'와 대인관계에서 행해지는 '게임'을 드러내는 특징적 상호작용에 초점을 맞춘 심리치료.

______9. 아이에고 상태의 일부분으로 '성인' 사고의 전조.

______10. 때로 평행적 교류라고도 불림. 자극과 반응의 벡터가 평행하여 참여자에게 각각 하나씩, 단지 두 에고 상태에서만 관여함.

______11. 당사자와 일종의 파워관계를 가졌던 중요한 타자로부터 받은 정신 상태의 집합.

______12. 왜곡된 혹은 관련 없는 정보를 담고 있는 스트로크.

______13. 습관적 과정(보통 보완적 교류). 이를 통해 개인은 Not-OK라는 삶의 포지션을 정당화하기 위해 환경을 해석하고 조작한다.

______14. 두 에고 상태 경계 문제 가운데 하나. 오염은 '부모'의 편견적이고 비합리적인 생각과 태도 또는 '아이'의 옛 느낌이 '성인'의 논리적이고 분명한 사고를 방해할 때 발생한다.

______15. 한 개인에게 자극을 제공하는 주의(attention)의 단위.

______16. 경계 문제의 하나. 하나 혹은 그 이상의 에고 상태가 작동하지 않음.

______17. 자신이 받을 수 있는 스트로크의 숫자를 극대화하기 위해 자신의 시간을 쓰고자 하는 사람들의 필요.

______18. 공개적(사회적) 메시지 및 숨겨진(심리적) 메시지를 담고 있는 교류. 각도적(angular) 혹은 이중적 교류로 나뉜다. 각도적 교류는 3개의 에고 상태가 관여한다. 메시지가 한 사람의 한 에고 상태에서 다른 사람의 두 에고 상태로 동시에 보내질 때 발생한다. 이중교류는 네 개의 에고 상태가 관여한다. 각 사람이 두 개의 에고 상태를 사용한다. 이중교류 시 두 개의 보완적 교류가 동시에 나타난다. 하나는 사회적 레벨이고 다른 하나는 심리적 레벨이다.

______19. '부모'와의 상호작용에 의해서 통제되는 경향이 있음.

______20. 관심이 있고, 사랑하며, 용서하고, 확신을 주며, 허용하고, 따뜻하게 보호하고, 걱정해 줌.

______21. 부정적인 자녀양육 행동 유형. 자녀로 하여금 규정화된 방식으로 행동하도록 지시함. 일반적으로 "하지 마!" 메시지를 담고 있음.

______22. 행동을 요구하지 않는 상대적으로 안전한 주제에 관해 의견 및 사고 느낌을 교환하는 반-제의적(semi ritual) 대화.

______23. 의견이 강하고, 위압적이며, 과보호하고, 원칙적이고, 처벌을 선호하며, 요구가 많고, 통제하려는 경향이 있음.

______24. 시간을 구조화하는 데 있어서 가장 제약적이고 최소한의 보상만을 보장받는 방법. '후퇴'를 통해 시간을 구조화하는 사람은 과거에 저축해 놓은 스트로크나 미래 속에 그려 놓은 환상만으로 산다.

______25. "너는 not OK" 라는 메시지를 담고 있는 고통적 스트로크. 수용자 측에서 불쾌한 느낌을 받는다.

______26. 삶의 초기에 자신의 세계에서 일어나는 중요한 일들에 대한 반응으로 일련의 결정을 내리는데, 이를 통하여 각 개인이 가지고 있는 삶의 계획.

______27. 유년 시절 경험한 모든 느낌과 행동 방식으로 구성됨.

______28. 습관적 인사와 같이 개입과 위험성이 낮은 스트로크를 상호 교환함. 이것은 매우 형식화되어 있고 예측 가능함.

______29. 유년 시절에 사람들은 자신 및 타인의 내적 가치에 관해 포지션을 취할 필요를 경험함. 4개의 포지션이 존재함. "나도 OK, 너도 OK", "나는 OK, 너는 not OK", "나는 not OK, 너는 OK", "나도 not OK, 너도 not OK."

______30. 한 개인이 학대자, 다른 사람은 구원자, 제3자는 피해자 역할을 감당하는 삼각 상호관계. 사랑하는 관계에서 주로 발생.

_____31. "너는 OK" 라는 메시지를 담은 유쾌한 스트로크. 수용자 측에서 좋은 느낌을 갖게 한다.

_____32. 일련의 '이중교류(duplex)' not OK나 깎아내린 포지션을 정당화하는 잘 정의되고 예측 가능한 보상과 변경으로 이끈다.

_____33. 무엇을 함으로써 주어지는 스트로크.

_____34. 두 사람 간의 자극의 교환. 구체적 에고 상태 간의 자극과 반응으로 구성됨.

_____35. 자극과 스트로크에 대한 보편적 필요.

_____36. 벡터가 평행하지 않을 때 발생. 두 개 이상의 에고 상태가 관련됨.

_____37. 나중의 행동을 정당화하기 위해 수집하는 어떤 느낌 혹은 스트로크.

_____38. 아이에고 상태의 부분으로 유치하고, 충동적이며, 훈련되지 않고, 감정적으로 표현력이 풍부함.

_____39. 사실에 특징적으로 관여함. 정보를 통합하며 성숙한다.

_____40. 자신의 삶에 대한 기본적 결정을 끊임없이 확인받고 싶은 필요. 자신과 세계에 대한 만족(OKness)을 결정.

논의와 개인적 성찰을 위한 질문들

다음의 질문들은 소그룹 논의에서 이론의 더 깊은 탐구와/나 그 이론을 당신 자신의 삶에 어떻게 적용할 것인지에 대한 개인적 성찰을 위해서 사용될 수 있다.

1. 교류분석에 대한 당신의 일반적인 인상은 무엇인가? 당신은 인격이 어떻게 구조화되어 있는지에 대한 그 견해에 동의하는가?

____
____
____
____
____

2. 당신은 번의 이론이 당신 자신의 삶에 어떻게 적용된다고 생각하는가? 만일 그것이 당신의 삶에 적용되지 않는다고 생각한다면, 왜 그런가?

____
____
____
____

3. 만일 당신이 번과 대화를 나눈다면, 당신은 그의 이론에 대해서 어떤 질문들을 하겠는가?

4. 치료적 중재에 대한 당신 자신의 접근방법을 계발할 때, 당신은 교류분석으로부터 무엇을 배울 것인가?

복습 단원에 대한 해답

간략한 전기

1. 맥길(McGill)
2. 정신분석가
3. 샌프란시스코

역사적 발전

1. 정신분석
2. 뇌신경
3. 대중화

인간 본성에 대한 시각

1. 욕구
2. 스트로크
3. 구조의 욕구(structure hunger)
4. 위치의 욕구(position hunger)
5. 부모(parent), 성인(adult), 아이(child)
6. 자연적(natural)

부적응적 행동의 발달

1. 오염(contamination)
2. 배제(exclusion)
3. 게임
4. 래킷(rackets)

치료의 목표

1. 자율성
2. 관계
3. 스크립트(scripts)

치료자의 기능

1. 촉매자
2. 에고
3. 부모
4. 이면적(ulterior)

주요 방법과 기법

1. 계약(contract)
2. 에고그램(egogram)
3. 결코 안 돼!
4. 해독력
5. 집단

적용

구체적인

비판적 분석

1. 심리 내부적
2. 계약
3. 전문용어

현재의 상태

1. 『심리게임(*Games People Play*)』
2. 선택적

주요 용어 맞추기 해답

1. H	11. V	21. Z	31. E
2. Y	12. C	22. A	32. I
3. P	13. EE	23. BB	33. MM
4. AA	14. W	24. O	34. M
5. D	15. J	25. S	35. LL
6. FF	16. HH	26. F	36. X
7. Q	17. R	27. GG	37. B
8. JJ	18. KK	28. L	38. CC
9. G	19. K	29. DD	39. T
10. NN	20. II	30. U	40. N

Chapter 12

행동치료

요약

1. **간략한 전기.** 스키너(B. F. Skinner, 1904-1990)는 대부분의 경력을 하버드에서 보냈다. 그는 금세기에 가장 영향력 있는 심리학자로 여겨진다. 그리고 행동치료 발전의 기반을 제공한 학자였다. 울프(Joseph Wolpe, 1915-1997)는 남아프리카에서 의학을 전공하였다. 파블로프를 공부한 이후 자신이 받은 정신분석 이론에 반기를 들고, 남은 생애를 심리치료의 실증적 접근에 헌신하기로 하였다. 그는 체계적 둔감화 방법을 개발한 것으로 가장 잘 알려져 있다. 반두라(Albert Bandura, 1925-)는 거의 전 생애를 스탠포드 대학에서 가르쳤다. 그는 사회학습 요소를 끌어들임으로써 행동치료에 더 폭넓은 관점을 발전시켰다.

2. **역사적 발전.** 행동치료의 시작은 철학적 시각(주로 왓슨[John B. Watson]의 기여가 컸다)으로서의 행동주의와 심리학의 방법론으로서 실증주의(주로 파블로프와 스키너의 기여가 컸다)가 발흥하게 된 교차점에서 발견될 수 있다. 1950년대 체계적 둔감화의 등장과 더불어 행동치료는 독립적 방법론으로 자리 잡았고, 1960년대는 심리역동적(psychodynamic) 접근에 대한 대안으로 등장하게 되었다.

3. **인간 본성에 대한 시각.** 행동치료자들은 인간을 경험의 산물로 이해한다. 사람은 선하지도 악하지도 않다. 하지만 인간은 근본적으로 쾌락을 추구한다. 삶에 더 큰 만족과 즐거움을 주거나, 개인적 고통을 감소하거나 없애려고 하는 요구에 반응한다. 치료자들은 환자를 유도할 최적의 기능모델을 가지고 있지 않다.

4. **부적응적 행동의 발달.** 행동주의 관점에서 볼 때 정신병리학은 개인과 다른 사람들에게 불리하거나 위험한 행동으로 정의된다. 결과를 예측할 충분한 단서가 존재하지 않거나, 적절한 강화(reinforcement)의 부재로부터 야기된다. 가장 고통스런 부적응적 행동의 하나는 과도하게 설정된 자기기준과 이로부터 야기되는 과도한 자기비판에서 유래한다.

5. **치료의 목표.** 행동치료의 목표는 내담자의 부적응적 행동을 없애고, 적응적 행동을 소개하며 강화시키는 것이다. 적응적 행동은 대안으로 제시되며, 내담자로 하여금 생산적 삶을 살 수 있게 한다. 이 목표를 달성하는 열쇠는 새로운 행동을 학습하는 것이다. 이 학습은 별개의 세 가지 패러다임에 달려 있다. 하지만 종종 통합되기도 한다. 반응학습(respondent learning), 조작적 조건화(operant conditioning), 그리고 사회적 모델(social modeling)이 그것이다.

6. **치료자의 기능.** 일반적으로 행동치료자들은 카운슬링에 매우 적극적이다. 치료자는 컨설턴트이자 지지자이며, 자원을 제공하고, 모델로서의 역할을 한다. 기능적으로 치료자는 네 가지 중요한 단계를 포함하는 과정을 조정한다. 즉 정확하게 문제 진단하기, 내담자의 발달 역사(developmental history) 수집하기, 구체적 목표 설정하기, 그리고 변화를 위한 방법 결정하기이다.

7. **주요 방법과 기법.** 치료자의 임무는 내담자의 증상을 해결하는 것이기 때문에 말 그대로 수없이 많은 기법이 존재한다. 하지만 가장 대표적인 방법으로는 행동평가(개인별 치료 계획을 수립하는 것), 긍정적 강화(긍정적 행동에 보상하는 것), 토큰 경제(원하는 물건이나 특권과 바꿀 수 있는 토큰을 사용하는 것), 자기주장 훈련(내담자가 자유롭게 자신의 생각과 감정을 표현하도록 훈련하는 것), 모델링(타인의 행동을 관찰함으로써 학습하는 것), 이완 훈련(신호에 의해 이완할 수 있도록 긴장/이완 근육 그룹 사이를 구별하는 것), 체계적 둔감화(공포를 야기하는 자극을 중립적 자극과 짝을 이루어 주는 것), 그리고 범람법(궁극적인 소멸을 위해 내담자의 불안한 상태를 극대화시키는 것) 등이 포함된다.

8. **적용.** 분노, 과잉-충동 장애, 공포증, 우울증, 알코올중독, 성적 부조화(sexual dysfunctions), 성도착(paraphilia), 부부 문제, 그리고 아동기 장애 등 다양한 문제에 다양한 행동치료 방법이 존재한다. 행동치료는 다양한 환경 하에서 성공적으로 사용되었다. B씨의 사례는 울프가 요약한 것으로, 체계적 둔감화와 자기주장 훈련의 효과성을 잘 보여준다.

9. **비판적 분석.** 행동치료는 심리치료의 상대적으로 일관적인 개념틀을 제공한다. 행동치료는 체계화, 객관성, 평가, 그리고 탄탄한 연구 기반을 자랑한다. 내담자에게는 치료과정을 충분히 이해할 수 있도록 하며, 치료자에게는 수많은 효과적 방법을 제공한다. 하지만 행동치료는 전인격(total person)을 치료하지 못한다는 비판이 존재한다. 또한 상대적으로 치료과정에 거의 주의를 기울이지 않는다고 비판한다. 다문화 카운슬링에 어느 정도 이득을 제공하지만, 특정 문화권 내에서 더 나은 정체감을 찾고자 하는 소수인종 내담자에게는 효과성이 떨어진다.

10. **현재의 상태.** 불과 몇십 년 만에 행동치료는 전문적인 치료방법론으로 자리 잡았다. 또한 다양한 개인 장애와 사회적 문제를 포괄함으로써 창시자가 생각했던 것보다 훨씬 정교해지기까지 했다. 그 이론과 기법, 그리고 관점에 있어서 더욱 다양해진 것이다. 행동치료 관점을 통합하는 이론접근법도 계속해서 늘어나고 있다.

안내 학습

아래 문제들을 통해서 당신은 이 과의 중요한 부분들을 학습하게 될 것이다. 주어진 빈칸에 답을 쓰고 나서 본문의 밑줄 쳐진 부분과 비교해 보라.

1. 행동치료 창시자들의 인격이 형성되는 시기가 이 이론 발달에 어떻게 영향을 끼쳤는지 묘사하라.

2. 당신은 행동치료의 역사에 익숙하지 않은 사람에게 당신 자신의 말로 그것의 태동을 어떻게 묘사하겠는가?

3. 행동치료의 관점에서 볼 때, 개인은 그 혹은 그녀의 경험의 산물로서 이해된다. 이러한 기본적인 전제는 인간성에 대한 행동치료의 견해에 어떻게 영향을 미치는지 설명하라.

4. 부적응적 행동에 대한 한 가지 행동치료적 설명은 단일한 자기파괴적 강화자(reinforcer)에 의존하는 것이다. 부적응적 행동에 대한 다른 행동치료적 설명은 무엇이 있는가?

5. 행동치료자들은 전형적으로 매우 적극적이다. 행동치료자의 여러 가지 기능들을 묘사하라.

6. 반응학습(respondent learning), 조작적 조건화(operant conditioning) 그리고 사회적 모델(social modeling)을 포함하며 행동치료의 중요한 목표들을 묘사하라.

7. 행동치료자가 치료할 때 얼마나 적극적인 강화가 사용되는지 설명하라.

8. 모델링은 내담자로 하여금 바람직한 반응을 얻거나, 다른 사람의 행동을 관찰함으로써 두려움을 제거하기 위해서 비롯된다. 이것은 어떻게 발생하며, 어떤 형태를 취하는지 설명하라.

9. 체계적 둔감화(systematic desensitization)를 거미 공포증에 적용하라. 달리 말하면, 이 기술은 이 문제를 다루는 데 무엇처럼 보이는가?

10. 당신은 행동치료와 정신분석 그리고 신분석(neoanalytic) 이론들 사이의 중요한 차이들을 어떻게 강조하겠는가?

11. 당신은 조셉 울프(Joseph Wolpe)가 B씨를 치료한 것을 통해서 무엇을 배웠는가?

12. 비판적으로 분석해 볼 때, 행동치료의 두드러진 장점들과 단점들은 무엇인가?

복습 단원

아래 항목들을 통해서 당신은 이 과의 특별한 내용을 마스터하게 될 것이다. 빈칸을 채워 아래의 각 문장을 완성하라.

간략한 전기

1. ________는 금세기의 가장 영향력 있는 심리학자로 알려져 있다.
2. 1966년 ________는 필라델피아에 있는 템플 의과대학에 있었는데, 행동치료에 관한 연구와 훈련 프로그램을 시작하였다. 같은 해 ________가 이끄는 비영리 치료 및 훈련을 목적으로 하는 '행동치료연구소'가 캘리포니아 소살리토(Sausalito)에 오픈하였다.
3. 반두라는 인성 발달에 있어 ________의 영향을 강조한 것으로 잘 알려져 있다.

역사적 발전

1. 행동치료의 시작은 서로 조우하게 되는 두 개의 역사적 사건에서 발견된다. 행동주의의 등장과 심리학에서 ________ 방법의 발전이다.
2. 이 운동의 선구자는 존스홉킨스 대학 교수였던 ________이다. 그는 정신분석 같이 당시 지배적이었던 '내성적(introspection)' 이론체계를 직접 공격하였다.
3. 논리적 ________란 존재하는 모든 것은 실증적으로 검증 가능하다는 것이다.
4. 분트(Wilhelm Wundt)가 독일 라이프치히에 최초의 심리학연구소를 세웠다. 고전적 조건반사 원칙을 증명해 보인 사람은 세기적 실험을 행한 러시아의 병리학자 파블로프(Ivan Pavlov)이다. 비슷한 시기 미국에서는 손다이크(E. L. Thorndike)가 그의 유명한 ________의 법칙을 발전시키고 있었다.

인간 본성에 대한 시각

1. 인간 본성에 대한 행동치료적 관점은 일반적으로 ________이다. 즉, 인간성 결정에 있어서 대인관계와 환경적 요인의 중요성을 강조한다.
2. 행동치료자들이 볼 때 인성의 '심리내적(interpsychic)' 관점은 ________ 사건이 개인에게 행사하는 광범위한 결과를 도외시한다. 그들은 주장하기를 행동은 본질적으로 '심리외부적(intrapsychic)' 요인으로부터 기원한다.
3. 대부분 행동치료자들은 인간이 본질적으로 ________라고 주장한다.

부적응적 행동의 발달

1. 행동치료적 관점에서 볼 때 정신병리적 현상은 개인이나 타인에게 __________하거나 __________ 행동으로 정의된다.
2. 행동치료적 관점에서 볼 때 부적응적 행동의 또 하나의 원인은 단일하고 __________ 강화 요소에 의존하는 것이다. 즉 음식, 담배, 술이나 기타 중독적 행동으로 삶의 문제에 대처하려는 것이다.
3. 스키너적인 관점에서 볼 때 부적응적 행동은 종종 __________를 통해 형성된다.

치료의 목표

1. 근본적으로 행동치료의 목표는 내담자의 부적응적 행동을 __________시키는 것이다.
2. 이러한 목표를 달성하는 데 있어서의 열쇠는 심리적 갈등을 발견하는 것과 아무런 관련이 없고, 단지 내담자가 새로운 행동을 __________하는 것이다.
3. __________ 학습은 파블로프(Pavlov)가 발견하였다. 중립적 자극이 효력을 지닌 자극과 결합되어 __________ 자극 역시 효력을 지닌 자극과 마찬가지로 같은 결과를 산출한다는 것이다.
4. __________은 어떤 반응의 회피적 결과를 가리킨다. 그리고 종종 그 반응의 감소를 가져온다.

치료자의 기능

1. 행동치료자는 내담자의 목표에 따라 다양한 역할 중의 하나를 맡을 수 있다. 하지만 일반적으로 행동접근법을 택하는 치료자는 __________ 카운슬러의 역할을 담당한다.
2. 치료자는 문제가 무엇인지 정확하고 구체적으로 __________를 내리려 한다.
3. 치료자는 지속적으로 선택한 방법의 효과성을 __________하고, 효과적이지 않은 방법은 수정을 가한다든지 혹은 새로운 방법을 선택해야 한다.

주요 방법과 기법

1. ____________________는 아마도 행동 교정 기법 가운데 가장 광범위하게 사용될 뿐 아니라 성공적인 기법이다.
2. ____________________는 칭찬이나 다른 종류의 무형의 강화요인이 작동하지 않을 때 사용될 수 있다.
3. 자기주장 훈련의 중요한 핵심은 내담자가 자신의 생각이나 느낌을 과도한 __________ 없이 자유롭고 적절하게 표현한다는 것이다.
4. 실제 모델이 __________ 학습을 위한 최선의 형태이다.
5. 가장 일반적인 형태의 이완훈련은 __________ 이완, 혹은 근육이완이라 불린다.
6. 체계적 둔감화가 작은 불안을 깊은 안도감과 짝을 이루게 하여 불안을 감소시키는 것이라면, __________은 내담자의 불안감을 극대화시키는 것이다.

적용

울프(Joseph Wolpe)가 쓴 다음 사례는 두 개의 기본적인 행동치료의 전략을 보여주고 있다. 즉, 체계적 둔감화와 ____________________이다.

비판적 분석

1. 행동치료의 중요한 강점은 체계화, __________에 대한 헌신에 있다고 할 수 있다.
2. 또 하나의 강점은 사용 가능한 수많은 __________ 및 다양한 환경 하에 적용할 수 있는 응용력이다.
3. 부정적인 측면을 살피자면, 행동치료가 __________을 다루지 않는다는 점이다.
4. 비록 행동치료자들이 다양한 기법의 효과를 평가하는 데 생산적이었지만, 치료의 __________에는 상대적으로 관심을 덜 기울였다.
5. 다문화적 관점에 있어서 행동치료는 분명히 __________이 존재한다.

현재의 상태

1. 행동치료의 원칙들은 주류 심리치료의 방법으로 동화되었다. 이제는 __________을 중요시하는 치료자들마저 그 방법들을 사용하고 있을 정도이다. 그 방법들이란 목표 설정, 자기주장 훈련, 긴장완화 훈련, 그리고 기술 습득을 위한 여러 가지 수단들이다.
2. 오늘날의 행동치료는 기본 개념마저 더욱 __________되었을 뿐 아니라 어떤 영역을 다루어야 하는지에 관한 관점도 __________되었다.

주요 용어

이론을 배우는 것은 대부분 그 이론과 관련된 어휘를 익히는 것이다. 아래에 나열된 주요 용어들은 단지 그 일을 도울 것이다. 당신은 이 목록을 가지고 3×5 크기의 카드를 사용해서 스스로 플래시 카드(flash card) 테스트를 할 수 있다. 일단 이 어휘를 공부하고 나면, 당신은 다음에 나오는 맞추기 퀴즈를 가지고 당신의 지식을 점검해 볼 수 있다.

자기주장 훈련(Assertiveness training) 연습을 통해 자기주장 기술을 획득하는 데 초점을 둔 반구조적(semistructured) 훈련 접근법. 자기주장 기술은 내담자로 하여금 자신의 권리와 믿음을 더욱 효과적으로 주장할 수 있도록 한다.

혐오적 조절(Aversive control, 혐오 치료[aversion therapy]) 전기 충격과 같이 혐오적인 자극을 사용해서 (알코올중독과 같은) 병리학적 행동의 가능성을 줄이는 것. 행동치료 중에서 비교적 논란의 여지가 있는 형태임.

행동 수정(Behavior modification) 행동 변화를 위한 스키너의 방법을 구체적으로 가리킴. 반드시 정신병리학을 포함하지는 않는다.

행동 시연(Behavior rehearsal) 내담자의 환경 내에서 내담자와 치료자가 짧게 행동을 시연하는 치료기법. 이 시연(rehearsal)의 목표는 내담자가 실제의 '적'을 효과적으로 대처할 준비를 하게 하는 것이다. 그래서 이 적이 야기하는 불안감을 미리 억제할 수 있다.

행동치료(Behavior therapy) 내담자의 특정한 '타깃' 행동이나 증세의 변화를 추구하는 심리치료법. 이 치료법은 관찰할 수 없거나 무의식적인 내적 상태의 변화를 추구하지 않는다.

행동주의(Behaviorism) 심리학의 접근법 중의 하나로, 단지 실제의 행동만이 과학적 연구에 적합하다는 입장.

조건 강화(Conditioned reinforcement, 이차적 강화[secondary reinforcement]) 조건화된 자극에 의해서 제공되는 강화.

조건화된 자극(Conditioned stimulus) 조건화를 통해 긍정적 혹은 부정적 속성을 획득하는 과거의 중립적 자극.

조건화, 혐오적(Conditioning, aversive) 이것은 바람직하지 못한 행동이 제지될 때까지 고통스러운 자극을 줌으로써 내담자의 증상적 행동을 연상시키는 것과 관련된 행동치료기법이다. 혐오적 자극은 일반적으로 가벼운 전기 충격이나 안타뷰즈(antabuse, 역자 주: 알코올에 싫증이 나게 하는 약)와 같은 구토를 일으키는 혼합물이다.

조건화, 고전적(반응 조건화)(Conditioning, Classical [respondent conditioning]) 이반 파블로프에 의해 처음으로 입증된 간단한 형태의 학습. 조건화된 자극(예를 들어, 빛)이 무조건화된 자극(음식)과 계속적으로 짝을 이룸으로써 특정한 조건화된 반응(타액)을 이끌어 낼 수 있다.

조건화, 조작적(Conditioning, operant) 조작적 조건화는 스키너의 작품에서 나온 학습이론이다. 조작적 조건화와 고전적 조건화의 근본적인 차이는 조작적 조건화에서는 무조건화된 자극이 그 행동이 자연적으로 일어날 때 미리 결정된 행동을 따른다는 것이다. 이런 과정에서 무조건화된 자극은 '강화자(reinforcer)'로 불린다.

강화의 우연성(Contingencies of reinforcement) 외부 환경에 있는 자극, 특별한 반응, 그리고 그 반응에 뒤따르는 강화 사이의 상호 관계.

연속적 강화(Continuous reinforcement) 매번 정확한 반응 후에 주어지는 강화. 때때로 중단되는 강화의 반대.

역조건화(Counterconditioning) 실험자(또는 치료자)가 무조건화된 반응을 이끌어 내는 무조건화된 자극을 제시하는 기법. 무조건화된 반응은 조건화된 반응과 양립하지 않으며, 따라서 조건화된 반응을 억제한다. 예를 들어, 이완(UR)은 공포(CR)와 양립하지 않는다.

박탈(Deprivation) (음식이나 물과 같은) 중요한 강화자를 얼마 동안 보류하여 오퍼런트 강화나 조건화를 위해서 사용하는 것.

둔감화(Desensitization) 역조건화 인자로서 이완을 사용하여 불안감을 감소시키는 행동치료기법. 단계화된 불안을 생산하는 자극(불안 위계화에서)은 계속적으로 이완 상태와 짝을 이룬다. 그래서 이런 자극들과 불안감의 반응 사이의 관련성이 제거될 때까지 지속하는 것이다.

변별(Discrimination) (1) 둘 이상의 자극 사이의 어떤 차이점에 반응하기 위해서 유기체를 강화하는 것. (2) 강화된 자극에 반응하는 가능성에 있어서 결과되는 증가.

소거(Extinction) 강화시키지 않음으로써 원하지 않는 반응을 제거하는 과정.

고정된 간격 예정표(Fixed-interval schedule) (FI) 이전의 강화로부터 측정된, 특별한 시간 간격 후에 일어나는 최초의 정확한 반응을 강화시키는 것. 때때로 중단되는 강화의 예정표.

고정된 비율 예정표(Fixed-rarion schedule) (FR) 이전의 강화로부터 수를 세면서 특별한 수의 정확한 반응의 마지막을 강화하는 것. 때때로 중단되는 강화의 예정표.

범람법(Flooding) 조건화된 자극을 강화 없이 계속적으로 제공함으로써 조건화된 반응을 소거하는 치료기법. 역조건화 인자가 사용되지 않는다는 점에서 둔감화와 다르다.

일반화(Generalization) 특별한 자극에 뒤따르는 강화는 특별한 반응을 이끌어 내는 자극의 가능성을 증가할 뿐만 아니라, 다른 유사한 자극의 효과를 확장시킨다는 전제를 갖고 작용하는 것. 두 가지 자극이나 자극 환경들이 정확하게 같지 않기 때문에 이러한 일반화의 과정은 아주 중요하다.

위계화(Hierarchy) 한 주제에 대해 불안감을 일으키는 정도에 따라 순서를 매긴 자극의 목록. 위계화는 치료자에게 불안감을 일으키는 단계화된 일련의 자극을 보여준다. 이를 통해 내담자에게 그 자극에 연관된 불안감을 제거하기 위한 역조건화 인자를 제공할 수 있다.

모방적(사회적) 학습(Imitative [social] learning) 관찰자가 반응이 주어지는 환경에서 어떤 다른 사람(모델)을 주목함으로써 특별한 반응을 학습하는 과정.

간헐적 강화(부분적 강화)(Intermittent reinforcement [partial reinforcement]) 어떤 정확한 반응 후에 주어지지만, 전체적인 것은 아닌 강화. 연속적 강화의 반대.

부정적 강화자(Negative reinforcer) 전기 충격이나 거부 같이 반응 이후에 제거되었을 때 반응의 개연성을 높이는 자극.

신경증적 행동(Neurotic behavior) 신체적으로 정상적인 유기체에서 학습함으로써 얻어진 부적응적 행동의 지속적인 습관. 불안은 보통 이러한 행동의 중심적인 구성 요소인데, 그것은 우연한 상황에서 변함없이 일어난다.

긍정적 강화자(Positive reinforcer) 음식이나 승인 같이 반응 이후에 제시되었을 때 반응의 개연성을 높이는 자극.

프로그램화된 교육(Programmed instruction) 특별하게 정확한 반응들은 강화되고, 흔히 가르치는 기계에 의해서 최상의 학습 효과를 거두기 위해서 차례대로 고안된 스키너의 교육 방법.

처벌(Punishment) 개인이 특정 행동에 관여한 결과로서 유해한 사건 적용을 포함하는 상호작용적 행동. 강화자의 역(converse)으로서 처벌은 단지 제거되어야 할 행동에만 적용된다.

상호적 제지(Reciprocal inhibition) 새로운 반응들에 의해서 오래된 반응들을 게거하거나 약화시키는 것. 하나의 반응이 부합되지 않는 반응에 의해서 제지를 당할 때, 그리고 만일 중요한 욕구 감소가 뒤따른다면 상당한 양의 조건화된 반응 제지가 계발될 것이다.

강화(Reinforcement) 반복되어야 할 반응의 경향을 강화하는 특정한 사건.

강화, **부정적**(Reinforcement, negative) 목표 행동의 등장(혹은 사라짐)의 결과로서 유해한 사건이 제거되는 것을 포함하는 조건화의 형태.

강화, 긍정적(Reinforcement, positive) 자신의 행동의 결과로서 바람직하고 유쾌한 어떤 것을 개인이 받는 것을 포함하는 조건화의 형태.

반응(Response) 스키너 상자 속의 한 묶음 디스크처럼 작용자의 유일한 경우.

반응 유도(Response induction) 한 가지 반응이 이전 반응과 유사하기 때문에 그 자체로 조건화되어 있지 않은 반응의 개연성을 변화시키는 것.

반응 형성(Response shaping) 거의 마지막 행동에 다다르는 단순한 행동을 마지막의 복잡한 행동으로 옮겨 놓는 과정. 이 과정을 통해서 어떤 행동들은 거의 바람직한 행동으로 강화되는 반면에 다른 행동들은 강화되지 않는다. 이 과정의 각 단계에서 강화가 주어지기 전에 바람직한 행동의 더 근사한 접근이 요구된다.

포화법(Satiation) 만들어져야 할 정확한 반응을 요구하지 않고 강화를 제공함으로써 작용자(operant)의 개연성을 감소시키는 것.

강화의 예정표들(Schedules of reinforcement) 간격 예정표들, 비율 예정표들, 그리고 그것들의 여러 가지 합성을 포함하여 연속적 혹은 (더욱 자주) 간헐적 강화의 프로그램들.

자연적 회복(Spontaneouos recovery) 제거를 경험하고 있는 작용자의 개연성의 일시적 증가로서, 그것은 부가적 강화 없이 새로운 경험적 회기(session)를 시작할 때 발생한다.

체계적 둔감화(Systematic desensitization) 행동치료의 한 형태로, 울프에 의해서 개발되었다. 내담자가 공포를 일으키는 연속적인 위계화된 자극을 상상한다. 그리고 이전에 학습한 근육 이완을 실행함으로써 두려움을 방지한다. 또한, 불안감을 느낄 수 있을 정도로 생생하게 공포가 느껴지는 상황을 상상할 수 없는 내담자에게는 생체 조건화된(in vivo) 둔감화를 사용하기도 한다.

토큰 경제(Token economies) 스키너의 조작적 조건화에 기반을 둔, 정밀하고 복잡한 행동치료의 형태. 바람직한 행동을 보일 때 조건화된 긍정적 강화자(예를 들어, 플라스틱 토큰)를 제공한다. 이 토큰은 후에 내담자가 선택할 더 많은 중요한 강화자와 교환될 수 있다.

무조건적 반응(Unconditioned response) 무조건화된 자극에 의해 야기되는 자동적 · 비학습적 반응.

무조건적 자극(Unconditioned stimulus) 특정(무조건적) 반응을 학습이나 필수적인 조건화 없이 자동적으로 이끌어 내는 자극.

변수 간격 스케줄(VI)(Variable-interval schedule) 특별한 수단을 갖춘 일련의 간격들을 갖고, 이전의 강화로부터 측정된, 변화되는 시간 간격 후에 일어나는 최초의 정확한 반응을 강화시키는 것. 때때로 중단되는 강화의 예정표.

변동 비율 스케줄(VI)(Variable-ratio schedule) 특별한 수단을 갖춘 일련의 비율을 갖고, 이전의 강화로부터 수를 세면서, 변화되는 수의 정확한 반응의 마지막을 강화하는 것. 때때로 중단되는 강화의 예정표.

주요 용어 맞추기

용어들

A. 소거(Extinction)
B. 반응(Response)
C. 위계화(Hierarchy)
D. 둔감화(Desensitization)
E. 신경증적 행동(Neurotic behavior)
F. 무조건적 반응(Unconditioned response)
G. 강화의 예정표들(Schedules of reinforcement)
H. 조건화, 혐오적(Conditioning, aversive)
I. 토큰 경제(Token economies)
J. 반응 형성(Response shaping)
K. 범람법(Flooding)
L. 행동치료(Behavior therapy)
M. 일반화(Generalization)
N. 조건화된 자극(Conditioned stimulus)
O. 혐오적 조절(Aversive control, 혐오 치료[aversion therapy])
P. 변별(Discrimination)
Q. 변동 비율 스케줄(VI)(Variable-ratio schedule)
R. 조건화, 고전적(반응 조건화)(Conditioning, Classical [respondent conditioning])
S. 처벌(Punishment)
T. 프로그램화된 교육(Programmed instruction)
U. 상호적 제지(Reciprocal inhibition)
V. 강화의 우연성(Contingencies of reinforcement)
W. 자연적 회복(Spontaneouos recovery)
X. 강화, 부정적(Reinforcement, negative)
Y. 모방적(사회적) 학습(Imitative [social] learning)
Z. 역조건화(Counterconditioning)
AA. 체계적 둔감화(Systematic desensitization)
BB. 행동 수정(Behavior modification)
CC. 강화, 긍정적(Reinforcement, positive)
DD. 행동 시연(Behavior rehearsal)
EE. 강화(Reinforcement)
FF. 긍정적 강화자(Positive reinforcer)
GG. 변수 간격 스케줄(VI)(Variable-interval schedule)

HH. 조건화, 조작적(Conditioning, operant)
II. 간헐적 강화(부분적 강화)(Intermittent reinforcement [partial reinforcement])
JJ. 행동주의(Behaviorism)
KK. 반응 유도(Response induction)
LL. 연속적 강화(Continuous reinforcement)
MM. 박탈(Deprivation)
NN. 고정 간격 스케줄(Fixed-interval schedule)(FI)
OO. 무조건적 자극(Unconditioned stimulus)
PP. 자기주장 훈련(Assertiveness training)
QQ. 부정적 강화자(Negative reinforcer)
RR. 포화법(Satiation)
SS. 고정 비율 스케줄(Fixed-rario schedule)(FR)
TT. 조건 강화(Conditioned reinforcement, 이차적 강화[secondary reinforcement])

설명

_____1. 행동치료의 한 형태로, 울프에 의해서 개발되었다. 내담자가 공포를 일으키는 연속적인 위계화된 자극을 상상한다. 그리고 이전에 학습한 근육 이완을 실행함으로써 두려움을 방지한다. 또한, 불안감을 느낄 수 있을 정도로 생생하게 공포가 느껴지는 상황을 상상할 수 없는 내담자에게는 생체 조건화된(in vivo) 둔감화를 사용하기도 한다.

_____2. 이것은 바람직하지 못한 행동이 제지될 때까지 고통스러운 자극을 줌으로써 내담자의 증상적 행동을 연상시키는 것과 관련된 행동치료기법이다. 혐오적 자극은 일반적으로 가벼운 전기 충격이나 안타뷰즈(antabuse, 역자 주: 알코올에 싫증이 나게 하는 약)와 같은 구토를 일으키는 혼합물이다.

_____3. (1) 둘 이상의 자극 사이의 어떤 차이점에 반응하기 위해서 유기체를 강화하는 것. (2) 강화된 자극에 반응하는 가능성에 있어서 결과되는 증가.

_____4. 특별하게 정확한 반응들은 강화되고, 흔히 가르치는 기계에 의해서 최상의 학습 효과를 거두기 위해서 차례대로 고안된 스키너의 교육 방법.

_____5. 새로운 반응들에 의해서 오래된 반응들을 게거하거나 약화시키는 것. 하나의 반응이 부합되지 않는 반응에 의해서 제지를 당할 때, 그리고 만일 중요한 욕구 감소가 뒤따른다면 상당한 양의 조건화된 반응 제지가 계발될 것이다.

_____6. 내담자의 특정한 '타깃' 행동이나 증세의 변화를 추구하는 심리치료법. 이 치료법은 관찰할 수 없거나 무의식적인 내적 상태의 변화를 추구하지 않는다.

_____7. 반복되어야 할 반응의 경향을 강화하는 특정한 사건.

_____8. 관찰자가 반응이 주어지는 환경에서 어떤 다른 사람(모델)을 주목함으로써 특별한 반응을 학습하는 과정.

_____9. 조작적 조건화는 스키너의 작품에서 나온 학습이론이다. 조작적 조건화와 고전적 조건화의 근본적인 차이는 조작적 조건화에서는 무조건화된 자극이 그 행동이 자연적으로 일어날 때 미리 결정된 행동을 따른다는 것이다. 이런 과정에서 무조건화된 자극은 '강화자(reinforcer)'로 불린다.

_____10. 신체적으로 정상적인 유기체에서 학습함으로써 얻어진 부적응적 행동의 지속적인 습관. 불안은 보통 이러한 행동의 중심적인 구성 요소인데, 그것은 우연한 상황에서 변함없이 일어난다.

_____11. 어떤 정확한 반응 후에 주어지지만 전체적인 것은 아닌 강화. 연속적 강화의 반대.

_____12. 실험자(또는 치료자)가 무조건화된 반응을 이끌어 내는 무조건화된 자극을 제시하는 기법. 무조건화된 반응은 조건화된 반응과 양립하지 않으며, 따라서 조건화된 반응을 억제한다. 예를 들어, 이완(UR)은 공포(CR)와 양립하지 않는다.

_____13. 특정(무조건적) 반응을 학습이나 필수적인 조건화 없이 자동적으로 이끌어 내는 자극.

_____14. 전기 충격과 같이 혐오적인 자극을 사용해서 (알코올 중독과 같은) 병리학적 행동의 가능성을 줄이는 것. 행동치료 중에서 비교적 논란의 여지가 있는 형태임.

_____15. 만들어져야 할 정확한 반응을 요구하지 않고 강화를 제공함으로써 작용자(operant)의 개연성을 감소시키는 것.

_____16. 강화시키지 않음으로써 원하지 않는 반응을 제거하는 과정.

_____17. 개인이 특정 행동에 관여한 결과로서 유해한 사건 적용을 포함하는 상호작용적 행동. 강화자의 역(converse)으로서 처벌은 단지 제거되어야 할 행동에만 적용된다.

_____18. 매번 정확한 반응 후에 주어지는 강화. 때때로 중단되는 강화의 반대.

_____19. 거의 마지막 행동에 다다르는 단순한 행동을 마지막의 복잡한 행동으로 옮겨 놓는 과정. 이 과정을 통해서 어떤 행동들은 거의 바람직한 행동으로 강화되는 반면에 다른 행동들은 강화되지 않는다. 이 과정의 각 단계에서 강화가 주어지기 전에 바람직한 행동의 더 근사한 접근이 요구된다.

_____20. (음식이나 물과 같은) 중요한 강화자를 얼마 동안 보류하여 조작적 강화나 조건화를 위해서 사용하는 것.

_____21. 목표 행동의 등장(혹은 사라짐)의 결과로서 유해한 사건이 제거되는 것을 포함하는 조건화의 형태.

_____22. 행동 변화를 위한 스키너의 방법을 구체적으로 가리킴. 반드시 정신병리학을 포함하지는 않는다.

_____23. 간격 예정표들, 비율 예정표들, 그리고 그것들의 여러 가지 합성을 포함하여 연속적 혹은 (더욱 자주) 간헐적 강화의 프로그램들.

_____24. 역조건화 인자로서 이완을 사용하여 불안감을 감소시키는 행동치료기법. 단계화된 불안을 생산하는 자극(불안 위계화에서)은 계속적으로 이완 상태와 짝을 이룬다. 그래서 이런 자극들과 불안감의 반응 사이의 관련성이 제거될 때까지 지속하는 것이다.

_____25. 자신의 행동의 결과로서 바람직하고 유쾌한 어떤 것을 개인이 받는 것을 포함하는 조건화의 형태.

_____26. 조건화를 통해 긍정적 혹은 부정적 속성을 획득하는 과거의 중립적 자극.

_____27. 음식이나 승인 같이 반응 이후에 제시되었을 때 반응의 개연성을 높이는 자극.

_____28. 외부 환경에 있는 자극, 특별한 반응, 그리고 그 반응에 뒤따르는 강화 사이의 상호 관계.

_____29. 한 가지 반응이 이전 반응과 유사하기 때문에 그 자체로 조건화되어 있지 않은 반응의 개연성을 변화시키는 것.

_____30. 조건화된 자극을 강화 없이 계속적으로 제공함으로써 조건화된 반응을 소거하는 치료기법. 역조건화 인자가 사용되지 않는다는 점에서 둔감화와 다르다.

_____31. 연습을 통해 자기주장 기술을 획득하는 데 초점을 둔 반구조적(semistructured) 훈련 접근법. 자기주장 기술은 내담자로 하여금 자신의 권리와 믿음을 더욱 효과적으로 주장할 수 있도록 한다.

_____32. 특별한 수단을 갖춘 일련의 비율을 갖고, 이전의 강화로부터 수를 세면서 변화되는 수의 정확한 반응의 마지막을 강화하는 것. 때때로 중단되는 강화의 예정표.

_____33. 특별한 수단을 갖춘 일련의 비율을 갖고, 이전의 강화로부터 수를 세면서 변화되는 수의 정확한 반응의 마지막을 강화하는 것. 때때로 중단되는 강화의 예정표.

_____34. 무조건화된 자극에 의해 야기되는 자동적 · 비학습적 반응.

_____35. 조건화 된 자극에 의해서 제공되는 강화.

_____36. 제거를 경험하고 있는 작용자의 개연성의 일시적 증가로서, 부가적 강화 없이 새로운 경험적 회기(session)를 시작할 때 발생한다.

_____37. 이전의 강화로부터 측정된, 특별한 시간 간격 후에 일어나는 최초의 정확한 반응을 강화시키는 것. 때때로 중단되는 강화의 예정표.

_____38. 스키너의 조작적 조건화에 기반을 둔, 정밀하고 복잡한 행동치료의 형태. 바람직한 행동을 보일 때 조건화된 긍정적 강화자(예를 들어, 플라스틱 토큰)를 제공한다. 이 토큰은 후에 내담자가 선택할 더 많은 중요한 강화자와 교환될 수 있다.

_____39. 심리학의 접근법 중의 하나로, 단지 실제의 행동만이 과학적 연구에 적합하다는 입장.

_____40. 특별한 자극에 뒤따르는 강화는 특별한 반응을 이끌어 내는 자극의 가능성을 증가할 뿐만 아니라, 다른 유사한 자극의 효과를 확장시킨다는 전제를 갖고 작용하는 것. 두 가지 자극이나 자극 환경들이 정확하게 같지 않기 때문에 이러한 일반화의 과정은 아주 중요하다.

_____41. 전기 충격이나 거부 같이 반응 이후에 제거되었을 때 반응의 개연성을 높이는 자극.

_____42. 이반 파블로프에 의해 처음으로 입증된 간단한 형태의 학습. 조건적 자극(예들 들어, 빛)이 무조건적 자극(음식)과 계속적으로 짝을 이룸으로써 특정한 조건화된 반응(타액)을 이끌어 낼 수 있다.

_____43. 특별한 수단을 갖춘 일련의 간격들을 갖고, 이전의 강화로부터 측정된, 변화되는 시간 간격 후에 일어나는 최초의 정확한 반응을 강화시키는 것. 때때로 중단되는 강화의 예정표.

_____44. 스키너 상자 속의 한 묶음 디스크처럼 작용자의 유일한 경우.

_____45. 내담자의 환경 내에서 내담자와 치료자가 짧게 행동을 시연하는 치료기법. 이 시연(rehearsal)의 목표는 내담자가 실제의 '적'을 효과적으로 대처할 준비를 하게 하는 것이다. 그래서 이 적이 야기하는 불안감을 미리 억제할 수 있다.

_____46. 한 주제에 대해 불안감을 일으키는 정도에 따라 순서를 매긴 자극의 목록. 위계화는 치료자에게 불안감을 일으키는 단계화된 일련의 자극을 보여준다. 이를 통해 내담자에게 그 자극에 연관된 불안감을 제거하기 위한 역조건화 인자를 제공할 수 있다.

논의와 개인적 성찰을 위한 질문들

다음의 질문들은 소그룹 논의에서 이론의 더 깊은 탐구와/나 그 이론을 당신 자신의 삶에 어떻게 적용할 것인지에 대한 개인적 성찰을 위해서 사용될 수 있다.

1. 행동치료에 대한 당신의 일반적인 인상은 무엇인가? 당신은 인간의 인격이 환경에 의해서 어떻게 영향을 받는지에 대한 그 견해에 동의하는가?

____

____

____

2. 당신은 행동치료 이론이 당신 자신의 삶에 어떻게 적용된다고 생각하는가? 만일 그것이 당신의 삶에 적용되지 않는다고 생각한다면, 왜 그런가?

____

____

____

3. 만일 당신이 스키너(B. F. Skinner), 조셉 울프(Joseph Wolpe), 혹은 앨버트 반두라(Albert Bandura)와 대화를 나눈다면, 당신은 어떤 질문들을 하겠는가?

____

____

____

4. 치료적 중재에 대한 당신 자신의 접근방법을 계발할 때, 당신은 행동치료로부터 무엇을 배울 것인가?

____

____

____

복습 단원에 대한 해답

간략한 전기

1. 스키너
2. 울프(Joseph Wolpe), 라자러스(Arnold Lazarus)
3. 모델

역사적 발전

1. 실험적
2. 왓슨(John B. Watson)
3. 실증주의
4. 결과

인간 본성에 대한 시각

1. 상호작용적
2. 외부적
3. 쾌락주의자

부적응적 행동의 발달

1. 불리, 위험한
2. 자기파괴적
3. 강화

치료의 목표

1. 단절
2. 학습
3. 반응적, 중립적
4. 처벌

치료자의 기능

1. 적극적인
2. 정의
3. 검증

주요 방법과 기법

1. 긍정적 강화(Positive Reinforcement)
2. 토큰 경제(Token Economies)
3. 불안
4. 대리
5. 점진적
6. 범람법(Flooding)

적용

자기주장 훈련

비판적 분석

1. 객관성, 평가, 그리고 뛰어난 연구 결과
2. 방법
3. 전인격
4. 과정
5. 이점

현재의 상태

1. 통찰력
2. 확대, 다양화

주요 용어 맞추기 해답

1. AA
2. H
3. P
4. T
5. U
6. L
7. EE
8. Y
9. HH
10. E
11. II
12. Z
13. OO
14. O
15. RR
16. A
17. S
18. LL
19. J
20. MM
21. X
22. BB
23. G
24. D
25. CC
26. N
27. FF
28. V
29. KK
30. K
31. PP
32. Q
33. SS
34. F
35. TT
36. W
37. NN
38. I
39. JJ
40. M
41. QQ
42. R
43. GG
44. B
45. DD
46. C

Chapter 13

합리정서치료 및 기타 인지 이론

요약

1. **간략한 전기.** 앨버트 엘리스(Albert Ellis, 1913-2007)는 뉴욕에서 자랐다. 어린 사춘기 시절에는 소설가가 꿈이었다. 1934년 그는 경영학으로 뉴욕의 시티 칼리지를 졸업했다. 시간이 있을 때마다 소설을 썼으나 성공을 거두지 못했다. 8번째 소설조차 출판을 거절당하자 심리학을 공부하기로 결심한다. 그리고 컬럼비아 대학에서 임상심리로 박사학위를 취득했다. 처음에 정신분석을 시도했으나, 환자에 대해 적극적으로 관여하면서 지시적이 되었고, 점차적으로 자신만의 치료법을 개발하게 되었다.

2. **역사적 발전.** RET의 기원은 멀리 고대 그리스 철학까지 거슬러 올라갈 수 있지만, 최근의 인지학습 이론으로부터 직접적 영향을 받았다. 엘리스는 원래 정신분석 훈련을 받고 치료를 했지만, 그는 이 방법에 만족하지 못하였다. 이후 그는 환자들의 행동이 그들의 태도나 인식에 영향을 받는다는 가정을 내놓았다. 이 가정은 엘리스로 하여금 심리치료에 합리적 접근법을 연구하도록 이끌었다.

3. **인간 본성에 대한 시각.** 엘리스는 우리가 삶의 환경으로부터 연유하는 것처럼 보이는 많은 쾌락과 고통을 통제할 잠재력이 있다고 보았다. 엘리스에 의하면, 인간의 정신은 사고와 감정이 복잡하게 얽혀 있다. 인간성에 관한 시각은 그의 A-B-C 이론에 축약되어 있다. 사람들이 치료를 받는 이유는 C(고통스러운 결과) 때문이다. 그리고 이 결과는 A(사건) 때문이다. 사람들은 A와 C 사이에 인과관계가 있다고 생각한다. 하지만 엘리스에 의하면 사람들은 실제로 A 때문에 고통 받는 것이 아니다. A에 대한 생각, 즉 B(믿음) 때문에 고통 받는 것이다.

4. **부적응적 행동의 발달.** 인간은 자기의식적 존재이다. 삶에서 고통을 당하면 고통을 당한다는 사실 때문에 다시 고통을 당한다. 그러므로 부적응적 행동은 수많은 비논리적 생각(예: 행복의 조건은 모든 사람으로부터 사랑을 받고 인정을 받아야 한다)의 결과이다. 이 생각들은 새로운 사고의 방법이 학습될 때까지 서로를 지지하고 지속된다. 이런 비논리적 사고의 결과로 쓸데없다는 느낌, 우울증, 분노, 불안, 조병(mania) 혹은 자기연민에 빠진다. 우리는 태어날 때부터 합리적으로 살 수 있는 잠재력을 가지고 있지만, 유년기 시절의 왜곡과 강화 때문에 비논리적으로 살게 된 것이다.

5. **치료의 목표.** RET의 궁극적인 목표는 내담자를 '가르쳐', 자신의 현실 왜곡을 분석하고 바로잡게 하는 것이다. 내담자가 합리적 사고와 비합리적 사고를 구별할 수 있도록 한다. 그런 다음 파악된 비합리적 사고를 반박한다. 즉, 비합리적이고 감정적인 사고를 본인 스스로 논박할 수 있는 수준까지 끌어올리는 것이다. RET는 이러한 비합리적 사고를 제거할 뿐 아니라 이를 대체하는 새롭고 더욱 합리적인 철학을 제시한다. 이런 논박이 효과적이라면 감정적 고통이 감소될 것이다. 그리고 자신의 삶에 더욱 큰 책임을 지려 할 것이다.

6. **치료자의 기능.** RET에서 치료자는 분명한 어조로 이야기하고, 지시를 내리며, 의도적으로 내담자를 보다 건전한 관점으로 유도한다. 설득과 논쟁을 통해 자기패배적 패턴을 공격한다. 그리고 가능하면 빨리 내담자가 자신의 비논리적인 사고를 대면할 수 있도록 치료한다. 과거의 사소한 부분을 파고드는 것은 연막전술에 불과하다. 비합리적 사고라는 진짜 문제를 감추려는 것이다. 따라서 RET치료는 환자가 어떻게 그리고 언제 비합리적인지를 드러내는 과정이 포함되어 있다.

7. **주요 방법과 기법.** RET는 세 가지 일반적 단계로 구성되어 있다. 인지적 단계에서는 치료자가 내담자에게 치료의 이유를 설명한다. 정서적 단계에서는 내담자로 하여금 자신의 생각을 인식하도록 한다. 마지막으로, 행동 단계에서는 대체적 인식을 말로 표현하고 행동을 변화시키도록 훈련받는다. 각 단계에서 논박, 반박, 과제 등의 추가적 기법이 사용된다.

8. **적용.** 치료보고서(transcript)가 엘리스의 합리정서요법의 핵심을 완전히 포괄하는 것은 아니지만, 26세 환자의 사례는 그 적용에 관련된 극적인 순간을 잘 포착하고 있다. 이 환자는 남성으로 상업광고 아티스트이다. 그는 동성애 공포증(homophobic)에 시달린다. 이 사례에서 엘리스는 곧바로 환자의 비합리적이고 비논리적인 사고를 공격한다. 그리고 반박을 통해 이 사고를 해체하려고 한다. 8번의 회기를 통해 환자의 집착은 완화되었다.

9. **기타 인지 이론.** RET가 인지치료 가운데 가장 알려진 접근법이지만, 이것이 유일한 것은 아니다. 애런 벡(Aaron Beck) 역시 또 하나의 효과적인 인지접근 이론을 발전시켰다. 그의 이론은 사람이 느끼고 생각하는 방식은 자신의 경험을 어떻게 구조화하는지에 달려 있다는 원리에 근거를 두고 있다. '역기능적' 사고를 강조하면서 좀 적게 투사함으로써 사건에 대한 해석에 있어서 좀 더 현실적이 될 것을 강조한다. 도널드 마이켄바움은 인지-행동 접근법을 개발했다. 인지-행동치료자는 내담자가 각본화된 행동의 특성을 교란시키기 위해 자신이 어떻게 생각하고, 느끼며, 행동하는지를 숙지하도록 격려한다. 이를 통해 내담자는 다양한 상황 하에서 자신의 행동을 평가할 수 있다.

10. **비판적 분석.** 인지적 접근법은 행동의 중요하지 않은 측면에 근거를 두고 자신에게 심각한 판단을 내리는 내담자를 돕는 데 효과적인 단기 치료전략이다. 이 효과는 이미 검증되었다. 하지만 이 이론은 인간 경험의 복잡성을 단순화했다는 비판을 받는다. 또한 참으로 '가치 없는' 접근을 치료에 적용한다는 비판을 받는다. 다문화 카운슬링에 있어서 인지적 접근은 수많은 문화적 장벽을 초월할 수 있다. 하지만 자신만의 특별한 세계관에 관련되어 있는 소수인종 내담자의 가치를 '비합리적'인 것으로 잘못 해석할 위험성도 존재한다.

11. **현재의 상태.** 최근 RET 및 기타 인지 이론이 각광을 받게 되었다. 그 이유 중의 하나는 이론의 적용을 뒷받침하는 실증적 증거에 기인한다. 또한 뉴욕에 본부를 두고 있는 엘리스의 두 개의 비영리 기관은 많은 영역에서 RET가 적용될 수 있도록 노력하였다. 현재 수천 명의 치료자들이 인지치료를 사용하고 있으며, 현재 가장 인기 있는 치료법 가운데 하나가 되었다.

안내 학습

아래 문제들을 통해서 당신은 이 과의 중요한 부분들을 학습하게 될 것이다. 주어진 빈칸에 답을 쓰고 나서 본문의 밑줄 쳐진 부분과 비교해 보라.

1. 앨버트 엘리스의 인격이 형성되는 시기가 그의 이론 발달에 어떻게 영향을 끼쳤는지 묘사하라.

2. 당신은 합리정서치료의 역사에 익숙하지 않은 사람에게 당신 자신의 말로 어떻게 그것의 태동을 묘사하겠는가?

3. 인간성에 대해서 엘리스는 우리가 환경의 희생자들이라고 주장하지 않는다. 인간의 인격에 대한 합리정서 이해에 있어서 이것이 왜 기본적인지 설명하라.

4. 감정들이 합리적 관점에서 어떻게 생겨나는지 묘사하라. 당신의 설명에서 A-B-C 이론을 반드시 사용하라.

5. 당신은 정신병리학(psychopathology)에 대한 인지적 접근을 어떻게 묘사하겠는가? 달리 말하자면, 이러한 구조 속에서 부적응적 행동은 어떻게 발달하는가?

6. "가치 있기 위해서는 철저하게 적합해야 한다."는 것은 일반적인 비합리적 사고이다. 대체로 감정적 장애를 일으키면서 가장 일반적으로 발생하는 비합리적 신념들은 어떤 것이 있는가?

7. 합리정서치료자는 분명히 지시적이다. 이것은 합리정서치료자의 기능에 있어서 어떻게 작용하는지 논의하라.

8. RET의 궁극적인 목표는 무엇이며, 그것은 어떻게 이루어지는가?

9. 합리정서치료자는 내담자의 신념들을 확인하기 위해서 어떻게 하는가?

10. 어떤 사람에게 데이트 요청하기를 두려워하는 사람에게 합리적 분석은 어떻게 일어날 수 있는지 설명하라.

11. 당신은 엘리스가 동성애 공포증에 시달리는 26세의 상업광고 아티스트를 치료한 것을 통해서 무엇을 배웠는가?

12. 비판적으로 분석해 볼 때, 인지적 접근방법의 가장 중요한 장점들과 단점들은 무엇인가?

복습 단원

아래 항목들을 통해서 당신은 이 과의 특별한 내용을 마스터하게 될 것이다. 빈칸을 채워 아래의 각 문장을 완성하라.

간략한 전기

1. 중학교 사춘기 시절 엘리스는 __________가 되길 꿈꾸었다.
2. 엘리스는 자신이 원하는 정신분석 훈련을 받기가 쉽지 않았다. 마침내 그는 __________ 그룹으로부터 3년간 개인분석을 받을 수 있었다.
3. 2007년에 세상을 떠나기 전까지 엘리스는 뉴욕에서 매주 ________명이나 되는 내담자와 만났고, 80개 이상의 집단회기를 감독하였다.

역사적 발전

1. 합리정서치료의 기원은 고대 그리스의 스토아 철학에까지 거슬러 올라간다. __________ 철학은 행동과 그 해석을 구분하였다.
2. 엘리스의 현대 이론은 때로 __________혁명이라고 불리는 맥락 내에서 꽃을 피웠다. 인지혁명이란 생리학, 철학, 언어학, 컴퓨터 과학, 의학 및 심리학 등 다양한 분야에서 연구된 결과를 종합한 과학적 혁명을 의미한다.
3. 엘리스는 자신의 이론이 어떻게 시작되었는지를 설명하는 가운데 자신의 경험을 언급하였다. 그는 대학생 시절 낯선 __________에게 다가가는 데 심각한 두려움과 쑥스러움을 느꼈다.

인간 본성에 대한 시각

1. 엘리스는 인간이 자신의 외부로부터 오는 고통과 쾌락의 많은 영역에 대해 최종적으로 __________을 행사할 수 있다고 주장하였다.
2. 엘리스는 인간 본성에 대한 자신의 견해를 종종 __________ 이론으로 불리는 행동 개념을 통해 요약했다.
3. 인간성이 이런 특정한 생물학적 · 사회적 압력에 의해 어느 정도 결정되는 것은 사실이지만, 우리에게는 __________가 있으며, 자신만의 세계를 창조할 수 있다는 사실은 엄연히 존재한다.
4. 가장 강력한 인간적 · 내적 경향 중의 하나는 __________과 __________에 의해서 영향을 받는다.

부적응적 행동의 발달

1. 이러한 이론은 부적응적 행동이 수많은 중요한 __________ 생각으로부터 기인한다는 가정에 근거를 두고 있다. 이러한 생각은 새로운 사고방식이 학습될 때까지 유지되고 실행된다.
2. 일반적인 비논리적 신념은 이렇다: __________은 외부적 요인에 의해서 발생한다. 따라서 사람은 자신의 슬픔과 고통을 통제할 능력이 거의 없다.
3. 또 다른 일반적인 비논리적 신념은 이렇다: __________을 직면하기보다 피하는 편이 더 쉽다.

4. 가장 일반적인 비합리적 믿음은 타인으로부터의 __________과 __________다.

치료의 목표

1. RET의 목표는 내담자를 __________ 현실에 대한 왜곡을 분석하고 바로잡게 하는 것이다.
2. __________이란 내담자로 하여금 자신의 비합리적 신념에 도전하게 하는 것이다. 그래서 그 신념을 제거하고 새롭고 합리적인 철학으로 대체하는 것이다.
3. RET는 내담자로 하여금 자신의 삶에 __________을 지도록 한다.
4. 건강한 내담자는 논리적이고 객관적이며, 따라서 일반적으로 __________ 마음을 소유하고 있다.

치료자의 기능

1. 의도적으로 환자들을 건전한 관점으로 __________하기 위하여 합리정서치료자들은 노골적으로 지시적이다.
2. 가능하면 빨리 비논리적 생각에 직면하도록 하기 위하여 처음부터 치료자들은 내담자의 자기패배적 유형을 공격하기 위해 __________을 사용한다.
3. __________ 신념은 현실과 부합되는 것으로, 구체적 증거에 의해서 지지된다.

주요 방법과 기법

1. RET는 3단계, 즉 __________, __________, 그리고 __________ 방식 혹은 단계로 구성되어 있고, 각 단계는 자체의 방법론을 가지고 있다.
2. RET치료자들이 찾고 있는 주제들로는 부풀리기(magnification), 자기비난(self-blame), __________ 추리가 있는데, 그것은 부정적 감정이 실제의 세계를 반영한다고 믿는 것이다.
3. 인지치료자는 종종 내담자에게 합리적 __________분석을 수행할 것을 요청한다. 내담자는 이를 통해 A-B-C 이론을 자신의 상황에 적용해 볼 수 있으며, 자신의 비합리적 신념을 적극적으로 반박해 볼 수 있다.
4. RET치료자는 숫자를 사용한 평점과 기록 매기기를 통하여 A-B-C-D-E-F 모델의 __________에 대한 내담자의 이해력을 높일 수 있다.
5. 합리정서치료자들은 내담자의 문제가 불행한 사건에 대한 과장된 의미부여로부터 기인한다고 생각한다. 따라서 치료자는 __________를 사용해서 그 사건을 '가볍게 넘기거나' 밝은 대낮의 빛 가운데서 그들의 문제를 볼 수 있도록 한다.

적용

동성애 공포증(homophobic)에 시달리는 26세의 상업광고 아티스트의 사례에서, 엘리스는 그의 비합리적이고 비논리적 생각을 조준하고 빠르게 __________에 들어간다.

기타 인지 이론

1. 엘리스가 자신의 치료기법을 완성하고 있을 즈음, 필라델피아의 심리치료사인 __________________ 역시 또 하나의 인지 이론을 발전시키고 있었다. 그의 이론은 사람이 느끼고 생각하는 방식은 자신의 경험을 어떻게 구조화하는지에 달려 있다는 원리에 근거를 두고 있다.
2. 또 다른 방법은 일반적으로 '인지적-행동치료법(cognitive-behavioral therapy)'이라고 불리며, __________의 사회적 학습과 자기효능(self-efficacy) 이론(1977, 1986)과 도널드 마이켄바움(Donald Meichenbaum)의 인지적 행동수정 이론 혹은 스트레스- __________훈련으로부터 등장했다.

비판적 분석

1. 인지적 접근이 본능적으로 인간의 합리성이라는 측면에 잘 들어맞기 때문에 이 치료법은 그동안 상당한 양의 치료와 관련된 서적과 긍정적인 __________ 결과를 내놓을 수 있었다.
2. RET에 대한 하나의 비판은 참으로 __________ 접근을 치료에 적용한다는 것이다.
3. 인지적 접근이 자신의 특정 __________에 관련되어 있는 소수인종의 가치들을 비합리적이라고 잘못 해석할 위험성도 있다.

현재의 상태

오늘날 RET __________ 결과는 정기적으로 「합리정서와 인지행동치료 저널(*Journal of Rational Emotive and Cognitive-Behavior Therapy*)」에 실린다.

주요 용어

이론을 배우는 것은 대부분 그 이론과 관련된 어휘를 익히는 것이다. 아래에 나열된 주요 용어들은 단지 그 일을 도울 것이다. 당신은 이 목록을 가지고 3×5 크기의 카드를 사용해서 스스로 플래시 카드(flash card) 테스트를 할 수 있다. 일단 이 어휘를 공부하고 나면, 당신은 다음에 나오는 맞추기 퀴즈를 가지고 당신의 지식을 점검해 볼 수 있다.

행동 과제(Action Homework) 내담자로 하여금 행동으로 자신의 비합리적 사고를 반박할 수 있도록 격려하는 과제. 이 과제는 거의 언제나 어느 정도 위험을 내포한다. 왜냐하면 내담자가 가장 두려워하는 바로 그 일을 하도록 요청받기 때문이다.

전부 아니면 전무 식의 사고(All-or-Nothing Thinking) 사물을 흑백논리, 예/아니오, 나를 위함/나를 반대함 식의 범주로 바라보는 것. 만일 대화가 완벽하지 않으면 실패한 것인가? 예: 학생이 한 시험에서 C를 받았다. 그는 자신을 학업에서 실패한 인간으로 간주한다.

인지적(Cognitive) 행동에 있어서 목표, 지식, 이해, 사고 그리고 이성적 사고를 중요하게 생각하는 것.

반박하기(Countering) 내담자가 자신의 중요한 비합리적 신념에 대한 '상반된 생각'을 파악하고 그 신념을 반박하는 기법. 즉, 자신이 가지고 있는 잘못된 신념을 강력하게 공격하고 그 허구성을 드러내는 작업.

깎아내리기(Discounting) 긍정적인 경험을 "중요하지 않아!" 라고 주장함으로써 거부하는 것. 예: 학교에서 좋은 성적을 받고도 "누구나 잘하잖아." 라고 말하는 것.

감정통제 카드(Emotion control Card) 감정을 쇠약하게 만드는 4개의 범주(분노, 자기비난, 불안, 우울증)를 보여주는 지갑 크기의 카드. 부적절한 감정 목록을 담고 있으며, 이에 병행하는 적절한 감정 목록도 담고 있다. 합리정서 상상 훈련을 위해 사용된다.

감정적 추리(Emotional Reasoning) 부정적 감정이 실제의 세계를 반영한다는 가정. 예: "죄책감이 드는 걸 보니 죄책감이 있는 것이 분명해."

정서적(Emotive) 감정을 일으키는 자극과 관련된 것.

통찰 번호 1(Insight Number 1) 엘리스의 용어로, 내담자에게 왜/언제 내담자가 비합리적인지 보여주는 것.

통찰 번호 2(Insight Number 2) 엘리스의 용어로, 자신에게 똑같은 반복적 · 비합리적 생각을 주입함으로써 자신이 감정적 혼란을 자초하고 있다는 사실을 이해하고 확신하는 단계.

통찰 번호 3(Insight Number 3) 엘리스의 용어로, 자신의 문제를 제거하는 일은 자신의 잘못된 신념에 도전하고 새로운 생각의 방법을 개발하고자 하는 본인의 의지에 달려 있음을 내담자가 충분히 인식하는 것.

비합리적(Irrational) '그릇된' 사고에 의해 영향 받고 인도되는 것.

부풀리기(Magnification) 문제나 단점의 중요성을 과장하는 것. 예: "제 IQ가 이런데 좋은 직장을 얻을 수 있겠어요?"

마음 읽기(Mind Reading) 사람들이 느끼고 생각하는 것으로부터 추론하는 것. 예: "대통령은 사람을 싫어한다. 아무도 들어가 그를 볼 수 없는데, 그 이유는 비밀정보기관을 시켜 사람들이 자신에게 오는 것을 막기 때문이다."

과잉일반화(Over generalization) 하나의 사례로부터 언제나/결코 등의 단어를 사용함으로써 끊임없이 패배의 패턴을 만들어 내는 것. 예: "난 언제나 잘못된 시각에 잘못된 장소에 있다."

합리적(Rational) 이성에 의해 영향 받고 인도되는 것.

자기비난(Self-blame) 자신의 통제 밖의 사건에 대해 개인적 책임을 지는 것. 예: "내가 쇼핑 가자고 하지 않았다면, 그가 사고를 당하지 않았을 텐데."

자기효능(Self-efficacy) 바람직한 결과를 얻기 위한 자신의 능력, 효과성, 힘, 또는 권력에 관한 종합적 판단.

사회적 학습(Social Learning) 행동주의의 수정된 형태. 행동에서의 원인적 인자로서 인지적 과정의 중요성을 강조함. 현재 반두라가 이 관점의 주도적 지지자이다.

주요 용어 맞추기

용어들

A. 깎아내리기(Discounting)
B. 합리적(Rational)
C. 자기효능(Self-efficacy)
D. 감정통제 카드(Emotion control Card)
E. 통찰 번호 1(Insight Number 1)
F 비합리적(Irrational)
G. 행동 과제(Action Homework)
H. 자기비난(Self-blame)
I. 반박하기(Countering)
J. 인지적(Cognitive)
K. 마음 읽기(Mind Reading)
L. 부풀리기(Magnification)
M. 정서적(Emotive)
N. 통찰 번호 2(Insight Number 2)
O. 사회적 학습(Social Learning)
P. 전부 아니면 전무 식의 사고(All-or-Nothing Thinking)
Q. 과잉일반화(Overgeneralization)
R. 감정적 추리(Emotional Reasoning)
S. 통찰 번호 3(Insight Number 3)

설명

_____1. '그릇된' 사고에 의해 영향 받고 인도되는 것.

_____2. 사람들이 느끼고 생각하는 것으로부터 추론하는 것. 예: "대통령은 사람을 싫어한다. 아무도 들어가 그를 볼 수 없는데, 그 이유는 비밀정보기관을 시켜 사람들이 자신에게 오는 것을 막기 때문이다."

_____3. 사물을 흑백논리, 예/아니오, 나를 위함/나를 반대함 식의 범주로 바라보는 것. 만일 대화가 완벽하지 않으면 실패한 것인가? 예: 학생이 한 시험에서 C를 받았다. 그는 자신을 학업에서 실패한 인간으로 간주한다.

_____4. 이성에 의해 영향 받고 인도되는 것.

_____5. 감정을 일으키는 자극과 관련된 것.

_____6. 내담자가 자신의 중요한 비합리적 신념에 대한 '상반된 생각'을 파악하고 그 신념을 반박하는 기법. 즉, 자신이 가지고 있는 잘못된 신념을 강력하게 공격하고 그 허구성을 드러내는 작업.

_____7. 엘리스의 용어로, 자신의 문제를 제거하는 일은 자신의 잘못된 신념에 도전하고 새로운 생각의 방법을 개발하고자 하는 본인의 의지에 달려 있음을 내담자가 충분히 인식하는 것.

_____8. 감정을 쇠약하게 만드는 4개의 범주(분노, 자기비난, 불안, 우울증)를 보여주는 지갑 크기의 카드. 부적절한 감정 목록을 담고 있으며, 이에 병행하는 적절한 감정 목록도 담고 있다. 합리정서 상상 훈련을 위해 사용된다.

_____9. 문제나 단점의 중요성을 과장하는 것. 예: "제 IQ가 이런데 좋은 직장을 얻을 수 있겠어요?"

_____10. 내담자로 하여금 행동으로 자신의 비합리적 사고를 반박할 수 있도록 격려하는 과제. 이 과제는 거의 언제나 어느 정도 위험을 내포한다. 왜냐하면 내담자가 가장 두려워하는 바로 그 일을 하도록 요청받기 때문이다.

_____11. 엘리스의 용어로, 자신에게 똑같은 반복적 · 비합리적 생각을 주입함으로써 자신이 감정적 혼란을 자초하고 있다는 사실을 이해하고 확신하는 단계.

_____12. 긍정적인 경험을 "중요하지 않아!" 라고 주장함으로써 거부하는 것. 예: 학교에서 좋은 성적을 받고도 "누구나 잘하잖아." 라고 말하는 것.

_____13. 하나의 사례로부터 언제나/결코 등의 단어를 사용함으로써 끊임없이 패배의 패턴을 만들어 내는 것. 예: "난 언제나 잘못된 시각에 잘못된 장소에 있다."

_____14. 행동에 있어서 목표, 지식, 이해, 사고 그리고 이성적 사고를 중요하게 생각하는 것.

_____15. 엘리스의 용어로, 내담자에게 왜/언제 내담자가 비합리적인지 보여주는 것.

_____16. 부정적 감정이 실제의 세계를 반영한다는 가정. 예: "죄책감이 드는 걸 보니 죄책감이 있는 것이 분명해."

_____17. 자신의 통제 밖의 사건에 대해 개인적 책임을 지는 것. 예: "내가 쇼핑 가자고 하지 않았다면, 그가 사고를 당하지 않았을 텐데."

_____18. 바람직한 결과를 얻기 위한 자신의 능력, 효과성, 힘, 또는 권력에 관한 종합적 판단.

논의와 개인적 성찰을 위한 질문들

다음의 질문들은 소그룹 논의에서 이론의 더 깊은 탐구와/나 그 이론을 당신 자신의 삶에 어떻게 적용할 것인지에 대한 개인적 성찰을 위해서 사용될 수 있다.

1. 합리정서치료에 대한 당신의 일반적인 인상은 무엇인가? 당신은 인간의 인격이 어떻게 구조화되는지에 대한 이 견해에 동의하는가?

2. 당신은 인지 이론들이 당신 자신의 삶에 어떻게 적용된다고 생각하는가? 만일 그것이 당신의 삶에 적용되지 않는다고 생각한다면, 왜 그런가?

3. 만일 당신이 앨버트 엘리스(Albert Ellis)와 대화를 나눈다면, 당신은 그의 이론에 대해서 어떤 질문들을 하겠는가?

4. 치료적 중재에 대한 당신 자신의 접근방법을 계발할 때, 당신은 인지 이론들로부터 무엇을 배울 것인가?

복습 단원에 대한 해답

간략한 전기

1. 소설가
2. 캐런 호나이
3. 80

역사적 발전

1. 스토아
2. 인지
3. 여학생

인간 본성에 대한 시각

1. 지배권
2. A-B-C
3. 자유의지
4. 가족, 환경

부적응적 행동의 발달

1. 비논리적
2. 불행
3. 문제나 책임
4. 인정, 완벽주의

치료의 목표

1. 가르쳐서
2. 논박(Disputation)
3. 책임
4. 열린

치료자의 기능

1. 인도
2. 설득과 토론
3. 합리적

주요 방법과 기법

1. 인지적, 정서적(emotive), 행동적
2. 감정적
3. 자기
4. 효과
5. 유머

적용

철거

기타 인지이론

1. 애런 벡(Aaron Beck)
2. 반두라(Albert Bandura), 접종(inoculation)

비판적 분석

1. 연구
2. 가치 없는
3. 세계관

현재의 상태

연구

주요 용어 맞추기 해답

1. F
2. K
3. P
4. B
5. M
6. I
7. S
8. D
9. L
10. G
11. N
12. A
13. Q
14. J
15. E
16. R
17. H
18. C

Chapter 14

현실치료

요약

1. **간략한 전기.** 글래서(William Glasser, 1925-)는 오하이오 주 클리블랜드에서 출생하였다. 그는 어린 시절 사랑이 넘치는 가정에서 행복하게 자랐다고 회고한다. 그는 화학공학을 전공했으며, 졸업 후 임상심리로 박사과정을 공부하였다. 하지만 심사위원들이 그의 논문 통과를 거부하자 웨스턴 리저브(Western Reserve) 대학의 의대로 진학(1953)하였다. 그리고 1957년 UCLA에서 심리치료로 레지던트를 마쳤다. 이 기간 동안 글래서는 전통적인 정신분석 절차의 효과성에 대해 의문을 품게 되었고, 대안 방법을 연구하기 시작했다.

2. **역사적 발전.** 현실치료의 기원은 글래서가 정신분석치료를 근본적으로 싫어했고 반대했다는 사실에서 기원을 찾을 수 있다. 그 이론이 너무 신경증과 정신질환에만 집중한다는 이유였다. 글래서는 정신질환의 의학 모델을 거부하면서 환자들은 아픈 게 아니라 약한 것이라고 주장하기 시작했다. 그의 스승이었던 UCLA의 해링턴 박사(Dr. G. L. Harrington)는 글래서의 의학 모델 거부와 혁신적 생각을 격려하였다. 글래서는 결국 캘리포니아 주가 운영하는 십대 소녀들을 위한 센터의 수석 심리치료사로 자리를 잡으면서 마침내 자유롭게 자신의 치료 이론을 적용해 볼 수 있었다. 여학생들의 재범률을 획기적으로 떨어뜨린 후에 자신의 독특한 방법에 관한 저술을 시작했다.

3. **인간 본성에 대한 시각.** 현실치료는 모든 사람이 차별화되길 원한다고 가정한다. 다른 모든 사람들과는 다르고 독특하게 느끼길 원하는 내재적 · 유전적 필요를 가지고 있다. 글래서는 두 가지(긍정적, 부정적) 정체감을 정의한다. 그는 이 정체감을 행동을 통해 관찰하고 현실에 비추어 검증하였다. 개인은 현실과 일치하기도 하고 불일치하기도 한다.

4. **부적응적 행동의 발달.** 글래서에 의하면 개인은 정신병을 선택한다. 글래서는 정신병에 있어서 생물학적 요인을 거부하며, 부적응적 기능을 무책임의 결과로서 파악한다. 글래서에 의하면 개인이 성공적인 정체감을 갖고, 가치 있다고 느끼며, 부적응적 행동의 형태를 피하기 원한다면 만족스러운 행동의 기준을 유지해야 한다.

5. **치료의 목표.** 중요한 치료의 목표는 내담자가 자기패배적 행동을 파악하고 고치며, 적절한 선택을 하며, 책임감을 발달시키도록 돕는 것이다. 현실치료는 내담자로 하여금 자신이 삶에서 무엇을 원하는지 파악하고, 자신이 원하는 것을 얻는 데 방해가 되는 걸림돌들을 점검하도록 돕는 것이다.

6. **치료자의 기능.** 책임을 근본적인 가치로 보는 치료자는 내담자로 하여금 무책임한 행동을 바꾸도록 돕는다. 이를 위해 치료자는 내담자와 탄탄한 감정적 관계를 만들려고 노력해야 한다. 이 과정은 때로는 단호하고, 관심을 표명하며, 따뜻하고, 이해심을 갖고, 민감하고, 진지해야 한다. 가장 중요한 것은 치료자 스스로가 가장 뛰어난 책임감 있는 행동의 본을 보여야 한다는 점이다.

7. **주요 방법과 기법.** 글래서는 내담자가 현실을 직면하고 더욱 책임감 있는 사람이 되도록 8개의 일반적 절차를 제시했다. 적극적 친화(caring rapport) 관계를 수립하는 것, (느낌이 아닌) 행동에 초점을 두는 것, 구체적 계획 세우기, 헌신에 대한 약속 받기, 변명을 수용하지 말 것, 처벌을 제거할 것, 그리고 포기하지 않는 것이다. 이외에도 내담자와 계약서를 체결하는 것, 역할놀이, 그리고 긍정적 중독을 발견하는 것과 같은 다양한 기법이 동원된다.

8. **적용.** 현실치료는 다양한 임상적 문제에 적용되었다. 하지만 글래서 방법의 핵심은 '팻(Pat)'이라는 여성의 사례에서 가장 잘 살펴볼 수 있다. 팻은 두 아이의 엄마다. 그녀는 부유하고, 젊고, 과도할 정도로 적극적이며, 행복한 결혼생활을 하고 있다. 팻은 전형적인 글래서의 치료법을 보여준다. 글래서는 팻과 관계를 맺기 위해 많은 노력을 기울이며, 그녀가 자신이 원하는 바에 책임을 가지고, 몸무게를 줄일 수 있도록 도와준다.

   팻은 자신이 거부할 수 있는 역할을 글래서가 맡기 거부하였기에 치료는 천천히 진행되었다. 그 과정에서 치료자에 대한 존경과 신뢰를 만들어 갔고, 결국 자신만이 책임을 져야 한다는 생각에 이르게 되었다. 거의 1년 만에 글래서는 팻의 무책임성을 지적할 수 있었고, 그녀로 하여금 변화를 시도하도록 격려할 수 있었다. 팻은 이제 상당한 성취감을 느끼고 있으며 몸무게를 23킬로그램 줄였다.

9. **비판적 분석.** 현실치료는 다양한 환경, 다양한 종류의 사람들에게 수없이 많은 방식으로 적용될 수 있다. 이 방법은 목표지향적이며, 치료의 과정이 얼마나 진행되고 있는지도 모니터할 수 있다. 또 하나의 강점은 병리학 중심 접근법에 대한 신선한 대안을 제시한다는 점이다. 한편, 현실치료는 개인의 이력이나 무의식 그리고 정신병에 영향을 미치는 생물학적 요소와 같은 다른 가치 있는 개념을 고려하지 않는다는 비판을 듣는다. 하지만 이 방법을 소수인종 내담자의 치료에 적용할 경우 불필요한 전문용어를 피할 수 있고, 상대적으로 환영받는 치료법으로 알려져 있다. 자신이 원하는 것을 내담자가 스스로 선택하도록 함으로써 소수인종 내담자로 하여금 자신의 민족적 정체감과 가치를 유지하게 하면서 다른 가치나 행태들을 수용할 수 있도록 한다.

10. **현재의 상태.** 현실치료에 대한 글래서의 생각은 계속 지평을 넓혀 가고 있다. 그리고 통제 이론에 의해 그 기반이 더욱 튼튼해지고 있다. 현실치료에 대한 박사논문이 지속적으로 나오고 있어 연구 기반도 계속 성장하고 있다. 현실치료연구소는 세미나를 통해 치료자들에게 자격증을 수여하고 있으며, 관련 전문저널도 있다. 오늘날 글래서의 접근법은 학교, 교도소, 병원, 클리닉, 그리고 기타 사회 영역에 성공적으로 적용되고 있으며, 글래서 박사는 계속해서 열정적으로 글을 쓰고 있다.

안내 학습

아래 문제들을 통해서 당신은 이 과의 중요한 부분들을 학습하게 될 것이다. 주어진 빈칸에 답을 쓰고 나서 본문의 밑줄 쳐진 부분과 비교해 보라.

1. 윌리엄 글래서(William Glasser)의 배경과 훈련이 그의 이론에 어떻게 영향을 끼쳤는지에 대해서 묘사하라.

2. 현실치료의 역사에 대해서 익숙하지 않은 사람에게 당신 자신의 말로 그것의 태동을 어떻게 묘사하겠는가?

3. 현실치료에 따르면, 모든 사람들은 다르기를 원한다. 당신은 인간에 대한 이러한 관점을 어떻게 묘사하겠는가?

4. 현실치료자들은 부적응적 행동이 발달하는 방법에 대한 의학적 모델을 거부한다. 달리 말하자면, 그것은 홍역의 경우과 같지 않다. 그렇다면, 현실치료자들은 역기능적 행동이 어떻게 발달한다고 이해하는가?

5. 현실치료자의 초점은 분명하게 무책임적 행동의 변화에 둔다. 이것 외에 치료자가 행하는 기능을 묘사하라.

6. 적절하고 건강한 행동에 대한 글래서의 기준을 포함해서 현실치료의 기본적인 목표를 묘사하라.

7. 내담자로부터의 헌신이 효과적인 현실치료에 왜 그렇게 중요한가?

8. 현실치료자들은 내담자들로 하여금 그들의 기대들을 어떻게 구성하도록 돕는가?

9. 직면 또는 면박(condfrontation)은 현실치료에서 불가피하다. 그것은 왜 그리고 건설적으로 어떻게 사용되는가?

10. '긍정적 중독들(positive addcitions)' 이란 무엇을 의미하는가?

11. 당신은 글래서가 팻(Pat)을 치료한 것으로부터 무엇을 배웠는가?

12. 비판적으로 분석해 볼 때, 현실치료의 가장 중요한 장점들과 단점들은 무엇인가?

복습 단원

아래 항목들을 통해서 당신은 이 과의 특별한 내용을 마스터하게 될 것이다. 빈칸을 채워 아래의 각 문장을 완성하라.

간략한 전기

1. 윌리엄 글래서(William Glasser)는 1925년, __________ 주 __________에서 출생하였다.
2. 레지던트 시절 글래서는 점차적으로 자신이 배운 __________ 이론과 실제로 환자에게 도움이 되는 접근법 사이의 분열로 인해 고통을 받았다.
3. 1962년 글래서는 캘리포니아 벤추라에 있는 '사춘기 소녀 재활센터(Institute for adolescent girls)'의 스태프로 참여하였다. 3년 후 ____________________을 출간하였는데, 그는 이 책에서 자신의 새로운 치료법을 자세히 소개하기 위해 벤추라에서의 경험을 충분히 반영하였다.

역사적 발전

1. 현실 이론을 뒷받침하고 있는 전제는 소위 __________ 이론이라고 불리는 초기의 뇌기능 이론이다.
2. 글래서 접근법의 핵심은 개인이 자신의 방향을 선택할 수 있는 잠재력이 있다는 그의 믿음이다. 어떤 사람은 그의 이론의 뿌리를 랠프 왈도 에머슨(Ralph Waldo Emerson)의 __________ 개념에서 찾는다.
3. 실제로 꾸준히 진료를 해왔던 글래서가 자신만의 치료법을 구상하게 된 이유는 최소한 부분적으로 자신이 __________을 차릴 확신이 없었기 때문이었다.
4. __________ 분야에 끼친 그의 노력은 매우 성공적이어서 글래서는 미국과 캐나다 전역에 걸쳐 자신의 이론을 강연하게 되었다.

인간 본성에 대한 시각

1. 현실치료는 모든 사람이 __________되길 원한다고 가정한다. 다른 모든 사람들과는 다르고 독특하게 느끼길 원하는 것이다.
2. 글래서에 의하면 태어나서 6년 안에 우리는 부정적 혹은 긍정적 __________을 발전시킨다.
3. 자극-반응 패러다임에 집중하는 행동 이론과 달리 현실치료는 행동을 __________의 객관적 표준에 의해 측정한다. 이 표준과 개인은 일치하기도 하고 불일치하기도 한다.

부적응적 행동의 발달

1. 가혹한 비판에도 불구하고 글래서는 정신병에 있어서 __________ 요인을 거부하며, 부적응적 기능을 무책임의 결과로서 파악한다.

2. 어떤 사람이 그 책임을 받아들이기 거부하거나 무시한다면 치러야 할 대가는 정체감의 ________를 경험할 것이다.
3. 글래서는 개인이 자신의 부적응적 행동 모델을 통해 행동을 ________한다고 가정한다.

치료의 목표

1. 글래서에 의하면 사람은 자신의 생각이나 느낌의 반응보다는 ________을 더 잘 통제할 수 있다.
2. 카운슬러는 사람을 거부하지 않고 그 사람의 ________ 행동을 거부한다.
3. 내담자가 자신의 행동에 대해 ________을 질 때만 목표를 향한 진보를 이루었다고 말할 수 있다.

치료자의 기능

1. 현실치료자는 ________에 직접적 가치를 부여하며, 치료의 성공과 실패를 이 가치를 충족하기 위한 내담자의 능력의 관점에서 파악한다.
2. 행동의 변화가 ________의 변화보다 먼저 일어나야 하기 때문에 치료의 초점은 무책임하고 자기패배적 행동을 변화시키는 데 맞춰진다.
3. 내담자에게 책임 있는 행동의 본을 보이기 위해 치료자는 내담자의 ________를 채워줘야 하며, 개인적인 문제에 대해서도 기꺼이 대화를 나누어야 한다.

주요 방법과 기법

1. 치료 계획조차 치료자가 내담자로 하여금 그것을 실행하기 위한 ________을 이끌어 내지 못한다면 가치가 없다.
2. 현실치료자는 미래에 관심이 있다. 그리고 ________ 금지의 태도를 유지한다.
3. 현실치료자는 내담자에게 자신의 기대를 ________하도록 도와준다.
4. 치료의 시작단계부터 내담자는 곧바로 당면한 현실을________하게 된다.
5. ________는 내담자의 계획에 있는 특정한 절차와 스케줄을 항상 상기시켜 준다.
6. 현실치료의 중요한 개입은 질문을 중심으로 이루어진다. "현재의 ________이 지금 당신이 원하는 것을 얻는 데 도움이 됩니까? 그리고 당신이 가고자 하는 방향과 일치합니까?"
7. ________는 내담자의 행동을 '현재화'하며, 불안을 야기하는 사건을 재연할 수 있도록 도움을 준다.

적용

팻(Pat)이라는 내담자를 상담하면서 글래서는 자신의 치료법을 통해서 내담자가 더 고상한 ________을 어떻게 가질 수 있는지 보여준다.

비판적 분석

1. 현실치료의 한 가지 장점은 카운슬링에 대한 __________ 접근에 새로운 대안을 제시함으로써 심리치료의 의료적 모델에 성공적으로 도전장을 냈다는 점이다.
2. 현실치료는 __________ 행동의 특성은 과장하고, 무의식과 같은 가치 있는 치료 개념을 무시한다고 비판을 받는다.
3. 현실치료는 내담자로 하여금 __________의 사건을 해결할 필요가 없다고 주장한다.
4. 현실치료의 핵심은 느낌을 파악하거나 탐구하는 것이 아닌 행동과 사고에 있으며, 수많은 전문용어로 부담을 주지 않았기 때문에 많은 __________ 내담자에게 호응을 받는다.

현재의 상태

1. 1965년 이후 현실치료는 __________, 청소년 상담 카운슬러 등으로부터 전폭적인 지지를 얻게 되었다.
2. 이 접근법은 끊임없는 조사와 연구, 변화가 필요하다. 글래서 박사 또한 계속해서 연구하는 학생으로 남아 있다. 특히 __________ 시스템에 관해 그렇다.

논의와 개인적 성찰을 위한 질문들

다음의 질문들은 소그룹 논의에서 이론의 더 깊은 탐구와/나 그 이론을 당신 자신의 삶에 어떻게 적용할 것인지에 대한 개인적 성찰을 위해서 사용될 수 있다.

1. 현실치료에 대한 당신의 일반적인 인상은 무엇인가? 당신은 인간의 인격이 어떻게 구성되는지에 대한 그 견해에 동의하는가?

2. 당신은 글래서의 이론이 당신 자신의 삶에 어떻게 적용된다고 생각하는가? 만일 그것이 당신의 삶에 적용되지 않는다고 생각한다면, 왜 그런가?

3. 만일 당신이 윌리엄 글래서(William Glasser)와 대화를 나눈다면, 당신은 그의 이론에 대해서 어떤 질문들을 하겠는가?

4. 치료적 중재에 대한 당신 자신의 접근방법을 계발할 때, 당신은 현실치료로부터 무엇을 배울 것인가?

복습 단원에 대한 해답

간략한 전기

1. 오하이오, 클리블랜드
2. 프로이드
3. 『현실치료: 정신의학의 새로운 접근(*Reality Therapy: A New Approach to Psychiatry*)』

역사적 발전

1. 통제
2. 자기의존(self-reliance)
3. 개인병원
4. 교육

인간 본성에 대한 시각

1. 차별화
2. 정체감
3. 현실

부적응적 행동의 발달

1. 생물학적
2. 실패
3. 창조

치료의 목표

1. 행동
2. 비현실적
3. 책임

치료자의 기능

1. 행동
2. 정체감
3. 필요

주요 방법과 기법

1. 다짐
2. 변명
3. 구조화

4. 직면
5. 계약서
6. 행동
7. 역할놀이

적용

책임

비판적 분석

1. 병리학적
2. 관찰 가능한
3. 과거
4. 소수인종

현재의 상태

1. 교사
2. 교육

Chapter 15

결혼과 가족치료

요약

1. **역사적 발전.** 이 책에서 소개된 다른 방법론과 비교하면 결혼 가족치료의 뿌리는 상대적으로 깊지 않다. 그리고 이 이론은 관련성이 없어 보이는 수많은 이론들을 차용하였다. 예를 들어, 루트비히 폰 베르탈란피(Ludwig von Bertalanffy, 1968)가 순환적 인과론(circular causality)과 함께 살아 있는 유기체 이론을 제시했는데, 이 이론에서 그는 한 쌍의 가족을 포함하여 유기체들을 상호 영향을 미치는 구성원으로 정의하였다. 1950년대의 가족 이론에 대한 또 하나의 영향력은 정신분열증에 관한 일단의 선도적 연구에서 나왔다. 또한 1942년에 창설된 '미국결혼카운슬러협회(American Association of Marriage Counselors)'는 현재 전미결혼가족치료자협회(American Association of Marriage and Family Therapists: AAMFT)로 이름을 바꾸고 가족 전체에 대한 새로운 시각을 열어놓았다.

2. **결혼 가족의 순환(Circumplex) 모델.** 데이비드 올슨(David Olson)과 그의 동료들에 의해 개발된 순환(Circumplex) 모델은 "결혼 가족의 역동성을 기술하기 위하여 발전된 50개 이상의 개념을 개념적으로 군집화(clustering)" 한 것으로부터 나왔다. 이 모델은 결혼이나 가족체계가 충분한 응집성(함께함)이 필요하다고 가정한다. 그 이유는 구성원들에게 정체감과 소속감을 주기 위해서다. 동시에 충분한 적응성(변화)이 필요하다. 그 이유는 융통성과 안정성을 위한 가족의 필요에 균형을 주기 위해서이다. 이러한 응집성의 차원은 한 극단이 속박(enmeshment)이고 다른 극단이 이탈(disengagement)인 연속선상의 어느 지점에 위치하게 된다.

3. **결혼 가족치료의 기타 모델.** 현재 결혼 가족치료와 관련된 20개 이상의 차별화된 학파가 존재하고 있다. 이 학파들은 서로 기법과 용어를 빌리고 결합하여 중복된 이론들이 존재한다. 하지만 이 중 살바도르 미뉴친에 의해 대표되는 구조주의 접근법과 제이 헤일리와 밀란 그룹에 의해 대표되는 전략적 접근법이 돋보인다. 이 두 접근법은 매우 다른 방식이긴 하지만, 체계 이론(systems theory)에 의해 영향을 받았다. 대부분의 가족치료자들은 각 모델이 진실의 일부를 포함하고 있으며 유용한 가이드라인을 제시하고 있다고 생각한다.

4. **가족생활주기.** 한 가족이 수년의 세월을 거치면서 지나가게 될 단계들을 지칭하는 용어이다. 벡바(Becvar & Becvar)는 미애착부모(unattached parent)단계로 시작하여 은퇴(retirement)로 이어지는 9단계의 가족생활주기를 제안하였다. 각 단계의 전환기에는 가족의 스트레스가 최고점에 이르며, 그 과정에서 방해나 이탈이 발생하면 역기능이 발생할 확률이 높아진다. 치료자의 역할은 이러한 가족생활주기가 재가동하도록 하여 정상적인 발달과정이 지속되게끔 하는 것이다. 부모 중 한 명만 있다든지 재혼하여 이전의 결혼생활에서 얻은 자녀들과 함께 사는 소위 혼합가족(blended family)처럼 비전통적 가족의 발달별 과제에 대해서도 고려하였다.

5. **결혼 가족치료의 목표.** 치료의 초점은 체계의 변화이다. 가족의 구성원은 독립심, 특수성, 전체성을 경험하지만 가족관계라고 하는 맥락과 안정성 내에 머무른다. 기본적인 가정은 현재의 가족체계 역학이 이러한 징후적 행동을 유지하는 데 도움을 주고 있다는 것이다. 다른 말로 하면 가족 내의 현재의 상호작용 패턴은 징후나 현재의 문제가 완화되기 전에 변화되어야 한다. 건강하지 않은 가족은 변화를 거부한다. 치료자들은 궁극적으로 강하고 건강한 가족을 세우는 일에 종사한다.

6. **결혼 가족 개입**(Interventions). 변화를 유도하고 역기능 패턴을 중단시키기 위해 치료자는 다양한 개입방법을 이용한다. '경계 설정(boundary setting)'은 가족관계 내에서 좀 더 많은 융통성을 이끌어내기 위해 사용된다. '조각하기(sculpting)'는 관계의 다양한 측면을 비유적으로 파악하고, 구성원들로 하여금 가족 내에 작동하는 숨어 있는 역학을 이해하게 한다. '가계도(genogram)'란 가족 및 치료자에게 세대를 거쳐 내려온 가족 내의 패턴을 이해할 수 있도록 만들어진 3세대를 한 번에 보여주는 가족나무(family tree)를 말한다.

7. **적용.** 대부분 가족치료자들은 성인 구성원들이 평균적인 지능과 교육을 받았다고 가정한다. 가족치료는 단기간의 치료로, 보통 몇 달 내에 끝나게 되어 있다. 치료의 초점은 식사 장애, 학교 문제, 가족 구성원의 사망이나 이사에 따른 적응과 같은 구체적인 문제를 해결하는 데 있다. 가족치료는 보통 장기간의 치료나 심각하게 역기능을 보이는 가족의 재구조화에는 사용되지 않는다.

8. **비판적 분석.** 효과적인 치료자는 가족 내의 상호관계나 패턴을 놓치지 않으면서도 감정적으로 관여했다가 뒤로 빠졌다 하면서 빠르게 움직인다(Goldenberg & Goldenberg, 2000). 하지만 이러한 민감한 입장(personal vulnerability)은 카운슬러의 역할을 어떻게 보느냐에 따라 자산이 될 수도 있고 부채가 될 수도 있다. 주로 효과라는 측면에서 조사한 결과에 따르면 가족치료를 받은 내담자는 그렇지 않은 내담자들보다 상당한 효과를 보였다. 한계가 존재하지만 가족치료는 가족과 관련된 많은 문제를 치료하는 데 있어서 분명히 효과적인 방법이다.

9. **현재의 상태.** 가족치료는 계속해서 인기가 높아지고 있다. 이러한 사실은 가족치료와 관련된 전문기구의 회원이 증가하고 있다는 사실로 입증된다. 그리고 미래에도 가족들은 이 치료법에 의존하고자 할 것이다. 그 이유는 효과성 측면뿐 아니라 문제해결 중심이고, 직면한 문제를 다루면서도 상대적으로 짧은 시간에 치료할 수 있기 때문이다. 이 치료의 예방적 측면 또한 병리적으로 보이기 싫어하는 사람들의 관심을 끌기에 충분하다. 가족치료의 미래는 밝다고 할 수 있다.

안내 학습

아래 문제들을 통해서 당신은 이 과의 중요한 부분들을 학습하게 될 것이다. 주어진 빈칸에 답을 쓰고 나서 본문의 밑줄쳐진 부분과 비교해 보라.

1. 최초의 전문협회의 설립을 포함해서 결혼과 가족치료의 역사적 뿌리들을 묘사하라.

2. 데이비드 올슨(David Olson)과 그의 동료들은 순환(Circumplex) 모델을 고안했다. 그것은 무엇이며, 어떻게 작용하는가?

3. 기법들과 용어를 빌리고 결합하는 많은 중복된 이론들이 존재한다. 가장 일반화되어 있고 대표적인 두 가지 접근법을 묘사하라.

4. 모든 가족은 수년 동안 발달 단계들을 거친다. 이러한 예측되는 단계들과 그 안에서의 치료자의 역할을 묘사하라.

5. 결혼과 가족치료의 기본적인 목표들과 전제들은 무엇인가?

6. 결혼 및 가족치료자들은 경계 설정(boundary setting), 조각하기(scupting) 그리고 가계도(genogram)와 같은 중재들을 사용한다. 이것들은 무엇이며, 치료자는 그것들을 어떻게 사용하는지 묘사하라.

7. 결혼과 가족치료는 일반적으로 어떤 특별한 상황들과 환경들에 적용되는가?

8. 모든 치료 양식과 마찬가지로 결혼 및 가족치료는 장점들과 한계들을 갖고 있다. 그것들은 무엇인가?

9. 결혼과 가족치료의 현재 상태를 묘사하라.

복습 단원

아래 항목들을 통해서 당신은 이 과의 특별한 내용을 마스터하게 될 것이다. 빈칸을 채워 아래의 각 문장을 완성하라.

역사적 발전

1. 생물학자 루트비히 폰 베르탈란피(Ludwig von Bertalanffy, 1968)가 __________ 인과론 이론을 제시했는데, 이 이론에서 그는 살아 있는 유기체들을 상호 영향을 미치는 구성원으로 정의하였다.
2. 이 연구자 집단은 또한 __________ 이라는 개념을 지어냈다. 겉보기에는 화목해 보이는 가정이 실제적인 갈등을 숨기고 있음을 의미한다.
3. 전미__________협회는 가족 전체에 대한 새로운 시각을 열어놓았다.

결혼 가족의 순환 모델

1. 순환(Circumplex) 모델은 데이비드 __________ 과 그의 동료들에 의해 고안되었다.
2. __________은 가족 구성원들이 서로에게 가지는 감정적 유대(bonding)라고 정의된다.
3. __________ 관계에서는 극단적인 감정적 친밀함이 넘쳐나며, 충성심이 요구된다.

결혼 가족치료의 기타 모델

1. 살바도르 미뉴친은 종종 가족치료의 __________ 학파의 창시자로 여겨진다.
2. 구조주의 치료의 목표는 __________을 만듦으로써 역기능적 가족 구조를 변화시키는 것이다.
3. 문제 중심 ________ 치료학파는 가족의 구조를 변화시키려 하기보다는 창조적이고 때론 '역설적'인 다양한 지시를 통해 현재의 문제를 해결하고자 한다. 지시는 문제 자체나 현재의 가족 구조에 직접적인 관련이 없어 보일 수 있다.
4. 심리역동적 관점이 가족치료에 관한 접근방식인 ________ 이론의 씨앗을 뿌렸다. 대상관계 관점에서 볼 때, 우리는 과거의 상실이나 실패의 기억을 현재의 대상을 다루는 데 사용한다. 이 대상으로부터 만족을 추구하지만, 때로는 그 과정에서 가족관계를 오염시킨다.
5. 사티어와 휘태커(Virginia Satir & Carl Whitaker)에 의해서 대중화된 __________ 가족치료에 의하면, 문제가 있는 가족은 치료자와의 상호 친밀한 경험을 통해 '성장 경험'을 나눌 필요가 있다.
6. 보웬(Murray Bowen)은 '__________ 가족치료'의 주창자로 여겨지는데, 그의 이론에 의하면 가족들은 서로의 생각, 느낌, 행동으로 서로 연결되어 있다.

가족생활주기

1. 이론서에 요약되어 있는 9단계 가족생활주기에서 신혼 단계는 결혼관계로의 __________에 초점을 맞춘다.
2. 동일한 주기에서 __________로 알려진 7단계는 가족 안팎으로 출입을 받아들임에 초점을 맞춘다.

결혼 가족치료의 목표

1. 치료의 분명한 목적은 문제를 줄이는 것이다. 이러한 목표는 가족__________ 변화에 초점을 맞춘 개입에 의해서 성취된다.
2. 건강하지 않은 가족체계 하에서 구성원들은 두 구성원 간의 갈등을 제3의 구성원에게 종종 투영시킨다. 문제를 직접적으로 다루지 않는 것이다. 이러한 투영 현상을 __________라고 부른다.
3. 건강하지 않은 체계는 변화를 거부한다. 이 체계는 __________ 경향을 가지고 있다. 건강한 체계는 덜 경직되어 있고, 성장하거나 유연하며 변화 가능하다.

결혼 가족 개입

1. __________이 한 예이다. 이 방법은 문제를 보다 긍정적인 시각으로 바라봄으로써 문제에 대한 인식을 바꾸는 것(relabeling)이다.
2. _______________은 가족관계 내에서 좀 더 많은 융통성을 이끌어내기 위해 사용된다. 가족 구성원 사이에 분리선인 '벽'을 만들거나 경계선이나 관계 사이를 좀 더 자유롭게 오갈 수 있는 '다리'를 구축하는 것을 포함한다.
3. 조각하기(sculpting)는 __________ 가족관계를 표현할 수 있는 대형(formation)을 만들어 보도록 요청하는 것이다. 가족 구성원으로 하여금 물리적으로 자신이나 다른 가족들의 위치를 정해 보는 것이다.
4. __________란 가족 및 치료자에게 세대를 거쳐 내려온 가족 내의 패턴을 이해할 수 있도록 만들어진 3세대를 한 번에 보여주는 가족나무(family tree)를 말한다.

적용

1. 가족치료는 __________의 치료로, 보통 몇 달 내에 끝나게 되어 있다. 치료의 초점은 식사 장애, 학교 문제, 가족 구성원의 사망이나 이사에 따른 적응과 같은 구체적인 문제를 해결하는 데 있다.
2. 치료자는 가족 간의 상호관계와 __________ 의사소통의 과정을 분석한다. 이때 특정 구성원의 편을 들지 않아야 한다.
3. 구체적인 문제가 무엇이든 특정 구성원을 '고치려' 하기보다는 가족체계가 작동하는 방식의 변화를 통해 치료가 이루어진다. 이때 문제가 되는 특정 구성원을 일반적으로 _________________ 혹은 IP라고 부른다.

비판적 분석

1. 가족치료는 치료자가 대부분의 전통적이며 개인적인 심리치료법에서 주장하는 __________ 자세를 포기할 것을 주장한다.
2. 치료자는 이러한 맥락 가운데 개인적 입장을 취하도록 요구받기 때문에 가족치료는 한 개인이 가지고 있었을 안정감을 __________ 가능성이 존재하는 것이다.
3. 주로 효과라는 측면에서 조사한 결과에 따르면, 가족치료를 받은 내담자는 그렇지 않은 내담자들보다 __________ 효과를 보였다.

현재의 상태

1. 가족치료는 계속해서 인기가 높아지고 있다. 그리고 미래에도 가족들은 이 치료법에 의존하고자 할 것이다. 그 이유는 효과성 측면뿐 아니라 문제해결 중심이고, __________ 문제를 다루면서도 상대적으로 짧은 시간에 치료할 수 있기 때문이다.
2. 1942년 설립된 이래 '전미결혼가족치료자협회(AAMFT)'는 __________ 이상의 회원을 가진 조직으로 성장했으며 부부나 가족관계의 문제, 필요, 변화하는 패턴을 치료 중이다.

주요 용어

이론을 배우는 것은 대부분 그 이론과 관련된 어휘를 익히는 것이다. 아래에 나열된 주요 용어들은 단지 그 일을 도울 것이다. 당신은 이 목록을 가지고 3×5 크기의 카드를 사용해서 스스로 플래시 카드(flash card) 테스트를 할 수 있다. 일단 이 어휘를 공부하고 나면, 당신은 다음에 나오는 맞추기 퀴즈를 가지고 당신의 지식을 점검해 볼 수 있다.

AAMFT '전미결혼가족치료자협회(American Association of Marriage and Family Therapists: AAMFT)' 전문가 집단으로, 현재 27,000명 이상의 회원이 등록되어 있다.

적응성(Adaptability) '순환(Circumplex)' 모델의 개념으로, 가족의 유연성과 안정성의 필요를 균형 잡기 위한 변화를 대표한다.

혼합가족(Blended family) 이혼을 했거나 배우자와 사별한 부모에 의해 형성되는 재결혼. 새 남편과 아내 그리고 전 결혼에서 낳은 아이들 전부 혹은 일부가 포함된다.

경계 설정(Boundary setting) 가족관계 내에서 좀 더 많은 융통성을 이끌어내기 위해 사용된다. 가족 구성원 사이에 분리선인 '벽'을 만들거나 경계선이나 관계 사이를 좀 더 자유롭게 오갈 수 있는 '다리'를 구축하는 것을 포함한다.

순환적 인과론(Circular causality) 핵심적 사고(tenets)가 일련의 상호작용적인 피드백 고리에 의해 연결되어 있다는 것.

순환 모델(Circumplex Model) 결혼과 가족의 역동성을 묘사하는 50개 이상의 개념 글러스터.

응집력(Cohesiveness) 순환 모델의 개념으로, 가족 구성원이 정체감과 소속감을 갖게 하는 '함께 있음'을 대표함.

분화(Differentiation) 다른 가족 구성원과 감정적 연계를 유지하면서도 자신의 정체성을 유지하는 능력.

이탈(Disengagement) 가족 응집력의 순환 모델 내에서의 극단적 독립성.

이중구속(Double bind) 한 사람이 동시에 2개의 모순된 메시지를 받게 되지만 둘 다 따를 수 없다는 것.

속박(Enmeshment) 가족 응집력의 순환 모델 내에서의 과도한 의존의 한 극단.

경험적 가족치료(Experiential Family Therapy) 인본주의적 · 체계적 기반에 근거하고 있는데, 치료자들은 내담자들이 자신의 표현에 솔직하고 진솔할 때 가장 치료 효과가 좋다고 주장한다. 따라서 가족 구성원들 사이에서 자존감을 형성하고 서로간의 감정적 연결점을 강화할 수 있다.

확대가족필드(Extended family field) 한 사람의 가계도를 조부모, 사돈, 그리고 다른 친척까지 포함시킨 것.

FACES III 응집력과 적응성이라는 두 가지 가족 기능 차원을 측정하기 위해 만들어진 척도(scale).

가족생활주기(Family life cycle) 한 가족이 세월이 지나면서 겪게 되는 각 단계에 붙여진 이름.

가족 조각하기(Family sculpting) 가족치료 개입(intervention)의 하나로, 가족 구성원으로 하여금 물리적으로 자신이나 다른 가족들의 위치를 정하게 하는 것. 비유적으로 가족관계를 파악해 볼 수 있다.

가족체계 이론(Family systems theory) 가족 내의 구성원 개인이 아닌 가족 구성원의 상호의존성(interdependence)을 강조하는 치료 접근법. 이 이론은 현대 가족치료의 가장 영향력 있는 형태의 기반을 형성하고 있다.

가계도(Genogram) 가족 및 치료자에게 세대를 거쳐 내려온 가족 내의 패턴을 이해할 수 있도록 만들어진 3세대를 한 번에 보여 주는 가족나무(family tree).

영웅(Heroes) 집안의 알코올중독자나 배우자가 유기한 책임을 떠맡는다. 본질적으로 가정을 끌어가며 자녀들을 위한 모든 집안일과 보호를 떠맡는다.

항상성(Homeostasis) 가족체계의 경향으로 내적 안정성을 유지하며 변화를 거부함.

식별환자(Identified Patient: IP) 가족의 증세가 나타나고 그 증세가 가장 확연히 드러나는 구성원.

실종된 아이(Lost child) 가족 내에 어디 있는지도 모르며, 가정 내의 고통스런 환경을 피해 자기만의 세계로 빠져든다.

마스코트(Mascots) 가족의 조커 역할을 한다. 자신의 고통에 대한 진통제로서 오히려 웃음을 터뜨린다.

다세대 전수도(Multigeneration transmission) 머리 보웬(Murray Bowen)이 만든 용어로, 한 가족사가 현재에 미치는 중요한 문제들을 시각적으로 보여줌으로써 가계도가 어떻게 중요한 문제를 드러낼 수 있는가를 기술한다.

핵가족(Nuclear family) 기본적인 가족 단위로, 아버지, 어머니 그리고 이들의 자녀들로 구성된다.

대상관계(Object relations) 가족치료에 관한 심리역동적 접근법으로, 사람들이 가족으로부터 형성된 기대에 근거하여 현재 다른 사람들과 무의식적으로 관계를 맺는다고 주장한다.

의사상호성(Pseudomutuality) 겉보기에는 화목해 보이는 가정이 실제적인 갈등을 숨기고 있는 것.

희생양(Scapegoat) 저항과 분노로 자신의 부정적 환경에 반응하는 가족 구성원. 이들은 '패배자'가 되며 그 집단의 제임스 딘이 된다.

전략적 치료(Strategic Therapy) 매우 적극적이고 문제 중심의 가족치료학파. 가족의 구조를 변화시키려 하기보다는 창조적이고 때론 '역설적(상반되어 보이는)' 인 다양한 지시를 통해 현재의 문제를 해결하고자 한다. 이때 지시는 문제 자체나 현재의 가족 구조에 직접적인 관련이 없어 보일 수 있다.

구조적 치료(Structural Therapy) 살바도르 미뉴친과 관련된 치료 이론. 이 이론에 의하면 가족 내의 구성원들은 서로에게 일정한 패턴의 관계를 발전시키는데, 이러한 패턴은 구조화되어 있다. 이처럼 구조화된 패턴 하에 가족은 서로의 필요에 반응하며 외부적 환경에도 대처한다.

삼각관계(Triangling) 문제를 가지고 있는 두 구성원이 제3자를 자신의 문제 사이로 끌어들임으로써 자신들의 긴장 수준을 낮추는 과정.

주요 용어 맞추기

용어들

A. AAMFT
B. 적응성(Adaptability)
C. 혼합가족(Blended family)
D. 경계 설정(Boundary setting)
E. 순환적 인과론(Circular causality)
F. 순환 모델(Circumplex Model)
G. 응집력(Cohesiveness)
H. 분화(Differentiation)
I. 소외(Disengagement)
J. 이중구속(Double bind)
K. 속박(Enmeshment)
L. 경험적 가족치료(Experiential Family Therapy)
M. 확대가족필드(Extended family field)
N. FACES III
O. 가족생활주기(Family life cycle)
P. 가족 조각하기(Family sculpting)
Q. 가족체계 이론(Family systems theory)
R. 가계도(Genogram)
S. 영웅(Heroes)
T. 항상성(Homeostasis)
U. 식별환자(Identified Patient : IP)
V. 실종된 아이(Lost child)
W. 마스코트(Mascots)
X. 다세대 전수(Multigeneration transmission)
Y. 핵가족(Nuclear family)
Z. 대상관계(Object relations)
AA 의사상호성(Pseudomutuality)
BB. 희생양(Scapegoat)
CC. 전략적 치료(Strategic Therapy)
DD. 구조적 치료(Structural Therapy)
EE. 삼각관계(Triangling)

설명

_____1. 가족치료에 관한 심리역동적 접근법으로, 사람들이 가족으로부터 형성된 기대에 근거하여 현재 다른 사람들과 무의식적으로 관계를 맺는다고 주장한다.

_____2. 가족관계 내에서 좀 더 많은 융통성을 이끌어내기 위해 사용된다. 가족 구성원 사이에 분리선인 '벽'을 만들거나 경계선이나 관계 사이를 좀 더 자유롭게 오갈 수 있는 '다리'를 구축하는 것을 포함한다.

_____3. 핵심적 사고(tenets)가 일련의 상호작용적인 피드백 고리에 의해 연결되어 있다는 것이다.

_____4. '전미결혼가족치료자협회(American Association of Marriage and Family Therapists: AAMFT)' 전문가 집단으로, 현재 27,000명 이상의 회원이 등록되어 있다.

_____5. 순환 모델의 개념으로, 가족 구성원이 정체감과 소속감을 갖게 하는 '함께 있음'을 대표함.

_____6. 다른 가족 구성원과 감정적 연계를 유지하면서도 자신의 정체성을 유지하는 능력.

_____7. 가족 응집력의 순환 모델 내에서의 극단적 독립성.

_____8. 한 사람이 동시에 2개의 모순된 메시지를 받게 되지만 둘 다 따를 수 없다는 것.

_____9. '순환(Circumplex)' 모델의 개념으로, 가족이 융통성과 안정성의 필요를 균형 잡기 위한 변화를 대표한다.

_____10. 가족 응집력의 순환 모델 내에서의 과도한 의존의 한 극단.

_____11. 이혼을 했거나 배우자와 사별한 부모에 의해 형성되는 재결혼. 새 남편과 아내 그리고 전 결혼에서 낳은 아이들 전부 혹은 일부가 포함된다.

_____12. 인본주의적 · 체계적 기반에 근거하고 있는데, 치료자들은 내담자들이 자신의 표현에 솔직하고 진솔할 때 가장 치료 효과가 좋다고 주장한다. 따라서 가족 구성원들 사이에서 자존감을 형성하고 서로간의 감정적 연결점을 강화할 수 있다.

_____13. 결혼과 가족의 역동성을 묘사하는 50개 이상의 개념 글러스터.

_____14. 응집력과 적응성이라는 두 가지의 가족 기능 차원을 측정하기 위해 만들어진 척도(scale).

_____15. 한 가족이 세월이 지나면서 겪게 되는 각 단계에 붙여진 이름.

_____16. 가족의 증세가 나타나고 그 증세가 가장 확연히 드러나는 구성원.

_____17. 가족치료 개입(intervention)의 하나로, 가족 구성원으로 하여금 물리적으로 자신이나 다른 가족들의 위치를 정하게 하는 것. 비유적으로 가족관계를 파악해 볼 수 있다.

_____18. 가족 및 치료자에게 세대를 거쳐 내려온 가족 내의 패턴을 이해할 수 있도록 만들어진 3세대를 한 번에 보여주는 가족나무(family tree).

_____19. 가족 내의 구성원 개인이 아닌 가족 구성원의 상호의존성(interdependence)을 강조하는 치료 접근법. 이 이론은 현대 가족치료의 가장 영향력 있는 형태의 기반을 형성하고 있다.

_____20. 가족의 조커 역할을 한다. 자신의 고통에 대한 진통제로서 오히려 웃음을 터뜨린다.

_____21. 가족체계의 경향으로 내적 안정성을 유지하며 변화를 거부함.

_____22. 가족 내에 어디 있는지도 모르며, 가정 내의 고통스런 환경을 피해 자기만의 세계로 빠져든다.

_____23. 머리 보웬(Murray Bowen)이 만든 용어로, 한 가족사가 현재에 미치는 중요한 문제들을 시각적으로 보여줌으로써 가계도가 어떻게 중요한 문제를 드러낼 수 있는가를 기술한다.

_____24. 기본적인 가족 단위로, 아버지, 어머니 그리고 이들의 자녀들로 구성된다.

_____25. 집안의 알코올중독자나 배우자가 유기한 책임을 떠맡는다. 본질적으로 가정을 끌어가며 자녀들을 위한 모든 집안일과 보호를 떠맡는다.

_____26. 겉보기에는 화목해 보이는 가정이 실제적인 갈등을 숨기고 있는 것.

_____27. 저항과 분노로 자신의 부정적 환경에 반응하는 가족 구성원. 이들은 '패배자'가 되며 그 집단의 제임스 딘이 된다.

_____28. 매우 적극적이고 문제 중심의 가족치료학파. 가족의 구조를 변화시키려 하기보다는 창조적이고 때론 '역설적(상반되어 보이는)'인 다양한 지시를 통해 현재의 문제를 해결하고자 한다. 이때 지시는 문제 자체나 현재의 가족 구조에 직접적인 관련이 없어 보일 수 있다.

_____29. 문제를 가지고 있는 두 구성원이 제3자를 자신의 문제 사이로 끌어들임으로써 자신들의 긴장 수준을 낮추는 과정.

_____30. 살바도르 미뉴친과 관련된 치료 이론. 이 이론에 의하면 가족 내의 구성원들은 서로에게 일정한 패턴의 관계를 발전시키는데, 이러한 패턴은 구조화되어 있다. 이처럼 구조화된 패턴 하에 가족은 서로의 필요에 반응하며 외부적 환경에도 대처한다.

논의와 개인적 성찰을 위한 질문들

다음의 질문들은 소그룹 논의에서 이론의 더 깊은 탐구와/나 그 이론을 당신 자신의 삶에 어떻게 적용할 것인지에 대한 개인적 성찰을 위해서 사용될 수 있다.

1. 결혼 및 가족치료에 대한 당신의 일반적인 인상은 무엇인가? 당신은 인간들이 그들의 가족 환경(context)에 의하여 어떻게 구성되고 영향을 받는 것에 대한 그 견해에 동의하는가?

2. 당신은 결혼 및 가족치료가 당신 자신의 삶에 어떻게 적용된다고 생각하는가? 만일 그것이 당신의 삶에 적용되지 않는다고 생각한다면, 왜 그런가?

3. 만일 당신이 결혼 및 가족치료의 리더들과 대화를 나눈다면, 당신은 그들에게 이러한 접근법에 대해서 어떤 질문들을 하겠는가?

4. 치료적 개입에 대한 당신 자신의 접근방법을 계발할 때, 당신은 결혼 및 가족치료로부터 무엇을 배울 것인가?

복습 단원에 대한 해답

역사적 발전

1. 순환적(circular)
2. 의사상호성(Pseudomutuality)
3 결혼가족치료자(Marriage and Family Therapists)

결혼 가족의 순환 모델

1. 올슨
2. 응집성(cohesion)
3. 속박(enmeshed)

결혼 가족치료의 기타 모델

1. 구조주의
2. 불균형(disequilibrium)
3. 전략적
4. 대상관계(object relations)
5. 경험적(experiential)
6. 세대 간(transgenerational)

가족생활주기

1. 헌신
2. 출발 센터(Launching center)

결혼 가족치료의 목표

1. 체계
2. 삼각관계(Triangulation)
3. 고정화

결혼 가족 개입

1. 재구성(reframe)
2. 경계 설정(boundary setting)
3. 비유적으로
4. 가계도(genogram)

적용

1. 단기간
2. 전체적인
3. 식별환자(Identified Patient)

비판적 분석

1. 비판단적(non-judgmental)
2. 해체할
3. 상당한

현재의 상태

1. 직면한
2. 27,000명

주요 용어 맞추기 해답

1. Z
2. D
3. E
4. A
5. G
6. H
7. I
8. J
9. B
10. K
11. C
12. L
13. F
14. N
15. O
16. U
17. P
18. R
19. Q
20. W
21. T
22. V
23. X
24. Y
25. S
26. AA
27. BB
28. CC
29. EE
30. DD

Chapter 16

결론: 주요 치료 이론의 비교

주요 치료 이론들에 대한 마지막 연습에서 중요한 치료 이론의 서론에 있는 두 번째 질문에 대한 당신 자신의 대답을 다시 살펴보라. 그 단원에서 당신은 아주 기본적인 용어들로 당신의 개인적인 상담 이론을 묘사했다. 당신은 중요한 이론들을 공부했는데, 당신 자신의 이론을 어떻게 고치겠는가? 당신 자신의 견해들을 프로이드, 애들러, 메이 그리고 나머지 다른 학자들과 비교해 볼 때, 상담에 대한 당신의 독특한 접근방법을 어떻게 묘사하겠는가? 당신의 관점을 요약하기 위해서 아래에 개요를 사용하라.

인간 본성에 대한 시각

부적응적 행동 발달

치료의 목표

치료자의 기능

주요 방법과 기법

Part 2

기술 연마를 위한 연습 문제들

활동 단원 1

정신분석치료

정신분석자들과 정신분석적인 경향을 띤 동시대의 다른 치료자들은 지그문트 프로이드에 의해서 처음으로 개발된 초기의 정신분석적 기술들을 변형시켜서 여러 가지 치료법을 소개해 왔다. 정신분석에서 가장 오래 지속되는 치료기법들은 자유 연상(free association, 얼마나 비논리적이고 사소한지에 관계없이, 내담자가 마음속에 떠오르는 무엇이든지 이야기할 수 있도록 하는 중요한 기법), 꿈 해석(dream analysis, 거의 모든 사람에게 같은 것을 의미하는 일관적인 상징들의 사용을 통하여 주로 꿈의 숨어 있는 내용을 해석하는 것), 전이해석(analysis of transference, 내담자가 분석의에게 그 혹은 그녀의 삶으로부터의 중요한 권위의 인물로서 반응하고, 그럼으로써 어린 시절 문제들의 본질을 노출시킬 때), 그리고 저항분석(analysis of resistance, 오래된 행동방식들을 없애는 데 도움이 되는 노력들에 대한 무의식적인 저항으로, 성격 문제들의 진정한 원인들을 규명하려는 시도를 방해하는 것)이다.

이 활동 단원에서 우리는 종종 사용되는 두 가지 정신분석 치료기법-**자유 연상**(free association)과 **꿈 해석**(dream analysis)-을 다룰 것이다. 당신에게 전형적인 상담 문제나 주제가 주어질 것이고, 당신은 정신분석치료자처럼 답변해야 한다. 당신의 답변이 맞으면, 우리는 그것이 왜 맞는지 설명할 것이며, 당신은 치료자와 내담자 사이의 대화로 인도될 것이다. 당신의 대답이 틀리면, 우리는 그것이 왜 틀린지 설명할 것이며, 당신은 그것을 다시 생각해 보고 다른 대답을 찾아야 한다. 효과적인 치료적 상담 기술을 익히기 위해서 고안된 접근방법에 각 단계를 성공적으로 마치기 전까지 당신은 다음 대화로 진행하지 않는 것이 중요하다. 이러한 접근방법은 부분적으로 한 가지 기술을 가르치는 협의의 상담 개념(microcounseling concept)에 근거하여 한 번에 한 가지 기술을 다룬다(참조: Evans, Hearn, Uhlemann, & Ivey, 1984).

1. 자유 연상(Free Association)

1.1	내담자	나는 오늘 조금 가라앉고 기분이 안 좋아요. … 내가 느끼는 것처럼… 그러나 왜 그런지 확실히 몰라요.
		가장 적절한 대답을 고르라.
	치료사	(침묵하면서 기다린다) (1.2를 보라)
	치료사	당신은 이유를 알지 못하지만, 꽤 침울하게 느끼는 것처럼 들리는군요. (1.3을 보라)
	치료사	오, 당신은 공부를 잘하기 때문에 뚜렷한 이유 없이 그렇게 가라앉은 기분을 느껴서는 안 돼요. (1.4를 보라)
1.2	치료사	(침묵하면서 기다린다)
		맞다. 정신분석치료자는 보통 기다리면서 내담자로 하여금 말하다가 멈추든지, 눈물을 흘리든지, 침묵하든지 상관없이 계속해서 말하도록 함으로써 내담자에게 자유 연상을 하면서 더 마음을 열도록 충분한 시간을 제공한다. 1.5를 보라.
1.3	치료사	당신은 이유를 알지 못하지만, 꽤 침울하게 느끼는 것처럼 들리는군요.
		이것은 인간 중심(Person-Centered) 혹은 로저스식 치료(Rogerian Therapy) 반응으로서는 좋지만, 내담자로 하여금 자유 연상을 촉진시키려고 노력하는 정신분석치료자에게 가장 적절한 방법은 아니다. 1.1로 되돌아가서 다시 시작하라.
1.4	치료사	오, 당신은 공부를 잘하기 때문에 뚜렷한 이유 없이 그렇게 가라앉은 기분을 느껴서는 안 돼요.
		이것은 공감이나 이해를 유발하지 못하기 때문에 도움이 되는 반응이 아니며, 어떤 판단이나 어설픈 충고를 주고 있다. 이것은 내담자로 하여금 자유 연상을 촉진시키려고 노력하는 정신분석치료자에게 전혀 적절한 반응이 아니다. 1.1로 되돌아가서 다시 시작하라.
1.5	내담자	… 나는 이런 우울한 감정들을 왜 갖게 되는지… 혹은 그것들이 어디서 생기게 되는지 알지 못할 때 그것들에 대처하기가 힘들어요… (잠시 멈추며)
		가장 적절한 대답을 고르라.
	치료사	당신이 침울하게 느끼거나 그렇지 않거나, 그 이유를 알거나 모르거나 그런 것들은 중요하지 않아요. 당신은 우울증과 같은 고통스러운 감정들까지도 완전히 받아들여야 합니다. (1.6을 보라)
	치료사	당신이 분명한 이유도 없이 침울하게 느끼는 것은 고통스럽고 어려운 일임에 틀림없군요. (1.7을 보라)
	치료사	그 밖에 마음속에 무슨 생각이 떠오르지요? (1.8을 보라)

1.6 치료사 당신이 침울하게 느끼거나 그렇지 않거나, 그 이유를 알거나 모르거나 그런 것들은 중요하지 않아요. 당신은 우울증과 같은 고통스러운 감정들까지도 완전히 받아들여야 합니다.

이것은 정신분석치료자가 자유 연상을 조장하기 위해서 적절하게 반응하고 있는 것이 아니다. 이것은 공감이나 이해를 유발하지 못하기 때문에 도움이 되는 반응이 아니며, 어떤 판단이나 어설픈 충고를 주고 있다. 이것은 또한 내담자가 판단받고 있다고 느낄 수 있기 때문에 그 혹은 그녀는 마음의 문을 닫는 경향을 보인다. 1.5로 되돌아가서 다시 시도하라.

1.7 치료사 당신이 분명한 이유도 없이 침울하게 느끼는 것은 고통스럽고 어려운 일임에 틀림없군요.

이것은 인간 중심(Person-Centered) 혹은 로저스식 치료(Rogerian Therapy) 반응으로서는 좋지만, 내담자로 하여금 자유 연상을 촉진시키려고 노력하는 정신분석치료자에게 가장 적절한 방법은 아니다. 1.5로 되돌아가서 다시 시작하라.

1.8 치료사 그 밖에 마음속에 무슨 생각이 떠오르지요?

맞다. 잠시 멈추고 아무 말도 하지 않는 내담자를 기다린 후에 정신분석치료자는 종종 이런 질문을 해서 내담자로 하여금 자유 연상을 조장하거나 비난하지 않고 마음속에 떠오르는 것은 무엇이든지 말하도록 격려한다. 1.9를 보라.

1.9 내담자 이처럼 처절하게 느낄 때, 나는 이따금 혼자 있는 어린아이처럼 느껴져요…, 그리고 버려진 것처럼… 엄마, 어디 있어요?…… (잠시 눈물을 흘리고, 말을 멈춘다.)

가장 적절한 대답을 고르라.

치료사 당신이 우울하게 느끼기 때문에 당신은 엄마에게 버림받아서 혼자 남겨진 것처럼 느끼는군요. … 고통스럽고 무서운가요? (1.10을 보라)

치료사 지금 당신이 생각하고 있는 것과 당신의 마음속에 떠오르는 다른 생각들에 대해서 내게 더 말해 보세요. (1.11을 보라)

치료사 엄마에게 버림받았다고 느끼기 때문에 이것은 매우 중요한 기억처럼 보입니다. 잠깐 멈추고 상상의 기술을 사용해서 그때 일어난 일에 대해서 더 생생하게 구체적으로 설명해 보세요. (1.12를 보라)

1.10 치료사 당신이 우울하게 느끼기 때문에 당신은 엄마에게 버림받아서 혼자 남겨진 것처럼 느끼는군요. … 고통스럽고 무서운가요?

이 반응은 공감(empahty)을 반영하는 인간 중심 혹은 로저스식 반응으로서는 좋다. 그렇지만 자유 연상을 촉진하려는 정신분석치료자들에게는 가장 적절한 반응이 아니다. 1.9로 되돌아가서 다시 시도하라.

1.11	치료사	지금 당신이 생각하고 있는 것과 당신의 마음속에 떠오르는 다른 생각들에 대해서 내게 더 말해 보세요.
		맞다. 이것은 정신분석치료자가 내담자로 하여금 자유 연상(fee associate) 하며 마음속에 떠오르는 것이 무엇이든지 더 말하도록 조장하는 또 다른 전형적인 반응이다. 1.13으로 가라.
1.12	치료사	엄마에게 버림 받았다고 느끼기 때문에 이것은 매우 중요한 기억처럼 보입니다. 잠깐 멈추고 상상의 기술을 사용해서 그때 일어난 일에 대해서 더 생생하게 구체적으로 설명해 보세요.
		이것은 자유 연상(fee association)을 촉진하려는 정신분석치료자에게는 적절한 반응이 아니다. 이것은 너무 직접적이고 행동 중심이며, 흔히 상상기법과 같은 직접적 중재들을 사용하는 인지행동치료자들에게 더욱 전형적인 것이다. 1.9로 되돌아가서 다시 시도하라.
1.13	내담자	… 나는 아이였을 때… 약 일곱살… 매우 고통스러운 기억이 나는데… 엄마와 나는 디즈니랜드에 갔는데, 사람들로 꽉 찼어요…. 갑자기 나는 엄마를 찾을 수 없었고… 나는 무섭고 혼자였고… 엄마가 나를 버린 것 같았어요! "엄마 어디 있어요?" 나는 계속해서 울었어요 ….
		가장 적절한 대답을 고르라.
	치료사	어린아이였기 때문에 디즈니랜드같이 넓은 장소에서 길을 잃어버리고 엄마를 찾을 수 없어서 틀림없이 세상이 끝난 것처럼 느꼈던 것 같군요. (1.14를 보라)
	치료사	잠시 멈추고, 마음을 좀 느슨하게 하고, 숨을 헐떡이지 말고 가라앉히고 난 후에 일어난 일에 대해서 내게 더 말해 보세요.(1. 15를 보라)
	치료사	으음… 지금 그 밖에 마음속에 떠오르는 것이 있나요? (1.16을 보라)
1.14	치료사	어린아이였기 때문에 디즈니랜드같이 넓은 장소에서 길을 잃어버리고 엄마를 찾을 수 없어서 틀림없이 세상이 끝난 것처럼 느꼈던 것 같군요.
		이것은 인간 중심이나 로저스 치료자가 사용하는 공감을 반영하기 위해서는 좋은 반응이다. 그렇지만 자유 연상을 더욱 조장하려는 정신분석치료자에게는 가장 적절한 반응이 아니다. 1.13으로 되돌아가서 다시 시도하라.
1.15	치료사	잠시 멈추고, 마음을 좀 느슨하게 하고, 숨을 헐떡이지 말고 가라앉히고 난 후에 일어난 일에 대해서 내게 더 말해 보세요.
		이것은 정신분석치료자가 자유 연상을 촉진하기 위하여 사용하는 가장 적절한 반응이 아니다. 이것은 너무 직접적이고 행동 중심이며, 흔히 상상기법과 같은 직접적 개입들을 사용하는 인지행동치료자들에게 더욱 전형적인 것이다. 그렇지만 그들은 적절한 시기가 아니면 치료 대화 중 어느 특정한 순간에 이완 연습(relaxation exercise)을 사용하지 않을지도 모른다. 아마도 내담자로 하여금 계속해서 말하도록 하는 것이 더 나을 수도 있다. 1.13으로 되돌아가서 다시 시도하라.

1.16 치료사 으음…… 지금 그 밖에 마음속에 떠오르는 것이 있나요?

맞다. 정신분석치료자는 흔히 내담자로 하여금 자유 연상을 더욱 조장하기 위해서 또다시 이런 질문이나 반응을 사용하곤 한다. 또한 치료자는 단지 침묵하고 내담자가 다시 말하고 대화를 계속할 때까지 기다린다. 내담자가 자유 연상이나 자기표출을 통해서 충분한 자료를 주었을 때, 정신분석치료자는 그 후에 이따끔 일어나고 있는 것처럼 보이는 것에 대해서 해석(interpretation)한다. 그 해석은 특히 전이(transference)와 같은 무의식적(unconscious) 과정들과 어린 시절에 비롯된 기타 해결되지 못한 갈등들에 초점을 두는데, 그것들은 흔히 성적이고 공격적인 주제들을 포함한다. 정신분석치료자에 의해서 사용되는 또 다른 개입은 꿈의 분석(dream analysis)인데, 이것은 자주 꿈을 해석하는 데 있어서 자유 연상을 사용한다. 지그문트 프로이드(Sigmund Freud)는 꿈들을 '무의식에 이르는 왕도(the royal road to the unconscious)' 로 이해한다.

2. 꿈 해석(Dream Analysis)

2.1 내담자 나는 지난밤에 꿈을 꾸었어요…, 나는 아주 자세하게 기억할 수 없지만, … 오토바이를 타고 매우 빠르게 달리고 있었어요…, 그런데 나는 벽에 부딪칠 뻔했을 때 잠을 깨었는데, 식은땀이 흐르고 내 가슴은 숨 가쁘게 뛰었어요. 그건 매우 무섭고 나쁜 꿈이었어요!

가장 적절한 대답을 고르라.

치료사 당신에게 너무 생생하고 사실적이며, 두려움과 같은 강한 정서적 반응을 갖고 잠이 깨는 이와 같은 꿈들을 얼마나 자주 꿉니까? (2.2를 보라)

치료사 그 꿈은 당신이 천천히 살아갈 필요가 있는데 인생과 삶의 스타일을 너무 급하게 살고 있으며, 만일 그렇게 하지 않으면 당신은 쓰러져서 지쳐 버린다는 것을 경고하고 있는 것처럼 보입니다. (2.3을 보라)

치료사 당신이 내게 꿈에 대해서 말하고 있을 때, 마음속에 무엇이 떠오르나요? 다른 생각들과 느낌들은 무엇입니까? (2.4를 보라)

2.2 치료사 당신에게 너무 생생하고 사실적이며, 두려움과 같은 강한 정서적 반응을 갖고 잠이 깨는 이와 같은 꿈들을 얼마나 자주 꿉니까?

이것은 내담자가 가질 수 있는 꿈들의 횟수와 종류에 대한 더욱 실제적인 정보를 도출해 내기 위한 좋은 반응이다. 그렇지만 정신분석치료자가 내담자로 하여금 그 혹은 그녀의 꿈의 더 심층적이며 더욱 잠재적인 의미를 얻기 위하여 자유 연상을 하며, 내담자의 꿈들에 대한 실제적인 정보에 빠지지 않도록 돕는 데에 더 깊은 관심이 있다. 그러므로 이것은 정신분석적 꿈 해석(dream anaysis)을 위한 가장 적절한 반응이 아니다. 2.1로 되돌아가서 다시 시도하라.

2.3 치료사 그 꿈은 당신이 천천히 살아갈 필요가 있는데 인생과 삶의 스타일을 너무 급하게 살고 있으며, 만일 그렇게 하지 않으면 당신은 쓰러져서 지쳐 버린다는 것을 경고하고 있는 것처럼 보입니다.

이것은 정신분석치료자가 내담자로 하여금 더 심층적이며 더욱 잠재적인 수준에서 꿈을 해석하기 위해서 자유 연상을 하도록 도우려는 가장 적절한 반응이 아니다. 이러한 반응은 실제로 꿈 해석에 있어서 미성숙한 시도인데, 그 결과 꿈에 대한 자료뿐만 아니라 그 자료에서 자유 연상들을 얻지 못하게 된다. 어떤 정신분석자들은 이러한 반응을 '조잡한 분석(wild analysis)'의 예라고 부르는데, 이것은 보통 미성숙하고 부정확하다. 2.1로 되돌아가서 다시 시도하라.

2.4 치료사 당신이 내게 꿈에 대해서 말하고 있을 때, 마음속에 무엇이 떠오르나요? 다른 생각들과 느낌들은 무엇입니까?

맞다. 이것은 내담자가 처음 꿈에 대해서 묘사할 때, 정신분석치료자가 그것에 대해서 반응할 수 있는 하나의 예이다. 이러한 반응이나 질문을 통해서 내담자가 그 꿈의 자료를 자유 연상하거나, 꿈 자료를 더 많이 가지고 온다. 정신분석치료자는 결국 충분한 자료를 가지고 분명하고 명백한(manifest) 내용면에서뿐만 아니라, 더욱 중요하게는 그 꿈의 더 깊은 무의식(deeper unconscious)이나 잠재적인(latent) 내용과 의미들의 측면에서 꿈을 해석하거나 분석할 수 있다. 성적이고 공격적인 주제들이나 의미들이 종종 드러난다. 2.5로 가라.

2.5 내담자 … 나는 종종 하루에 14~16시간 일할 뿐만 아니라 주말까지 일하면서 매우 정신없이 바쁜 삶을 살고 있다는 것을 알기 때문에 그 꿈은 내게 대한 경고라고 생각합니다. 나는 매우 지쳐 있고, 다소 우울하다고 느끼며, 때때로 나는 부딪치거나 짓눌리는 것 같습니다. 하지만 나는 또한 이따끔씩 세파에 내 자신을 몰아넣고, 일에 빠지고, 활개치며 살면서 … 변화를 위해서는 무엇인가 거친 것이나 재미있는 것을 하고 싶은 충동을 갖고 있습니다.

가장 적절한 대답을 고르라.

치료사 당신은 그 꿈에 뭔가 의미가 있고, 당신에게 무엇인가를 말하고 있다고 느끼는군요. … 활개치며 산다는 것이나 거친 어떤 것을 하는 것과 관련하여 그 밖에 마음속에 떠오르는 것이 있습니까? (2.6을 보라)

치료사 나는 당신이 옳으며, 그 꿈은 어쩌면 당신에게 여유 있게 살면서 삶의 스타일을 변화시키기를 경고하고 있다고 생각합니다. 바로 지금 당신이 직면하고 있는 어떤 중요한 문제는 무엇인가요? 당신이 생각하기에 무엇이 어떻게 변화될 필요가 있나요? (2.7을 보라)

치료사 그 꿈은 당신이 여유 있게 살면서 당신의 삶의 스타일을 변화시킬 필요가 있지만, 당신은 또한 내면의 변화를 위해서 위험을 감수하고 더 재미있거나 거친 어떤 것을 하고 싶은 깊은 바람을 갖고 있다는 것을 보여주는 것처럼 느껴지는군요. (2.8을 보라)

2.6 치료사 당신은 그 꿈에 뭔가 의미가 있고, 당신에게 무엇인가를 말하고 있다고 느끼는군요. … 활개치며 산다는 것이나 거친 어떤 것을 하는 것과 관련하여 그 밖에 마음속에 떠오르는 것이 있습니까?

맞다. 이것은 정신분석치료자가 내담자로 하여금 꿈의 특정한 부분들이나 그 꿈에 대한 이전의 자유 연상들에 대해서 더욱 자유 연상을 할 수 있도록 돕기 위해 말하지도 모르는 또 다른 예이다. 그러한 자유 연상들을 통해서 치료자가 상담할 수 있도록 더 많은 자료들이 모아지고, 꿈 분석이나 해석이 내담자에 의해서 주어진 충분한 자료들에 근거하여 이루어질 수 있는데, 그 결과 치료자에 의한 미성숙하고 편견으로 가득찬 '조잡한 분석(wild analysis)' 을 피하게 된다. 2.9를 보라.

2.7 치료사 나는 당신이 옳으며, 그 꿈은 어쩌면 당신에게 여유 있게 살면서 삶의 스타일을 변화시키기를 경고하고 있다고 생각합니다. 바로 지금 당신이 직면하고 있는 어떤 중요한 문제는 무엇인가요? 당신이 생각하기에 무엇이 어떻게 변화될 필요가 있나요?

이것은 정신분석치료자가 내담자와 함께 꿈 해석을 하기 위한 적절한 반응이 아니다. 이것은 오히려 더 직접적이며 문제 해결을 위한 개입인데, 이것은 내담자로 하여금 더 깊은 자유 연상과 꿈의 분석으로부터 피하도록 하며, 그 혹은 그녀가 너무 정신없고 일에 빠져 있는 삶의 스타일을 문제 해결 방식에 참여하도록 인도한다. 2.5로 되돌아가서 다시 시도하라.

2.8 치료사 그 꿈은 당신이 여유 있게 살면서 당신의 삶의 스타일을 변화시킬 필요가 있지만, 당신은 또한 내면의 변화를 위해서 위험을 감수하고 더 재미있거나 거친 어떤 것을 하고 싶은 깊은 바람을 갖고 있다는 것을 보여주는 것처럼 느껴지는군요.

이것은 그 자체로 나쁜 반응은 아니다. 왜냐하면 사실 그것은 내담자에게 공감과 이해를 보여주는 좋은 반응이기 때문이다. 그것은 종종 로저스적이나 인간 중심적 치료자에 의해서 사용된다. 그렇지만 그것은 내담자로 하여금 그 꿈에 대해서 더욱 자유 연상들과 성찰을 하거나, 활개치며 살거나, 거친 어떤 것을 하는 것과 관련하여 이전의 자유 연상들을 하도록 조장하는 것이 부족하다. 그러므로 그것은 정신분석적 꿈 해석(dream analysis)을 촉진시키기 위해서 가장 적절한 반응이 아니다. 2.5로 되돌아가서 다시 시도하라.

2.9 내담자 나는 재미있거나 거칠거나 활개치면서 정말 하고 싶은 것이 무엇인지 모르겠지만, … 오토바이를 아주 빠르게 타는 것은 벽에 부딪칠 위험은 있어도 억압되어 있고, 자유롭기를 원하는 나의 한 부분을 나타낸다고 생각합니다. 나는 이전에 오토바이를 전혀 타 본 적이 없습니다.

가장 적절한 대답을 고르라.

치료사 당신은 매우 빠르게 오토바이를 타는 꿈이 당신의 삶에 있어서 더 자유롭고, 자발적이 되고, 재미있고, 위험하기조차 한 것을 하려는 깊은 열망을 나타낸다고 느끼는군요. 아마도 당신은 다른 사람들이나 당신 자신으로부터 성취하고, 생산적이 되며, 거의 완전해지라는 요구 때문에 너무 위축되어 있고, 너무 갇혀져 있는 것처럼 느끼고 있군요. (2.10을 보라)

치료사 계속 말하세요…, 오토바이 자체가 당신에게 무엇을 의미하거나 나타낼까요? (2.11을 보라)

치료사 글쎄, 당신이 생각하기에 시도하거나 행하며, 더 자유롭고, 자발적으로 느끼기를 원하는 어떤 것들을 마음속에 떠오르는 대로 생각해 봅시다. (2.12를 보라)

2.10 치료사 당신은 매우 빠르게 오토바이를 타는 꿈이 당신의 삶에 있어서 더 자유롭고, 자발적이 되고, 재미있고, 위험하기조차 한 것을 하려는 깊은 열망을 나타낸다고 느끼는군요. 아마도 당신은 다른 사람들이나 당신 자신으로부터 성취하고, 생산적이 되며, 거의 완전해지라는 요구 때문에 너무 위축되어 있고, 너무 갇혀져 있는 것처럼 느끼고 있군요.

이것은 더 깊은 공감을 반영하며, 또한 내담자가 지금까지 말한 것을 넘어서서 실제로 느끼고 있는 것에 대하여 어떤 해석을 제공한다. 그렇지만 그것은 내담자로 하여금 더 깊은 정신분석적 꿈 해석(dream analysis)을 촉진시키기 위해서 그 꿈과 그것에 관한 자유 연상들(free associates)에 초점을 맞추도록 돕기 위한 가장 적절한 반응은 아니다. 2.9로 되돌아가서 다시 시도하라.

2.11 치료사 계속 말하세요…. 오토바이 자체가 당신에게 무엇을 의미하거나 나타낼까요?

맞다. 이 반응은 정신분석치료자들에 의해서 흔히 사용되는데, 이것은 내담자로 하여금 특별한 부분이나 요소에 초점을 맞추도록 돕고, 그것에 관하여 자유 연상을 하거나 내담자에게 있어서 가능한 의미들을 반영하도록 한다. 여기서의 위험은 내담자가 오토바이의 다른 가능한 의미들을 지적인 설명으로 끝낼 수 있지만, 그 혹은 그녀는 '본능적인 반응(gut response)'을 하거나 즉각적이고 생동감 있게 자유 연상을 해서 내담자와 치료자가 그 꿈의 더 깊은 의미를 얻도록 도와줄 수 있다. 2. 13으로 가라.

2.12 치료사 글쎄, 당신이 생각하기에 시도하거나 행하며, 더 자유롭고 자발적으로 느끼기를 원하는 어떤 것들을 마음속에 떠오르는 대로 생각해 봅시다.

이것은 정신분석치료자가 꿈 해석에 있어서 취하는 적절한 반응이 아니다. 이것은 그 꿈에 대해서 자유 연상이나 성찰들을 조장하지 않는다. 대신에, 그것은 인지행동치료자들에 의해서 흔히 사용되는 직접적이고 문제 해결 중심의 개입이다. 2.9로 되돌아가서 다시 시도하라.

2.13 내담자 오토바이… 실제적으로 생각해 보자면… 힘차고 흥분되는 어떤 것에 대해서… 거의 성적인… 나는 오토바이를 타면 관능적인 힘과 만족을 느껴요…. 나는 거의 내가 말하는 것 때문에 당황스럽지만, 나의 성생활은 얼마 동안 거의 존재하지 않았다고 생각합니다…. 어쩌면 나는 깊이 성적으로 활개치고 싶은 욕망을 갖고 있지만, 부딪쳐서 나 자신을 매우 나쁘게 다치게 할까 봐 두려워요.

가장 적절한 대답을 고르라.

치료사 정말로, 당신에게 있어서 오토바이는 성적이고 매우 힘이 있는 어떤 것을 나타내지만, 또한 당신은 그것을 두려워하고 있는 것처럼 보이는군요. 당신이 당신의 삶에 있어서 성적으로 활개치는 것이나 성 자체에 대해서 더 자유 연상을 할 때, 마음속에 떠오르는 다른 생각들이나 느낌들은 무엇입니까? (2.14를 보라)

치료사 당신은 당신의 성적인 욕구들에 대해서 갈등이 있는 것처럼 보이는군요…. 당신은 그것들을 표현하기를 원하지만, 심각하게 당신이 다치는 것으로 끝나지는 않을까 두려워하는군요. (2.15를 보라)

치료사 왜 당신의 성적 생활이 얼마 동안 존재하지 않았는지 이야기해 봅시다. 왜 당신은 주저하고 있나요? 문제들이나 방해 요인들이 무엇입니까? (2.16을 보라)

2.14	치료사	정말로, 당신에게 있어서 오토바이는 성적이고 매우 힘이 있는 어떤 것을 나타내지만, 또한 당신은 그것을 두려워하고 있는 것처럼 보이는군요. 당신이 당신의 삶에 있어서 성적으로 활개치는 것이나 성 자체에 대해서 더 자유 연상을 할 때, 마음속에 떠오르는 다른 생각들이나 느낌들은 무엇입니까? 맞다. 정신분석치료자는 종종 내담자로 하여금 꿈 해석에 있어서 지금까지 떠오른 성적 주제에 관하여 더 깊게 성찰하거나 자유 연상을 하도록 조장하기 위해서 그런 반응을 사용하곤 하며, 결국 꿈의 잠재적이고 무의식적 의미들의 더 깊은 해석이 나온다.
2.15	치료사	당신은 당신의 성적인 욕구들에 대해서 갈등이 있는 것처럼 보이는군요…. 당신은 그것들을 표현하기를 원하지만, 심각하게 당신이 다치는 것으로 끝나지는 않을까 두려워하는군요. 이것은 내담자를 위해서 공감을 반영하고, 그 혹은 그녀가 부분적으로 경험하고 있는 것을 잘 요약하는 반응이다. 그렇지만 그것은 내담자로 하여금 계속해서 자유 연상을 하며 정신분석적 꿈 해석을 하도록 돕기 위한 가장 적절한 반응은 아니다. 왜냐하면 꿈, 특히 그 꿈속에 있는 오토바이에 대한 초점이 포함되어 있지 않기 때문이다. 2.13으로 되돌아가서 다시 시도하라.
2.16	치료사	왜 당신의 성적 생활이 얼마 동안 존재하지 않았는지 이야기해 봅시다. 왜 당신은 주저하고 있나요? 문제들이나 방해 요인들이 무엇입니까? 이 반응은 정신분석적 꿈 해석에 있어서 적절한 반응이 아니다. 꿈이나 그 안에 있는 중요한 요소(즉, 오토바이)에 대한 초점이 빠져 있고, 대신에 치료자는 여기서 인지행동치료들과 같이 다른 행동 위주의 치료에 더 큰 특징을 갖고 있는 직접적이며 문제 중심의 개입에 관여한다. 2.13로 되돌아가서 다시 시도하라.

참고문헌

Evans, D. R., Hearn, M. T., Uhlemann, M. R., & Ivey, A. E. (1984). *Essential interviewing : A programmed approach to effective communication* (2nd ed.). Monterey, CA : Brooks/Cole Publishing.

정신분석치료를 위한 역할극(Role Play)

또한 이 활동 단원을 마친 다른 두 사람을 찾으라. 내담자, 카운슬러, 그리고 관찰자 역할들을 바꿔가면서 (각각 5분에서 15분간 어느 곳에서나) 역할극으로 짤막한 인터뷰를 하라. 이후에 다시 살펴보고 평가하기 위해서 각각의 짧은 인터뷰를 오디오나 비디오테이프로 녹음하라.

- 이 역할극에서 카운슬러(counselor)는 자유 연상과 꿈 해석의 기법들을 사용해야 한다.
- 내담자(client)는 카운슬러가 자유 연상과 꿈 해석의 기법을 사용할 수 있도록 (실재에 근거하여) 충분한 정보를 제공해야 한다.
- 관찰자(observer)는 아래의 주어진 빈칸에 카운슬러와 내담자 사이에 오가는 대화를 구체적으로 기록하면서 카운슬러가 이러한 기법들을 사용하는 시도들을 주목해야 한다.

카운슬러로서 당신에 대한 관찰자의 기록

짧은 인터뷰가 끝날 때, 참가자들은 이러한 특별한 기법들이 어떻게 적절하게 사용되었는지에 대해서 서로 배우면서 카운슬러의 작업을 논의해야 한다. 적극적일 뿐만 아니라 덜 효과적인 반응들에 초점을 맞추게 되면 각 참가자는 이러한 기법들의 실행과 이해를 향상시킬 수 있다.

당신 스스로 연습하기

일단 위의 역할극을 마치면, 카운슬러로서 당신과 함께(스스로) 인터뷰한 테이프를 들어보라. 주어진 공란에 당신의 의견들과 대화의 내용을 집어넣으라. 그러고서 (이론에 근거하여) 당신이 더 정확하게 기법들을 보여줄 수 있었던 방법들을 생각해서 처음 반응 뒤에 있는 공란에 이러한 향상된 반응들을 적어보라.

처음 반응 1

향상된 반응

처음 반응 2

향상된 반응

처음 반응 3

향상된 반응

처음 반응 4

향상된 반응

처음 반응 5

향상된 반응

처음 반응 6

향상된 반응

활동 단원 2

애들러치료

애들러 이론은 알프레드 애들러에 의해서 개발되어 원래는 개인심리학으로 불렸는데, 이 이론은 애들러치료자들뿐만 아니라 때때로 다른 치료자들에 의해서 사용되는 수많은 치료기법들을 갖고 있다. 애들러치료의 가장 대표적 방법은 **내담자의 라이프 스타일, 즉 삶을 향한 가장 기본적 경향을 조사하는 것**이 포함되어 있다. 이 작업은 **'정신생활의 세 가지 출입문'을 탐색함으로써** 체계적으로 이루어진다. 첫 번째 출입문은 **출생 순서**이다. 둘째는 (자신의 현재 삶에 대한 철학을 담고 있는) **초기 기억**이다. 그리고 세 번째는 꿈인데, (애들러에 의하면 꿈은 자신이 미래의 문제를 어떻게 대처할 것인지 일종의 예행 연습이다) 더욱 구체적인 애들러 치료방법들 가운데는 **질문하기**(asking 'The Questions', "만일 당신이 좋아진다면 무엇이 달라질까?")를 통해서 내담자들로 하여금 그들이 어떻게 변화되기를 원하는지 결정하도록 하는 것과 새로운 행동들을 실행해 보기 위해서 **'… 처럼' 행동하기**(acting 'as if'), **역설적 의도**(paradoxical intention), 즉 내담자들로 하여금 과장하거나 그들이 피하거나 극복하려고 노력하는 바로 그 행동을 하도록 하는 것과 **'단추 누르기'** 기법('push button' technique) 등이 포함되는데, 단추 누르기 기법을 통해서 내담자들은 특별한 단추들, 즉 생각들을 눌러서 그 감정이 더 좋거나 나쁘게 느낄 수 있다.

이 활동 단원에서 우리는 종종 사용되는 두 가지 애들러 치료기법들을 다룰 것이다. 즉, 초기 기억들(예를 들어, "당신이 과거로 돌아갈 수 있는 만큼 돌아가서 가장 어렸을 때 기억나는 것을 내게 말해 보시오.")과 질문하는 것("만일 당신이 좋아진다면, 어떻게 달라질까?") 등이다. 한 번에 한 가지 기술을 다루면서 효과적인 치료적 상담 기술을 익히기 위해서 고안된 동일한 접근방법이 사용될 것이다.

1. 초기 기억들(Early Recollections)

1.1	내담자	나는 가끔 초조하고 두렵지만, 정말 그 이유를 모르는데, 왜냐하면 내가 이렇게 느낄 이유가 없기 때문입니다.
		가장 적절한 반응을 고르라.
	치료사	당신이 그 이유를 전혀 알지 못할지라도 무엇 때문에 구체적으로 당신이 초조한지 찾아봅시다. 당신이 지난번에 매우 초조하거나 두려웠을 때, 당신 주변에 어떤 일이 일어나고 있었고, 당신은 무엇을 생각하고 있었나요? (1.2를 보라)
	치료사	당신은 자주 두렵거나 조바심이 나지만, 그 이유를 알지 못하는군요. (1.3을 보라)
	치료사	우리가 당신의 불안이나 두려움을 더 탐색할 때, 당신은 가능한 한 과거로 돌아가 생각하면서 당신의 어린 시절 가장 처음으로 떠오르는 기억을 내게 말하는 것이 도움이 될지 모르겠네요. (1.4를 보라)
1.2	치료사	당신이 그 이유를 전혀 알지 못할지라도 무엇 때문에 구체적으로 당신이 초조한지 찾아봅시다. 당신이 지난번에 매우 초조하거나 두려웠을 때, 당신 주변에 어떤 일이 일어나고 있었고, 당신은 무엇을 생각하고 있었나요?
		이것은 내담자가 불안하게 느끼도록 만들고 있을지 모르는 특별한 자극들과 생각들을 결정하기 위해서 인지적 행동치료자들에 의해서 제기되는 일반적인 질문이다. 하지만 이것은 초기 기억들을 가지고 내담자를 도우려고 노력하는 애들러치료자에게 있어서 가장 적절한 반응은 아니다. 1.1로 되돌아가서 다시 시작하라.
1.3	치료사	당신은 자주 두렵거나 조바심이 나지만, 그 이유를 알지 못하는군요.
		이것은 내담자에 대한 공감을 보여주는 좋은 요약적 반응이지만, 내담자가 초기 기억들을 탐색하도록 격려하는 가장 적절한 반응은 아니다. 1.1로 되돌아가서 다시 시작하라.
1.4	치료사	우리가 당신의 불안이나 두려움을 더 탐색할 때, 당신은 가능한 한 과거로 돌아가 생각하면서 당신의 어린 시절 가장 처음으로 떠오르는 기억을 내게 말하는 것이 도움이 될지 모르겠네요.
		맞다. 이것은 내담자로 하여금 과거를 돌이키면서 초기 기억들을 떠오르기 하기 위해서 애들러치료자가 종종 사용하는 반응이다. 그들은 일반적이고 희미한 기억들이 아니라, 특별한 기억들을 필요로 한다. 1.5로 가라.
1.5	내담자	글쎄… 나는 어린아이였을 때, 종종 여름에 바닷가에 간 것을 기억할 수 있어요.
		가장 적절한 반응을 고르라.
	치료사	(말없이 조용하게 기다린다) (1.6을 보라)
	치료사	당신은 어린아이였을 때 바닷가에서 무슨 일이 일어났는지 더 구체적인 사건이나 기억을 해 낼 수 있나요? (1.7을 보라)
	치료사	당신이 이것을 기억할 때, 그 밖에 마음속에 떠오르는 것은 무엇인가요? (1.8을 보라)

1.6 치료사 (말없이 조용하게 기다린다) (1.6을 보라)

이 반응은 심리치료 분석가에게 더 전형적이다. 애들러치료자는 더 격려하고, 내담자로 하여금 초기 기억들을 생각나게 하기 위해서 더 구체적인 기억들을 질문할 것이다. 1.5로 되돌아가서 다시 시작하라.

1.7 치료사 당신은 어린아이였을 때 바닷가에서 무슨 일이 일어났는지 더 구체적인 사건이나 기억을 해 낼 수 있나요?

맞다. 애들러치료자는 바닷가에 종종 가는 것과 같은 일반적인 기억에서 멈추는 것보다 더 구체적인 기억, 즉 초기 기억을 도출하기 위해서 보통 그런 질문을 한다. 1.9로 가라.

1.8 치료사 당신이 이것을 기억할 때, 그 밖에 마음속에 떠오르는 것은 무엇인가요?

이것은 정신분석치료자가 내담자로 하여금 자유 연상을 촉진시키기 위해서 관심을 둔 더욱 전형적인 반응이다. 하지만 이것은 애들러치료자가 더욱 구체적인 초기 기억들을 격려하기 위해서 사용하는 가장 적절한 반응은 아니다. 1.5로 되돌아가서 다시 시작하라.

1.9 내담자 으음… 글쎄요, 나는 다섯 살 무렵, 아버지와 함께 몇 명의 다른 친구들과 바닷가에서 놀면서 모래성을 만들었어요…, 그런데 아버지께서 다른 아이들과 비교해서 내가 만든 모래성이 형편없고 보기 흉하다고 말씀하셔서 내가 아주 당황한 것이 조금 기억나네요.

가장 적절한 반응을 고르라.

치료사 당신의 아버지께서 친구들 앞에서 당신을 깎아내려서 당신은 마음의 상처를 받고 창피를 당한 것처럼 들리네요.(1.10을 보라)

치료사 (말없이 조용하게 기다린다) (1.11을 보라)

치료사 그것은 세부적인 초기 기억의 좋은 회상입니다. … 계속해서 그것에 대해서 내게 더 말해 보세요. (1.12를 보라)

1.10 치료사 당신의 아버지께서 친구들 앞에서 당신을 깎아내려서 당신은 마음의 상처를 받고 창피를 느낀 것처럼 들리네요.

이것은 내담자에게 공감을 보여주는 좋은 반응이지만, 애들러치료자가 내담자로 하여금 더욱 구체적으로 계속해서 초기 기억을 묘사하도록 격려하기 위해서 사용하는 가장 적절한 방법은 아니다. 1.9로 되돌아가서 다시 시작하라.

1.11	치료사	(말없이 조용하게 기다린다) 다시 이 반응은 정신분석치료자에게 더욱 특징적이다. 하지만 이것은 초기 기억들이라는 애들러기법에 있어서 더욱 구체적인 특별한 기억을 도출하기 위한 가장 적절한 반응은 아니다. 1.9로 되돌아가서 다시 시작하라.
1.12	치료사	그것은 세부적인 초기 기억의 좋은 회상입니다, … 계속해서 그것에 대해서 내게 더 말해 보세요. 맞다. 애들러치료자는 특별한 초기 기억의 더 정확한 회상을 촉진시킬 뿐만 아니라, 내담자를 격려하기 위해서(격려는 특히 내담자와 좋은 치료관계를 세우기 위한 애들러 개입의 기초이다) 이와 같은 언급을 하곤 한다. 1.13으로 가라.
1.13	내담자	나는 상처 입은 느낌을 받았고, 강한 두려움과 열등감이 나를 엄습했어요…, 그리고 그 후로 내가 열심히 노력하거나 무엇을 하든지 간에 다른 사람들과 비교해 보면 매우 부족한 것처럼 나는 항상 나 자신에 대해서 초조하고 불안하거나 열등감을 느끼는데… 나의 아버지는 항상 내게 그런 높은 수준을 기대하셨지요. 가장 적절한 반응을 고르라.
	치료사	바닷가에서 당신의 아버지로 말미암아 당황한 경험 때문에 그 이후로 당신은 일반적으로 두렵고 열등하다고 느껴 온 것 같군요. (1.14를 보라)
	치료사	어린 시절 경험 이래로 당신은 자신을 다른 사람들과 비교하지만, 항상 어떤 기준에 못 미치고, 매우 초조하며 열등감을 느끼는 삶을 살아온 것처럼 보이네요. (1.15를 보라)
	치료사	당신이 초조하거나 열등하다고 느낄 때, 당신은 그런 고통스런 감정들에 대처하기 위해서 무엇을 하나요? (1.16을 보라)
1.14	치료사	바닷가에서 당신의 아버지로 말미암아 당황한 경험 때문에 그 이후로 당신은 일반적으로 두렵고 열등하다고 느껴 온 것 같군요. 이것은 내담자에게 공감을 반영하는 요약된 좋은 반응이다. 그렇지만 이것은 인간 중심이나 로저스 치료자에게 더욱 전형적인 것이다. 애들러치료자는 이러한 초기 기억이 내담자의 현재의 삶의 철학이나 삶의 접근방법에 어떻게 영향을 끼치는가에 대해서 더 많이 이야기할 것이다. 1.13으로 되돌아가서 다시 시작하라.
1.15	치료사	어린 시절 경험 이래로 당신은 자신을 다른 사람들과 비교하지만, 항상 어떤 기준에 못 미치고, 매우 초조하며 열등감을 느끼는 삶을 살아온 것처럼 보이네요. 맞다. 애들러치료자는 내담자에게 초기 기억이 그 혹은 그녀의 전체적인 삶의 접근방법이나 삶의 철학에 어떻게 영향을 끼치는지에 대해서 지적하기 위해서 이와 같이 반응을 하곤 한다. 열등감의 주제가 종종 드러난다.

1.16 치료사 당신이 초조하거나 열등하다고 느낄 때, 당신은 그런 고통스런 감정들을 대처하기 위해서 무엇을 하나요?

이것은 종종 인지적 행동치료자에 의해서 사용되는 문제 해결 개입에 해당되는 것으로, 내담자가 불안이나 열등감에 사로잡힌 생각을 다루는 효과적인 대처 전략들을 숙지할 수 있도록 돕는다. 그것은 애들러치료자가 내담자로 하여금 특별한 초기 기억이 그 혹은 그녀의 삶의 철학에 어떻게 영향을 끼치는지 볼 수 있도록 돕기 위해 사용하는 가장 적절한 반응이 아니다. 1.13으로 되돌아가서 다시 시작하라.

2. 질문하기(Asking 'the question' – "만일 당신이 좋아진다면 무엇이 달라질까요?")

2.1 내담자 불안하거나 두렵게 느끼기 때문에 나는 종종 내 삶에서 어떤 일을 마치고 삶을 즐기는 데 정말 방해를 받습니다.

가장 적절한 반응을 고르라.

치료사 당신은 너무 자주 불안하게 느끼기 때문에 정말 삶을 즐기거나 원하는 것을 이룰 수 없다는 것을 알고 계시네요. (2.2를 보라)

치료사 나는 당신이 자주 불안하게 느끼는 것이 당신에게 무엇인가를 말해 줄지 모르고, 그것은 당신에게 더 깊거나 중요한 것을 의미할지도 모른다고 여겨져요. (2.3을 보라)

치료사 불안 때문에 당신은 삶에서 원하는 것을 성취하는 데 방해를 받을 뿐만 아니라… 삶을 즐기지 못하고 있네요. 만일 당신이 좋아지면 무엇이 달라질까요? (2.4를 보라)

2.2 치료사 당신은 너무 자주 불안하게 느끼기 때문에 정말 삶을 즐기거나 원하는 것을 이룰 수 없다는 것을 알고 계시네요.

이것은 내담자에게 공감을 반영하는 요약된 반응이다. 하지만 이것은 애들러치료자가 '질문'을 해서 내담자가 어떻게 변화되기를 원하는지 그 핵심을 파악하기 위해서 사용하는 가장 적절한 반응은 아니다. 2.1로 되돌아가서 다시 시작하라.

2.3 치료사 나는 당신이 자주 불안하게 느끼는 것이 당신에게 무엇인가를 말해 줄지 모르고, 그것은 당신에게 더 깊거나 중요한 것을 의미할지도 모른다고 여겨져요.

이 반응은 내담자로 하여금 그 혹은 그녀의 불안한 경험들의 더 깊은 의미들을 발견하도록 격려하지만, 그것은 실존치료자나 인지치료자들에게 더 전형적이다. 내담자의 변화 동기의 핵심을 파악하는 데 관심을 갖고 있는 애들러치료자는 더 나아가서 '질문' 을 할 것이다. 2.1로 되돌아가서 다시 시작하라.

2.4	치료사	불안 때문에 당신은 삶에서 원하는 것을 성취하는 데 방해받을 뿐만 아니라, 삶을 즐기지 못하고 있네요. 만일 당신이 좋아지면 무엇이 달라질까요?

맞다. 애들러치료자는 내담자가 방금 표현한 것을 공감적으로 요약한 후에 질문을 해서 내담자로 하여금 그 혹은 그녀가 어떻게 변화되기를 원하는지를 다루도록 돕는다. 2.5로 가라.

2.5	내담자	만일 내가 좋아지고, 너무 자주 불안하지 않다면, 나는 더 행복하고 자신있는 사람이 될 거예요…, 나는 대학원에 진학해서 경영학 석사(MBA)를 마치고, 아마도 개인 비즈니스를 시작할 건데요….

가장 적절한 반응을 고르라.

치료사	만일 당신이 불안을 극복하면, 당신은 더 행복하고 자신감을 가져서 대학원에 진학하거나 개인 비즈니스를 시작할 건데요. (2.6을 보라)
치료사	그 밖에 마음속에 떠오르는 것은 무엇입니까? (2.7을 보라)
치료사	정말로 만일 당신이 좋아지면, MBA를 공부하고 아마도 비즈니스를 시작하실 거군요. 만일 그렇게 많던 불안이 없어져서 당신이 좋아진다면, 그 밖에 무엇이 달라질까요? (2.8을 보라)

2.6	치료사	만일 당신이 불안을 극복하면, 당신은 더 행복하고 자신감을 가져서 대학원에 진학하거나 개인 비즈니스를 시작하실 거군요.

이것은 내담자에게 공감을 보여주는 요약적 반응이지만, 애들러치료자가 내담자로 하여금 그 혹은 그녀가 어떻게 변화되기를 원하는지 더 탐색하도록 격려하기 위해서 사용하는 가장 좋은 반응은 아니다. 2.5로 되돌아가서 다시 시작하라.

2.7	치료사	그 밖에 마음속에 떠오르는 것은 무엇입니까?

이것은 내담자로 하여금 자유 연상을 더욱 촉진시키기 위해서 정신분석치료자에 의해서 종종 사용되는 반응이다. 하지만 이것은 애들러치료자가 내담자로 하여금 그 혹은 그녀가 어떻게 변화되기를 원하는지 초점을 맞추도록 격려하기 위해서 사용하는 가장 좋은 반응은 아니다. 2.5로 되돌아가서 다시 시작하라.

2.8	치료사	정말로 만일 당신이 좋아지면, MBA를 공부하고 아마도 비즈니스를 시작하실 거군요. 만일 그렇게 많던 불안이 없어져서 당신이 좋아진다면, 그 밖에 무엇이 달라질까요?

맞다. 이 반응은 애들러치료자에게 전형적인 것으로, 치료자는 내담자로 하여금 변화에 초점을 맞추도록 더 '질문' 할 뿐만 아니라, 공감으로 격려하기를 원한다. 2.9로 가라.

2.9 내담자 으음… 만일 내가 좋아지면, 나는 또한 밖으로 나가서 사람들과 어울릴 거예요…, 나는 자유 파티에 가고, 하이킹이나 캠핑을 가거나, 밖에서 하는 어떤 다른 모험적인 것을 할 거예요…, 바로 지금 나는 너무 집안에 갇혀 있고, 거의 어떤 것을 하는 것이 두려워서 불안하고 비참하게 느껴져요.

가장 적절한 반응을 고르라.

치료사 당신은 불안하고 너무 집에 있기 때문에 상당히 외롭고 고립되어 있다고 느끼는 것처럼 들리네요. 당신은 정말 더 많은 사람들과 함께 있으며, 집 밖에서 더 모험적인 행동들을 하고 싶군요. (2.10을 보라)

치료사 만일 당신이 좋아진다면, 당신은 파티, 하이킹, 캠핑처럼 사람들과 섞여 더 많은 사회적인 활동들을 하는 것에 대해서 흥분된 것처럼 들리네요. 당신은 현재 상황에 대해서 비참하게 느끼는군요. 당신은 정말 변화를 원하는 것처럼 들리네요. 그런가요? (2.11을 보라)

치료사 당신은 이제 불안을 무시하고, 밖에 나가서 그것을 해야 합니다. 파티에 가고, 하이킹이나 캠핑을 하는 것처럼 당신이 정말 원하는 것이 무엇이든지 상관없이. 자, 그런 계획을 세워 봅시다. (2.12를 보라)

2.10 치료사 당신은 불안하고 너무 집에 있기 때문에 상당히 외롭고 고립되어 있다고 느끼는 것처럼 들리네요. 당신은 정말 더 많은 사람들과 함께 있으며, 집 밖에서 더 모험적인 행동들을 하고 싶군요.

이것은 내담자에게 공감을 보여주는 요약적 반응이다. 하지만 이것은 애들러치료자가 내담자로 하여금 그 혹은 그녀가 어떻게 변화되기를 원하는지 더 초점을 맞추도록 격려하기 위해서 사용하는 가장 좋은 반응은 아니다. 2.9로 되돌아가서 다시 시작하라.

2.11 치료사 만일 당신이 좋아진다면, 당신은 파티, 하이킹, 캠핑처럼 사람들과 섞여 더 많은 사회적인 활동들을 하는 것에 대해서 흥분되는 것처럼 들리네요. 당신은 현재 상황에 대해서 비참하게 느끼는군요. 당신은 정말 변화를 원하는 것처럼 들리네요. 그런가요?

맞다. 애들러치료자는 이러한 반응을 사용하여 내담자가 경험하고 있는 것을 공감적으로 요약하고 나서 내담자로 하여금 변화시키기 원하는 그 혹은 그녀의 바람에 초점을 맞춘다. 이것은 이후에 변화를 위한 어떤 구체적인 생각들이나 전략들로 이어질 수 있다. 2.13으로 가라.

2.12 치료사 당신은 이제 불안을 무시하고, 밖에 나가서 무엇인가 해야 합니다. 파티에 가고, 하이킹이나 캠핑을 하는 것처럼 당신이 정말 원하는 것이 무엇이든지 상관없이. 자, 그런 계획을 세워 봅시다.

이것은 애들러치료자에게 있어서 중요한 과정인 내담자의 변화를 위한 동기나 헌신에 대해서 언급하기 전에 공감 없이 너무나 빨리 문제 해결과 계획 세우기로 달려가기 때문에 가장 적절한 반응은 아니다. 2.9로 되돌아가서 다시 시작하라.

2.13	내담자	내 생각에는… 만일 내가 좋아진다면, 나는 내가 할 수 있고 원하는 것에 대해서 다소 흥분되게 느껴요…, 그러나 나는 건강하지 않고, 아주 많은 불안을 느끼고 있어요…, 나는 그것이 제거되어서 내가 정말 원하는 것을 하기를 바라요…, 그래요, 나는 건강해지기를 원해요…, 나는 너무 오랫동안 나를 따라다니는 이런 불안이 지겨워요. 가장 적절한 반응을 고르라.
	치료사	당신은 정말 변화되고 건강해지기를 원하는 데 단단히 마음을 굳힌 것 같군요. 나는 당신이 변화될 수 있다고 생각합니다. 당신 생각에 덜 불안하고 더욱 사회적이고 활동적이면서, 변화를 어떻게 시작할 수 있을지 의논합시다. 우리는 당신이 열등하게 느끼는 것에 대해서 특히 초점을 맞출 필요가 있을 겁니다. (2.14를 보라)
	치료사	당신은 정말 낫기를 원하고, 거의 당신의 전체적인 삶 가운데 계속되어 온 불안을 제거하기를 원하는 것처럼 들리는군요. (2.15를 보라)
	치료사	글쎄, 좋아요! 당신을 불안하게 하는 것의 목록 - 불안 혹은 두려움의 체계 - 을 만들면서 시작해 봅시다. 그러고서 나는 당신이 불안을 극복하거나 조절할 수 있도록 돕는 약간의 이완 기법들(relaxation techniques)을 당신에게 가르쳐 드릴 겁니다. (2.16을 보라)
2.14	치료사	당신은 정말 변화되고 건강해지기를 원하는 데 단단히 마음을 굳힌 것 같군요. 나는 당신이 변화될 수 있다고 생각합니다. 당신 생각에 덜 불안하고 더욱 사회적이고 활동적이어서 변화를 어떻게 시작할 수 있을지 의논합시다. 우리는 당신이 열등하게 느끼는 것에 대해서 특히 초점을 맞출 필요가 있을 겁니다. 맞다. 이것은 상당히 긴 반응이지만, 애들러치료자가 내담자로 하여금 더 나아가서 변화를 시작하도록 격려할 필요가 있다고 생각하는 것을 바르게 요약한 것이다. 애들러가 매우 잘 알고 있는 '열등감 콤플렉스' 또한 특별한 초점을 갖고 다루어질 필요가 있다.
2.15	치료사	당신은 정말 건강해져서 지금까지 거의 당신의 삶 가운데 지속되어 온 불안을 제거하기를 원하는 것처럼 들리는군요. 이것은 공감을 반영하는 좋은 반응이지만, 내담자로 하여금 더 나아가서 애들러치료자가 관심을 갖고 있는 것과 같은 변화를 시도하도록 격려하기 위한 가장 적절한 반응은 아니다. 2.13으로 되돌아가서 다시 시작하라.
2.16	치료사	글쎄, 좋아요! 당신을 불안하게 하는 것의 목록 - 불안 혹은 두려움의 체계 - 을 만들면서 시작해 봅시다. 그러고서 나는 당신이 불안을 극복하거나 조절할 수 있도록 돕는 약간의 이완 기법들(relaxation techniques)을 당신에게 가르쳐 드릴 겁니다. 이 반응은 불안 처리를 위하여 체계적 민감성 제거, 스트레스 접종 혹은 대처기술 개입을 시작하기 위해서 행동 혹은 인지치료자에게 전형적인 반응이다. 이후에 그것이 도움이 되는 개입이 될 수 있을지 몰라도 지금은 너무 시기상조다. 애들러치료자는 내담자의 변화의 동기에 더욱 집중하고, 변화의 구체적인 방법으로 나아가기 전에 내담자가 어떻게 변화하기를 원하는지에 대해서 의논한다. 2.13으로 되돌아가서 다시 시작하라.

애들러치료를 위한 역할극(Role Play)

또한 이 활동 단원을 마친 다른 두 사람을 찾으라. 내담자, 카운슬러, 그리고 관찰자 역할들을 바꿔가면서(각각 5분에서 15분간 어느 곳에서나) 역할극으로 짤막한 인터뷰를 하라. 이후에 다시 살펴보고 평가하기 위해서 각각의 짧은 인터뷰를 오디오나 비디오테이프로 녹음하라.

- 이 역할극에서 카운슬러(counselor)는 초기 기억들(early recollections)을 탐색하고 '질문(The Question)' 을 하는 기법들을 사용해야 한다.
- 내담자(client)는 카운슬러가 초기 기억들을 탐색하고 '질문' 을 하는 기법들을 사용할 수 있도록 (실재에 근거하여) 충분한 정보를 제공해야 한다.
- 관찰자(observer)는 아래의 주어진 빈칸에 카운슬러와 내담자 사이에 오가는 대화를 구체적으로 기록하면서 카운슬러가 이러한 기법들을 사용하는 시도들을 주목해야 한다.

카운슬러로서 당신에 대한 관찰자의 기록

짧은 인터뷰가 끝날 때, 참가자들은 이러한 특별한 기법들이 어떻게 적절하게 사용되었는지에 대해서 서로 배우면서 카운슬러의 작업을 논의해야 한다. 적극적일 뿐만 아니라, 덜 효과적인 반응들에 초점을 맞추게 되면, 각 참가자는 이러한 기법들의 실행과 이해를 향상시킬 수 있다.

당신 스스로 연습하기

위의 역할극을 일단 마치면, 카운슬러로서 당신과 함께(스스로) 인터뷰한 테이프를 들어 보라. 주어진 공란에 당신의 의견들과 대화의 내용을 집어 넣으라. 그러고서 (이론에 근거하여) 당신이 더 정확하게 기법들을 보여 줄 수 있었던 방법들을 생각해서 처음 반응 뒤에 있는 공란에 이러한 향상된 반응들을 적어 보라.

처음 반응 1

향상된 반응

처음 반응 2

향상된 반응

처음 반응 3

향상된 반응

처음 반응 4

향상된 반응

처음 반응 5

향상된 반응

처음 반응 6

향상된 반응

활동 단원 3

실존치료

실존치료는 롤로 메이와 의미요법의 창시자 빅터 프랭클과 같은 수많은 치료자들과 관련되어 있다. 그 주된 초점은 내담자들로 하여금 가능한 한 실제적이고 진정하며 책임 있는 방법으로 그들의 존재(existence)를 경험하도록 돕고, 그들의 삶에 있어서 자유롭게 선택하거나 결정을 내리는 것을 배우며, 특히 그들 자신을 위한 의미(meaning)를 창조하도록 하는 것이다. 실존치료는 내담자와 치료자 사이의 치료적 관계와 만남의 중요성을 강조한다. 그러므로 그것은 치료의 절차, 방법, 혹은 경험적 확인을 체계적으로 보여 주지 않는다. 하지만 특히 프랭클의 의미요법 학파에서 개발되어 잘 알려진 몇 가지 치료법이 있다. **역설적 의도**(paradoxical intention)는 내담자가 두려워하고 있는 바로 그 행동을 하거나 과장함으로써 내담자로 하여금 두려움의 기대에 반하여 행동하도록 요구하는 것이다. (이것은 또한 애들러의 치료법이기도 한데, 다른 치료법에서도 이것을 채택해서 사용해 오고 있다.) **탈반영**(dereflection)은 내담자로 하여금 문제를 무시하고 무엇인가 긍정적이고 재미있는 방향으로 인식이나 관심을 전환시키는 것이다. 그리고 특히 변할 수 없는 과거에 대해서 **내담자의 태도나 생각을 바꾸는 것**(modifying the client' s attitudes or thinking)을 통해서 더욱 의미 있고 희망적이거나 낙관적으로 사물을 보는 방법이 조성될 수 있다.

이 활동 단원에서 우리는 두 가지 실존치료기법, 즉 의미요법의 기법들－**역설적 의도**(paradoxical intention)와 **탈반영**(dereflection)－을 다룰 것이다. 한 번에 한 가지 기술 다루면서 효과적인 치료적 상담 기술을 익히기 위해서 고안된 동일한 접근방법이 사용될 것이다.

1. 역설적 의도(Paradoxical Intention)

1.1 내담자 일하면서 나는 상사와 말을 해야 할 때마다 불안한데요…. 불안할 때 나는 손바닥에 땀이 나는데…, 그게 나를 더욱 불안하게 해요. 왜냐하면 상사가 나와 악수할 때, 나는 당황하게 되는 것을 원치 않기 때문이지요. 그래도 손바닥에 땀이 나고, … 내가 무엇을 해야 할지 모르겠어요! 정말 나는 가능한 한 상사를 피하려고 하는데 … 그게 더욱 불안하게 한다는 것을 생각하면서도….

가장 적절한 대답을 고르라.

치료사 당신의 상사 앞에서 그처럼 불안하게 느낄 때, 당신은 무엇에 대해 생각합니까? (1.2를 보라)

치료사 당신은 불안에 대처하는 어떤 기법들을 필요로 할 겁니다. 천천히 깊이 숨을 들이쉬며, 당신 자신에게 느슨하고 차분하라고 말하고, 즐거운 장면들을 상상하는 것과 같은 어떤 단순한 이완 훈련들을 가지고 시작합시다. (1.3을 보라)

치료사 정말 당신이 상사와 말을 하고 있는 것에 대해서 생각할 때조차 당신은 손바닥에 땀이 나면서 불안하군요. 그러므로 당신은 최선을 다해서 그와 만나는 것을 피해 보세요…. 나는 당신에게, 미친 것처럼 들리겠지만 실제로 당신에게 도움이 되는 어떤 것을 하라고 요구할 겁니다. 당신은 최선을 다해서 손바닥에 더 많이 땀을 흘리면서 당신의 상사와 대화하거나 실제로 그와 만나는 것을 생각해 보세요. (1.4를 보라)

1.2 치료사 당신의 상사 앞에서 그처럼 불안하게 느낄 때, 당신은 무엇에 대해 생각합니까?

이 반응은 불안을 야기할지 모르는 생각들을 확인하는 데 관심을 둔 인지적 치료자에게 더욱 전형적이다. 그것은 실존치료자가 역설적 의도를 수행하기 위한 가장 적절한 반응이 아니다. 1.1로 되돌아가서 다시 시작하라.

1.3 치료사 당신은 불안에 대처하는 어떤 기법들을 필요로 할 겁니다. 천천히 깊이 숨을 들이쉬며, 당신 자신에게 느슨하고 차분하라고 말하고, 즐거운 장면들을 상상하는 것과 같은 어떤 단순한 이완 훈련들을 가지고 시작합시다.

이 반응은 내담자에게 직접적으로 어떤 구체적인 불안 처리나 이완 기술들을 가르치는 데 관심을 둔 행동 혹은 인지적 치료자들에게 더욱 전형적이다. 하지만 이것은 실존치료자가 역설적 의도를 수행하기 위해 사용하는 가장 적절한 반응이 아니다. 1.1로 되돌아가서 다시 시작하라.

1.4 치료사 정말 당신이 상사와 말을 하고 있는 것에 대해서 생각할 때조차 당신은 손바닥에 땀이 나면서 불안하군요. 그러므로 당신은 최선을 다해서 그와 만나는 것을 피해 보세요…. 나는 당신에게, 미친 것처럼 들리겠지만 실제로 당신에게 도움이 되는 어떤 것을 하라고 요구할 겁니다. 당신은 최선을 다해서 손바닥에 더 많은 땀을 흘리면서 당신의 상사와 대화하거나 실제로 그와 만나는 것을 생각해 보세요.

맞다. 실존치료자는 처음에는 어느 정도 공감적 언급들을 하고 나서 내담자에게 그 혹은 그녀가 두려워하는 바로 그 행동을 더 하도록 제안하는데, 이 경우에는 내담자에게 역설적 의도를 갖고 손바닥에 땀을 흘리도록 한다. 1.5로 가라.

1.5 내담자 나는 정말 손박닥에 땀이 나는 것이 두렵습니다…. 땀이 점점 더 많이 날수록 나는 점점 더 기분이 나빠져요…. 나는 땀방울이 떨어져서 내가 얼마나 불안해하는지 상사가 알게 될까 봐 두려워요…. 그리고 특히 그가 나와 악수한다면… 그가 땀을 느끼고 내가 매우 안절부절못하고 두려워하는 것을 알게 될 겁니다.

가장 적절한 대답을 고르라.

치료사 당신은 두려움과 손바닥에 땀이 나는 것, 특히 상사가 악수하면 알아차리지 않을까 걱정하는군요. 그가 알게 된다면, 매우 비참할 것 같네요…. 이제 나는 당신에게 눈을 감고 당신이 그와 만나고 있는 것을 상상해 보기를 원합니다…. 지금 최선을 다해서 가능한 한 할 수 있는 것만큼 손바닥에 땀을 흘려 보세요…. 두렵게도 당신에게 일어날 바로 그것을 해 보세요… .(1.6을 보라)

치료사 당신은 당신 자신의 두려움과 손바닥에 땀이 나는 것, 특히 당신의 상사가 알게 될 것을 걱정하는 것 같네요…. (1.7을 보라)

치료사 손바닥에 땀이 나는 것 때문에 당신이 불안하거나 안절부절못하는 것을 만일 당신의 상사가 알아차리거나 알게 된다면, 그것이 당신에게 무엇을 의미합니까? (1.8을 보라)

1.6 치료사 당신은 두려움과 손바닥에 땀이 나는 것, 특히 상사가 악수하면, 알아차리지 않을까 걱정하는군요. 그가 알게 된다면, 매우 비참할 것 같네요…. 이제 나는 당신에게 눈을 감고 당신이 그와 만나고 있는 것을 상상해 보기를 원합니다…. 지금 최선을 다해서 가능한 한 할 수 있는 것만큼 손바닥에 땀을 흘려 보세요…. 두렵게도 당신에게 일어날 바로 그것을 해 보세요….

맞다. 실존치료자 혹은 의미요법사는 몇 가지 공감적 언급을 해서 내담자와 그 혹은 그녀의 경험과 깊이 관계를 맺고 나서 내담자에게 그 혹은 그녀가 맨 처음 상상 가운데 두려워하는 바로 그것을 하도록 특별한 지침들을 줌으로써 역설적 의도를 사용한다. 1.9로 가라.

1.7 치료사 당신은 당신 자신의 두려움과 손바닥에 땀이 나는 것, 특히 당신의 상사가 알게 될 것을 걱정하는 것 같네요….

이것은 내담자에게 공감을 나타내는 반응으로, 인간 중심 혹은 로저스 치료자가 말할 수 있는 전형적인 것이다. 실존치료자 역시 공감을 나타내기 위해서 그런 반응을 사용할 수 있지만, 역설적 의도의 사용을 보여주기에는 적절한 반응이 아니다. 1.5로 되돌아가서 다시 시작하라.

1.8 치료사 손바닥에 땀이 나는 것 때문에 당신이 불안하거나 안절부절못하는 것을 만일 당신의 상사가 알아차리거나 알게 된다면, 그것이 당신에게 무엇을 의미합니까?

이것은 인지치료자가 불안을 야기할 수 있는 내담자의 사고의 핵심을 파악하기 위해서 제기되는 질문이다. 실존치료자가 의미의 주제들을 다루기 위해서 비슷한 질문을 사용할지 모르지만, 그 혹은 그녀가 내담자와의 역설적 의도를 수행하기 위해서 사용하는 가장 적절한 반응은 아니다. 1.5로 되돌아가서 다시 시작하라.

1.9 내담자 나는 정말 손바닥에 땀이 나서 상사 앞에 있는 나 자신을 생각하거나 상상하는 것조차 어려워요…. 사실, 내 가슴은 지금 매우 심하게 뛰고 있고, 나는 너무 불안해서 내가 심장마비나 다른 어떤 일이 일어날까 두려워요….

가장 적절한 대답을 고르라.

치료사 자, 진정하시고, 숨을 아주 천천히 깊게 들이마시고, 잠시 숨을 멈추시고, 그리고 편안하게 긴장을 푸세요…. 좋아요…. (1.10을 보라)

치료사 당신은 정말 손바닥에 땀이 나는 것을 생각할 때, 매우 불안하게 느끼시는군요…. 사실 당신은 지금 너무 나쁘게 느끼셔서, 실제로 심장마비가 걸릴 것을 두려워하는군요…. (1.11을 보라)

치료사 당신은 참으로 손바닥에 땀이 나는 것을 생각할 때, 매우 불안하게 느끼시는군요…. 그러나 당신의 손바닥에 땀이 떨어질 때까지 계속해서 최선을 다해 땀이 나도록 노력해 보세요. 그리고 당신의 심장이 매우 빠르게 뛰어서 실제로 심장마비에 걸려 있는 당신을 상상해 보세요! 자, 이제 심장마비에 걸리는 겁니다. (1.12를 보라)

1.10 치료사 자, 진정하시고, 숨을 아주 천천히 깊게 들이마시고, 잠시 숨을 멈추시고, 그리고 편안하게 긴장을 푸세요…. 좋아요….

이 반응은 필요할 때 내담자를 진정시키기 위해서 직접적인 이완 기술들을 사용하는 경향이 있는 인지 혹은 행동치료자들에게 더욱 전형적인 것이다. 하지만 이것은 실존치료자가 역설적 의도를 촉진시키기 위해서 사용하는 가장 적절한 반응은 아니다. 1.9로 되돌아가서 다시 시작하라.

1.11 치료사 당신은 정말 손바닥에 땀이 나는 것을 생각할 때, 매우 불안하게 느끼시는군요…. 사실 당신은 지금 너무 나쁘게 느끼셔서 실제로 심장마비가 걸릴 것을 두려워하는군요….

이것은 내담자에게 공감을 보여주는 반응으로, 인간 중심 치료자가 사용하기에 더 전형적인 것이다. 하지만 이것은 실존치료자가 역설적 의도를 더욱 촉진시키기 위해서 사용하는 충분한 반응은 아니다. 1.9로 되돌아가서 다시 시작하라.

1.12 치료사 당신은 참으로 손바닥에 땀이 나는 것을 생각할 때, 매우 불안하게 느끼시는군요…. 그러나 당신의 손바닥에 땀이 떨어질 때까지 계속해서 최선을 다해 땀이 나도록 노력해 보세요. 그리고 당신의 심장이 매우 빠르게 뛰어서 실제로 심장마비에 걸려 있는 당신을 상상해 보세요! 자, 이제 심장마비에 걸리는 겁니다.

맞다. 실존치료자는 짧게 공감적 반응을 한 후에 내담자에게 더 땀을 흘릴 뿐만 아니라, 즉시 심장마비에 걸리도록 요구함으로써 역설적 의도를 진행한다. 여기서 과장된 표현은 유머와 불가능함을 드러내는데, 그것을 통해서 내담자는 결국 긴장이 풀어지고 그 자신이나 그녀 자신에 대해서 웃기까지 한다. 1.13으로 가라.

1.13	내담자	글쎄요… 나… 나는 단지 계속 진행하면서 단순히 지금 심장마비에 걸리거나… 땀을 더 많이 흘릴 수는 없어요! 사실 내가 점점 더 노력할수록, 내가 점점 더 할 수 없다고 느껴요…. 나는 너무 어리석어요…. 그런데… 우스워요! (잠시 웃는다)…
		가장 적절한 대답을 고르라.
	치료사	당신은 이 모든 것이 얼마나 어리석거나 우스운지 깨닫기 시작하고 있어요…, 특히 일어날지 몰라서 당신이 두려워하고 있는 것을 하려고 할 때! 이러한 '역설적 의도(paradoxical intention)'의 기술은 당신에게 도움을 줄 수 있기 때문에 나는 당신이 집에서 먼저 상상하면서 그것을 사용하고 나서 직장에서 당신의 상사가 당신에게 이야기할 때 그것을 사용하기를 제안하는데 괜찮은가요? (1.14를 보라)
	치료사	당신은 상황의 더 가벼운 면들을 볼 수 있고, 더 이상을 불안을 느끼지 않는 것처럼 들리네요…. (1.15를 보라)
	치료사	그 밖에 마음속에 떠오르는 것이 있나요? … (1.16을 보라)
1.14	치료사	당신은 이 모든 것이 얼마나 어리석거나 우스운지 깨닫기 시작하고 있어요…, 특히 일어날지 몰라서 당신이 두려워하고 있는 것을 하려고 할 때! 이러한 '역설적 의도(paradoxical intention)'의 기술은 당신에게 도움을 줄 수 있기 때문에 나는 당신이 집에서 먼저 상상하면서 그것을 사용하고 나서 직장에서 당신의 상사가 당신에게 이야기할 때 그것을 사용하기를 제안하는데, 괜찮은가요?
		맞다. 심리치료자는 내담자에게 공감을 반영하는 짤막한 요약적 진술을 한 후에 역설적 의도의 분명한 효과들을 더욱 강화하고, 실제적인 삶이나 상사와의 상황에서 과제 연습과 실제 적용을 제안한다.
1.15	치료사	당신은 상황의 더 가벼운 면들을 볼 수 있고, 더 이상 불안을 느끼지 않는 것처럼 들리네요….
		이것은 내담자에게 공감을 반영하고, 그 혹은 그녀가 경험하는 것을 요약하는 좋은 반응이다. 그렇지만 이것은 실존치료자가 역설적 의도를 사용하기 위한 최선의 가장 적절한 반응은 아니다. 1.13으로 되돌아가서 다시 시작하라.
1.16	치료사	그 밖에 마음속에 떠오르는 것이 있나요? …
		이 반응은 내담자에 의한 자유 연상을 촉진시키기 원하는 정신분석치료자나 내담자의 더 깊은 생각들을 확인하는 데 관심을 둔 인지치료자들에게 더 전형적인 것이다. 하지만 이것은 실존치료자가 역설적 의도를 사용하기 위한 가장 적절한 반응은 아니다. 1.13으로 되돌아가서 다시 시작하라.

2. 탈반영(Dereflection)

2.1 내담자 나는 지난주 대학 축구팀에서 결승 골을 넣을 기회를 놓친 것에 대해서 떠오르는 생각을 멈출 수가 없어요. 나는 그 기회를 살짝 놓쳤는데, 어떻게 골대 바로 위로 찼는지 자꾸 생각이 납니다. 나는 우리 팀이 진 것에 대해서 매우 나쁘게 느끼고, 이 일로 아직 우울합니다!

가장 적절한 대답을 고르라.

치료사 마음속에 다른 무엇이 떠오릅니까? (2.2를 보라)

치료사 당신은 최선을 다했으니, 당신 자신을 비난할 수 없어요! 당신이 살짝 기회를 놓친 것은 단지 운이 나쁜 것이었어요! 당신의 팀은 당신의 노력에 감사했다고 나는 확신합니다. (2.3을 보라)

치료사 나는 당신이 골을 놓친 것에 대해서 나쁘고 정말 우울하게 느끼는 것을 압니다…. 그러나 나는 그것 말고 게임에 대해서 잘된 것을 묘사할 수 있는지 궁금한데요…. 당신이 아는 대로, 게임의 어떤 하이라이트 등등… (2.4를 보라)

2.2 치료사 마음속에 다른 무엇이 떠오릅니까?

이 반응은 내담자에 의한 자유 연상을 촉진하려고 노력하는 정신분석치료자에게 더 전형적이다. 하지만 이것은 탈반영을 통해서 더 즐겁거나 좋아하는 어떤 것을 조장하려고 노력하는 실존치료자가 사용하는 가장 적절한 반응은 아니다. 2.1로 되돌아가서 다시 시작하라.

2.3 치료사 당신은 최선을 다했으니, 당신 자신을 비난할 수 없어요! 당신이 살짝 기회를 놓친 것은 단지 운이 나쁜 것이었어요! 당신의 팀은 당신의 노력에 감사했다고 나는 확신합니다.

이 반응은 일반적으로 도움이 되는 것이 아니다. 하지만 이것은 치료자에 의해서 만들어진 너무 많은 의견들과 판단들을 포함하고, 내담자에 대한 공감과 이해가 부족하다. 실존치료자는 처음에 더욱 공감적이다. 이러한 반응은 탈반영을 수행하는 데 있어서 가장 적절한 반응은 아니다. 2.1로 되돌아가서 다시 시작하라.

2.4 치료사 나는 당신이 골을 놓친 것에 대해서 나쁘고 정말 우울하게 느끼는 것을 압니다…. 그러나 나는 그것 말고 게임에 대해서 잘된 것을 묘사할 수 있는지 궁금한데요…. 당신이 아는 대로, 게임의 어떤 하이라이트 등등….

맞다. 이 반응은 실존치료자가 특징적으로 말할 만한 것으로, 그는 어느 정도 공감을 하고 나서 내담자로 하여금 골을 놓친 것에 사로잡힌 것으로부터 탈반영해서 그 혹은 그녀에게 있어서 게임 중 더 즐거운 하이라이트의 어떤 장면들에 다시 초점을 맞추도록 격려한다. 2.5로 가라.

2.5	내담자	내가 그 잃어버린 골을 계속해서 생각하지 않는 것은 어려워요! 그러나 만일 내가 그것을 잊어버리고, … 그 게임의 하이라이트를 생각한다면… 글쎄, 나는 여러 차례 잘 움직이면서 팀원이 우리 팀의 동점골을 올리는 것을 도와주었다고 생각합니다….
		가장 적절한 대답을 고르라.
	치료사	당신은 골을 놓친 것을 잊어버리기는 어렵지만, 게임에서 당신에게 어떤 좋은 순간들을 기억하네요. (2.6을 보라)
	치료사	당신의 팀원이 팀을 위해서 동점골을 집어넣도록 도와준 것을 생각할 때, 당신은 어떻게 느낍니까? (2.7을 보라)
	치료사	좋아요…, 당신은 팀원이 동점골을 넣도록 도와준 것을 포함해서 게임 중에 있었던 하이라이트를 기억하는군요! 당신은 그 게임에서 다른 특별한 순간을 기억할 수 있나요? (2.8을 보라)
2.6	치료사	당신은 골을 놓친 것을 잊어버리기는 어렵지만, 게임에서 당신에게 어떤 좋은 순간들을 기억하네요.
		이 반응은 내담자에게 공감을 전달하지만, 내담자의 입장에서 탈반영을 더욱 촉진시키기 위한 가장 좋은 반응은 아니다. 2.5로 되돌아가서 다시 시작하라.
2.7	치료사	당신의 팀원이 팀을 위해서 동점골을 집어넣도록 도와준 것을 생각할 때, 당신은 어떻게 느낍니까?
		이 반응은 내담자로 하여금 느낌을 생각과 연결시키도록 돕는 데 관심을 둔 인지치료자나 내담자의 감정들을 더욱 탐색하기 원하는 또 다른 치료자에게 더욱 특징적이다. 하지만 이것은 내담자의 입장에서 탈반영을 조장하기 원하는 실존치료자에게 최선의 반응은 아니다. 2.5로 되돌아가서 다시 시작하라.
2.8	치료사	좋아요…, 당신은 팀원이 동점골을 넣도록 도와준 것을 포함해서 게임 중에 있었던 하이라이트를 기억하는군요! 당신은 그 게임에서 다른 특별한 순간을 기억할 수 있나요?
		맞다. 실존치료자는 내담자를 격려하고 공감을 표현하며, 더 나아가서 내담자로 하여금 그 혹은 그녀에게 게임 중 더 특별한 순간들이나 하이라이트에 초점을 맞추도록 도우면서 탈반영을 더욱 촉진시킨다. 2.9로 가라.

2.9	내담자	팀원이 동점골을 넣도록 도와준 것을 생각하니까 기분이 좋네요…. 또한 나는 상대팀이 위험한 공격을 하는 것을 차단했어요….
		가장 적절한 대답을 고르라.
	치료사	당신은 골을 득점하도록 돕고 다른 팀이 골을 못 넣도록 막으면서 실제로 매우 좋은 경기를 한 것처럼 들리는군요. 당신에게 있어서 그 경기의 더 많은 하이라이트들이나 특별한 순간들이 있나요? (2.10을 보라)
	치료사	(말없이 기다린다) (2.11을 보라)
	치료사	보라…. 당신은 잘해냈어요! 당신이 골을 놓쳤다고 나쁘게 느낄 필요가 없어요. 그래서 그것에 대해서 생각하는 것을 멈추세요, 괜찮지요? (2.12를 보라)
2.10	치료사	당신은 골을 득점하도록 돕고 다른 팀이 골을 못 넣도록 막으면서 실제로 매우 좋은 경기를 한 것처럼 들리는군요. 당신에게 있어서 그 경기의 더 많은 하이라이트들이나 특별한 순간들이 있나요?
		맞다. 심리치료자는 공감적이고 분명한 진술로 내담자를 격려하고 나서 그 혹은 그녀에게 게임 중 다른 하이라이트들에 대해서 질문함으로써 내담자로 하여금 더욱 탈반영할 수 있도록 돕는다. 2.13으로 가라.
2.11	치료사	(말없이 기다린다)
		침묵하고 기다리는 이 반응은 내담자에 의한 자유 연상을 더욱 조장하려고 시도하는 정신분석 치료자에게 더욱 특징적이다. 하지만 이것은 내담자에 의한 탈반영을 더욱 조장하기 위한 최선의 반응은 아니다. 2.9로 되돌아가서 다시 시작하라.
2.12	치료사	보세요…. 당신은 잘해냈어요! 당신이 골을 놓쳤다고 나쁘게 느낄 필요가 없어요. 그래서 그것에 대해서 생각하는 것을 멈추세요, 괜찮지요?
		일반적으로 이것은 좋거나 도움이 되는 반응이 아니다. 이것은 내담자를 향해 견해를 가진 조언을 제공하고, 공감이 부족하다. 이것은 내담자에 의한 탈반영을 더욱 조장하지 않는다. 2.9로 되돌아가서 다시 시작하라.

2.13 내담자 그렇게 생각해 볼게요…, 나는 또한 상대방 팀이 코너 킥을 한 위험하고 높은 볼을 헤딩으로 막아냈어요! 나는 경기를 잘했다고 생각해요…, 그리고 아마도 경기를 잘하는 것이 오히려 이기는 것보다 가장 중요하다고 여겨져요…, 나는 이미 더 좋게 느껴요.

가장 적절한 대답을 고르라.

치료사 나는 당신이 더 적극적으로 생각할 때, 더 좋게 느껴진다니 기쁘네요…, 당신의 생각이 당신의 감정에 어떻게 영향을 끼치는지 알게 되었군요…. (2.14를 보라)

치료사 당신은 정말 좋은 경기를 한 것처럼 들리네요…, 하이라이트에 당신의 관심을 다시 둠으로써 당신은 놓친 골을 생각하는 것을 멈추게 되었어요. 더욱 의미심장한 것은 당신이 잘 경기하는 것이 게임에서 항상 이기는 것보다 더 중요하다는 더 깊은 통찰력이나 의미를 갖게 된 것처럼 보이네요…, 삶에 적용할 수 있는 통찰력을! (2.15를 보라)

치료사 그 밖에 마음속에 떠오르는 다른 생각들이나 느낌들은 무엇인가요? (2.16을 보라)

2.14 치료사 나는 당신이 더 적극적으로 생각할 때, 더 좋게 느껴진다니 기쁘네요…, 당신의 생각이 당신의 감정에 어떻게 영향을 끼치는지 알게 되었군요….

이것은 좋은 요약적 반응이지만, 내담자로 하여금 생각이 어떻게 감정에 영향을 주는지 배우도록 돕고 있는 인지치료자에게 더욱 전형적이다. 이것은 탈반영의 사용을 몰두하고, 또한 항상 내담자로 하여금 그 혹은 그녀의 삶에 있어서 통찰력이나 더 깊은 삶의 의미를 얻도록 돕는 실존치료자에게 가장 적절한 반응은 아니다. 2.13으로 되돌아가서 다시 시작하라.

2.15 치료사 당신은 정말 좋은 경기를 한 것처럼 들리네요…, 하이라이트에 당신의 관심을 다시 둠으로써 당신은 그 놓친 골을 생각하는 것을 멈추게 되었어요. 더욱 의미심장한 것은 당신이 잘 경기하는 것이 게임에서 항상 이기는 것보다 더 중요하다는 더 깊은 통찰력이나 의미를 갖게 된 것처럼 보이네요…, 삶에 적용할 수 있는 통찰력을!

맞다. 실존치료자는 탈반영의 유용성을 요약하고 나서 내담자에게 떠오른 통찰력이나 의미를 해석하며, 그것을 모든 삶에 연장시킨다.

2.16 치료사 그 밖에 마음속에 떠오르는 다른 생각들이나 느낌들은 무엇인가요?

이것은 내담자에 의한 자유 연상을 더욱 촉진시키려고 시도하는 정신분석치료자에게 더욱 전형적인 반응이다. 하지만 이것은 실존치료자가 탈반영을 사용해서 내담자로 하여금 그 혹은 그녀의 삶에 대한 통찰력이나 의미를 더욱 얻기 위한 가장 적절한 반응은 아니다. 2.13으로 되돌아가서 다시 시작하라.

실존치료를 위한 역할극(Role Play)

또한 이 활동 단원을 마친 다른 두 사람을 찾으라. 내담자, 카운슬러, 그리고 관찰자 역할들을 바꿔가면서 (각각 5분에서 15분간 어느 곳에서나) 역할극으로 짤막한 인터뷰를 하라. 이후에 다시 살펴보고 평가하기 위해서 각각의 짧은 인터뷰를 오디오나 비디오테이프로 녹음하라.

- 이 역할극에서 카운슬러(counselor)는 역설적 의도(paradoxical intention)와 탈반영(dereflection)을 사용해야 한다.
- 내담자(client)는 카운슬러가 역설적 의도와 탈반영을 사용할 수 있도록, (실재에 근거하여) 충분한 정보를 제공해야 한다.
- 관찰자(observer)는 아래의 주어진 빈칸에 카운슬러와 내담자 사이에 오가는 대화를 구체적으로 기록하면서 카운슬러가 이러한 기법들을 사용하는 시도들을 주목해야 한다.

카운슬러로서 당신에 대한 관찰자의 기록

짧은 인터뷰가 끝날 때, 참가자들은 이러한 특별한 기법들이 어떻게 적절하게 사용되었는지에 대해서 서로 배우면서 카운슬러의 작업을 논의해야 한다. 적극적일 뿐만 아니라, 덜 효과적인 반응들에 초점을 맞추게 되면 각 참가자는 이러한 기법들의 실행과 이해를 향상시킬 수 있다.

당신 스스로 연습하기

위의 역할극을 일단 마치면, 카운슬러로서 당신과 함께(스스로) 인터뷰한 테이프를 들어 보라. 주어진 공란에 당신의 의견들과 대화의 내용을 집어 넣으라. 그러고서 (이론에 근거하여) 당신이 더 정확하게 기법들을 보여 줄 수 있었던 방법들을 생각해서 처음 반응 뒤에 있는 공란에 이러한 향상된 반응들을 적어 보라.

처음 반응 1

향상된 반응

처음 반응 2

향상된 반응

처음 반응 3

향상된 반응

처음 반응 4

향상된 반응

처음 반응 5

향상된 반응

처음 반응 6

향상된 반응

활동 단원 4

인간 중심 치료

인간 중심 치료(Person-Centered Therapy)는 '카운슬러 중심의 치료' 라고 명명한 것에 대한 반작용으로 칼 로저스(Carl Rogers)에 의해 개발되었다. 이것은 처음에는 비지시적 상담(nondirective counseling) 혹은 로저스식 치료법(Rogerian therapy)으로 불렸다. 인간 중심 치료는 문제 해결 중심이 아니며, 그 대신 내담자들로 하여금 그들이 정말 누구인지 알도록 돕고, 완전히 기능하는 존재들이 되는 것을 추구한다. 로저스는 내담자들에게 있어서 성장과 변화를 위한 '필요충분' 조건 세 가지를 파악하였는데, 이것들은 인간 중심 치료의 중요한 방법들이나 기법들이다. 일치(congruence)는 치료자의 내적인 경험과 관찰 가능한 외적인 행동이 같아지는 것을 의미한다. 무조건적인 긍정적 대우(unconditional positive regard)는 치료자가 제한, 조건, 판단 혹은 평가를 하지 않고, 내담자를 한 인간으로서 받아들이며 깊고 진실하게 돌보는 것을 의미한다. 마지막으로 공감 이해(empathic understanding)는 치료자가 내담자의 입장으로 들어가 그의 관점에서 세상을 이해하는 것으로, 내담자의 내적인 가치판단 기준을 받아들이는 것이다. 이러한 세 가지 조건들은 상호 연관되어 있고, 치료자에 의해서 내담자에게 전달되는 일반적 태도들로 아주 잘 이해된다.

이 활동 단원에서 우리는 두 가지 인간 중심 치료법—**무조건적인 긍정적 대우**(unconditional positive regard)와 **공감 이해**(empathic understanding)—을 다룰 것이다. 한 번에 한 가지 기술을 다루면서 효과적인 치료적 상담 기술을 익히기 위해서 고안된 동일한 접근방법이 사용될 것이다.

1. 긍정적 대우(Unconditional Positive Regard)

1.1	내담자	나는 대학에서 점수가 엉망이에요…, C도 있고 몇몇 과목은 F도 있어요…, 그래서 나는 그것들 때문에 비참하게 느껴요….
		가장 적절한 대답을 고르라.
	치료사	당신은 당신이 받은 형편없는 점수들에 대해서 나쁘게 느끼고 있군요. (1.2를 보라)
	치료사	당신은 학점이 왜 그렇게 나쁘다고 생각합니까? 어떤 이유라도 있습니까? (1.3을 보라)
	치료사	(말없이 기다린다) (1.4를 보라)
1.2	치료사	당신은 당신이 받은 형편없는 점수들에 대해서 나쁘게 느끼고 있군요.
		맞다. 이것은 로저스 혹은 인간 중심 치료자의 전형적인 반응으로, 치료자는 내담자가 표현하거나 경험하고 있는 것의 짤막한 요약이나 바꾸어 말하기를 사용함으로써 내담자에게 무조건적 긍정적 존중(unconditional positive regard)뿐만 아니라, 공감 혹은 이해를 전달하려고 노력한다. 1.5로 가라.
1.3	치료사	당신은 학점이 왜 그렇게 나쁘다고 생각합니까? 어떤 이유라도 있습니까?
		이 반응은 행동 혹은 인지치료자들이 사용하는 문제 해결 치료법에 더욱 특징적인 것이다. 하지만 이것은 무조건적 긍정적 존중이나 공감을 전달하기 위한 가장 적절한 반응은 아니다. 1.1로 되돌아가서 다시 시작하라.
1.4	치료사	(말없이 기다린다)
		인간 중심 치료자는 때때로 조용히 기다리면서 무조건적 · 긍정적 존중의 한 부분으로 존중과 용납을 보여 주지만, 이 대화에서 내담자에게 이렇게 반응하는 것은 내담자에 의해서 자유 연상을 하며 더욱 마음을 열도록 촉진시키려고 시도하는 정신분석치료자에게 더욱 특징적이다. 1.1로 되돌아가서 다시 시작하라.
1.5	내담자	나의 부모님이 내가 여기 하버드(Harvard)에 있는 아이비리그 학교(Ivy League School)에 다니게 하기 위해서 엄청난 돈을 쓰고 계시기 때문에 나는 특히 나쁘게 느껴요…, 내가 그들을 처참하게 실망시켜 드렸고 … 그들이 알게 될 때 어떻게 반응하실지 나는 정말 두려워요….
		가장 적절한 대답을 고르라.
	치료사	으음… 이것은 당신이 대처하기에 매우 힘들고 고통스러운 상황임에 틀림없군요. (1.6을 보라)
	치료사	만일 당신의 부모가 당신의 나쁜 점수들에 대해서 알게 된다면, 그들이 말하거나 하게 될 가장 나쁜 것은 무엇이라고 생각합니까? (1.7을 보라)
	치료사	당신이 최선을 다했다면, 당신의 부모가 당신에게 얼마나 많은 비용을 쓰고 있든지, 그리고 당신의 점수들이 어떻든지 그건 중요하지 않습니다. (1.8을 보라)

1.6	치료사	으음… 이것은 당신이 대처하기에 매우 힘들고 고통스러운 상황임에 틀림없군요. 맞다. 이 반응은 판단하거나 정죄하지 않고, 무조건적 · 긍정적 존중의 한 부분인 돌봄과 이해뿐만 아니라 용납을 전달하는데, 그것은 인간 중심 카운슬러가 특징적으로 말하는 것이다. 1.9로 가라.
1.7	치료사	만일 당신의 부모가 당신의 나쁜 점수들에 대해서 알게 된다면, 그들이 말하거나 하게 될 가장 나쁜 것은 무엇이라고 생각합니까? 이 반응은 문제 해결 치료법이나 인지치료자들이 전형적으로 시도하는 것으로, 그러한 치료자는 내담자의 두려움과 관련된 그 혹은 그녀의 생각들을 확인하려고 한다. 하지만 이것은 인간 중심 치료자가 무조건적 · 긍정적 존중을 전달하기 위해서 사용하는 최선의 반응은 아니다. 1.5로 되돌아가서 다시 시작하라.
1.8	치료사	당신이 최선을 다했다면, 당신의 부모가 당신에게 얼마나 많은 비용을 쓰고 있든지, 그리고 당신의 점수들이 어떻든지 그건 중요하지 않습니다. 이것은 치료자의 강력한 의견들과 미숙하고 형편없는 충고를 제공하고 있기 때문에 전혀 도움이 되는 반응이 아니다. 이것은 또한 확실히 무조건적 · 긍정적 존중을 전달하지 않은 대면(confrontation)으로 끝난다. 1.5로 되돌아가서 다시 시작하라.
1.9	내담자	… 이것은 내게 어렵고 고통스러워요…, 그러나 나의 부모는 이번 주 중에 점수들에 대해서 물어보실 것이기 때문에 나는 선택이 없습니다…, 나는 너무 부끄러워서… 그분들과 다른 친척들과 가까운 친구들은 나를 바보라고 생각할 테고… 나는 실패자로 느낍니다…, (눈물을 흘리면서 잠시 말을 멈추며)… 가장 적절한 대답을 고르라.
	치료사	어떤 근거로 당신은 부모님과 가까운 친척들이 당신을 아주 우둔하다고 생각할 것이라고 말합니까? (1.10을 보라)
	치료사	그 밖에 마음속에 떠오르는 다른 생각들과 감정들은 무엇입니까? (1.11을 보라)
	치료사	당신은 부모님과 다른 사람들을 실망시켰다고 느끼기 때문에 실패자처럼 부끄럽게 느끼는군요…, 그들의 인정이 당신에게 매우 중요한가요? …(치료자는 휴지 몇 장을 내담자에게 건네준다.)(1.12를 보라)
1.10	치료사	어떤 근거로 당신은 부모님과 가까운 친척들이 당신을 우둔하다고 생각할 것이라고 말합니까? 이 반응은 인지치료자에게 더 전형적인 것으로, 치료자는 내담자로 하여금 다른 사람들이 그 혹은 그녀를 바보라고 생각할 것이라는 결론의 증거나 증거 부족을 보이도록 노력한다. 하지만 이것은 인간 중심 치료자가 내담자에게 무조건적 · 긍정적 존중을 전달하기 위한 최선의 반응은 아니다. 1.9로 되돌아가서 다시 시작하라.

1.11	치료사	그 밖에 마음속에 떠오르는 다른 생각들과 감정들은 무엇입니까?
		이 반응은 내담자에 의한 자유 연상을 촉진시키기 위해서 시도하는 정신분석치료자에게 더욱 특징적이다. 하지만 이것은 인간 중심 치료자가 내담자에게 무조건적 · 긍정적 존중을 전달하기 위한 가장 적절한 반응은 아니다. 1.9로 되돌아가서 다시 시작하라.
1.12	치료사	당신은 부모님과 다른 사람들을 실망시켰다고 느끼기 때문에 실패자처럼 부끄럽게 느끼는군요…, 그들의 인정이 당신에게 매우 중요한가요?… (치료자는 휴지 몇 장을 내담자에게 건네 준다.)
		맞다. 인간 중심 치료자는 내담자에게 이해, 돌봄, 그리고 무조건적 · 긍정적 존중을 전달하기 위해서 내담자에게 휴지 몇 장을 주는 것을 포함하여 이와 같은 반응을 할 것이다. 1.13으로 가라.
1.13	내담자	나는 나 자신의 가치나 자존감에 대해서 특히 나의 부모님과 같은 다른 사람들의 인정에 항상 의존한다고 생각해요…, 그러나 그것은 지금처럼 때때로 부당하게 느껴져요…, 나는 최선을 다했지만, 나쁜 점수들을 얻었잖아요…, 이것은 단지 첫 학기이고, 나는 이 큰 캠퍼스 주변에서 아직도 요령들을 배우고 있어요…, 나는 내가 어리석거나 바보라고 정말 생각하지 않아요.
		가장 적절한 대답을 고르라.
	치료사	당신은 이것이 단지 첫 학기이고, 하버드와 같은 장소에 익숙해지기 위해서 시간을 더 가질 필요가 있다고 깨닫는군요. 당신이 다음 학기를 위해서 어떻게 더 잘 대처하고 더 효율적이고 효과적으로 공부할 수 있는지 의논합시다…. (1.14를 보라)
	치료사	당신은 당신 자신의 가치나 자존감을 위해서 다른 사람들의 인정에 의존하고 있지만…, 이것이 가장 좋거나 공정한 근거는 아니라는 것을 깨달았군요…. 깊은 내면에서 당신은 바보이거나 어리석지 않으며, 시간이 지나면 더 잘할 수 있을거라고 실제로 느끼는군요…. (1.15를 보라)
	치료사	최선을 다해 노력하는 것이 당신이 할 수 있는 것이라고 당신이 깨달을 수 있어서 나는 기쁩니다. 당신은 이것 외에 당신 자신에 대해서 더 물어볼 필요가 없습니다. 당신의 부모님을 포함하여 다른 사람들의 인정을 받는 것도 좋지만, 당신이 자신에 대해서 좋게 느끼기 위해서 반드시 필요한 것은 아닙니다. (1.16을 보라)
1.14	치료사	당신은 이것이 단지 첫 학기이고, 하버드와 같은 장소에 익숙해지기 위해서 시간을 더 가질 필요가 있다고 깨닫는군요. 당신이 다음 학기를 위해서 어떻게 더 잘 대처하고 더 효율적이고 효과적으로 공부할 수 있는지 의논합시다….
		이 반응은 행동 혹은 인지치료자들이 사용할지 모르는 문제 해결 접근방식에 더 전형적인 것이다. 하지만 이것은 인간 중심 치료자가 내담자에게 무조건적 · 긍정적 존중을 전달하기 위한 가장 적절한 반응은 아니다. 1.13으로 되돌아가서 다시 시작하라.

1.15	치료사	당신은 당신 자신의 가치나 자존감을 위해서 다른 사람들의 인정에 의존하고 있지만…, 이것이 가장 좋거나 공정한 근거는 아니라는 것을 깨달았군요… 깊은 내면에서 당신은 바보이거나 어리석지 않으며, 시간이 지나면 더 잘할 수 있을거라고 실제로 느끼는군요….
		맞다. 이것은 내담자에게 무조건적 · 긍정적 존중이나 용납뿐만 아니라, 공감적 이해를 전달하기 위해서 인간 중심 치료자가 사용하는 전형적인 반응이다.
1.16	치료사	최선을 다해 노력하는 것이 당신이 할 수 있는 것이라고 당신이 깨달을 수 있어서 나는 기쁩니다. 당신은 이것 외에 당신 자신에 대해서 더 물어볼 필요가 없습니다. 당신의 부모님을 포함하여 다른 사람들의 인정을 받는 것도 좋지만, 당신이 자신에 대해서 좋게 느끼기 위해서 반드시 필요한 것은 아닙니다.
		이 반응은 인지치료자나 합리정서치료자에게 더 전형적인 것으로, 치료자는 내담자로 하여금 그 혹은 그녀의 생각을 바꾸는 데 도움을 주려고 노력한다. 이것은 내담자의 생각을 재구성하거나 수정하기 위한 더욱 직접적이고 지시적인 반응이다. 하지만 이것은 인간 중심 치료자가 내담자에게 무조건적 · 긍정적 존중을 전달하기 위한 가장 적절한 반응은 아니다. 1.13으로 되돌아가서 다시 시작하라.

2. 공감적 이해(Empathic Understanding)

2.1	내담자	나는 졸업 후에 몇 개월 동안 직장을 찾기 위해서 힘들게 노력하고 있지만, 소용없습니다. 아무도 나를 고용해 줄 것 같지 않아서 실패자처럼 느낍니다. … 친한 친구들은 모두 벌써 어느 회사에 고용되었지요….
		가장 적절한 대답을 고르라.
	치료사	어떤 근거에서 아무도 당신을 고용하지 않을 것 같아서 실패자처럼 느낀다고 자신에게 말합니까? (2.2를 보라)
	치료사	당신은 직장을 구하려고 힘써 왔지만 얻지 못하여 실패자처럼 느끼는군요…. 직장을 얻는 것에 대해서 다소 희망이 없는 것처럼… 특히 당신의 동료들이 모두 벌써 직장을 구해서…. (2.3을 보라)
	치료사	그 밖에 마음속에 떠오는 것이 있나요? (2.4를 보라)
2.2	치료사	어떤 근거에서 아무도 당신을 고용하지 않을 것 같아서 실패자처럼 느낀다고 자신에게 말합니까?
		이 반응은 인지치료자에게 더 특징적인 것으로, 치료자는 내담자로 하여금 그 혹은 그녀가 아무도 그 혹은 그녀를 절대 고용하지 않을 것이라고 생각하는 근거 혹은 근거의 부족 또는 증거를 알 수 있도록 도우려고 노력한다. 하지만 이것은 인간 중심 치료자가 내담자에게 공감적 이해를 전달하기 위한 가장 적절한 반응은 아니다. 2.1로 되돌아가서 다시 시작하라.

2.3	치료사	당신은 직장을 구하려고 힘써 왔지만 얻지 못하여 실패자처럼 느끼는군요…. 직장을 얻는 것에 대해서 다소 희망이 없는 것처럼… 특히 당신의 동료들이 모두 벌써 직장을 구해서….
		맞다. 이 반응은 내담자에게 공감적 이해를 전달하기 위해서 종종 내담자가 방금 말한 것을 요약해서 말하거나 바꾸어 말하는 인간 중심 치료자에게 전형적인 것이다. 2.5로 가라.
2.4	치료사	그 밖에 마음속에 떠오르는 것이 있나요?
		이 반응은 내담자에 의한 자유 연상을 촉진시키기 위해서 시도하는 정신분석치료자에게 더욱 특징적이다. 하지만 이것은 인간 중심 치료자가 내담자에게 공감적 이해를 전달하기 위한 가장 적절한 반응은 아니다. 2.1로 되돌아가서 다시 시작하라.
2.5	내담자	나는 아직 직장을 얻을 기회가 있다고 생각합니다…. 누가 나를 고용할 것이라고 확실히 말할 수는 없어요…. 그러나 나는 이미 몇 개월 동안 최선을 다했지만 번번이 거절당했기 때문에 정말 이렇게 느껴요. 너무 절망적이고 우울해요.
		가장 적절한 대답을 고르라.
	치료사	당신은 직장을 얻는 것에 대해서 아주 절망적이고 우울하게 느끼는군요. 지금까지 몇 개월 동안 최선을 다했음에도 불구하고, 당신은 단지 거절을 당했군요. (2.6을 보라)
	치료사	당신이 직장을 얻을 수 있는 기회가 있다는 것은 맞습니다. 당신은 아무도 당신을 고용하지 않을 것을 절대로 확신할 수는 없습니다. (2.7을 보라)
	치료사	당신이 직장을 구하려고 어떻게 노력했는지 의견을 나누고, 내가 직장을 찾는 어떤 기술들이나 조언들을 가지고 당신을 도울 수 있는지 알아봅시다. (2.8을 보라)
2.6	치료사	당신은 직장을 얻는 것에 대해서 아주 절망적이고 우울하게 느끼는군요. 지금까지 몇 개월 동안 최선을 다했음에도 불구하고, 당신은 단지 거절을 당했군요.
		맞다. 인간 중심 치료자는 내담자의 내적 준거 기준(frame of reference)으로부터 공감적 이해를 전달하기 위해서 내담자가 말하고 표현한 것을 요약하는 이런 반응을 사용한다. 2.9로 가라.
2.7	치료사	당신이 직장을 얻을 수 있는 기회가 있다는 것은 맞습니다. 당신은 아무도 당신을 고용하지 않을 것을 절대로 확신할 수는 없습니다.
		이 반응은 인지치료자나 합리정서치료자에게 더 전형적인 것으로, 치료자는 내담자로 하여금 더 이성적, 합리적, 균형을 이룬, 그리고 적극적 사고방식들을 가지고, 절대적, 극단적, 부정적, 그리고 비이성적 사고를 대체하도록 도우려고 노력한다. 하지만 이것은 내담자에게 공감적 이해를 전달하기 위한 가장 적절한 반응은 아니다. 2.5로 되돌아가서 다시 시작하라.

2.8	치료사	당신이 직장을 구하려고 어떻게 노력했는지 의견을 나누고, 내가 직장을 찾는 어떤 기술들이나 조언들을 가지고 당신을 도울 수 있는지 알아봅시다. 이 반응은 어떤 인지 혹은 행동치료자들이 사용할지 모르는 지시적인 문제 해결 치료법에 더 전형적이다. 하지만 이것은 내담자에게 공감적 이해를 전달하기 위한 최선의 반응은 아니다. 2.5로 되돌아가서 다시 시작하라.
2.9	내담자	나는 실제로 너무나 지치고 낙심이 되어서 더 이상 직장을 구하지 못할 것 같이 느껴져요. 그렇기 때문에 내 자아(ego)는 충격을 받고 있지요…. 나는 지금 매우 움츠리고 짓밟혀 있다는 느낌이 들어요…. 가장 적절한 대답을 고르라.
	치료사	으음… 이것은 당신의 가치감에 대해서 당신에게 매우 고통스럽고 힘들어서 당신은 직장을 얻는 것에 대해서 더 이상 노력하지 못할 것처럼 느끼는군요. (2.10을 보라)
	치료사	자, 종이를 집어서 시작해 봅시다. 당신이 지금까지 찾지 못했던 어떤 다른 선택들과 가능성들은 무엇입니까? (2.11을 보라)
	치료사	으음… (2.12를 보라)
2.10	치료사	으음… 이것은 당신의 가치감에 대해서 매우 고통스럽고 힘들어서 당신은 직장을 얻는 것에 대해서 더 이상 노력하지 못할 것처럼 느끼는군요. 맞다. 이 반응은 인간 중심 치료자가 내담자에게 공감적 이해를 전달하기 위해서 말할지 모르는 좋은 예이다. 2.13으로 가라.
2.11	치료사	자, 종이를 집어서 시작해 봅시다. 당신이 지금까지 찾지 못했던 어떤 다른 선택들과 가능성들은 무엇입니까? 이 반응은 공감적 이해를 전달하지 않는다. 대신에 그것은 지시적이고 문제 해결 치료법에 더 전형적이다. 2.9로 되돌아가서 다시 시작하라.
2.12	치료사	으음… 이것은 내담자의 경험을 인식하는 치료자로부터 오는 짧은 반응이지만, 이 대화 속에서 그것은 너무 짧아서 내담자에게 더욱 공감적인 이해를 적절하게 전달하지 못한다. 2.9로 되돌아가서 다시 시작하라.

2.13	내담자	나는 이런 전체적으로 형편없는 상황에 대해서 매우 침울하게 느끼고 있다고 생각해요…, 아마도 나는 또한 나 자신에 대해서 너무 딱하게 느껴요…, 이것은 너무나 거칠고 비위가 상하는 일이지요.
		가장 적절한 대답을 고르라.
	치료사	이러한 형편없는 상황 외에 당신의 삶에서 다른 무엇이 일어나고 있습니까? (2.14를 보라)
	치료사	이것은 당신에게 정말 힘들군요…, 당신은 정말 형편없이 느끼는군요…, 꼼짝달싹 못하고 있는 것처럼? (2.15를 보라)
	치료사	(말없이 기다린다) (2.16을 보라)

2.14	치료사	이러한 형편없는 상황 외에 당신의 삶에서 다른 무엇이 일어나고 있습니까?
		이 반응은 실존치료자들이나 의미요법 치료자들이 내담자의 관심을 부정적인 기억으로부터 보다 즐겁거나 기분 좋은 다른 어떤 것으로 다시 초점을 맞추기 위해서 때때로 사용되는 기술인 탈반영의 예로서 보여질 수 있다. 하지만 이것은 인간 중심 치료자가 내담자에게 더욱 공감적 이해를 전달하기 위한 가장 적절한 반응은 아니다. 2.13으로 되돌아가서 다시 시작하라.

2.15	치료사	이것은 당신에게 정말 힘들군요…, 당신은 정말 형편없이 느끼는군요…, 꼼짝달싹 못하는 것처럼?
		맞다. 이 반응은 인간 중심 치료자가 내담자에게 더욱 공감적 이해를 전달하기 위해서 말할지 모르는 좋은 예이다.

2.16	치료사	(말없이 기다린다)
		이 반응은 때때로 인간 중심 치료자가 내담자로 하여금 마음의 문을 더 열게 하기 위해서나 더 많은 시간을 주기 위해서 사용되지만, 이 대화에서 그것은 내담자에게 더 공감적 이해를 전달하기 위한 최선의 반응은 아니다. 이 반응은 정신분석치료자에게 더 특징적인 것으로, 치료자는 내담자에 의해서 드러나는 더 많은 자유 연상이나 자료를 기다린다. 2.13으로 되돌아가서 다시 시작하라.

인간 중심 치료를 위한 역할극(Role Play)

또한 이 활동 단원을 마친 다른 두 사람을 찾으라. 내담자, 카운슬러, 그리고 관찰자 역할들을 바꿔가면서 (각각 5분에서 15분간 어느 곳에서나) 역할극으로 짤막한 인터뷰를 하라. 이후에 다시 살펴보고 평가하기 위해서 각각의 짧은 인터뷰를 오디오나 비디오테이프로 녹음하라.

- 이 역할극에서 카운슬러(counselor)는 비조건적인 긍정적 태도(unconditional positive regard)와 공감 이해(empathic understanding)를 사용해야 한다.
- 내담자(client)는 카운슬러가 비조건적인 긍정적 태도와 공감적 이해를 사용할 수 있도록 (실재에 근거하여) 충분한 정보를 제공해야 한다.
- 관찰자(observer)는 아래의 주어진 빈칸에 카운슬러와 내담자 사이에 오가는 대화를 구체적으로 기록하면서 카운슬러가 이러한 기법들을 사용하는 시도들을 주목해야 한다.

카운슬러로서 당신에 대한 관찰자의 기록

____

____

____

____

짧은 인터뷰가 끝날 때, 참가자들은 이러한 특별한 기법들이 어떻게 적절하게 사용되었는지에 대해서 서로 배우면서 카운슬러의 작업을 논의해야 한다. 적극적일 뿐만 아니라, 덜 효과적인 반응들에 초점을 맞추게 되면, 각 참가자는 이러한 기법들의 실행과 이해를 향상시킬 수 있다.

당신 스스로 연습하기

위의 역할극을 일단 마치면, 카운슬러로서 당신과 함께(스스로) 인터뷰한 테이프를 들어 보라. 주어진 공란에 당신의 의견들과 대화의 내용을 집어 넣어라. 그러고서 (이론에 근거하여) 당신이 더 정확하게 기법들을 보여 줄 수 있었던 방법들을 생각해서 처음 반응 뒤에 있는 공란에 이러한 향상된 반응들을 적어 보라.

처음 반응 1 ____

____

____

____

____

향상된 반응

처음 반응 2

향상된 반응

처음 반응 3

향상된 반응

처음 반응 4

향상된 반응

처음 반응 5

향상된 반응

처음 반응 6

향상된 반응

활동 단원 5

게슈탈트치료

게슈탈트치료는 프레데릭 혹은 프리츠 펄스에 의해서 개발되었다. 게슈탈트치료자는 더욱 많이 자각하는 내담자들이 그들 자신의 상황 안에 있는 그들 자신의 문제들을 해결할 것이라는 추정을 하면서 내담자들로 하여금 더 잘 자각할 수 있도록 자극하는 데 적극적인 역할을 감당하고 있다. 많은 게슈탈트치료법들은 말로 하는 것이 아니라 보다 경험적이다. 경험치료는 말하는 것보다는 행동하는 것과 관련되어 있다. 게슈탈트치료의 일반적 '규칙'은 동등한 위치를 가지고 현재형으로 의사소통을 한다. 많은 게슈탈트치료법들 가운데 다음과 같은 것들이 있다. **꿈 작업**(dream work, experiential), **질문을 진술로 바꾸기**(converting questions to statements), **명사의 사용**(using personal nouns), **책임지기**(assuming responsibility), **투사해 보기**(playing the projection), **빈 의자**(the empty chair), **순회하기**(making the rounds), **과장**(exaggeration)과 **대면**(confrontation)

이 활동 단원에서 우리는 두 가지 게슈탈트치료법을 다룰 것이다. **책임지기**[assuming responsibility, 내담자가 모든 감정이나 신념을 표현할 때 "제가 책임집니다." 라는 말로 끝내게 한다. 또한 "할 수 없어요(can' t)" 를 "하지 않을 거예요(won' t)" 로 바꾸거나 '하지만' 을 '그리고' 라는 말로 바꾸어 표현하는 것도 도움이 된다]와 **빈 의자**(empty chair, 내담자에게 맞은편 빈 의자에 '그 사람'이 앉아 있다고 생각하고 대화를 시도한다. 이제 내담자가 그 빈 의자에 앉아 그 사람의 역할도 해 본다. 이렇게 의자를 오가면서 내담자는 자신과 그 사람의 역할을 수행하는 것이다). 효과적인 치료적 상담 기술을 익히기 위해서 고안된 동일한 접근방법이 사용될 것이다.

1. 책임지기(Assuming Responsibility)

1.1	내담자	나는 지난 학기 MBA 프로그램에서 좋은 점수들을 받지 못했어요…. 나는 보통 A학점을 받는데, B와 C를 받았어요…. 그 과목들은 흥미가 없었고, 어떤 교수님들은 형편없었어요!
		가장 적절한 대답을 고르라.
	치료사	지난 학기 당신의 점수들은 좋지 못했지만, 당신은 이것이 부분적으로 어떤 형편없는 교수들이나 과목들 때문이라고 느끼는군요…. (1.2를 보라)
	치료사	당신의 학습 기술들을 검토해 봅시다…. 당신이 과목의 과제들과 시험들을 어떻게 준비하는지 내게 말해 보세요. (1.3을 보라)
	치료사	"그런데 나는 거기에 책임이 있어요."라는 문장을 가지고 말을 끝내 보세요. (1.4를 보라)
1.2	치료사	지난 학기 당신의 점수들은 좋지 못했지만, 당신은 이것이 부분적으로 어떤 형편없는 교수들이나 과목들 때문이라고 느끼는군요….
		이 반응은 내담자에게 공감을 전달하려고 시도하는 인간 중심 치료자에게 더 전형적이다. 하지만 이것은 게슈탈트치료자가 내담자로 하여금 책임을 지도록 돕기 위하여 사용하는 가장 적절한 반응은 아니다. 1.1로 되돌아가서 다시 시작하라.
1.3	치료사	당신의 학습 기술들을 검토해 봅시다…. 당신이 과목의 과제들과 시험들을 어떻게 준비하는지 내게 말해 보세요.
		이 반응은 기술들 훈련을 강조하는 직접적인 문제 해결 치료법에 전형적이다. 하지만 이것은 게슈탈트치료에서 내담자가 책임을 떠맡기를 촉진시키기 위한 가장 적절한 반응은 아니다. 1.1로 되돌아가서 다시 시작하라.
1.4	치료사	"그런데 나는 거기에 책임이 있어요."라는 문장을 가지고 말을 끝내 보세요.
		맞다. 이것은 내담자가 그 혹은 그녀 자신의 감정들이나 신념들에 대한 책임을 지도록 조장하거나 지도하기 위해서 게슈탈트치료자에 의해서 사용되는 일반적인 반응이나 기술이다. 1.5로 가라.
1.5	내담자	그렇게 하는 것은 이상하지만, 나는 해 보겠어요…. 나는 지난 학기에 좋은 점수를 얻지 못했어요…. 그런데 나는 거기에 책임이 있어요! 그 과목들은 아주 재미있지 않았고, 어떤 교수님들은 형편없었어요…. 그런데 나는 거기에 책임이 있어요!
		가장 적절한 대답을 고르라.
	치료사	당신이 반복해서 자신에게 "나는 거기에 책임이 있어요!"라고 말할 때, 당신은 어떻게 느끼는지 내게 말해 보세요. (1.6을 보라)

치료사 (말없이 기다린다) (1.7을 보라)

치료사 당신의 느낌들이나 신념들을 모두 다 표현한 후에 당신이 "그런데 나는 거기에 책임이 있어요."라고 말하는 것에 대해서 이상하게 느끼는군요. (1.8을 보라)

1.6 치료사 당신이 반복해서 자신에게 "나는 거기에 책임이 있어요!"라고 말할 때, 당신은 어떻게 느끼는지 내게 말해 보세요.

맞다. 게슈탈트치료자는 "어떻게?" 혹은 "무엇을?"이라는 질문들을 사용하고, "왜?"라는 질문들을 사용하지 않는데, 왜냐하면 "왜?"라는 질문들은 지적인 것으로 인도해서 깨달음이나 느낌을 차단하기 때문이다. 이 반응은 또한 계속해서 내담자의 입장에서 책임을 지는 것에 초점을 맞춘다. 1.9로 가라.

1.7 치료사 (말없이 기다린다)

이 반응은 내담자에 의해서 자유 연상을 촉진시키려는 정신분석치료자에게 더 전형적이다. 보통 매우 적극적이고 내담자가 책임을 갖기를 격려하려고 노력하는 게슈탈트치료자에게 너무 소극적이다. 1.5로 되돌아가서 다시 시작하라.

1.8 치료사 당신의 느낌들이나 신념들을 모두 다 표현한 후에 당신이 "그런데 나는 거기에 책임이 있어요."라고 말하는 것에 대해서 이상하게 느끼는군요.

이 반응은 내담자에게 공감적 이해를 전달하려고 시도하는 인간 중심 치료자에게 매우 전형적이다. 하지만 이것은 게슈탈트치료자가 내담자의 입장에서 적극적으로 계속해서 책임지기에 초점을 두고 사용하는 가장 적절한 반응은 아니다. 1.5로 되돌아가서 다시 시작하라.

1.9 내담자 나는 아직 조금 이상하게 느끼지만… 그러나 나는 이제 나쁜 점수들을 받은 것에 대해서 나의 책임이나 나의 부분을 더 잘 알게 되었어요…. 나는 그 모든 것에 대해서 형편없는 교수님들이나 재미없는 과목들을 비난할 수 없어요.

가장 적절한 대답을 고르라.

치료사 좋아요…. 그런데 당신의 책임이 무엇인지, 그리고 우리가 당신으로 하여금 예를 들어, 당신의 학습 기술들을 향상시키려면 어떻게 변화되는 것을 도울 수 있을지 찾아봅시다. (1.10을 보라)

치료사 당신은 부분적으로 당신의 낮은 점수들에 대해서 책임이 있다고 느끼는군요…. (1.11을 보라)

치료사 당신은 당신의 점수들에 대해서 책임을 느끼고 있다는 것을 점점 알게 되는군요…. (1.12를 보라)

1.10 치료사 좋아요…. 그런데 당신의 책임이 무엇인지, 그리고 우리가 당신으로 하여금 예를 들어, 당신의 학습 기술들을 향상시키려면 어떻게 변화되는 것을 도울 수 있을지 찾아봅시다.

이 반응은 문제 해결에 더 초점을 맞춘 것이며, 게슈탈트치료자가 내담자의 입장에서 적극적으로 계속해서 책임지기에 초점을 두고 위해서 사용하는 가장 적절한 반응은 아니다. 1.9로 되돌아가서 다시 시작하라.

1.11	치료사	당신은 부분적으로 당신의 낮은 점수들에 대해서 책임이 있다고 느끼는군요….
		이 반응은 내담자에게 공감을 반영하는 요약된 진술이다. 이것은 게슈탈트치료자가 내담자의 입장에서 적극적으로 계속해서 책임지기를 조장하기 위해서 사용하는 가장 적절한 반응은 아니다. 1.9로 되돌아가서 다시 시작하라.
1.12	치료사	당신은 당신의 점수들에 대해서 책임을 느끼고 있다는 것을 점점 알게 되는군요….
		맞다. 게슈탈트치료자는 현재 시제를 사용해서 내담자가 그 혹은 그녀의 점수에 대해서 그 혹은 그녀의 책임을 크게 깨닫는 경험을 짧게 요약하고, 내담자의 입장에서 책임을 지는 것에 계속해서 초점을 맞춘다. 1.13으로 가라.
1.13	내담자	나는 정말 나쁜 점수들에 대해서 나 자신도 비난할 수 없어요(can't). 나는 그것들에 대해서 좋게 느끼지 않지만, 어떤 교수님들은 정말 형편없었어요!
		가장 적절한 대답을 고르라.
	치료사	당신이 방금 말한 것 중에서 "할 수 없어요(can't)."를 "못할 거예요(won't)."로 바꾸어 보세요. (1.14를 보라)
	치료사	당신은 나쁜 점수들을 받은 것이 부분적으로 형편없는 교수들 때문이라고 느끼는군요. (1.15를 보라)
	치료사	당신은 왜 어떤 교수님들이 형편없다고 느끼나요? (1.16을 보라)
1.14	치료사	당신이 방금 말한 것 중에서 "할 수 없어요(can't)."를 "못할 거예요(won't)."로 바꾸어 보세요.
		맞다. 게슈탈트치료자는 적극적이고 직접적으로 내담자로 하여금 그 혹은 그녀의 진술을 "나는 정말 나 자신을 비난하지 못할 거예요…"로 바꾸도록 해서 그 혹은 그녀가 혹은 그녀의 감정과 신념에 책임을 질 수 있도록 한다. 이러한 책임지기는 내담자로 하여금 그 혹은 그녀 자신을 외부의 조절들에 의존하기보다는 내적인 어떤 힘을 갖고 있다고 보도록 돕는다.
1.15	치료사	당신은 나쁜 점수들을 받은 것이 부분적으로 형편없는 교수들 때문이라고 느끼는군요.
		이것은 내담자에게 공감적 이해를 전달하는 반응이다. 하지만 이것은 게슈탈트치료자가 내담자로 하여금 책임지기에 초점을 맞추도록 돕기 위해서 사용하는 가장 적절한 반응은 아니다. 1.13으로 되돌아가서 다시 시작하라.
1.16	치료사	당신은 왜 어떤 교수님들이 형편없다고 느끼나요?
		이 반응은 "왜?"라는 질문들이 지적한 데로 인도하고, 지금 여기서 내담자에게 일어나고 있는 것이나 경험하고 있는 것에 대한 느낌들이나 더 깊은 깨달음을 차단하기 때문에 보통 그런 질문들을 회피하는 게슈탈트치료자에 전형적인 것은 아니다. 이것은 내담자로 하여금 책임지기에 계속해서 초점을 맞추도록 돕기 위해서 사용하는 가장 적절한 반응은 아니다. 1.13으로 되돌아가서 다시 시작하라.

2. 빈 의자(Empty Chair)

2.1	내담자	나는 최근에 나의 아버지에 대해서 매우 좌절감을 느끼고 있어요. 그분은 담배를 너무 많이 피우는데, 나는 그분이 폐암에 걸릴까 두렵지만, 이것에 대해서 터놓고 그분과 이야기하는 것이 너무나 힘들어요.
		가장 적절한 대답을 고르라.
	치료사	당신의 아버지와 이야기하는 것이 왜 그렇게 힘이 듭니까? (2.2를 보라)
	치료사	당신은 아버지께서 담배를 너무 많이 피우는 것에 대해서 그분과 이야기하기를 원하지만, 그렇게 하는 것이 쉽지 않군요. (2.3을 보라)
	치료사	저는 제안합니다. 당신의 아버지께서 당신 앞의 빈 의자에 앉아 있다고 상상해 보세요. 당신이 그분에게 말하고 싶은 것을 말해 보세요. 그러고서 의자를 바꾸어 당신이 당신의 아버지가 되어서 그분이 당신에게 되돌려 말할 것을 말해 보세요. (2.4를 보라)
2.2	치료사	당신의 아버지와 이야기하는 것이 왜 그렇게 힘이 듭니까?
		이 반응은 "왜?" 라는 질문들이 지적한 데로 인도하고 더 깊은 깨달음을 차단하기 때문에 게슈탈트치료자에 전형적인 것은 아니다. 2.1로 되돌아가서 다시 시작하라.
2.3	치료사	당신은 아버지께서 담배를 너무 많이 피우는 것에 대해서 그분과 이야기하기를 원하지만, 그렇게 하는 것이 쉽지 않군요.
		이 반응은 내담자에게 공감을 전달하기에는 좋지만, 인간 중심 치료자에게 더 전형적이다. 이것은 내담자와 빈 의자 기술을 사용하기 원하는 게슈탈트치료자에게 가장 적절한 반응은 아니다. 2.1로 되돌아가서 다시 시작하라.
2.4	치료사	저는 제안합니다. 당신의 아버지께서 당신 앞의 빈 의자에 앉아 있다고 상상해 보세요. 당신이 그분에게 말하고 싶은 것을 말해 보세요. 그러고서 의자를 바꾸어 당신이 당신의 아버지가 되어서 그분이 당신에게 되돌려 말할 것을 말해 보세요.
		맞다. 게슈탈트치료자는 내담자에게 빈 의자 기술을 도입하여 그 혹은 그녀로 하여금 그 혹은 그녀가 그 혹은 그녀의 아버지에게 행동하기 원하는 방식으로 역할극을 하도록 돕기 위해서 이와 같은 반응을 할 것이다. 또한 역할과 의자를 바꿈으로써 내담자는 그 혹은 그녀의 관점을 더 잘 깨닫게 된다. 2.5로 가라.

2.5	내담자	여기 계시지 않은 아버지에 대해서 빈 의자를 사용하는 것은 다소 이상하게 느껴집니다. 나는 그것을 할 수 없습니다(*can't*).
		가장 적절한 대답을 고르라.
	치료사	당신은 빈 의자를 사용하는 역할극을 할 수 없다고 느끼는군요? 그것이 당신에게 너무 이상하거나 어색하게 느껴지는군요. (2.6을 보라)
	치료사	"할 수 없어요(*can't*)."를 "하지 못하겠어요(*won't*)."로 바꾸어서 문장을 다시 만들어 보세요! (2.7을 보라)
	치료사	(말없이 기다린다) (2.8을 보라)
2.6	치료사	당신은 빈 의자를 사용하는 역할극을 할 수 없다고 느끼는군요. 그것이 당신에게 너무 이상하거나 어색하게 느껴지는군요.
		이 반응은 내담자에게 공감적 이해를 전달하는 인간 중심 치료자에게 더 전형적이다. 하지만 이것은 내담자로 하여금 빈 의자 기술을 갖고 진행하도록 격려하는 최선의 반응은 아니다. 2.5로 되돌아가서 다시 시작하라.
2.7	치료사	"할 수 없어요(*can't*)."를 "하지 못하겠어요(*won't*)."로 바꾸어서 문장을 다시 만들어 보세요!
		맞다. 게슈탈트치료자는 내담자에게 "할 수 없어요"에서 "하지 못하겠어요"로 단어를 바꾸도록 제안해서 내담자로 하여금 책임을 지도록 돕고, 그들이 빈 의자를 가지고 진행할 수 있도록 한다. 2.9로 가라.
2.8	치료사	(말없이 기다린다)
		이 반응은 내담자에 의해서 자유 연상을 촉진시키려고 시도하는 정신분석치료자에게 더 전형적이다. 하지만 이것은 게슈탈트치료자가 내담자로 하여금 빈 의자 기술을 가지고 진행하도록 돕기에는 너무 수동적이고 부적절한 반응이다. 2.5로 되돌아가서 다시 시작하라.
2.9	내담자	글쎄요…. 나는 그것을 "하지 못할 거예요!" 나는 그것을 하든지 하지 말든지 결정해야 할 것이라고 생각해요. 그것은 정말 어색하게 느껴지지만, 내가 참으로 하기를 원한다면, 그것을 시도해 볼 수 있을 것이라고 생각해요…. 좋아요, 해 보겠어요, 하지만 나를 보고 웃지는 마세요!
		가장 적절한 대답을 고르라.
	치료사	당신은 그것을 할 수 없어서가 아니라, 적어도 그것을 시도해 볼 수 있다는 것을 깨달았군요! … 좋습니다…. 자, 당신 앞에 있는 빈 의자에 앉아계신 당신의 아버지께 어서 말해 보세요. (2.10을 보라)
	치료사	당신은 그것을 기꺼이 시도하려고 하지만, 당황하게 되거나 비웃음을 받기를 원하지 않는군요. (2.11을 보라)
	치료사	왜 당신을 비웃는 것이 두렵습니까? (2.12를 보라)

2.10	치료사	당신은 그것을 할 수 없어서가 아니라, 적어도 그것을 시도해 볼 수 있다는 것을 깨달았군요! … 좋습니다…, 자, 당신 앞에 있는 빈 의자에 앉아 계신 당신의 아버지께 어서 말해 보세요. 맞다. 게슈탈트치료자는 내담자가 빈 의자를 가지고 진행하며 시도하도록 적극적으로 격려하는 이런 반응을 사용한다. 2.13으로 가라.
2.11	치료사	당신이 기꺼이 그것을 시도하려고 하지만, 당황하게 되거나 비웃음을 받기를 원하지 않는군요. 이 반응은 내담자에게 공감을 전달하기에는 좋다. 이것은 게슈탈트치료자가 내담자로 하여금 빈 의자를 가지고 진행하며 시도하도록 격려하기 위하여 가장 적절한 반응은 아니다. 2.9로 되돌아가서 다시 시작하라.
2.12	치료사	왜 당신을 비웃는 것이 두렵습니까? 이 반응은 내담자의 감정들을 더 깊이 탐색하는 데 관심을 둔 정신분석치료자나 인지치료자에게 더 전형적이다. 그것은 내담자로 하여금 빈 의자 기술을 시도하는 것을 격려하는 데 관심을 둔 게슈탈트치료자에게 가장 적절한 반응은 아니다. 또한 게슈탈트치료자는 보통 "왜?" 라는 질문들을 피한다. 2.9로 되돌아가서 다시 시작하라.
2.13	내담자	좋아요, 이제 시작하겠어요…, 아빠, 나는 최근 얼마 동안 아빠에게 말할 것을 생각해 오고 있었어요…, 나는 아빠를 사랑하고 존경하기 때문에 아빠에게 이런 말을 꺼내는 것이 힘들어요…, 하지만 아빠가 너무 많이 담배를 피우시면, 저는 정말 참기 힘들어요…, 저는 아빠가 폐암 같은 것에 걸릴 것이 두려워요. 아빠는 제 말이 무엇을 의미하는지 아세요? … (멈추어서 눈물을 흘린다) 가장 적절한 대답을 고르라.
	치료사	아주 좋아요! 나는 당신이 정말 잘했고, 당신의 아버지께 말씀드릴 준비가 되어 있다고 생각해요! (2.14를 보라)
	치료사	당신은 잘하고 있네요…, 하지만 그것은 고통스럽지요…, 이제 당신의 아버지가 되어서 의자와 역할을 바꾸고, 무엇이 일어나는지 살펴보세요, 괜찮지요? (2.15를 보라)
	치료사	당신은 말하기 원하는 모든 것을 말했나요? 그것이 도움이 된다고 느낀다면, 그것을 다시 해 봅시다. (2.16을 보라)
2.14	치료사	아주 좋아요! 나는 당신이 정말 잘했고, 당신의 아버지께 말씀드릴 준비가 되어 있다고 생각해요! 이 반응은 미숙한 종결을 포함하고, 내담자가 아버지와 대화하는 데 있어서 그 혹은 그녀의 적절한 기술들에 더 초점을 맞춘다. 하지만 이것은 내담자로 하여금 빈 의자 기술을 가지고 진행하는 것을 격려하는 데 관심을 둔 게슈탈트치료자에게 가장 적절한 반응은 아니다. 또한 게슈탈트치료자는 보통 "왜?" 라는 질문들을 피한다. 2.13으로 되돌아가서 다시 시작하라.

2.15	치료사	당신은 잘하고 있네요…, 하지만 그것은 고통스럽지요…, 이제 당신의 아버지가 되어서 의자와 역할을 바꾸고 무엇이 일어나는지 살펴보세요, 괜찮지요?
		맞다. 게슈탈트치료자는 내담자의 진전에 대해서 그 혹은 그녀를 격려할 뿐만 아니라, 내담자가 처한 상황의 고통에 대해서 공감을 전달한다. 게슈탈트치료자는 내담자로 하여금 빈 의자 기술의 다음 단계로 더 나아갈 수 있도록 지도한다.
2.16	치료사	당신은 말하기 원하는 모든 것을 말했나요? 그것이 도움이 된다고 느낀다면, 그것을 다시 해 봅시다.
		이 반응은 주로 기술훈련과 실제에 초점을 맞춘다. 그것은 충분한 공감이 아니며, 게슈탈트치료자가 내담자로 하여금 빈 의자 기술을 가지고 나아갈 수 있도록 돕기 위해 사용하는 가장 적절한 반응은 아니다. 2.13으로 되돌아가서 다시 시작하라.

게슈탈트치료를 위한 역할극(Role Play)

또한 이 활동 단원을 마친 다른 두 사람을 찾으라. 내담자, 카운슬러, 그리고 관찰자 역할들을 바꿔가면서 (각각 5분에서 15분간 어느 곳에서나) 역할극으로 짤막한 인터뷰를 하라. 이후에 다시 살펴보고 평가하기 위해서 각각의 짧은 인터뷰를 오디오나 비디오테이프로 녹음하라.

- 이 역할극에서 카운슬러(counselor)는 책임지기(assuming responsibility)와 빈 의자(empty chair) 기법을 사용해야 한다.
- 내담자(client)는 카운슬러가 책임지기와 빈 의자 기법을 사용할 수 있도록(실재에 근거하여) 충분한 정보를 제공해야 한다.
- 관찰자(observer)는 아래의 주어진 빈칸에 카운슬러와 내담자 사이에 오가는 대화를 구체적으로 기록하면서 카운슬러가 이러한 기법들을 사용하는 시도들을 주목해야 한다.

카운슬러로서 당신에 대한 관찰자의 기록

짧은 인터뷰가 끝날 때, 참가자들은 이러한 특별한 기법들이 어떻게 적절하게 사용되었는지에 대해서 서로 배우면서 카운슬러의 작업을 논의해야 한다. 적극적일 뿐만 아니라 덜 효과적인 반응들에 초점을 맞추게 되면, 각 참가자는 이러한 기법들의 실행과 이해를 향상시킬 수 있다.

당신 스스로 연습하기

위의 역할극을 일단 마치면, 카운슬러로서 당신과 함께(스스로) 인터뷰한 테이프를 들어 보라. 주어진 공란에 당신의 의견들과 대화의 내용을 집어 넣으라. 그러고서 (이론에 근거하여) 당신이 더 정확하게 기법들을 보여 줄 수 있었던 방법들을 생각해서, 처음 반응 뒤에 있는 공란에 이러한 향상된 반응들을 적어 보라.

처음 반응 1 ______________________________

향상된 반응 ______________________________

처음 반응 2 ______________________________

향상된 반응 ______________________________

처음 반응 3

향상된 반응

처음 반응 4

향상된 반응

처음 반응 5

향상된 반응

처음 반응 6

향상된 반응

활동 단원 6

교류분석

교류분석(TA)은 원래 에릭 번(Eric Berne)에 의해서 개발되었는데, 그는 프로이드, 애들러, 로저스의 치료법을 융합하고, 혼합하고, 종합하였다. 번에 의하면 인격은 3개의 의식적 혹은 전의식적(preconscious) 에고 상태(ego state)로 구성된다. 그것은 각각, 부모(Parent), 성인(Adult), 아이(Child) 에고이다. 각 에고 상태는 느낌, 사고, 행동의 심리적 조직체이다. TA치료자들은 내담자들로 하여금 자율성과 책임성을 갖고 그들의 삶을 조절할 수 있도록, 즉 아이나 부모의 부정적인 영향력으로부터 성인을 자유롭게 하도록 도와주는 것을 목표로 한다. TA의 또 다른 목표는 내담자로 하여금 자신의 관계, 즉 유력한 '삶의 포지션(Life positions)'을 파악함으로써 교류(예를 들어, "나도 OK-너도 OK", 혹은 "나는 OK-너는 not OK" 등등)와 그들이 친밀성을 회피하기 위해서 사용하는 '게임들'을 분석할 수 있도록 도와준다.

TA치료자는 교사와 매우 비슷하게 구조분석, 스크립트분석, 그리고 게임분석 같은 TA의 중요한 개념들을 설명한다. 그 혹은 그녀는 내담자들이 자신의 자원을 활용할 수 있도록 촉매자 역할을 하며, 내담자로 하여금 게임이 아닌 자유로운 삶을 살기 위하여 세 가지 에고 상태를 충분히 효과적으로 이용할 수 있도록 다양한 기법을 사용한다.

TA는 다음과 같은 수많은 중요한 방법들과 기술들을 갖고 있다. 치료는 TA치료자와 내담자 사이의 계약(initial contracting)을 체결함으로써 시작되는데, 거기에는 내담자의 목표, 치료자와 내담자가 무엇을 할 것인지, 그리고 목표들이 언제 달성될 것인지를 결정하는 기준 등이 상세하게 설명되어 있다. **구조분석**(structural analysis)에서 내담자는 자신의 에고 상태(비판적 부모, 양육적 부모, 성인, 자유 아이, 순응적 아이)가 무엇인지 파악하고, 그것이 어떻게 작동하는지 깨닫게 된다. **기능분석**(functional analysis)은 변증적 방법을 사용해서 내담자들에게 거래를 묘사하는 것이다. **게임분석**(game analysis)은 내담자로 하여금 그 혹은 그녀가 관련되어 있는 게임놀이를 어떤 방법으로 하고 있는지 볼 수 있도록 돕는다. 그리고 **스크립트분석**(script analysis)은 주로 내담자의 어린 시절에 형성된 삶의 방향을 점검하는 데 목표를 두고 있다.

이 활동 단원에서 우리는 두 가지 게슈탈트치료법을 다룰 것이다. 치료자와 내담자 사이의 **계약**(initial contracting)과 **구조분석**(structural analysis). 한 번에 한 가지 기술을 다루면서 효과적인 치료적 상담 기술을 익히기 위해서 고안된 동일한 접근방법이 사용될 것이다.

1. 계약(Contracting)

1.1	내담자	나는 우리 가족 안에서 항상 '슈퍼맨(superman)', 돈을 벌어오는 사람(breadwinner), 지도자, 수리공, 어린 두 자녀들을 돌보는 아버지, 아내를 끔찍히 사랑하는 남편, 사무실에서 생산적으로 일하는 자, 그리고 등등 …이 되어야 하는 것에 대해서 지쳤어요. 나는 이같은 나의 삶이 기쁘지 않아요…, 나는 진절머리가 났어요!
		가장 적절한 대답을 고르라.
	치료사	당신은 삶의 모든 영역에서 항상 아주 훌륭하고(super-duper) 생산적인 사람이 되어야 하는 것에 대해서 싫증이 나서 참으로 이제 변화를 원하고 있군요. (1.2를 보라)
	치료사	당신은 이제 참으로 변화를 원하는 것처럼 들리는군요. 우리가 치료를 시작하면서 가장 먼저 해야 할 단계는 계약을 맺는 것입니다. 나는 우리의 목표들을 성취하기 위해서 변화되기를 원하는 구체적인 신념들, 감정들, 그리고 행동들에 대해서 당신이 말해 보기를 원합니다. 우리는 또한 치료하는 데 당신과 나의 역할에 대해서 의논할 겁니다. 괜찮지요? (1.3을 보라)
	치료사	그 밖에 마음속에 떠오르는 것은 무엇입니까? (1.4를 보라)
1.2	치료사	당신은 삶의 모든 영역에서 항상 아주 훌륭하고(super-duper) 생산적인 사람이 되어야 하는 것에 대해서 싫증이 나서 참으로 이제 변화를 원하고 있군요.
		이것은 내담자에게 공감을 전달하는 좋은 반응이지만, TA치료자가 내담자로 하여금 어렴풋하거나 너무 일반적이지 않고, 구체적인 초기 계약(contract)을 설정하도록 돕기 위한 가장 적절한 반응은 아니다. 1.1로 되돌아가서 다시 시작하라.
1.3	치료사	당신은 이제 참으로 변화를 원하는 것처럼 들리는군요. 우리가 치료를 시작하면서 가장 먼저 해야 할 단계는 계약을 맺는 것입니다. 나는 우리의 목표들을 성취하기 위해서 변화되기를 원하는 구체적인 신념들, 감정들, 그리고 행동들에 대해서 당신이 말해 보기를 원합니다. 우리는 또한 치료하는 데 당신과 나의 역할에 대해서 의논할 겁니다. 괜찮지요?
		맞다. TA치료자는 곧바로 내담자와 함께 거래로 들어가서 이런 반응을 함으로써 변화를 위한 분명하고 구체적인 거래를 제안하기 위해서 이루어져야 할 필요가 있는 것을 설명한다. 1.5로 가라.
1.4	치료사	그 밖에 마음속에 떠오르는 것은 무엇입니까?
		이 반응은 내담자에 의한 자유 연상을 촉진시키는 데 관심을 둔 정신분석치료자에게 더 전형적이다. 하지만 이것은 TA치료자가 내담자로 하여금 변화를 위한 구체적인 거래를 생각하도록 돕기 위해서 사용하는 가장 구체적인 반응은 아니다. 1.1로 되돌아가서 다시 시작하라.

1.5	내담자	나는 나의 목표들이 무엇인지 확실히 몰라요…, 하지만 나는 더 자발적일 수 있는… 더욱 삶을 즐기고, 더 자주 모험적일 수 있는 더 행복한 사람이 되고 싶어요! 가장 적절한 대답을 고르라.
	치료사	당신은 지금 당신의 삶에 갇혀 있는 것처럼 보이는데, 당신은 참으로 더 자유롭고 더 행복하며 더 모험적이기를 원하는군요…. (1.6을 보라)
	치료사	(말없이 기다린다) (1.7을 보라)
	치료사	당신의 전체적인 목표는 더 행복한 사람이 되는 거군요. 당신은 더욱 삶을 즐기고, 더 자주 모험적이기를 원하는군요…. 당신은 이것이 무엇을 의미하는지에 대해서 두세 가지 더 구체적이고 명확한 예들을 말해 줄 수 있나요? (1.8을 보라)
1.6	치료사	당신은 지금 당신의 삶에 갇혀 있는 것처럼 보이는데, 당신은 참으로 더 자유롭고 더 행복하며 더 모험적이기를 원하는군요. 이 반응은 내담자에게 공감적 이해를 전달하기 원하는 인간 중심 치료자에게 더 전형적이다. 하지만 이것은 내담자와 가능한 한 구체적으로 거래를 수행하는 TA치료자에게 가장 적절한 반응은 아니다. 1.5로 되돌아가서 다시 시작하라.
1.7	치료사	(말없이 기다린다) 이러한 반응이나 반응이 없는 것은 내담자로부터 마음속에 떠오르는 더 많은 자료를 기다리거나, 자유 연상을 더욱 촉진시키려고 시도하는 정신분석치료자에게 더 전형적이다. 하지만 이것은 내담자와 거래를 수행하는 TA치료자에게 가장 적절한 반응은 아니다. 1.5로 되돌아가서 다시 시작하라.
1.8	치료사	당신의 전체적인 목표는 더 행복한 사람이 되는 거군요. 당신은 더욱 삶을 즐기고, 더 자주 모험적이기를 원하는군요…. 당신은 이것이 무엇을 의미하는지에 대해서 두세 가지 더 구체적이고 명확한 예들을 말해 줄 수 있나요? 맞다. 이 반응은 내담자가 표현한 것을 더 간략하게 요약하지만, 내담자와 거래의 초기 과정을 계속하기 위해서 그가 바라고 있는 변화들의 더 구체적이고 세부적인 예들을 계속해서 질문한다. 1.9로 가라.
1.9	내담자	글쎄요…, 내가 잠시 동안 한 가지 생각해 온 것은 더 긴 휴가를 갖고 내 아내와 유람선을 타고 알래스카로 가서 내가 잃어 버리게 될 모든 시간 외 수당(overtime pay)에 대해서 걱정하지 않는 것입니다…, 그리고 한두 주 아이들을 내 부모님들께 맡기고, 그것에 대해서 죄책감을 갖지 않으면서! 나는 항상 모든 사람들에 대해서 너무 책임을 가져야 한다는 내 성향, 내 생각을 바꾸기를 원합니다….

가장 적절한 대답을 고르라.

치료사 바로 그겁니다. 한 번만 그렇게 해 보시면 어떻습니까? 당신의 이런 바람에 대해서 당신의 아내에게 이야기하셨습니까? (1.10을 보라)

치료사 좋습니다…. 좀 더 세부적으로 당신은 엄격하고 형식적이며 억제된 생각으로부터 더 자유롭고 더 자발적이며 죄책감에 덜 시달리는 생각으로 변화되기를 원하는군요…. 그래서 예를 들면, 당신은 참으로 아이들을 남겨둔 채 아내와 함께 알래스카 유람선을 타고 갈 수 있을 겁니다! 그 밖에 당신이 변화되기를 원하는 것은 무엇입니까? (1.11을 보라)

치료사 당신은 너무 많이 다른 사람들을 돌보는 데에 너무 갇혀 있고 억제되어 있는 것처럼 느끼는군요…. 당신은 당신 자신 또한 돌보아야 할 때라고 느끼는군요…. 그리고 아내와 함께 유람선을 타고 당신이 출발하고 싶은 곳으로 가고 싶군요…. (1.12를 보라)

1.10 치료사 바로 그겁니다. 한 번만 그렇게 해 보시면 어떻습니까? 당신의 이런 바람에 대해서 당신의 아내에게 이야기하셨습니까?

이것은 내담자에게 확인하고 격려하는 반응이지만, 치료자의 입장에서 다소 미숙하고 너무 자기 견해가 확고하다. 하지만 이것은 또한 TA치료자가 내담자와 구체적인 거래를 더 진행하기 위한 가장 좋은 반응은 아니다. 1.9로 되돌아가서 다시 시작하라.

1.11 치료사 좋습니다…. 좀 더 세부적으로 당신은 엄격하고 형식적이며 억제된 생각으로부터 더 자유롭고 더 자발적이며 죄책감에 덜 시달리는 생각으로 변화되기를 원하는군요…. 그래서 예를 들면, 당신은 참으로 아이들을 남겨둔 채 아내와 함께 알래스카 유람선을 타고 갈 수 있을 겁니다! 그 밖에 당신이 변화되기를 원하는 것은 무엇입니까?

맞다. 이 반응은 공감을 가지고 내담자가 표현한 것을 요약하고, 세부적이고 구체적인 것을 강조하고 나서 내담자와 초기 거래 과정을 촉진시키기 위해서 또 다른 질문을 하는 TA치료자에게 전형적이다. 1.13으로 가라.

1.12 치료사 당신은 너무 많이 다른 사람들을 돌보는 데에 너무 갇혀 있고 억제되어 있는 것처럼 느끼는군요…. 당신은 당신 자신 또한 돌보아야 할 때라고 느끼는군요…. 그리고 아내와 함께 유람선을 타고 당신이 출발하고 싶은 곳으로 가고 싶군요….

이것은 내담자에게 공감적 이해와 무조건적이며 긍정적인 존중을 전달하는 데에는 좋은 반응이지만, 인간 중심 치료자에게 더 전형적이다. 하지만 이것은 TA치료자가 내담자와 구체적인 거래 과정을 촉진하기 위해서 사용하는 가장 좋은 반응은 아니다. 1.9로 되돌아가서 다시 시작하

1.13 내담자 으음… 글쎄, 나는 살펴보기를 원하는 다른 영역이 내 아내와의 관계라고 생각합니다. 내 아내는 너무 많은 것들에 대해서 너무 많이 나를 의존하기 때문에 나는 동반자라기보다는 너무 자주 그녀에게 부모나 아버지와 같다고 느낍니다. 나는 이것에 대해서 그녀에게 이야기할 때, 얘기가 잘되지 않고 받아들여지지 않습니다. 나는 성인 대 성인(adult-to-adult)으로 더욱 관계를 맺기를 바라지만…, 그녀는 나를 미워하지 않으며, 좋고 사랑스런 아내이며 엄마입니다!

가장 적절한 대답을 고르라.

치료사　당신은 아내를 보면 누가 생각이 납니까? (1.14를 보라)

치료사　당신은 아내와 더 성숙하고 동등한 관계를 원하지만, 당신이 아내와 이것에 대해서 의논하려고 시도할 때마다 잘되지 않는데… 그렇기 때문에 당신은 좌절하고 있군요. (1.15를 보라)

치료사　좋습니다. 당신은 살펴보기 원하는 또 다른 변화의 구체적인 영역을 갖고 있는 것처럼 들리는군요. 당신은 그녀에게 부모처럼 느끼는 것 대신에, 당신의 아내와 더욱더 성인 대 성인의 관계를 원하시는군요. 당신이 도달하기 원하는 다른 구체적인 변화들이나 목표들을 우리가 의논하기 전에, 치료에 있어서 나의 역할이 교사나 훈련자(trainer)와 같이 매우 적극적일 것이라는 점을 간단히 설명드리며, 나는 당신이 또한 변화하려고 노력할 때, 적극적으로 참여하기를 기대합니다. 당신이 아내와의 상호관계 속에서 살펴보기 원하며, 더욱 동일한 성인관계를 반영하는 어떤 구체적인 변화들을 계속해서 논의하기 전에, 지금까지 어떤 질문이나 하고 싶은 이야기가 있습니까? (1.16을 보라)

1.14　치료사　당신은 아내를 보면 누가 생각이 납니까?

이것은 정신분석치료자가 전이를 해석하고 내담자로 하여금 무의식 과정의 통찰을 얻기 위해서 사용할지 모르는 반응이다. 하지만 이 시점에서 TA치료자가 내담자와 함께 계속해서 구체적인 거래를 하기 위해 사용하는 적절한 반응은 아니다. 1.13으로 되돌아가서 다시 시작하라.

1.15　치료사　당신은 아내와 더 성숙하고 동등한 관계를 원하지만, 당신이 아내와 이것에 대해서 의논하려고 시도할 때마다 잘되지 않는데… 그렇기 때문에 당신은 좌절하고 있군요.

이것은 내담자가 표현한 것을 요약하고, 그에게 공감을 전달하는 좋은 반응이다. 하지만 이것은 TA치료자가 내담자와 함께 초기 거래를 진행하기 위해 사용하는 기장 좋은 반응이 아니다. 1.13으로 되돌아가서 다시 시작하라.

1.16　치료사　좋습니다. 당신은 살펴보기 원하는 또 다른 변화의 구체적인 영역을 갖고 있는 것처럼 들리는군요. 당신은 그녀에게 부모처럼 느끼는 것 대신에, 당신의 아내와 더욱더 성인 대 성인의 관계를 원하시는군요. 당신이 도달하기 원하는 다른 구체적인 변화들이나 목표들을 우리가 의논하기 전에, 치료에 있어서 나의 역할이 교사나 훈련자(trainer)와 같이 매우 적극적일 것이라는 점을 간단히 설명드리며, 나는 당신이 또한 변화하려고 노력할 때, 적극적으로 참여하기를 기대합니다. 당신이 아내와의 상호관계 속에서 살펴보기 원하며, 더욱 동일한 성인관계를 반영하는 어떤 구체적인 변화들을 계속해서 논의하기 전에, 지금까지 어떤 질문이나 하고 싶은 이야기가 있습니까?

맞다. 이것은 다소 긴 반응이지만, 아주 전형적으로 TA치료자가 변화의 또 다른 구체적인 목표나 영역을 요약하고, 치료자나 내담자의 역할들을 간단하게 설명하고 난 후에, 되돌아가서 내담자가 그의 아내와의 새로운 상호관계 안에서 보기를 원하는 변화의 더 구체적인 예들을 질문한다. TA치료자와 내담자 사이에 놓여 있는 이러한 상호 변화들은 내담자에 의해서 묘사된 몇몇 목표들과 변화들을 갖고 치료자와 내담자 양측에 의해서 동의될 수 있을 때까지 분명하고 세부적인 거래가 진행된다.

---

2. 구조분석(Structural Analysis)

2.1	내담자	나의 아내와의 관계에 대해서… 우리는 정말 서로 매우 사랑하고, 대체적으로 아주 잘살아갑니다…. 그러나 그녀가 집 주변의 대부분의 일들을 하는 데 나를 의존하고, 아주 단순한 것까지 결정하기 전에 나의 의견들을 알아야 하기 때문에 그녀에게 있어서 나는 부모나 아버지와 같다고 느껴져 나는 좌절합니다…. 나는 확실히 아내와 더 성숙하고 동등하며 성인 대 성인의 관계를 원합니다.
		가장 적절한 대답을 고르라.
	치료사	여기서 멈추고, 잠시 교사로서 그리고 치료자로서의 역할을 취하면서 교류분석에서 나온 몇 가지 기본적인 생각들이나 개념들을 더 설명하려고 합니다. 이러한 개념들은 당신이나 아내가 어떻게 서로 상호작용을 하면서 관계를 맺고, 결국 당신의 상호작용들이나 교류들이 더 건강한 것들로 어떻게 변화될 수 있는지 이해하기 위해서 매우 중요합니다. 당신이 여기 앞에 있는 칠판에서 볼 수 있듯이, 나는 세 가지 동그라미를 그렸는데, 그것들은 각각 부모(Parent)를 뜻하는 P, 어른(Adult)을 뜻하는 A, 그리고 아이(Child)를 뜻하는 C입니다. 이것들은 우리의 인격이나 에고 상태들을 묘사하는 세 가지 기본적인 개념입니다…. (치료자는 P, A, 그리고 C뿐만 아니라, 비판하는 부모 대 양육하는 부모, 그리고 자유로운 혹은 자연스런 아이 대 순응하는 아이에 대해서 더 정의를 내린다)… 우리가 이러한 개념들을 당신과 당신의 아내에게 적용하려고 하기 전에, 어떤 질문들이나 하고 싶은 말들이 있습니까? (2.2를 보라)
	치료사	당신은 아내에게 부모처럼 되어야 하는 것에 대해서 좌절하고 불만족한 것처럼 들리네요. 당신은 성인으로서 더 동등한 결혼관계를 원하는군요. (2.3을 보라)
	치료사	글쎄요, 당신이 아내와 더 좋고 더 나은 성인관계에 어떻게 도달할 수 있는지 의논합시다…. 어떤 생각들을 말해 보세요. (2.4를 보라)
2.2	치료사	여기서 멈추고, 잠시 교사로서 그리고 치료자로서의 역할을 취하면서 교류분석에서 나온 몇 가지 기본적인 생각들이나 개념들을 더 설명하려고 합니다. 이러한 개념들은 당신이나 아내가 어떻게 서로 상호작용을 하면서 관계를 맺고, 결국 당신의 상호작용들이나 교류들이 더 건강한 것들로 어떻게 변화될 수 있는지 이해하기 위해서 매우 중요합니다. 당신이 여기 앞에 있는 칠판에서 볼 수 있듯이, 나는 세 가지 동그라미를 그렸는데, 그것들은 각각 부모(Parent)를 뜻하는 P, 어른(Adult)을 뜻하는 A, 그리고 아이(Child)를 뜻하는 C입니다. 이것들은 우리의 인격이나 에고 상태들을 묘사하는 세 가지 기본적인 개념입니다…. (치료자는 P, A, 그리고 C뿐만 아니라, 비판하는 부모 대 양육하는 부모, 그리고 자유로운 혹은 자연스런 아이 대 순응하는 아이에 대해서 더 정의를 내린다)… 우리가 이러한 개념들을 당신과 당신의 아내에게 적용하려고 하기 전에, 어떤 질문들이나 하고 싶은 말들이 있습니까?
		맞다. 이것은 긴 반응이지만, TA치료자가 종종 교류분석을 수행함에 있어서 내담자에게 칠판이나 다이어그램과 같은 유용한 도구들을 사용하면서 부모, 성인, 아이와 같은 TA 개념들을 변증법적으로 가르치기 시작할 때, 그 혹은 그녀가 하는 전형적인 것이다. TA의 핵심 개념들을 내담자의 문제에 적용하는 것은 근본적으로 중요한데, 그것은 필요 시 내담자에게 질문을 하고 더 명료화할 수 있는 기회를 제공한 후 이루어진다. 2.5로 가라.

2.3	치료사	당신은 아내에게 부모처럼 되어야 하는 것에 대해서 좌절되고 불만족한 것처럼 들리네요. 당신은 성인으로서 더 동등한 결혼관계를 원하는군요. 이것은 내담자에게 공감을 전달하는 좋은 반응이지만, 기본적인 TA 개념들이 보통 변증법적이며 직접적으로 가르쳐지는 교류분석을 TA치료자가 수행하기 위해서 사용하는 가장 좋은 반응은 아니다. 2.1로 되돌아가서 다시 시작하라.
2.4	치료사	글쎄요, 당신이 아내와 더 좋고 더 나은 성인관계에 어떻게 도달할 수 있는지 의논합시다…, 어떤 생각들을 말해 보세요. 이 반응은 문제 해결 중심의 직접적인 접근법으로서, 너무 미숙하기 때문에 TA치료자가 이 시점에서 사용하기에 가장 적절한 반응은 아니다. TA 개념들은 해결책이 탐구되기 전에 교류분석에서 가르치고 논의할 필요가 있다. 2.1로 되돌아가서 다시 시작하라.
2.5	내담자	글쎄요… 내 아내가 달콤하게 나를 집적거리면서, 나와 함께 어린애처럼 장난치고, 내가 그녀에게 비슷하게 반응하면서 그녀를 즐겁게 해 줄 때, 모든 것이 잘 진행된다는 것을 알았어요. 그러나 심각한 재정적 결정에 대해서 그녀에게 말하려고 하고, 우리가 두 성인으로서 문제를 해결할 필요가 있는데, 그녀가 계속해서 장난할 때, 나는 화가 나기 시작합니다. 그러고서 나는 그녀를 조금 비난하기 시작하는데, 그 이후로 그녀는 움츠리곤 합니다. 가장 적절한 대답을 고르라.
	치료사	그러면, 당신은 어떻게 느끼세요? (2.6을 보라)
	치료사	그녀가 움츠리면 당신은 그녀에게 뭐라고 말하세요? (2.7을 보라)
	치료사	그것은 당신과 아내 사이에서 TA 개념을 더 잘 이해하기 위해서 우리가 사용할 수 있는 교류의 좋은 예입니다. 당신과 당신의 아내는 둘 다 언제 자아 상태가 기능하면서 장난을 치고 즐거운 시간을 보냅니까? (2.8을 보라)
2.6	치료사	그러면, 당신은 어떻게 느끼세요? 이것은 내담자로 하여금 그의 아내의 위축감에 반응할 때 그의 감정들을 더 열고 나누도록 돕기 위한 좋은 질문이며, 인간 중심 치료자에 의해서 종종 사용되는 질문이다. 그렇지만 그것은 TA치료자가 내담자와 함께 교류분석을 더 수행하기 위해서 사용하는 가장 좋은 질문은 아니다. 2.5로 되돌아가서 다시 시작하라.

2.7 치료사 그녀가 움츠리면 당신은 그녀에게 뭐라고 말하세요?

이 반응은 부부 사이의 행동 형태들이나 일련의 의사소통을 맹백하게 하려는 데 관심을 둔 행동 혹은 인지치료자나 체계적인 성향을 가진 치료자에게 더욱 전형적이다. 하지만 이것은 교류분석을 가지고 더 나아가며, 내담자로 하여금 그의 아내와의 특별한 상호관계와 연관된 에고 상태를 확인하도록 돕기 원하는 TA치료자에게 가장 좋은 반응은 아니다. 2.5로 되돌아가서 다시 시작하라.

2.8 치료사 그것은 당신과 아내 사이에서 TA 개념을 더 잘 이해하기 위해서 우리가 사용할 수 있는 교류의 좋은 예입니다. 당신과 당신의 아내는 둘 다 언제 자아 상태가 기능하면서 장난을 치고 즐거운 시간을 보냅니까?

맞다. 이 반응은 TA치료자가 내담자로 하여금 그의 아내와의 상호작용이나 교류를 더 잘 이해하기 위해서 TA 개념을 적용하도록 격려하기 위해 말할지도 모르는 특징적인 것이다. 2.9로 가라.

2.9 내담자 우리는 그렇게 서로 장난칠 때, 둘 다 아이 에고로 활동하고 있음에 틀림없어요…. 그런데 우리는 그것을 즐기고, 그건 재미있고 좋지만… 항상 그렇지는 않지요!

가장 적절한 대답을 고르라.

치료사 그래, 좋아요…. 당신은 아이 대 아이의 상호관계나 거래를 확인했고, 당신이 그 수준에 머무는 한, 그것은 괜찮아요…. 당신이 심각하게 재정 문제들에 대해서 의논하는데, 당신의 아내가 계속해서 당신에게 장난칠 때, 당신과 당신의 아내는 어떤 에고 상태를 경험합니까? (2.10을 보라)

치료사 (말없이 기다린다) (2.11을 보라)

치료사 왜 항상 그렇지는 않지요? (2.12를 보라)

2.10 치료사 그래, 좋아요…. 당신은 아이 대 아이의 상호관계나 거래를 확인했고, 당신이 그 수준에 머무는 한, 그것은 괜찮아요…. 당신이 심각하게 재정 문제들에 대해서 의논하는데, 당신의 아내가 계속해서 당신에게 장난칠 때, 당신과 당신의 아내는 어떤 에고 상태를 경험합니까?

맞다. TA치료자는 내담자가 TA 에고 상태를 올바르게 확인한 것을 격려하고, 그로 하여금 그의 아내와의 상호작용과 연관된 다른 에고 상태들을 확인하고, 계속해서 구조분석의 과정을 진행하도록 돕기 위한 더 깊은 질문들을 한다. 2.13으로 가라.

2.11 치료사 (말없이 기다린다)

이러한 수동적 반응은 내담자에 의한 자유 연상을 촉진시키려고 시도하는 정신분석치료자나 내담자가 더 이야기할 수 있도록 공감하면서 기다리는 인간 중심 혹은 실존치료자에게 더 전형적이다. 하지만 이것은 TA치료자가 내담자와 함께 구조분석의 과업을 적극적으로 진행하기 위해서 사용하는 가장 적절한 반응은 아니다. 2.9로 되돌아가서 다시 시작하라.

2.12 치료사 왜 항상 그렇지는 않지요?

이 반응은 "왜?" 라는 질문들이 사용하기에 가장 유용한 것들은 아니지만, 내담자의 더 깊은 생각들과 감정들을 탐색하는 데 관심을 둔 치료자에게 더 전형적이다. 하지만 이것은 내담자와 구조분석을 수행하는 TA치료자에게 가장 적절한 반응은 아니다. 2.9로 되돌아가서 다시 시작하라.

2.13 내담자 나는 돈 문제들에 대해서 심각한 의논을 하기 원할 때, 나의 성인 상태로부터 기능하고 있는데, 내 아내는 장난을 칠 때, 그녀는 여전히 계속해서 그녀의 아이 상태에 있다고 생각합니다. 내가 약간 화가 나서 그녀를 나무랄 때, 나는 확실히 내 안에 있는 부모와 같이 행동하고 있고… 그녀는 창피를 당한 아이처럼 움츠린다고 생각합니다. 나는 이러한 TA 개념들을 이해하고 있어요!

가장 적절한 대답을 고르라.

치료사 좋아요…. 당신은 그것을 이해하고 있군요. 당신이 아내와의 상호관계와 관련된 자아 상태들을 정확하게 확인하고 있기 때문에 나는 앞으로 나아가서 당신과의 어떤 교류 혹은 기능분석을 해서 당신으로 하여금 내가 그것들을 여기 있는 칠판에 그릴 때, 특별히 교차된 교류들이 어떻게 당신과 당신의 아내에게 문제들을 일으키는지 보여주기 원합니다. (2.14로 가라)

치료사 당신이 당신의 교류에서 자아 상태들에 명칭을 달거나 이름을 붙인다고 해서 이미 다 된 것은 아닙니다. 당신은 아직 다르게 행동하는 법을 배울 필요가 있습니다. (2.15를 보라)

치료사 당신은 지금 어떻게 느끼고, 마음속에 다른 무슨 생각이 떠오릅니까? (2.16을 보라)

2.14 치료사 좋아요…. 당신은 그것을 이해하고 있군요. 당신이 아내와의 상호관계와 관련된 자아 상태들을 정확하게 확인하고 있기 때문에 나는 앞으로 나아가서 당신과의 어떤 교류 혹은 기능분석을 해서 당신으로 하여금 내가 그것들을 여기 있는 칠판에 그릴 때, 특별히 교차된 교류들이 어떻게 당신과 당신의 아내에게 문제들을 일으키는지 보여주기 원합니다.

맞다. 이 반응은 내담자와 구조분석을 하며, 교류 혹은 기능분석으로 옮겨가게 함으로써 내담자가 교차 교류들과 결국 그것들을 어떻게 더 건강하게 변화시킬 수 있는가에 대한 통찰력을 제공하는 TA치료자에게 전형적이다. 또한 게임분석과 스크립트분석은 처음에 동의된 목표들과 계약에 따라서 TA치료자가 내담자로 하여금 더 많은 통찰을 얻고 변화되도록 돕기 위해서 종종 사용된다.

2.15 치료사 당신이 당신의 교류에서 자아 상태들에 명칭을 달거나 이름을 붙인다고 해서 이미 다 된 것은 아닙니다. 당신은 아직 다르게 행동하는 법을 배울 필요가 있습니다.

이 반응은 어떤 진리를 포함하고 있지만, 도움이 되는 것은 아니다. 이것은 TA치료자가 교류 혹은 기능분석으로 나아가기 전에 내담자를 격려하고 구조분석의 과제를 촉진시키기 위한 가장 좋은 반응은 아니다. 2.13으로 되돌아가서 다시 시작하라.

2.16	치료사	당신은 지금 어떻게 느끼고, 마음속에 다른 무슨 생각이 떠오릅니까?

이 반응은 내담자로 하여금 그의 느낌들과 생각들을 더 탐색하도록 돕는 데 관심을 둔 치료자들(예를 들어, 인간 중심 혹은 인지)에게 전형적이다. 하지만 이것은 TA치료자가 내담자와 함께 구조분석을 갖고 진행할 뿐만 아니라, 어떤 교류 혹은 기능분석을 하기 시작하는 데 가장 좋은 반응은 아니다. 2.13으로 되돌아가서 다시 시작하라.

교류분석을 위한 역할극(Role Play)

또한 이 활동 단원을 마친 다른 두 사람을 찾으라. 내담자, 카운슬러, 그리고 관찰자 역할들을 바꿔가면서 (각각 5분에서 15분간 어느 곳에서나) 역할극으로 짤막한 인터뷰를 하라. 이후에 다시 살펴보고 평가하기 위해서, 각각의 짧은 인터뷰를 오디오나 비디오테이프로 녹음하라.

- 이 역할극에서 카운슬러(counselor)는 계약(initial contracting)과 구조분석(structural analysis) 기법을 사용해야 한다.
- 내담자(client)는 카운슬러가 계약과 구조분석 기법을 사용할 수 있도록 (실재에 근거하여) 충분한 정보를 제공해야 한다.
- 관찰자(observer)는 아래의 주어진 빈칸에 카운슬러와 내담자 사이에 오가는 대화를 구체적으로 기록하면서 카운슬러가 이러한 기법들을 사용하는 시도들을 주목해야 한다.

카운슬러로서 당신에 대한 관찰자의 기록

____

____

____

____

짧은 인터뷰가 끝날 때, 참가자들은 이러한 특별한 기법들이 어떻게 적절하게 사용되었는지에 대해서 서로 배우면서 카운슬러의 작업을 논의해야 한다. 적극적일 뿐만 아니라, 덜 효과적인 반응들에 초점을 맞추게 되면, 각 참가자는 이러한 기법들의 실행과 이해를 향상시킬 수 있다.

당신 스스로 연습하기

위의 역할극을 일단 마치면, 카운슬러로서 당신과 함께(스스로) 인터뷰한 테이프를 들어 보라. 주어진 공란에 당신의 의견들과 대화의 내용을 집어 넣으라. 그리고서 (이론에 근거하여) 당신이 더 정확하게 기법들을 보여 줄 수 있었던 방법들을 생각해서 처음 반응 뒤에 있는 공란에 이러한 향상된 반응들을 적어 보라.

처음 반응 1

향상된 반응

처음 반응 2

향상된 반응

처음 반응 3

향상된 반응

처음 반응 4

향상된 반응

처음 반응 5

향상된 반응

처음 반응 6

향상된 반응

활동 단원 7

행동치료

행동치료는 1950년대 조셉 울프가 체계적 둔감화(systematic desensitization)라는 개념을 개발함으로써 시작되었지만, 치료학파로서의 발전은 스키너(B. F. Skinner), 한스 아이젠크(Hans Eysenck), 앨버트 반두라(Albert Bandura) 그리고 아널드 라자러스(Arnold Lazarus)와 같은 다른 학자들과 연관되어 있다. 행동치료는 주로 3개의 학습 패러다임에 근거를 두고 있는데, 그것들은 반응자 학습(respondent learning), 조작적 조건화(operant conditioning), 사회적 모델링(social modeling)이다. 행동치료의 목표는 내담자의 확인된 부적응적 행동을 단절시키고 적응적 행동을 경험하게 하거나 강화함으로써 생산적인 삶을 영위하도록 하는 것이다. 행동치료자는 보통 치료에 있어서 카운슬러, 지지자, 자원, 그리고 모델로서 기능하면서 매우 적극적이고 지시적이다. 행동치료의 과정에는 네 가지 중요한 단계가 있다. 정확하게 문제를 파악하는 것, 내담자의 발달 정보를 수집하는 것, 구체적 목표를 정하는 것, 그리고 변화를 위한 최선의 방법들을 결정하는 것이다.

행동치료의 중요한 과제는 내담자의 증세를 해결하는 것이다. 사실상 수십 종류의 행동치료기법들이 있다. 가장 널리 사용되는 방법들은 다음과 같다. **행동 평가**(Behavior Assessment, 개인화된 치료 계획을 명확하게 하는 것), **긍정적 강화**(Positive Reinforcement, 긍정적 행동에 보상을 제공하는 것), **토큰 경제**(Token Economies, 토큰을 사용해서 보상이나 특권을 교환하는 것), **자기주장 훈련**(assertive training, 내담자가 자신의 생각이나 느낌을 자유롭게 표현하는 것), **모델링**(Modeling, 타인의 행동을 관찰함으로써 배우는 것), **이완 훈련**(Relaxation Training, 긴장한 근육과 이완된 근육을 구별하고 신호에 따라서 근육들을 이완시키는 것), **체계적 둔감화**(systematic desensitization, 하나의 중립적 사건 혹은 자극과 이미 공포를 유발한 자극을 결합시키는 것)와 **범람법**(Flooding, 내담자의 불안감을 극대화시켜서 결국은 불안을 없애는 것) 등이다.

이 활동 단원에서 우리는 두 가지 게슈탈트치료법－**자기주장 훈련**(assertive training)과 **이완 훈련**(Relaxation Training)－을 다룰 것이다. 한 번에 한 가지 기술을 다루면서 효과적인 치료적 상담 기술을 익히기 위해서 고안된 동일한 접근방법이 사용될 것이다.

1. 자기주장 훈련(Assertive Training)

1.1 내담자 나는 내게 모든 종류의 요청들을 하는 사람들에게 정말 "아니오(No)"라고 말하기가 힘들어요. 나는 돕기를 원하지만, 거의 모든 요청에 대해서 "예(Yes)"라고 말하기 때문에 내가 하기로 한 모든 것들과 계획들 때문에 짓눌리고 있어요. 불안하고 다소 화가 나지만, 나는 "아니오(No)"라고 말할 수가 없어요…. 나는 그것을 어떻게 말해야 할지 모르고, 다른 사람들의 감정들을 다치기를 원하지 않아요.

가장 적절한 대답을 고르라.

치료사 만일 당신이 사람들에게 "아니오(No)"라고 말하면, 무슨 일이 일어날 것 같아서 두려운가요? (1.2를 보라)

치료사 당신은 정말 사람들이 당신에게 요청하거나 요구하는 것들을 거절할 수 없어서 힘이 드는군요. 당신은 실제로 불안과 어느 정도 화가 나서 중압감을 느끼는군요. (1.3을 보라)

치료사 네… 당신은 때때로 사람들에게 "아니오(No)"라고 말할 수 있기를 원하지만, 내게는 무엇을 말하거나, 당신이 그렇게 할 수 있을지 아주 확실하지 않은 것처럼 보이네요. 사람들이 당신에게 요청이나 요구를 할 때, "아니오(No)"라고 친절하지만 단호하게 말하면서 여러 차례 역할극을 실습해 보면 도움이 될 것이라고 생각하십니까? (1.4를 보라)

1.2 치료사 만일 당신이 사람들에게 "아니오(No)"라고 말하면, 무슨 일이 일어날 것 같아서 두려운가요?

이것은 인지치료자 같은 치료자에 의해서 사용되는 반응으로, 치료자는 내담자가 그 혹은 그녀의 두려움과 관련되어 가질 수 있는 구체적인 생각들을 확인함으로써 마침내 부정적인 생각을 인적으로 재구성할 수 있다. 하지만 이것은 행동치료자가 내담자에게 자기주장 훈련 자체를 안내하기 위해서 사용하는 가장 좋은 반응은 아니다. 1.1로 되돌아가서 다시 시작하라.

1.3 치료사 당신은 정말 사람들이 당신에게 요청하거나 요구하는 것들을 거절할 수 없어서 힘이 드는군요. 당신은 실제로 불안과 어느 정도 화가 나서 중압감을 느끼는군요.

이 반응은 내담자가 표현한 것을 요약하고, 내담자에게 공감을 전달한다. 하지만 이것은 행동치료자가 내담자에게 자기주장 훈련 자체를 안내하기 위해서 사용하는 가장 좋은 반응은 아니다. 1.1로 되돌아가서 다시 시작하라.

1.4 치료사 네… 당신은 때때로 사람들에게 "아니오(No)"라고 말할 수 있기를 원하지만, 내게는 무엇을 말하거나, 당신이 그렇게 할 수 있을지 아주 확실하지 않은 것처럼 보이네요. 사람들이 당신에게 요청이나 요구를 할 때, "아니오(No)"라고 친절하지만 단호하게 말하면서 역할극을 여러 차례 실습해 보면 도움이 될 것이라고 생각하십니까?

맞다. 이 반응은 다른 사람들로부터 온 요청들이나 요구들을 거절하기 위해서 자기주장 기술이라는 역할극을 제안함으로써 내담자를 자기주장 훈련으로 안내하려고 노력하는 행동치료자에게 전형적이다. 이 반응은 또한 내담자에게 어느 정도 공감을 반영하고, 내담자에게 개입이 강제적으로 느껴지지 않고 도움이 되는 것처럼 여기는지에 대해서 그 혹은 그녀에게 물어봄으로써 내담자와 협력한다. 1.5로 가라.

1.5 내담자 때때로 나는 무슨 말을 해야 할지 알지만, 불안해서 다른 사람들의 감정을 다치게 하기를 원하지 않는다고 생각해요…, 그러나 보통 나는 정말 무슨 말을 어떻게 해야 할지 확실히 몰라요. 나는 역할극에서 당신이 제시하는 것은 무엇이나 기꺼이 시도해서 내가 무슨 말을 해야 하는지 연습하고 배울 거예요…, 하지만 역할극에 대해서 다소 두렵네요.

가장 적절한 대답을 고르라.

치료사 (침착하게 기다린다) (1.6을 보라)

치료사 역할극에 대해서 왜 두렵나요? 어떤 생각들이나 느낌들이 마음속에 떠오르나요? (1.7을 보라)

치료사 대부분의 사람들은 역할극에 대해서 다소 불안해하지만, 보통 금방 그것을 극복하지요. 당신은 당신 자신이며, 나는 당신에게 요청이나 요구를 하는 당신 친구로 역할극을 할 것을 제안하는데… 준비됐어요? 그래요, 첫 번째 역할극을 합시다…, "여보게, 나는 정말 자네의 도움이 필요하네. 다음 주일 나를 위해서 교회에서 안내를 서 줄 수 있겠나? … 나는 정말 이번 주말에 낚시 여행을 가기를 원한다구… 제발!" (1.8을 보라)

1.6 치료사 (침착하게 기다린다)

이러한 소극적 반응은 내담자에 의한 자유 연상을 촉진시키려고 노력하는 정신분석치료자에게 더 전형적이다. 하지만 이것은 내담자와 함께 자기주장 훈련을 막 시작한 행동치료자에게 적절한 반응은 아니다. 1.5로 되돌아가서 다시 시작하라.

1.7 치료사 역할극에 대해서 왜 두렵나요? 어떤 생각들이나 느낌들이 마음속에 떠오르나요?

이 반응은 역할극과 관련된 내담자의 생각들이나 느낌들을 더 탐색하는 데 관심을 둔 정신분석치료자 혹은 인지치료자에게 더 전형적이다. 하지만 이것은 내담자와 함께 자기주장 훈련을 진행하기 원하는 행동치료자에게 가장 적절한 반응이 아니다. 1.5로 되돌아가서 다시 시작하라.

1.8	치료사	대부분의 사람들은 역할극에 대해서 다소 불안해하지만, 보통 금방 그것을 극복하지요. 당신은 당신 자신이며, 나는 당신에게 요청이나 요구를 하는 당신 친구로 역할극을 할 것을 제안하는데… 준비됐어요? 그래요, 첫 번째 역할극을 합시다…, "여보게, 나는 정말 자네의 도움이 필요하네, 다음 주일 나를 위해서 교회에서 안내를 서 줄 수 있겠나? …나는 정말 이번 주말에 낚시 여행을 가기를 원한다구… 제발!"

맞다. 이 반응은 전형적으로 행동치료자가 내담자에게 말하는 것인데, 치료자는 내담자로 하여금 역할극에 대해서 처음에는 불안해하는 것이 정상임을 재확인시키지만, 내담자에게 분명한 지침을 주고 나서 역할극을 시작하며, 내담자를 격려하여 역할극을 진행하도록 한다. 이것은 자기주장 훈련의 첫 부분이다. 1.9로 가라.

1.9	내담자	그래요, 해 봅시다. 자… "글쎄, 나는 이번 주일에 조금 바빠서 안내를 서고 싶지는 않지만… 낚시 여행이 정말 자네에게 특별하다는 것을 알아…, 그래서 자네가 다른 사람을 찾을 수 없다면, 내가 서 줄게…."

가장 적절한 대답을 고르라.

치료사	당신은 당장에 바로 "아니오(No)"라고 말하기가 힘들군요. (1.10을 보라)
치료사	(조용하게 기다린다) (1.11을 보라)
치료사	그렇게 말하는 것은 나쁘지 않아요, 전혀 나쁘지 않아요. 당신은 바빠서 안내를 설 수 없다고 당신이 원하는 어떤 것을 말한 것처럼 보이지만, 그런 후에 당신은 "아니오(No)"를 분명히 단호하게 말하고 나서 물러났어요. 당신이 말한 것에 대해서 어떻게 느끼고, 우리는 그것을 어떻게 향상시킬까요? (1.12를 보라)

1.10	치료사	당신은 당장에 바로 "아니오(No)"라고 말하기가 힘들군요.

이것은 내담자에게 공감을 전달하는 반응이지만, 행동치료자가 내담자와 함께 자기주장 훈련을 진행하도록 사용하는 가장 좋은 반응은 아니다. 1.9로 되돌아가서 다시 시작하라.

1.11	치료사	(조용하게 기다린다)

이러한 소극적 반응 혹은 반응 없음은 정신분석치료자에게 더 전형적인 것으로, 내담자와 자기주장 훈련을 수행하는 행동치료자에게 적절한 것이 아니다. 1.9로 되돌아가서 다시 시작하라.

1.12	치료사	그렇게 말하는 것은 나쁘지 않아요, 전혀 나쁘지 않아요. 당신은 바빠서 안내를 설 수 없다고 당신이 원하는 어떤 것을 말한 것처럼 보이지만, 그런 후에 당신은 "아니오(No)"를 분명히 단호하게 말하고 나서 물러났어요. 당신이 말한 것에 대해서 어떻게 느끼고, 우리는 그것을 어떻게 향상시킬까요?

맞다. 이 반응은 역할극에서 잘한 것에 대해서 긍정적 피드백(feedback)을 제공할 뿐 아니라, 아직 개선되어야 할 것에 대해서 부드럽게 고쳐주는 피드백을 제공함으로써 내담자를 격려하기 원하는 행동치료자에게 특징적이다. 치료자는 뛰어넘어서 내담자에게 정확하게 말하기보다는 내담자로부터 협력을 얻기 위한 질문으로 끝낸다. 1.13으로 가라.

1.13	내담자	글쎄요, 나는 그 첫 번째 시도가 나쁘지 않았다고 생각합니다. 그리고 나는 역할극에 대해서 거의 두려워하지 않게 되었지요. 나는 전혀 물러서서는 안 된다고 생각해요…. 다시 할게요… "미안하지만, 나는 다음 주일 정말 바빠서 자네를 위해서 안내를 서 줄수 없네. 자네는 그걸 할 수 있는 다른 사람을 찾을 수 있을 거야…" 어때요? 가장 적절한 대답을 고르라.
	치료사	당신은 이제 역할극에 대해서 더 좋게 느끼고, 기꺼이 사람들에게 "아니오(No)"라고 말하고 싶어 하는군요. (1.14를 보라)
	치료사	매우 좋아요! 당신은 물러서지 않고, 분명하고 단호하게 "아니오(No)"라고 하고 나서 너무 많이 말하지 않는다는 것이 옳아요. 연습을 위해서 한번 더 시도해 보시겠어요? 시작하세요… (1.15를 보라)
	치료사	어떻게 생각하세요? 그것에 대해서 어떻게 느끼세요? (1.16을 보라)
1.14	치료사	당신은 이제 역할극에 대해서 더 좋게 느끼고, 기꺼이 사람들에게 "아니오(No)"라고 말하고 싶어 하는군요. 이 반응은 내담자에게 공감적 이해를 전달하기 위해서 내담자가 느낄지도 모르는 것을 요약한다. 하지만 이것은 내담자와 함께 자기주장 훈련을 수행하는 과정에 있는 행동치료자에게 가장 적절한 반응이다. 1.13으로 되돌아가서 다시 시작하라.
1.15	치료사	매우 좋아요! 당신은 물러서지 않고, 분명하고 단호하게 "아니오(No)"라고 하고 나서 너무 많이 말하지 않는다는 것이 옳아요. 연습을 위해서 한번 더 시도해 보시겠어요? 시작하세요…. 맞다. 이 반응은 더 실습하고 기술을 익히기 위해서 칭찬 혹은 긍정적 강화, 피드백 그리고 어떤 코칭, 그리고 역할극을 갖고 내담자와 함께 자기주장 훈련을 수행하는 행동치료자에게 전형적이다.
1.16	치료사	어떻게 생각하세요? 그것에 대해서 어떻게 느끼세요? 이 반응은 방금 마친 역할극에 대한 내담자의 생각들과 느낌들을 더 탐색하는 데 유용하다. 또한 행동치료자에 의해서 사용될 수 있지만, 내담자와 함께 자기주장 훈련을 계속하기 위한 가장 좋은 반응은 아니다. 1.13으로 되돌아가서 다시 시작하라.

2. 이완 훈련(Relaxation Training)

2.1	내담자	나는 종종 긴장하는데, 요즘은 잠을 이루지 못하고 있어요. 나는 잠들기 위해서 마음을 편하게 풀수 없을 것 같아요.
		가장 적절한 대답을 고르라.
	치료사	(조용하게 기다린다) (2.2를 보라)
	치료사	당신은 불면증과 긴장으로 어려움을 겪고 있군요. (2.3을 보라)
	치료사	긴장 완화와 불면증 치료를 위해서 당신에게 도움이 될 수 있는 이완 훈련에 대해서 말하기 전에 마음을 편하게 풀기 위해서 당신은 지금까지 무엇을 시도했는지 물어볼까요? (2.4를 보라)
2.2	치료사	(조용하게 기다린다)
		이렇게 소극적인 반응은 정신분석치료자에게 더 특징적이다. 하지만 이것은 긴장과 불면증 문제를 갖고 있는 내담자에게 이완 훈련을 도입하려고 시도하는 행동치료자에게 적절한 반응은 아니다. 2.1로 되돌아가서 다시 시작하라.
2.3	치료사	당신은 불면증과 긴장으로 어려움을 겪고 있군요.
		이것은 내담자가 표현한 것을 요약하고, 내담자에게 공감을 전달하기 위한 반응이다. 하지만 이것은 내담자에게 이완 훈련을 도입하려고 시도하는 행동치료자에게 가장 좋은 반응은 아니다. 2.1로 되돌아가서 다시 시작하라.
2.4	치료사	긴장 완화와 불면증 치료를 위해서 당신에게 도움이 될 수 있는 이완 훈련에 대해서 말하기 전에 마음을 편하게 풀기 위해서 당신이 지금까지 무엇을 시도했는지 물어볼까요?
		맞다. 행동치료자는 종종 이완 훈련의 개입을 도입하기 위해서 이런 반응을 하지만, 이완 훈련의 구체적인 지침들로 들어가기 전에 내담자가 지금까지 시도한 것을 물어본다. 내담자는 큰 효과없이 이미 한두 가지 이완 기술들을 시도했을 수도 있는데, 그러므로 행동치료자는 내담자가 이전에 시도해 보지 않았거나 단지 조금 해 본 이완 기술들을 제시할 수 있다. 2.5로 가라.
2.5	내담자	글쎄요… 나는 부드러운 음악을 들으면서 따뜻한 우유, 심지어 잠잘 때 술을 마셔 보았지만, 이 모든 것이 도움이 되지 않았구요…. 결국은 긴장하고 좌절해서 몇 시간 동안이나 침대에서 뒤척거립니다.

가장 적절한 대답을 고르라.

치료사　밤에 긴장이 되고 잠을 잘 수 없을 때, 당신은 무슨 생각을 합니까? (2.6을 보라)

치료사　그래요… 당신은 당신의 근육을 긴장시켰다가 풀어주고, 스스로 마음을 편안하게 가지라고 말하거나, 스스로 말하는 것을 가라앉히면서, 만일 당신이 해변가나 하와이를 좋아한다면, 하와이 해변가에 누워 있는 것과 같은 즐거운 장면들을 상상하면서 일련의 이완 훈련을 시도하지 않은 것처럼 들리는군요! (2.7을 보라)

치료사　당신이 불면증에 대해서 내게 말하고 있는 지금, 당신의 마음속에 무엇이 떠오르나요? (2.8을 보라)

2.6　치료사　밤에 긴장이 되고 잠을 잘 수 없을 때, 당신은 무슨 생각을 합니까?

이 반응은 내담자의 긴장과 불면증과 연관된 생각들을 확인함으로써 그러한 잘못된 사고의 인지적 재구성을 수행하는 데 관심을 둔 인지치료자에게 전형적이다. 하지만 이것은 내담자와 함께 이완 훈련을 진행하기 원하는 행동치료자에게 가장 좋은 반응은 아니다. 2.5로 되돌아가서 다시 시작하라.

2.7　치료사　그래요… 당신은 당신의 근육을 긴장시켰다가 풀어주고, 스스로 마음을 편안하게 가지라고 말하거나, 스스로 말하는 것을 가라앉히면서, 만일 당신이 해변가나 하와이를 좋아한다면, 하와이 해변가에 누워 있는 것과 같은 즐거운 장면들을 상상하면서 일련의 이완 훈련을 시도하지 않은 것처럼 들리는군요!

맞다. 내담자는 이완 훈련들을 아직 체계적으로 사용한 것처럼 보이지 않기 때문에 행동치료자는 이와 같은 반응을 사용해서 어떤 이완 기술들을 더 소개하고 간단히 설명해서 내담자가 그것을 배우게 한다. 2.9로 가라.

2.8　치료사　당신이 불면증에 대해서 내게 말하고 있는 지금, 당신의 마음속에 무엇이 떠오르나요?

이 반응은 내담자에 의한 자유 연상을 촉진시키려고 시도하는 정신분석치료자에게 더 전형적이다. 하지만 이것은 내담자와 함께 이완 훈련을 진행하고 있는 행동치료자에게 가장 적절한 반응은 아니다. 2.5로 되돌아가서 다시 시작하라.

2.9　내담자　나는 그와 같은 꾸러미 안에 그 모든 것을 넣었다고 생각하지 않아요…. 나는 확실히 더 잘 그리고 더 빨리 긴장 푸는 법을 배우고 싶어요. 나는 이완 훈련을 할 준비가 되었어요.

가장 적절한 대답을 고르라.

치료사　당신은 이완 기술들을 배울 동기부여가 된 것 같군요…. 당신은 정말 불면증과 긴장을 극복하기 원하는 것처럼 들리네요…. (2.10을 보라)

치료사　당신은 확실합니까? (2.11을 보라)

	치료사	좋아요…. 네 가지 중요한 근육 부위들을 위해서 우리가 사용할 점진적인 근육 이완 훈련을 간단히 설명하겠어요…. 나는 당신의 팔 근육을 가지고 시작할 건데, 당신이 나중에 당신의 팔이나 이두박근(biceps)을 굽히고, 천천히 다섯까지 세면서 7~10초간 긴장을 유지하고 나서 당신의 팔을 뚝 떨어뜨리며 근육이 부드럽게 되도록 20초가량 "마음을 편하게 하고, 모든 긴장을 풀라"고 당신 스스로 말하면서, 이러한 연습을 반복하기 전에 즐거운 장면을 상상하기 바랍니다. 우리는 결국 각 연습을 전부 네 번 할 겁니다. 저는 당신에게 다른 세 군데의 주요 근육 부위들에 대한 지침을 줄 건데요, 그것들은 머리와 목 근육들과 당신의 어깨, 가슴, 그리고 배를 포함한 신체 윗부분 근육들이지요. 팔 근육에 대한 어떤 질문이 있어요? 그래요, 앞으로 나가서 한번 이것을 해 보세요…, 단지 연습을 위해서… 좋아요…, 머리와 목 부위로 갑시다…. (2.12를 보라)
2.10	치료사	당신은 이완 기술들을 배울 동기부여가 된 것 같군요…. 당신은 정말 불면증과 긴장을 극복하기 원하는 것처럼 들리네요….
		이 반응은 내담자에게 공감적 반응을 전달하지만, 행동치료자가 내담자를 위하여 이완 훈련을 진행하기 위해서 사용하는 가장 좋은 반응은 아니다. 2.9로 되돌아가서 다시 시작하라.
2.11	치료사	당신은 확실합니까?
		이것은 이 시점에서 어떤 치료자가 물을 만한 도움이 되는 질문이 아니다. 내담자의 동기를 질문하는 것은 그 대신 내담자에게 이완 훈련을 동기화시키는 데 관심을 둔 행동치료자에게 적절한 반응이 아니다. 2.9로 되돌아가서 다시 시작하라.
2.12	치료사	좋아요…. 네 가지 주요 근육 부위들을 위해서 우리가 사용할 점진적인 근육 이완 훈련을 간단히 설명하겠어요…. 나는 당신의 팔 근육을 가지고 시작할 건데, 당신이 나중에 당신의 팔이나 이두박근(biceps)을 굽히고, 천천히 다섯까지 세면서 7~10초간 긴장을 유지하고 나서 당신의 팔을 뚝 떨어뜨리며 근육이 부드럽게 되도록 20초 가량 "마음을 편하게 하고, 모든 긴장을 풀라"고 당신 스스로 말하면서, 이러한 연습을 반복하기 전에 즐거운 장면을 상상하기 바랍니다. 우리는 결국 각 연습을 전부 네 번 할 겁니다. 저는 당신에게 다른 세 군데의 주요 근육 부위들에 대한 지침을 줄 건데요, 그것들은 머리와 목 근육들과 당신의 어깨, 가슴, 그리고 배를 포함한 신체 윗부분 근육들이지요. 팔 근육에 대한 어떤 질문이 있어요? 그래요, 앞으로 나가서 한번 이것을 해 보세요…, 단지 연습을 위해서… 좋아요…, 머리와 목 부위로 갑시다….
		맞다. 이러한 긴 반응은 이완 훈련의 구체적인 지침들을 줌으로써 내담자가 배우고 후에 세션이나 집에서 그런 연습을 할 수 있도록 하는 행동치료자에게 전형적이다. 그러므로 이완 훈련이 시작되었다. 2.13으로 가라.

2.13 내담자 와, 이 모든 네 가지 중요한 연습들은 나에게 매우 좋고 효과가 있는 것 같지만, 방금 그 각각의 것들을 단 한 번만 시도해 보았네요…. 당신은 우리가 각각을 전부 네 번 할 것이라고 말씀하셨는데, 당신은 그 전체를 통해서 저를 가르쳐 주실 건가요?

가장 적절한 대답을 고르라.

치료사 좋아요… 그래요. 나는 이제 10~15분간 이완 훈련 학습을 통해서 당신을 가르칠 거예요. 당신은 이제 당신의 근육들을 번갈아 긴장시키고 이완시키면서, 점진적 근육 이완을 위한 네 가지 연습들을 각각 어떻게 하는지 압니다. 이제, 가능하면 편안하게 기대고 앉아서 눈을 감고, 나의 지침들을 따라 주세요…. (2.14를 보라)

치료사 (말없이 기다린다) (2.15를 보라)

치료사 당신은 정말 이완 훈련의 전부를 실습하는 데 열심인 것처럼 보이는군요. (2.16을 보라)

2.14 치료사 좋아요… 그래요. 나는 이제 10~15분간 이완 훈련 학습을 통해서 당신을 가르칠 거예요. 당신은 이제 당신의 근육들을 번갈아 긴장시키고 이완시키면서, 점진적 근육 이완을 위한 네 가지 연습들을 각각 어떻게 하는지 압니다. 이제, 가능하면 편안하게 기대고 앉아서 눈을 감고, 나의 지침들을 따라 주세요….

맞다. 이 반응은 내담자와 함께 이완 훈련을 수행하고, 내담자에게 분명한 지침을 주며, 10~15분 동안 점진적 근육 이완 훈련의 전체적인 작업을 통해서 내담자를 인도하는 행동치료자에게 전형적이다. 이완 훈련을 집에서 해 보도록 과제로 내주기도 하는데, 내담자는 긴장을 줄이고, 불면증을 극복하기 위해서 잠잘 때 그것을 사용할 것인지 물어본다. 또한 불면증을 다루는 다른 행동방법들이 제시되기도 하는데, 그 가운데는 자극을 조절하는 방법들이 있다. (예를 들어, 잠자리에서 몇 시간 동안 뒤척이지 말고, 잠이 들지 않으면 잠자리에서 일어나 매우 피곤하고 잠이 올 때, 잠자리에 다시 들어가는 것이다.)

2.15 치료사 (말없이 기다린다)

이 수동적 반응 혹은 무반응은 더욱 구체적인 지침을 필요로 하는 내담자와 함께 이완 훈련을 수행하는 이 시점에서 행동치료자에게 매우 부적절하다. 2.13으로 되돌아가서 다시 시작하라.

2.16 치료사 당신은 정말 이완 훈련의 전부를 실습하는 데 열심인 것처럼 보이는군요.

이것은 공감적 이해를 갖고 내담자의 경험을 요약하는 반응이지만, 더 구체적인 지침을 필요로 하는 내담자에게 계속해서 이완 훈련을 하기 위해 사용하는 행동치료자에게 충분한 반응은 아니다. 2.13으로 되돌아가서 다시 시작하라.

행동치료를 위한 역할극(Role Play)

또한 이 활동 단원을 마친 다른 두 사람을 찾으라. 내담자, 카운슬러, 그리고 관찰자 역할들을 바꿔가면서 (각각 5분에서 15분간 어느 곳에서나) 역할극으로 짤막한 인터뷰를 하라. 이후에 다시 살펴보고 평가하기 위해서 각각의 짧은 인터뷰를 오디오나 비디오테이프로 녹음하라.

- 이 역할극에서 카운슬러(counselor)는 자기주장 훈련(assertive training)과 이완 훈련(Relaxation Training)을 사용해야 한다.
- 내담자(client)는 카운슬러가 자기주장 훈련과 이완 훈련을 사용할 수 있도록 (실재에 근거하여) 충분한 정보를 제공해야 한다.
- 관찰자(observer)는 아래의 주어진 빈칸에 카운슬러와 내담자 사이에 오가는 대화를 구체적으로 기록하면서 카운슬러가 이러한 기법들을 사용하는 시도들을 주목해야 한다.

카운슬러로서 당신에 대한 관찰자의 기록

____

____

____

____

짧은 인터뷰가 끝날 때, 참가자들은 이러한 특별한 기법들이 어떻게 적절하게 사용되었는지에 대해서 서로 배우면서 카운슬러의 작업을 논의해야 한다. 적극적일 뿐만 아니라, 덜 효과적인 반응들에 초점을 맞추게 되면, 각 참가자는 이러한 기법들의 실행과 이해를 향상시킬 수 있다.

당신 스스로 연습하기

위의 역할극을 일단 마치면, 카운슬러로서 당신과 함께(스스로) 인터뷰한 테이프를 들어 보라. 주어진 공란에 당신의 의견들과 대화의 내용을 집어 넣어라. 그러고서 (이론에 근거하여) 당신이 더 정확하게 기법들을 보여 줄 수 있었던 방법들을 생각해서 처음 반응 뒤에 있는 공란에 이러한 향상된 반응들을 적어 보라.

처음 반응 1 ______________________________

____

____

____

____

향상된 반응

처음 반응 2

향상된 반응

처음 반응 3

향상된 반응

처음 반응 4

향상된 반응

처음 반응 5

향상된 반응

처음 반응 6

향상된 반응

활동 단원 8

인지치료

인지치료는 오늘날 널리 사용되고 잘 알려져 있다. 중요한 것들은 앨버트 엘리스에 의해서 개발된 합리정서요법(rational-emotive therapy) 혹은 RET(지금은 합리정서행동치료 혹은 REBT라고 명명됨), 애런 벡에 의해 개발된 인지치료(Cognitive Therapy), 그리고 도널드 마이켄바움에 의해 개발된 인지적 행위 수정이론(Cognitive-Behavior Modification) 등이 포함된다. 인지치료는 종종 인지적 행동치료라고 불린다.

행동치료와 마찬가지로 인지치료들도 사실상 수십 가지의 치료기법들을 포함하는데, 그중에는 종종 인지적이고 행동적인 것들이 포함된다. RET(혹는 REBT)를 포함하여 인지치료의 기본적인 접근방법은 내담자들로 하여금 그들의 비합리적이고, 왜곡되며, 비이성적이고, 부정확한 사고방식들을 보다 더 합리적이고, 이성적이며, 균형 잡히고, 정확한 사고방식으로 확인하고 바꾸도록 돕는 것인데, 왜냐하면 그런 불합리한 신념들이나 생각들이 흔히 불안, 분노, 그리고 우울증뿐만 아니라, 부적응적 행동들과 같은 문제 감정들 아래에 놓여 있기 때문이다. 인지치료사 혹은 합리정서요법 치료사(혹은 합리정서행동요법 치료사)는 흔히 교사, 훈련자, 카운슬러, 혹은 코치로서 매우 적극적인 역할을 하지만, 주로 내담자와 공동 협력적 관계를 갖는다.

RET(혹은 REBT)의 많은 치료법들 가운데는 다음과 같은 것들이 있다. RET(혹은 REBT)의 A-B-C 이론의 사용에서 A는 내담자에게 실제 일어나고 있는 **선행 사건**(Activating Event)을 나타내고, B는 내담자의 불합리한 **믿음**(B, Beliefs), 그리고 이러한 믿음 체계에 따른 감정적 · 행동적 **결과**(C, Consequences)를 나타낸다. 논박(Disputation)이란 내담자로 하여금 자신의 비합리적 믿음이나 왜곡된 사고에 도전하게 하는 것이다. 반박하기(Countering), 과제(action homework), 인지치료, 특히 인지 행동치료에서 세 가지 중요한 개입 타입은 다음과 같다. **대처 기술 훈련**(coping skills training, 여기서 내담자들은 힘들거나 스트레스를 받는 상황들에 대처하기 위한 인지적이고 행동적인 기술들을 개발하도록 도움을 받는다); **인지의 재구성**(cognitive reconstruction, 내담자로 하여금 부적응적 사고 유형을 수정하도록 직접 도와주는 시도); 그리고 **문제 해결 훈련**(problem-solving training, 여기서 힘든 문제들을 이해하고 다루는 내담자의 능력이 확장된다)

이 활동 단원에서 우리는 인지치료에서 널리 사용되는 두 가지 치료법—RET(혹은 REBT, 엘리스)의 A-B-C **이론의 사용**과 **인지의 재구성**(cognitive reconstruction, 벡)—을 다룰 것이다. 한 번에 한 가지 기술을 다루면서 효과적인 치료적 상담 기술을 익히기 위해서 고안된 동일한 접근방법이 사용될 것이다.

1. RET(혹은 REBT, 엘리스)의 A-B-C 이론의 사용

1.1 내담자 나는 지난 몇 주 동안 낙심이 되고 침울한데, 주로 내가 한 여자와 데이트를 하지만 전혀 성공하지 못하고 있기 때문이지요. 나는 적어도 더 잘 사귀고 싶은 다섯 명의 여자들에게 전화를 했지만, 그들은 내가 데이트하자는 제안을 거절했어요.

가장 적절한 대답을 고르라.

치료사 여러 명의 여자들이 데이트하자는 당신의 제안을 거절해서 당신은 힘들고 고통스럽군요…. 당신은 실제로 매우 침울하고 낙심을 느끼고 있군요. (1.2를 보라)

치료사 당신은 여자들에 의해서 반복적으로 거절을 당했기 때문에 침울하고 낙심을 느끼고 있다고 말했습니다. 그러나 당신이 숨을 가다듬고 좀 더 주의 깊게 생각해 보면, 낙심이나 우울함(C 혹은 결과들, Consequences)과 같은 당신의 감정들은 정말로 데이트하자는 거절(A 혹는 실제로 일어나고 있는 사건, Activating Event) 때문에 생긴 것이 아니라는 점을 알게 될 것입니다. 그 사이에 있는 B는 당신의 신념들(Beliefs)이나 A로 말미암아 기인하거나 발생될 때, 당신이 스스로 말하고 있는 것과 관련되지요. 이것이 바로 내가 당신으로 하여금 배우고 사용하기 원하는 인간 기능의 A-B-C 견해인데, 이것을 통해서 당신은 자신의 불합리한 사고들이나 신념들(B) 때문에 어떻게 형편없는 감정들에 빠지는 경향이 있는가를 이해하게 됩니다. 데이트하자는 제안을 반복적으로 거절당하면서 생긴 당신의 신념들은 무엇인지 내게 말해 보세요…. (1.3을 보라)

치료사 (말없이 기다린다) (1.4를 보라)

1.2 치료사 여러 명의 여자들이 데이트하자는 당신의 제안을 거절해서 당신은 힘들고 고통스럽군요…. 당신은 실제로 매우 침울하고 낙심을 느끼고 있군요.

이것은 내담자에게 공감적 이해를 전달하는 좋은 반응이다. 그러나 인지치료자가 내담자로 하여금 인간 행동에 관한 A-B-C 이론을 사용하는 법을 빨리 배우도록 돕기 위한 가장 적절한 반응은 아니다. 1.1로 되돌아가서 다시 시작하라.

1.3 치료사 당신은 여자들에 의해서 반복적으로 거절을 당했기 때문에 침울하고 낙심을 느끼고 있다고 말했습니다. 그러나 당신이 숨을 가다듬고 좀 더 주의 깊게 생각해 보면, 낙심이나 우울함(C 혹은 결과들, Consequences)과 같은 당신의 감정들은 정말로 데이트하자는 거절(A 혹는 실제로 일어나고 있는 사건, Activating Event) 때문에 생긴 것이 아니라는 점을 알게 될 것입니다. 그 사이에 있는 B는 당신의 신념들(Beliefs)이나 A로 말미암아 기인하거나 발생될 때, 당신이 스스로 말하고 있는 것과 관련되지요. 이것이 바로 내가 당신으로 하여금 배우고 사용하기 원하는 인간 기능의 A-B-C 견해인데, 이것을 통해서 당신은 자신의 불합리한 사고들이나 신념들(B) 때문에 어떻게 형편없는 감정들에 빠지는 경향이 있는가를 이해하게 됩니다. 데이트하자는 제안을 반복적으로 거절당하면서 생긴 당신의 신념들은 무엇인지 내게 말해 보세요….

맞다. 이와 같이 다소 긴 반응은 치료자가 인간 기능에 관한 A-B-C 이론의 기초들을 내담자에게 가르치려고 시도하는 이 시점에서, 인지치료자나 합리정서치료자에게 특징적인 것이다. 1.5로 가라.

1.4 치료사 (말없이 기다린다)

이 수동적 반응은 정신분석치료자에게 더 전형적이다. 그것은 인간 기능에 관한 A-B-C 이론을 변증법적으로 내담자에게 가르치기를 시도하는 인지치료자 혹은 합리정서치료자에게는 너무나 수동적이다. 1.1로 되돌아가서 다시 시작하라.

1.5 내담자 글쎄요…, 나는 불합리한 신념들을 갖고 있는지 확실하게 말할 수는 없지만, 데이트하자는 제안에 다시 거절당한 후에 나는 충분히 매력적이지 못하고, 내게 어떤 문제가 있는데, 내가 거절당하는 것은 정말 싫다고 … 나 스스로 생각합니다.

가장 적절한 대답을 고르라.

치료사 당신에게는 당신이 얼마나 매력이 없고, 모자라고, 거절당하는 것이 얼마나 비참하고 처절한지에 대한 여러 가지 신념들, 즉 Bs가 있군요. 이러한 모든 신념들 때문에 당신은 어떻게 느끼는가요? (1.6을 보라)

치료사 당신은 데이트 거절을 당한 후에 스스로 많이 의심하면서 열등감을 느끼는 것처럼 보이는군요. 당신의 열등감을 더 말하고, 이 중요한 문제를 어떻게 다룰 수 있는지 이야기해 봅시다. (1.7을 보라)

치료사 당신은 거절당하는 것을 비참하게 느끼는군요…. (1.8을 보라)

1.6 치료사 당신에게는 당신이 얼마나 매력이 없고, 모자라고, 거절당하는 것이 얼마나 비참하고 처절한지에 대한 여러 가지 신념들, 즉 Bs가 있군요. 이러한 모든 신념들 때문에 당신은 어떻게 느끼는가요?

맞다. 인지치료자 혹은 합리정서치료자는 불합리한 신념들을 요약하고 나서 이 반응과 같이 직접적인 질문을 함으로써 내담자로 하여금 그런 신념들 때문에 문제 감정들이 어떻게 생기는지 알 수 있도록 도와준다. 1.9로 가라.

1.7 치료사 당신은 데이트 거절을 당한 후에 스스로 많이 의심하면서 열등감을 느끼는 것처럼 보이는군요. 당신의 열등감을 더 말하고, 이 중요한 문제를 어떻게 다룰 수 있는지 이야기해 봅시다.

이 반응은 열등감의 감정들과 가능한 '열등감 콤플렉스'의 주제에 초점을 맞추고 있다. 인간 기능에 관한 A-B-C 견해를 내담자에게 가르치려고 시도하는 인지 혹은 합리정서치료자보다도 애들러치료자에게 더 전형적이다. 1.5로 되돌아가서 다시 시작하라.

1.8 치료사 당신은 거절당하는 것을 비참하게 느끼는군요….

이것은 내담자에게 공감적 이해를 전달하는 짤막한 반응이지만, 이 반응은 인간 기능에 관한 A-B-C 이론을 내담자에게 변증법적으로 가르치기 시도하는 인지 혹은 합리정서치료자보다는 인간 중심 치료자에게 더 전형적이다. 1.5로 되돌아가서 다시 시작하라.

1.9	내담자	나는 언짢게 느낀다고 생각하는데… 내 깊은 내면에 상처가 되고… 나는 이것을 더 이상 없앨 수 없다고 느껴요…, 으음… 나는 나의 신념들과 부정적인 생각들이 실제로 나의 감정들에 어떻게 영향을 끼치는지 깨닫기 시작하고 있어요.

가장 적절한 대답을 고르라.

치료사 당신은 부정적인 생각들이 당신의 감정들에 어떻게 영향을 끼치는지 깨닫고 있지만, 마음속에 깊이 상처를 받는군요. (1.10을 보라)

치료사 좋아요…, 당신은 당신의 비합리적이고 부정적인 생각들이나 신념들(B)이 어떻게 당신으로 하여금 비참하고 낙심되게(C) 느끼도록 하는지 이제 더 분명히 이해할 수 있습니다. 데이트를 거절당한 사건 자체 때문에 실제로 당신이 우울하게 느끼는 것이 아니지요. 그건 그 사이에 있는 당신의 생각 때문이에요. 당신 자신의 경험을 A-B-C 범주에 넣을 수 있는지 살펴보기 위해서 당신의 삶에서 또 다른 예를 들어봅시다. (1.11을 보라)

치료사 그 밖에 당신 마음속에 떠오르는 것이 있습니까? (1.12를 보라)

1.10 치료사 당신은 부정적인 생각들이 당신의 감정들에 어떻게 영향을 끼치는지 깨닫고 있지만, 마음속에 깊이 상처를 받는군요.

이것은 내담자에게 공감적 이해를 전달하는 반응이다. 하지만 이것은 인지 혹은 합리정서치료자가 인간 기능에 관한 A-B-C 이론을 내담자에게 계속해서 가르치기 위해서 사용하는 가장 좋은 반응이 아니다. 1.9로 되돌아가서 다시 시작하라.

1.11 치료사 좋아요…, 당신은 자신의 비합리적이고 부정적인 생각들이나 신념들(B)이 어떻게 당신으로 하여금 비참하고 낙심되게(C) 느끼도록 하는지 이제 더 분명히 이해할 수 있습니다. 데이트를 거절당한 사건 자체 때문에 실제로 당신이 우울하게 느끼는 것이 아니지요. 그건 그 사이에 있는 당신의 생각 때문이에요. 당신 자신의 경험을 A-B-C 범주에 넣을 수 있는지 살펴보기 위해서 당신의 삶에서 또 다른 예를 들어봅시다.

맞다. 인지 혹은 합리정서치료자는 계속해서 A-B-C 견해를 강화하고 나서 내담자에게 그의 삶에서 또 다른 예를 물어봄으로써 그 스스로 A-B-C 범주를 적용할 수 있도록 한다. 1.13으로 가라.

1.12 치료사 그 밖에 당신 마음속에 떠오르는 것이 있습니까?

이것은 내담자에 의한 자유 연상을 더 깊이 촉진시키려고 정신분석치료자에 의해서 종종 사용되는 짤막한 반응이다. 하지만 이것은 인지 혹은 합리정서치료자가 인간 기능에 관한 A-B-C 이론을 내담자에게 가르치기 위해서 사용하는 가장 적절한 반응은 아니다. 1.9로 되돌아가서 다시 시작하라.

1.13 내담자 지난 주 나는 학급 테스트에서 B의 나쁜 점수를 받았기 때문에 며칠 동안 우울하게 느꼈어요. 여기서 실제로 일어나는 사건(A)은 내가 나쁜 점수를 받았다는 것이며, 그 결과(C)는 내가 우울하게 느끼는 것이라고 생각해요. 그 사이에 있는 B, 즉 신념들을 자세히 설명하기는 매우 힘들지만… 나는 B 학점을 받은 것이 형편없다고 생각하면서 전부 A 학점을 받고 항상 완전하게 해야 하는데, 그렇지 않으면 나는 더욱 가치가 없고 사람들은 나를 높이 평가해 주지 않을 것이라고 생각한 것이 떠올라요.

가장 적절한 대답을 고르라.

치료사 당신은 너무 많이 깊은 열등감과 씨름하고 있어서 공부를 아주 잘해야 하고, 항상 A 학점을 받아서 사람들의 존중과 인정을 받아야 한다고 생각하는 것처럼 보이네요. (1.14를 보라)

치료사 당신은 사람들이 당신을 높이 평가할지도 모른다고 생각하는 것이 힘들군요…. (1.15를 보라)

치료사 좋아요…. 당신은 A-B-C 이론을 통해서 어떤 비합리적인 신념들이나 생각들 때문에 어떻게 당신이 비참하고 침울하게 느끼는지 이해하기 시작하는군요. 다음 단계는 당신으로 하여금 가능한 한 강하게 그런 비합리적인 생각들이나 신념들을 저항하도록 도와서 당신이 더 좋게 느끼기 시작할 수 있도록 하는 것인데…. (1.16을 보라)

1.14 치료사 당신은 너무 많이 깊은 열등감과 씨름하고 있어서 공부를 아주 잘해야 하고, 항상 A 학점을 받아서 사람들의 존중과 인정을 받아야 한다고 생각하는 것처럼 보이네요.

이 반응은 내담자의 '열등감 콤플렉스'에 초점을 맞추는 애들러치료자에게 더 전형적이다. 하지만 이것은 인지 혹은 합리정서치료자가 내담자에게 A-B-C 이론을 더 가르치고, 불합리한 신념들을 더 논의하기 위해서 사용하는 가장 적절한 반응이 아니다. 1.13으로 되돌아가서 다시 시작하라.

1.15 치료사 당신은 사람들이 당신을 높이 평가할지도 모른다고 생각하는 것이 힘들군요….

이 반응은 내담자에게 공감을 전달하는 반응이지만, 인지 혹은 합리정서치료자가 내담자에게 A-B-C 이론을 더 가르치고, 불합리한 신념들을 더 논의하기 위해서 사용하는 가장 좋은 반응이 아니다. 1.13으로 되돌아가서 다시 시작하라.

1.16 치료사 좋아요…. 당신은 A-B-C 이론을 통해서 어떤 비합리적인 신념들이나 생각들 때문에 어떻게 당신이 비참하고 침울하게 느끼는지 이해하기 시작하는군요. 다음 단계는 당신으로 하여금 가능한 한 강하게 그런 비합리적인 생각들이나 신념들을 저항하도록 도와서 당신이 더 좋게 느끼기 시작할 수 있도록 하는 것인데….

맞다. 이것은 A-B-C 이론을 내담자에게 변증법적으로 가르치고, RET의 핵심인 불합리한 신념들에 대해서 논박하기 시도하는 인지 혹은 합리정서치료자에게 전형적인 반응이다.

---

2. 인지의 재구성(Cognitive Reconstruction, 벡)

2.1	내담자	나는 이번 주 다시 우울함을 느끼고 있습니다…, 나는 정말로 이렇게 우울증과 씨름하는 데 지쳤습니다.
		가장 적절한 대답을 고르라.
	치료사	(말없이 기다린다) (2.2를 보라)
	치료사	으으음… 우울하게 느끼는 것과 계속해서 씨름하는 것이 힘들군요…. (2.3을 보라)
	치료사	당신이 이처럼 우울하게 느낄 때, 당신의 마음속에 무엇을 경험하는지, 당신은 무엇을 생각하고 있는지 내게 말해 줄 수 있나요? (2.4를 보라)
2.2	치료사	(말없이 기다린다)
		이 반응은 내담자에 의한 자유 연상을 촉진시키려고 시도하는 정신분석치료자에게 더 전형적이다. 하지만 내담자 안에 있는 부적응적 사고의 인지적 재구성을 수행하는 데 가장 좋은 반응은 아니다. 2.1로 되돌아가서 다시 시작하라.
2.3	치료사	으으음… 우울함을 느끼는 것과 계속해서 씨름하는 것이 힘들군요….
		이것은 내담자에게 공감적 이해를 전달하는 반응으로서, 인지치료자 역시 때때로 공감을 전달하기 위해서 그런 반응을 사용하지만, 인간 중심 치료자에게 더 전형적이다. 하지만 이것은 인지치료자가 종종 내담자의 우울증 저변에 놓여 있는 부적응적, 부정적, 혹은 왜곡된 사고의 인지 재구성을 시작하기 위해서 사용하는 가장 좋은 반응은 아니다. 2.1로 되돌아가서 다시 시작하라.
2.4	치료사	당신이 이처럼 우울하게 느낄 때, 당신의 마음속에 무엇을 경험하는지, 당신은 무엇을 생각하고 있는지 내게 말해 줄 수 있나요?
		맞다. 이 반응은 내담자로 하여금 인지 재구성의 초기 단계에서 우울한 느낌들과 관련되어 있는 구체적인 생각들을 확인하도록 시도하는 인지치료자에게 전형적이다. 2.5로 가라.
2.5	내담자	글쎄요…, 나는 한 과목에서 나쁜 점수를 받은 것을 많이 생각한 것 같아요…. 그건 C였는데, 나는 대학을 다닐 수 있는 나의 지력이나 능력을 의심하기 시작했어요…. 나는 또한 아무도 나를 이제 정말 존중하지 않을 것이라고 생각했어요…. C 학점은 내게 파멸을 의미해요…. 나는 정말 그것에 대해서 우울하고 낙심하고 있어요.
		가장 적절한 대답을 고르라.
	치료사	당신은 C를 받은 것이 형편없거나 비참하며… 그것은 당신이 지적이지 않다는 것을 의미하고, 당신이 학교를 끝까지 마칠 수 없을지도 모르며… 사람들이 더 이상 당신을 존중하지 않을 것이라고 생각하기 때문에 당신은 참으로 우울하게 느끼는군요. 당신은 이것이 그것에 대한 강력한 증거로 정당하고 합리적인 결론이라고 생각합니까? 아니면 당신의 C 학점에 대해서 다르게 생각할 수 있는 방법이 있습니까? (2.6을 보라)

치료사 C 학점을 받은 것이 정말 당신에게 영향을 끼쳐서 당신은 그것에 대해서 매우 형편없고 침울하게 느끼는군요. (2.7을 보라)

치료사 마음속에 떠오르는 다른 것이 있나요? (2.8을 보라)

2.6 치료사 당신은 C를 받은 것이 형편없거나 비참하며… 그것은 당신이 지적이지 않다는 것을 의미하고, 당신이 학교를 끝까지 마칠 수 없을지도 모르며… 사람들이 더 이상 당신을 존중하지 않을 것이라고 생각하기 때문에 당신은 참으로 우울하게 느끼는군요. 당신은 이것이 그것에 대한 강력한 증거로 정당하고 합리적인 결론이라고 생각합니까? 아니면 당신의 C 학점에 대해서 다르게 생각할 수 있는 방법이 있습니까?

맞다. 이 반응은 인지치료자가 내담자로 하여금 부적응적이고 왜곡적인 사고에 도전하고, 대체적인 관점에서 사태(things)를 보기—인지 재구성에서 때때로 '대체치료' 라고 명명되는 것—시작하도록 도우려고 말할 수 있는 전형적인 것이다. 2.5로 되돌아가서 다시 시작하라.

2.7 치료사 C 학점을 받은 것이 정말 당신에게 영향을 끼쳐서 당신은 그것에 대해서 매우 형편없고 침울하게 느끼는군요.

이 반응은 내담자에게 공감적 이해를 전달하기 위한 것으로서, 인간 중심 치료자에게 더 전형적이다. 하지만 인지치료자가 내담자와 함께 부적응적 사고의 인지 재구성을 수행하는 이 시점에서 사용할 만한 가장 좋은 반응은 아니다. 2.5로 되돌아가서 다시 시작하라.

2.8 치료사 마음속에 떠오르는 다른 것이 있나요?

이 반응은 내담자에 의한 자유 연상을 더욱 촉진시키려고 시도하는 정신분석치료자에게 더 특징적이다. 하지만 인지치료자가 내담자와 함께 부적응적 사고의 인지 재구성을 수행하는 이 시점에서 사용할만한 가장 좋은 반응은 아니다. 2.5로 되돌아가서 다시 시작하라.

2.9 내담자 나는 C 학점을 받아서 사람들이 나를 더 이상 존중하지 않는다는 어떤 뚜렷한 증거를 갖고 있지 않아요…, 나는 단지 그들이 그렇게 할 것이라고 생각하는데… 당신이 내게 그 일을 달리 보는 방법이 있느냐고 물어 보았을 때, 다른 점수들은 주로 B 학점들이고 심지어 몇 과목은 A 학점도 있기 때문에 나는 역시 그런 바보는 아니라고 생각해요…, 나는 단지 C가 싫을 뿐이에요. 그러나 그렇다고 세상이 끝난 것이 아니고, 나의 전체적인 평균 점수(GPA)는 아직 그런대로 괜찮아요…. 예, 나는 이제 C 학점을 적당한 관점으로 이해하면서 아주 다르게 볼 수 있지요…, 그리고 나는 아주 더 좋게 느끼고 있어요.

가장 적절한 대답을 고르라.

치료사 당신이 그것에 대해서 더 많이 생각하기 때문에 당신은 더 좋게 느끼는 것 같군요…. (2.10을 보라)

치료사 (말없이 기다린다) (2.11을 보라)

	치료사	당신의 C 학점 때문에 사람들이 당신을 전혀 존중하지 않을 것이라는 강력하고 확고한 증거를 정말 갖고 있지 않다는 것을 당신은 깨닫고 있군요…. 사실 당신은 공부하면서 그렇게 잘못하고 있지 않다는 것을 상기시키는 다른 증거를 갖고 있어요. 당신은 C를 적당한 관점으로 이해하면서 다른 방법으로 생각할 수 있기 때문에 당신은 C 학점을 좋아하진 않지만, 그것과 더불어 살 수 있으며, 세상은 끝이 아니라고 스스로 말하고 있군요. 그 결과 당신은 더 좋게 느끼고 있는 것 같아요…. 좋아요. 이제 제가 당신에게 다른 질문을 하지요. 당신은 적어도 당신의 절친한 친구와 같은 사람들이 당신의 C 학점 때문에 더 이상 당신을 존중하지 않는다는 증거를 갖고 있다고 생각해 보세요. 만일 이것이 사실이라면 이것은 당신에게 무엇을 의미합니까? (2.12를 보라)
2.10	치료사	당신이 그것에 대해서 더 많이 생각하기 때문에 당신은 더 좋게 느끼는 것 같군요….
		이것은 내담자에게 공감을 전달하는 짤막한 요약 반응이다. 인간 중심 치료자에게 더 특징적이지만, 인지치료자가 내담자의 부적응적 사고의 인지 재구성 과정을 더욱 촉진시키기 위해 사용하는 가장 좋은 반응은 아니다. 2.9로 되돌아가서 다시 시작하라.
2.11	치료사	(말없이 기다린다)
		이러한 수동적 반응 혹은 무반응은 내담자에 의한 자유 연상을 더욱 촉진시키려고 시도하는 정신분석치료자에게 더 전형적이다. 하지만 인지치료자가 내담자의 부적응적 사고의 인지 재구성 과정을 더욱 촉진시키기 위해 사용하는 가장 좋은 반응은 아니다. 2.9로 되돌아가서 다시 시작하라.
2.12	치료사	당신의 C 학점 때문에 사람들이 당신을 전혀 존중하지 않을 것이라는 강력하고 확고한 증거를 정말 갖고 있지 않다는 것을 당신은 깨닫고 있군요…. 사실 당신은 공부하면서 그렇게 잘못하고 있지 않다는 것을 상기시키는 다른 증거를 갖고 있어요. 당신은 C를 적당한 관점으로 이해하면서 다른 방법으로 생각할 수 있기 때문에 당신은 C 학점을 좋아하진 않지만, 그것과 더불어 살 수 있으며, 세상은 끝이 아니라고 스스로 말하고 있군요. 그 결과 당신은 더 좋게 느끼고 있는 것 같아요…. 좋아요. 이제 제가 당신에게 다른 질문을 하지요. 당신은 적어도 당신의 절친한 친구와 같은 사람들이 당신의 C 학점 때문에 더 이상 당신을 존중하지 않는다는 증거를 갖고 있다고 생각해 보세요. 만일 이것이 사실이라면 이것은 당신에게 무엇을 의미합니까?
		맞다. 이러한 다소 긴 반응은 인지치료자가 내담자에게 공감을 전달하기 위해서 말하는 전형적인 것이지만, 또한 C 학점에 대한 사고나 관점의 변화를 요약하고 강화하는 것이다. 첫째, 그것은 나쁜 학점 때문에 사람들이 내담자를 더 이상 존중하지 않을 것이라는 결론에 대한 증거나 근거가 없다는 것을 깨닫고, 둘째, 대부분 B 학점이며 몇 과목은 A 학점도 있는 상황에서 한 과목의 C 학점은 그다지 나쁘지 않다고 깨닫는 것이다. 인지치료자는 "만일 …하게 된다면"이라는 중요한 질문을 함으로써 앞으로 한 단계 더 나아가면서 내담자가 (자기 가치를 느끼려고) 항상 다른 사람들의 인정과 존중을 받으려는 필요에 대해 그 혹은 그녀의 기본적인 가정들과 더 깊은 신념들을 확인하도록 돕는다. 2.13으로 가라.

2.13	내담자	글쎄요…, 만일 나의 친한 친구들이 나의 C 학점 때문에 나를 더 이상 존중하지 않는다면, 나는 매우 형편없고 우울하게 느낄 겁니다…, 그것은 내가 평균에도 못미치고, 나는 매우 똑똑하거나 좋지 않다는 것을 의미할 텐데, 이것은 아주 처참한 일이죠, 나는 사람들의 인정과 존중을 필요로 하는데, 그 이유는 나 자신의 자존감이나 가치감을 얻기 위해서 내가 어떤 가치가 있다는 것을 느껴야 하기 때문이지요…, 어쩌면 나는 다른 사람들을 너무 의존하지만, 나는 실제로 그들이 확인해 줄 필요를 느껴요.
		가장 적절한 대답을 고르라.
	치료사	다른 사람들은 실제로 당신 자신의 가치감과 느낌들에 전체적으로 영향을 주고 있군요…. (2.14를 보라)
	치료사	그래요, 당신의 자기 가치감은 다른 사람들의 인정이나 존중을 받는 데 매우 의존하고 있는 것 같군요…. 만일 그렇지 못하다면, 당신은 매우 가치가 없고, 중요한 사람이 아니라고 느끼며, 당신에게 이것은 거의 세상의 종말을 뜻하는 것과 같군요…. 당신은 당신에 대한 이와 같은 기본적인 가설이나 견해에 어떤 문제를 봅니까? (2.15를 보라)
	치료사	으으음… 당신은 실제로 사람들의 인정과 존중을 얻어야만 하는 것과 씨름하고 있군요. (2.16을 보라)

2.14	치료사	다른 사람들은 실제로 당신 자신의 가치감과 느낌들에 전체적으로 영향을 주고 있군요….
		이 반응은 내담자에게 공감적 이해를 전달하기 위해서 시도하는 인간 중심 치료자에게 더 전형적이다. 하지만 인지치료자가 내담자의 부적응적 사고의 인지 재구성을 더욱 나아가기를 시도하는 가장 적절한 반응이 아니다. 2.13으로 되돌아가서 다시 시작하라.

2.15	치료사	그래요, 당신의 자기 가치감은 다른 사람들의 인정이나 존중을 받는 데 매우 의존하고 있는 것 같군요…. 만일 그렇지 못하다면, 당신은 매우 가치가 없고, 중요한 사람이 아니라고 느끼며, 당신에게 이것은 거의 세상의 종말을 뜻하는 것과 같군요…. 당신은 당신에 대한 이와 같은 기본적인 가정이나 견해에 어떤 문제를 봅니까?
		맞다. 인지치료자는 내담자가 방금 묘사한 부적응적 기본 가정이나 사고방식을 요약하고, 내담자로 하여금 이 반응의 끝에 있는 질문을 함으로써 그것에 도전하기 시작하도록 돕기 위해서 이와 같은 반응을 종종 사용한다. 이것은 인지치료의 중요한 부분인 내담자의 부적응적 사고의 인지 재구성의 핵심을 파악한다.

2.16	치료사	으으음… 당신은 실제로 사람들의 인정과 존중을 얻어야만 하는 것과 씨름하고 있군요.
		이것은 내담자에게 공감적 이해를 전달하는 짧은 반응으로서, 인간 중심 치료자에게 더 전형적이다. 하지만 인지치료자가 내담자의 부적응적 사고의 인지 재구성을 더 수행하는 이 시점에서 가장 적절한 반응은 아니다. 2.13으로 되돌아가서 다시 시작하라.

인지치료를 위한 역할극(Role Play)

또한 이 활동 단원을 마친 다른 두 사람을 찾으라. 내담자, 카운슬러, 그리고 관찰자 역할들을 바꿔가면서 (각각 5분에서 15분간 어느 곳에서나) 역할극으로 짤막한 인터뷰를 하라. 이후에 다시 살펴보고 평가하기 위해서 각각의 짧은 인터뷰를 오디오나 비디오테이프로 녹음하라.

- 이 역할극에서 카운슬러(counselor)는 RET(혹은 REBT, 엘리스)의 A-B-C 이론의 사용과 인지의 재구성(cognitive reconstruction, 벡) 기법을 사용해야 한다.
- 내담자(client)는 카운슬러가 RET의 A-B-C 이론의 사용과 인지의 재구성 기법을 사용할 수 있도록 (실재에 근거하여) 충분한 정보를 제공해야 한다.
- 관찰자(observer)는 아래의 주어진 빈칸에 카운슬러와 내담자 사이에 오가는 대화를 구체적으로 기록하면서 카운슬러가 이러한 기법들을 사용하는 시도들을 주목해야 한다.

카운슬러로서 당신에 대한 관찰자의 기록

짧은 인터뷰가 끝날 때, 참가자들은 이러한 특별한 기법들이 어떻게 적절하게 사용되었는지에 대해서 서로 배우면서 카운슬러의 작업을 논의해야 한다. 적극적일 뿐만 아니라, 덜 효과적인 반응들에 초점을 맞추게 되면, 각 참가자는 이러한 기법들의 실행과 이해를 향상시킬 수 있다.

당신 스스로 연습하기

위의 역할극을 일단 마치면, 카운슬러로서 당신과 함께(스스로) 인터뷰한 테이프를 들어 보라. 주어진 공란에 당신의 의견들과 대화의 내용을 집어 넣으라. 그러고서 (이론에 근거하여) 당신이 더 정확하게 기법들을 보여 줄 수 있었던 방법들을 생각해서 처음 반응 뒤에 있는 공란에 이러한 향상된 반응들을 적어 보라.

처음 반응 1

향상된 반응

처음 반응 2

향상된 반응

처음 반응 3

향상된 반응

처음 반응 4

향상된 반응

처음 반응 5

향상된 반응

처음 반응 6

향상된 반응

활동 단원 9

현실치료

현실치료는 1960년대 초에 윌리엄 글래서(William Glasser)에 의해서 개발되었다. 그것은 통제 이론(Control Theory)에 기초를 두고 있는데, 때때로 이 두 용어는 상호 교환되어 사용된다. 현실치료의 핵심적인 목표는 내담자들로 하여금 자기패배적 행동을 파악해서 변화시키는 데 있으며, 현실을 직면함에 있어서 적절한 선택을 하고, 책임감을 개발시키는 데 있다. 현실치료자는 견고하고, 관심을 두고, 따뜻하고, 이해하고, 민감하며, 진실함으로써 내담자와 견실한 정서적 관계를 세우려고 노력한다.

글래서는 현실치료의 과정을 8개의 일반적인 단계로 구분한다. 적극적으로 친화감을 형성하는 것(establishing a caring rapport), 감정이 아니라 행동에 초점을 맞추는 것(focusing on behavior, not feelings), 과거가 아니라 현재에 관심을 두는 것(focusing on the present, not the past), 세부적인 계획을 세우는 것(making the specific plan), 다짐을 이끌어 내는 것(getting a commitment), 어떠한 변명도 허용하지 말 것(accepting no excuses), 처벌을 제거할 것(eliminating punishment), 그리고 절대 포기하지 말 것(never giving up). 구체적인 치료 기술이나 방법에 대해서 말하자면, 현실치료에서 아주 널리 사용되는 다음과 같은 것들이 있다. **구조화**(structuring), **직면**(confrontation), **계약서**(contracts), **지시**(instruction), **기술적 질문**(Skillful Questioning, "현재의 행동이 지금 당신이 원하는 것을 얻는 데 도움이 됩니까? 그리고 당신이 가고자 하는 방향과 일치합니까?"), **선택의 강조**(Emphasizing Choice, 예를 들어, 형용사나 명사를 동사로 바꾸는 과정을 통해), **역할놀이**(role playing), **지지**(support), **건설적 논쟁**(constructive debate), **유머**(humor), **자기고백**(self-disclosure), **긍정적 중독**(positive addictions), 그리고 **내담자의 진도 평가**(assessment of client' s progress).

이 활동 단원에서 우리는 현실치료에서 널리 사용되는 두 가지 치료법 – **기술적 질문**(Skillful Questioning)과 **선택의 강조**(Emphasizing Choice) – 을 다룰 것이다. 한 번에 한 가지 기술을 다루면서 효과적인 치료적 상담 기술을 익히기 위해서 고안된 동일한 접근방법이 사용될 것이다.

1. 기술적 질문(Skillful Questioning)

1.1	내담자	내 안에 너무 많은 분노가 있어요…. 내가 어떤 사람에게 화를 낼 때, 마치 그가 나 자신이 패거리의 일원이라도 되는 것처럼 내가 좋은 대로 단지 그에게 소리를 지르고, 그를 때리면서, 그로 하여금 그 분노를 갖도록 하지요. 그렇게 함으로써 나는 더 힘을 얻고, 지배하며, 책임을 지고, 특별해지며… 적어도 잠시는요. 그러고서 나는 다시 경찰서에 끌려가지요.
		가장 적절한 대답을 고르라.
	치료사	(말없이 잠시 기다린다) (1.2를 보라)
	치료사	분노에 대한 당신의 표현들이 법에 문제를 일으키는 경향이 있어도 당신이 경험한 힘과 조정 때문에 당신은 잠시 좋게 느끼는군요. (1.3을 보라)
	치료사	당신은 화를 내는 사람들을 때리면서 당신이 하고 있는 일이 당신에게 도움이 된다고 생각합니까? 아니면 당신에게 해를 끼친다고 생각합니까? (1.4를 보라)
1.2	치료사	(말없이 잠시 기다린다)
		이러한 소극적 반응은 내담자에 의한 자유 연상을 조장하기 원하는 정신분석치료자에게 더 특징적이다. 하지만 이것은 너무 소극적이어서 현실치료자가 기술적 질문을 사용해서 내담자로 하여금 현실과 직면하고, 그의 삶에 있어서 그가 한 선택들에 대해서 더 책임을 지도록 돕기 위한 가장 좋은 반응은 아니다. 1.1로 되돌아가서 다시 시작하라.
1.3	치료사	분노에 대한 당신의 표현들이 법에 문제를 일으키는 경향이 있어도 당신이 경험한 힘과 조정 때문에 당신은 잠시 좋게 느끼는군요.
		이 반응은 내담자에게 공감적 이해를 전달하는 인간 중심 치료자에게 더 특징적이다. 하지만 이것은 현실치료자가 내담자로 하여금 기술적 질문을 사용하면서 현실에 직면하고 책임을 개발하도록 돕기 위한 가장 적절한 반응이 아니다. 1.1로 되돌아가서 다시 시작하라.
1.4	치료사	당신은 화를 내는 사람들을 때리면서 당신이 하고 있는 일이 당신에게 도움이 된다고 생각합니까? 아니면 당신에게 해를 끼친다고 생각합니까?
		맞다. 현실치료자는 내담자에게 화를 내는 사람들에게 주먹을 휘두르는 그의 행동이 그에게 정말 도움이 되는지 해가 되는지 질문함으로써 기술적 질문 개입을 시작한다. 1.5로 가라.
1.5	내담자	글쎄요…. 나는 잠시 좋고 힘이 세다고 느끼지만, 너무 자주 법이나 경찰에 문제를 일으키는 것이 내게는 정말 좋지 않다고 생각해요…. 나는 아주 나쁜 기록들을 갖고 있어요! 또한 내가 이처럼 그들과 싸울 때, 나의 어떤 친한 친구들을 잃어버리고 있어요….

가장 적절한 대답을 고르라.

치료사　그래요, 처음에는 잠시 좋게 느낄지라도 당신이 실제로 하고 있는 것이 결국에는 당신에게 상처를 준다는 것을 이해하는군요. 지금 당신이 하고 있는 것이 앞으로 당신이 하고 있기를 원하는 것인가요…, 앞으로 수개월 혹은 수년 안에? (1.6을 보라)

치료사　어떤 다른 생각들이나 느낌들이 마음속에 떠오릅니까? (1.7을 보라)

치료사　당신은 법에 문제를 일으키는 것이 당신에게 좋지 않다는 것을 깨닫는군요…, 당신은 나쁜 기록을 갖고 있군요…, 그리고 당신은 또한 어떤 친한 친구들을 잃어버리고 있군요…. (1.8을 보라)

1.6　치료사　그래요, 처음에는 잠시 좋게 느낄지라도 당신이 실제로 하고 있는 것이 결국에는 당신에게 상처를 준다는 것을 이해하는군요. 지금 당신이 하고 있는 것이 앞으로 당신이 하고 있기를 원하는 것인가요…, 앞으로 수개월 혹은 수년 안에?

맞다. 이 반응은 현실치료자가 내담자가 표현한 것을 요약하고, 현재 화를 내는 행동을 하는 자기파괴성을 가진 그를 부드럽게 직면시키고 나서 기술적 질문을 통해서 그의 미래에 대한 또 다른 중요한 질문을 제기하기 위해서 전형적으로 말하는 것이다. 1.9로 가라.

1.7　치료사　어떤 다른 생각들이나 느낌들이 마음속에 떠오릅니까?

이 반응이나 질문은 내담자의 사고나 행동을 더 탐색하는 데 관심을 둔 정신분석치료자나 인지치료자에게 더 전형적이다. 하지만 이것은 현실치료자가 내담자로 하여금 실재와 직면하고, 책임성을 계발하도록 돕기 위해서 기술적 질문을 사용하기 위한 가장 적절한 반응이나 질문이 아니다. 1.5로 되돌아가서 다시 시작하라.

1.8　치료사　당신은 법에 문제를 일으키는 것이 당신에게 좋지 않다는 것을 깨닫는군요…, 당신은 나쁜 기록을 갖고 있군요…, 그리고 당신은 또한 어떤 친한 친구들을 잃어버리고 있군요….

이 반응은 내담자에게 공감적 이해를 전달하는데, 인간 중심 치료자에게 더 전형적이다. 하지만 이것은 현실치료자가 내담자에게 기술적 질문을 사용하기 위한 가장 좋은 반응은 아니다. 1.5로 되돌아가서 다시 시작하라.

1.9　내담자　글쎄요…, 나는 여전히 힘을 갖고 조정하는 느낌을 좋아해요…, 그러나 나는 정말 계속해서 사람들에게 화를 내는 것을 원하지 않아요…. 만일 당신이 나로 하여금 화를 더 잘 조절하고, 여전히 어떤 힘을 경험하며, 나 자신에 대해서 특별하게 느낄 수 있도록 도와준다면… 나는 당신에 대해서 마음을 열겠습니다.

가장 적절한 대답을 고르라.

치료사　더 구체적으로, 당신은 이 시점에서 제가 당신을 위해서 무엇을 할 수 있다고 기대하거나 바라고 계십니까? (1.10을 보라)

치료사 당신은 화를 더 잘 조절하기를 원하지만, 여전히 힘을 경험하고, 당신 자신에 대해서 특별하게 느끼기를 원하고 있는것 같군요…, 그리고 당신은 내게 당신으로 하여금 그렇게 하도록 돕기를 원하는군요. (1.11을 보라)

치료사 당신은 변화를 위해서 마음을 여는 것 같군요…, 당신 자신을 위해서 특별하게 느끼고 조절할 수 있지만, 너무 자주 화를 내며 싸우지 않는 방법들을 찾기 위해서 당신은 여기서 나에게 치료를 받고, 정말 당신의 행동들이 변화되기 위해서 얼마나 헌신하고 있다고 생각하십니까? (1.12를 보라)

1.10 치료사 더 구체적으로, 당신은 이 시점에서 제가 당신을 위해서 무엇을 할 수 있다고 기대하거나 바라고 계십니까?

이 반응은 치료자에 대한 내담자의 특별한 기대들과 변화의 과정에 있어서의 변화를 별견하는데 관심을 둔 인지치료자나 행동치료자들에게 더 전형적이다. 하지만 이것은 현실치료자가 내담자에게 기술적 질문을 하고, 내담자로 하여금 치료에 대한 그의 헌신을 평가하고, 그의 삶과 행동에 있어서 변화시키기 위한 가장 좋은 반응은 아니다. 1.9로 되돌아가서 다시 시작하라.

1.11 치료사 당신은 화를 더 잘 조절하기를 원하지만, 여전히 힘을 경험하고, 당신 자신에 대해서 특별하게 느끼기를 원하고 있는 것 같군요…, 그리고 당신은 내게 당신으로 하여금 그렇게 하도록 돕기를 원하는군요.

이 반응은 내담자에게 공감을 전달하는 좋은 요약이다. 이것은 인간 중심 치료자에게 더 전형적이지만, 현실치료자가 내담자에게 기술적 질문을 하기 위한 가장 좋은 반응은 아니다. 1.9로 되돌아가서 다시 시작하라.

1.12 치료사 당신은 변화를 위해서 마음을 여는 것 같군요…, 당신 자신을 위해서 특별하게 느끼고 조절할 수 있지만, 너무 자주 화를 내며 싸우지 않는 방법들을 찾기 위해서 당신은 여기서 나에게 치료를 받고, 정말 당신의 행동들이 변화되기 위해서 얼마나 헌신하고 있다고 생각하십니까?

맞다. 이 반응은 더 구체적인 행동 변화 프로그램에 착수하기 전에 내담자에게 기술적 질문을 하고, 치료와 개인적 변화에 대한 그의 헌신에의 수준에 초점을 맞추는 현실치료자에게 전형적인 것이다. 1.13으로 가라.

1.13 내담자 그래서 내가 여기 있는 겁니다. 나는 너무 자주 법에 문제를 일으켜 왔는데, 어떤 일이 일어나지 않아도 나는 교도소로 갈 겁니다. 만일 당신이 어떤 실제적인 방법으로 나를 도울 수 있다면, 나는 최선을 다해 노력해 볼 겁니다.

가장 적절한 대답을 고르라.

치료사 좋아요. 그건 거래지요. 당신은 변화하거나 변화하지 않을 수 있는 선택과 당신이나 다른 사람들에게 상처를 주지 않거나, 당신이나 다른 사람들에게 상처를 주고 해롭게 하는 것을 항상 선택할 수 있다는 것을 상기시킴으로써 시작해 봅시다. 당신이 행한 것들 중에 당신이 특별하게 느끼고 조절할 수 있지만, 화가 나지 않는 것들은 어떤 것들인가요? (1.14를 보라)

치료사 좋아요…, 이제 나는 당신이 내 도움으로 실습할 수 있는 분노 조절 프로그램을 설명하지요. 그것은 천천히 깊게 숨을 들이쉬고, "천천히 하세요…, 천천히 내려 놓으세요…, 그것을 개인적으로 받지 마세요…," 라는 것과 같이 차분하게 스스로 말하면서, 석양과 같은 즐거운 장면을 상상함으로써 긴장 완화를 배우는 것을 포함합니다. (1.15를 보라)

치료사 (조용히 기다린다) (1.16을 보라)

1.14 치료사 좋아요. 그건 거래지요. 당신은 변화하거나 변화하지 않을 수 있는 선택과 당신이나 다른 사람들에게 상처를 주지 않거나, 당신이나 다른 사람들에게 상처를 주고 해롭게 하는 것을 항상 선택할 수 있다는 것을 상기시킴으로써 시작해 봅시다. 당신이 행한 것들 중에 당신이 특별하게 느끼고 조절할 수 있지만, 화가 나지 않는 것들은 어떤 것들인가요?

맞다. 현실치료자는 치료와 변화에 대한 내담자의 헌신을 확인하고, 내담자 앞에 항상 놓여 있는 선택과 책임을 상기시키기 위해서 이와 같은 반응을 사용하곤 한다. 독특하고 특별하게 느끼며, 지배하려는 그의 필요들이 정당하게 인식되지만, 현실치료자는 내담자로 하여금 그 필요들을 충족시키는 더욱 현실적이며 책임 있는 방법들을 생각하도록 돕는다. 현실치료자는 또한 '화'라는 명사로부터 '화가 나다'라는 동사로 표현을 바꾸는데, 이 기술은 다음 단원에서 더 구체적으로 다루어질 것이다.

1.15 치료사 좋아요…, 이제 나는 당신이 내 도움으로 실습할 수 있는 분노 조절 프로그램을 설명하지요. 그것은 천천히 깊게 숨을 들이쉬고, "천천히 하세요…, 천천히 내려 놓으세요…, 그것을 개인적으로 받지 마세요…," 라는 것과 같이 차분하게 스스로 말하면서, 석양과 같은 즐거운 장면을 상상함으로써 긴장 완화를 배우는 것을 포함합니다.

이 반응은 내담자에게 분노 조절을 위한 구체적인 대체 기술들을 가르치기 시작하는 행동 혹은 인지치료자에게 더 전형적이다. 이러한 기술들 중의 어떤 것들은 또한 마침내 현실치료자에 의해서 사용될 수 있지만, 이 반응이 현실치료자가 내담자에게 기술적 질문을 마치는 시점에서 사용하는 가장 적절한 것은 아니다. 1.13으로 되돌아가서 다시 시작하라.

1.16 치료사 (조용히 기다린다)

이와 같은 수동적인 반응은 정신분석치료자에게 더 전형적이다. 하지만 이것은 현실치료자가 내담자에게 기술적 질문을 해서 그로 하여금 항상 현실적이고 책임 있는 방법으로 선택할 필요를 보도록 도와서, 특별하게 느끼며 어느 정도 조절할 수 있는 그의 필요들이 다른 사람들이나 자기 자신을 해치지 않고, 채워질 수 있도록 하기 위한 가장 적절한 반응은 아니다. 1.13으로 되돌아가서 다시 시작하라.

---

2. 선택의 강조(Emphasizing Choice)

2.1 내담자 화가 날 때, 나는 나 자신을 조절하기가 매우 힘듭니다. 나는 단지 나를 화나게 한 사람이 누구든지간에 보통은 말로 하지만, 때때로 신체적으로 맹렬히 공격하지요. 그러나 내가 말했던 것처럼 화를 내면서 나는 더 힘이 있고 특별하게 느낍니다.

가장 적절한 대답을 고르라.

치료사 당신에게 화는 매우 강력한 느낌이며, 당신은 그것에 대해서 복잡한 감정을 갖고 있는 것 같군요…. 그것을 조절하기 원하지만, 그 힘을 갖고 다른 사람들을 지배하는 것을 즐기면서… (2.2를 보라)

치료사 으으음… (2.3을 보라)

치료사 나는 우리가 종종 화와 같은 감정들이 우리에게 방금 일어난 것처럼 그것들에 대해서 말하고, 우리는 전혀 선택할 수 없다는 것을 알고 있어요. 그러나 사실 우리는 항상 선택을 하고 있는데, '내가 화가 날 때' 나 '화가 나를 칠 때' 라기보다 '내가 화를 내고 있을 때' 라고 말함으로써 이것을 기억한다면 당신에게 도움이 될 겁니다. '화가 나고 있다(angering)' 는 동사로 말을 바꾸세요. 자, 그렇게 해 보세요…. (2.4를 보라)

2.2 치료사 당신에게 화는 매우 강력한 느낌이며, 당신은 그것에 대해서 복잡한 감정을 갖고 있는 것 같군요…. 그것을 조절하기 원하지만, 그 힘을 갖고 다른 사람들을 지배하는 것을 즐기면서…

이 반응은 내담자에게 공감적 이해를 전달하는데, 그것은 인간 중심 치료자에게 더 특징적이다. 하지만 이것은 현실치료자가 내담자에게 선택을 강조하며, 그로 하여금 책임감 있고 현실적으로 선택하도록 격려하기 위한 가장 적절한 반응은 아니다. 2.1로 되돌아가서 다시 시작하라.

2.3 치료사 으으음…

이러한 짤막하고 수동적인 반응은 내담자로 하여금 더 마음의 문을 열고 자유 연상할 수 있도록 격려하는 정신분석치료자나 무조건적 · 긍정적 존중과 공감적 이해를 전달하기 위한 인간 중심 치료자에 의해서 사용될지 모른다. 하지만 이것은 현실치료자가 내담자에게 선택을 강조하기 위해서 사용하는 가장 좋은 반응은 아니다. 2.1로 되돌아가서 다시 시작하라.

2.4 치료사 나는 우리가 종종 화와 같은 감정들이 우리에게 방금 일어난 것처럼 그것들에 대해서 말하고, 우리는 전혀 선택할 수 없다는 것을 알고 있어요. 그러나 사실 우리는 항상 선택을 하고 있는데, '내가 화가 날 때' 나 '화가 나를 칠 때' 라기보다 '내가 화를 내고 있을 때' 라고 말함으로써 이것을 기억한다면 당신에게 도움이 될 겁니다. '화가 나고 있다(angering)' 는 동사로 말을 바꾸세요. 자, 그렇게 해 보세요….

맞다. 이 반응은 현실치료자가 보통 내담자에게 존재하는 선택의 실체를 전달하며, 그가 책임적으로 선택할 수 있도록 격려하기 위해서 종종 사용하는 것이다. 내담자에게 선택을 강조하기 위하여 여기서 특별한 기술은 '화'나 '화가 난'과 같은 명사들이나 형용사들을 '화가 나다'와 같은 동사로 바꾸는 것이다. 2.5로 가라.

2.5 내담자 힘드네요…, 나는 '화가 날 때'라고 말하는 데 익숙해져 있지만, 해 볼게요…, 내가 화를 내고 있어서 매우 흥분이 될 때, 나는 때때로 다른 사람들의 신체를 때리는데, 보통은 그들의 뺨을 찰싹 때립니다….

가장 적절한 대답을 고르라.

치료사 (말없이 기다린다) (2.6을 보라)

치료사 나는 그게 힘들다는 것을 알지만, 계속 하세요…, 이번에는 '화를 내고 있는(angering)' 뿐만 아니라, '화' 혹은 '때리는' 혹은 '뺨을 찰싹 때리는' 자리에 '겁을 주는(bullting)'과 '상처를 주는(hurting)'…을 넣어 보세요. (2.7을 보라)

치료사 너무 화가 날 때, 당신은 다른 사람들을 신체적으로 때리는군요…, 그 순간에 당신 자신을 조절하기가 힘들군요. (2.8을 보라)

2.6 치료사 (말없이 기다린다)

이와 같은 수동적 반응이나 말로 반응하지 않는 것은 내담자에 의해서 자유 연상을 더 촉진시키거나 마음을 더 열게 하기 위해서 노력하는 정신분석치료자에게 더 전형적이다. 하지만 이것은 현실치료자가 내담자에게 선택을 강조하고, 그로 하여금 자신이 '화를 내는 것'에 대해서 더 개인적인 책임을 지도록 돕기 위한 가장 적절한 반응은 아니다. 2.5로 되돌아가서 다시 시작하라.

2.7 치료사 나는 그게 힘들다는 것을 알지만, 계속 하세요…, 이번에는 '화를 내고 있는(angering)' 뿐만 아니라, '화' 혹은 '때리는' 혹은 '뺨을 찰싹 때리는' 자리에 '겁을 주는(bullting)'과 '상처를 주는(hurting)'…을 넣어 보세요.

맞다. 이 반응은 내담자가 화를 내는 경험들이나 '화를 내는 것'에 있어서 더 깊이 개인적인 책임과 선택을 개발하기 위해서 그가 사용할 수 있는 더 많은 동사들을 제안함으로써 계속해서 내담자에게 선택을 강조하기 원하는 현실치료자에게 전형적이다. 2.9로 가라.

2.8 치료사 너무 화가 날 때, 당신은 다른 사람들을 신체적으로 때리는군요…, 그 순간에 당신 자신을 조절하기가 힘들군요.

이 반응은 내담자에게 공감적 이해를 전달하기 위해서 노력하는 인간 중심 치료자에게 더욱 전형적이다. 하지만 이것은 현실치료자가 내담자의 '화를 내는 것'이나 화가 나는 경험들에 관해서 선택을 강조하기 위한 가장 좋은 반응은 아니다. 2.5로 되돌아가서 다시 시작하라.

2.9 내담자 이것은 어렵지만 해 볼게요…. 화를 내고 있을 때, 나는 때때로 너무 화를 내서 다른 사람들에게 겁을 주거나 상처 주는 것으로 끝장나지요….

가장 적절한 대답을 고르라.

치료사 좋아요, 당신은 화를 내서 다른 사람들에게 겁을 주고 상처를 준다고 말할 수 있게 되었는데, 당신은 어떻게 느껴요? (2.10을 보라)

치료사 으으음… (2.11을 보라)

치료사 당신이 그렇게 말할 때, 마음속에 떠오르는 다른 것이 있나요? (2.12를 보라)

2.10 치료사 좋아요. 당신은 화를 내서 다른 사람들에게 겁을 주고 상처를 준다고 말할 수 있게 되었는데, 당신은 어떻게 느껴요?

맞다. 현실치료자는 종종 내담자가 '화' 혹은 '화를 내는'보다 화가 나는 것, 못살게 구는 것, 그리고 해치는 것과 같은 동사들을 사용하도록 강화하기 위해서 이런 반응을 하고 나서 내담자가 화를 내는 것이나 화의 경험들에 대한 더 많은 책임, 독특함, 힘에 대한 그의 필요들을 채우는 동안 다른 사람들을 해치지 않는 더 좋은 선택을 할 필요를 느끼기 시작했는지 결정하기 위해서 그가 어떻게 느끼는지 물어본다. 2.13으로 가라.

2.11 치료사 으으음…

이 짧은 반응은 내담자에게 무조건적 · 긍정적 존중과 어느 정도 공감적 이해를 전달하기 원하는 인간 중심 치료자에게 더 전형적이다. 하지만 이것은 현실치료자가 내담자에게 계속적으로 선택을 강조하기 위해서 사용하는 가장 적절한 반응은 아니다. 2.9로 되돌아가서 다시 시작하라.

2.12 치료사 당신이 그렇게 말할 때, 마음속에 떠오르는 다른 것이 있나요?

이 반응은 내담자에 의한 자유 연상을 더욱 촉진하려고 시도하는 정신분석치료자에게 더 특징적이다. 하지만 이것은 현실치료자가 내담자에게 계속적으로 선택을 강조하기 위해서 사용하는 가장 적절한 반응은 아니다. 2.9로 되돌아가서 다시 시작하라.

2.13 내담자 글쎄요…, 나는 화를 내는 것에 대해서 더 많은 선택과 조절 혹은 책임을 갖고 있고… 그 화가 더 나빠지게 내버려 두기보다는 그 화를 조절하는 것을 선택할 수 있다고 생각해요…, 그리고 다른 사람들에게 상처를 주고 겁을 주는 것은 나쁘게 느껴져요…, 나는 나 자신을 특별하게 생각하거나 어떤 힘을 갖기 위해서 다른 사람들, 특히 내 친구들을 겁주거나 상처를 주는 것보다 더 좋은 방법들을 찾아야 할 필요가 있다고 생각합니다.

가장 적절한 대답을 고르라.

치료사　정말 잘했어요…. 당신은 이제 당신이 화를 내는 데 어떤 선택을 갖고 있다고 깨닫는군요. 당신은 화를 낼 때 계속해서 다른 사람들을 겁주거나 상처를 주기를 원하지 않는군요. 당신의 삶에 있어서 독특하고 특별하게 느끼고, 어떤 힘과 조절을 갖고자 하는 당신의 필요들은 정당한 것이군요. 당신 자신이나 다른 사람들에게 상처를 주지 않고, 그런 필요들을 채우기 위해서 당신이 사용할 수 있는 어떤 다른 방법들을 의논해 봅시다. 예를 들어… (2.14를 보라)

치료사　당신이 말한 다른 좋은 방법들을 머릿속에 떠올려 보세요…. (2.15를 보라)

치료사　(말없이 조용히 기다린다) (2.16을 보라)

2.14　치료사　정말 잘했어요…. 당신은 이제 당신이 화를 내는 데 어떤 선택을 갖고 있다고 깨닫는군요. 당신은 화를 낼 때 계속해서 다른 사람들을 겁주거나 상처를 주기를 원하지 않는군요. 당신의 삶에 있어서 독특하고 특별하게 느끼고, 어떤 힘과 조절을 갖고자 하는 당신의 필요들은 정당한 것이군요. 당신 자신이나 다른 사람들에게 상처를 주지 않고, 그런 필요들을 채우기 위해서 당신이 사용할 수 있는 어떤 다른 방법들을 의논해 봅시다. 예를 들어…

맞다. 현실치료자는 내담자가 말한 것과 지금까지 배운 것을 강화시키고, 내담자로 하여금 그 자신이나 다른 사람들을 해치지 않고, 그의 삶에 있어서 독특하게 느끼며, 어느 정도 조절 혹은 힘을 가지려는 그의 필요들을 채우기 위한 더 좋고 더 많은 책임 있고 현실적인 방법들에 대해서 생각해 보도록 조장함으로써 내담자에게 계속해서 선택을 강조하기 위해서 이런 반응을 종종 사용한다. 현실치료자는 내담자로 하여금 가장 처음 떠오르는 생각이 드러나도록 기다리든지, 아니면 치료자가 논의를 시작하도록 한 가지를 제안할 수 있다. (예를 들어, 미식 축구 팀에 가담하거나 이끄는 것, 혹은 역기를 드는 것과 육체미 테스트에 참여하는 것 등과 같은 긍정적인 몰두에 관여하는 일)

2.15　치료사　당신이 말한 다른 좋은 방법들을 머릿속에 떠올려 보세요….

이 반응은 내담자의 고투나 문제에 대해서 직접적이며 문제 해결 중심의 접근방법이다. 예를 들어, 현실치료자는 '긍정적인 탐닉(positive addiction)'을 계발하는 것과 같이, 그의 삶에 있어서 독특하며 지배와 힘을 갖고 있다고 느끼고 싶어 하는 그의 필요들을 채우기 위해서 더 좋은 방법들을 생각해 보고 제안하기 전에 먼저 내담자에 대한 선택과 책임을 강화하기 원하기 때문에 이것은 현실치료자가 사용하기에 너무 간략하고 미숙한 것이다. 2.13으로 되돌아가서 다시 시작하라.

2.16　치료사　(말없이 조용히 기다린다)

이와 같은 수동적인 반응은 내담자에 의한 자유 연상을 더욱 촉진하려고 시도하는 정신분석치료자에게 더 특징적이다. 하지만 이것은 현실치료자가 내담자에게 계속적으로 선택을 강조하기 위해서 사용하는 가장 적절한 반응은 아니다. 2.13으로 되돌아가서 다시 시작하라.

현실치료를 위한 역할극(Role Play)

또한 이 활동 단원을 마친 다른 두 사람을 찾으라. 내담자, 카운슬러, 그리고 관찰자 역할들을 바꿔가면서 (각각 5분에서 15분간 어느 곳에서나) 역할극으로 짤막한 인터뷰를 하라. 이후에 다시 살펴보고 평가하기 위해서 각각의 짧은 인터뷰를 오디오나 비디오테이프로 녹음하라.

- 이 역할극에서 카운슬러(counselor)는 기술적 질문(Skillful Questioning)과 선택의 강조(Emphasizing Choice) 기법을 사용해야 한다.
- 내담자(client)는 카운슬러가 기술적 질문과 선택의 강조 기법을 사용할 수 있도록 (실재에 근거하여) 충분한 정보를 제공해야 한다.
- 관찰자(observer)는 아래의 주어진 빈칸에 카운슬러와 내담자 사이에 오가는 대화를 구체적으로 기록하면서 카운슬러가 이러한 기법들을 사용하는 시도들을 주목해야 한다.

카운슬러로서 당신에 대한 관찰자의 기록

짧은 인터뷰가 끝날 때, 참가자들은 이러한 특별한 기법들이 어떻게 적절하게 사용되었는지에 대해서 서로 배우면서 카운슬러의 작업을 논의해야 한다. 적극적일 뿐만 아니라, 덜 효과적인 반응들에 초점을 맞추게 되면, 각 참가자는 이러한 기법들의 실행과 이해를 향상시킬 수 있다.

당신 스스로 연습하기

위의 역할극을 일단 마치면, 카운슬러로서 당신과 함께(스스로) 인터뷰한 테이프를 들어 보라. 주어진 공란에 당신의 의견들과 대화의 내용을 집어 넣으라. 그러고서 (이론에 근거하여) 당신이 더 정확하게 기법들을 보여 줄 수 있었던 방법들을 생각해서 처음 반응 뒤에 있는 공란에 이러한 향상된 반응들을 적어 보라.

처음 반응 1

향상된 반응

처음 반응 2

향상된 반응

처음 반응 3

향상된 반응

처음 반응 4

향상된 반응

처음 반응 5

향상된 반응

처음 반응 6

향상된 반응

활동 단원 10

결혼과 가족치료

결혼과 가족치료는 중복되는 많은 이론들과 기법들을 갖는 20여 개 이상의 지역 학파들을 갖고 있다. 잘 알려져 있는 두 가지 대표적인 모델은 살바도르 미뉴친(Salvador Minuchin)의 **구조주의 치료**(structural approach)와 제이 헤일리(Jay Haley)와 밀란 그룹(Milan Group)의 **전략적 치료**(strategic approach)이다. 결혼과 가족치료의 핵심은 (결혼, 부부관계나 가족 안에 있어서) 체계의 변화이다. 각 구성원은 특수성, 독립심, 전체성을 경험하지만, 가족관계라고 하는 맥락과 안정성 내에 머무른다. 이상이 있거나 문제가 있는 행동들은 현재 가족체계의 역동성에 의해서 발생된다고 여겨진다. 그러므로 가족 안에 있어서 현재의 상호작용 패턴은 현재 일어나고 있는 문제들이나 증상들을 줄이기 위해서 변화될 필요가 있다. 그렇지만 건강하지 못한 체계들은 변화를 거부한다.

변화를 일으키고, 역기능적 상호작용의 패턴들을 바꾸기 위해서 결혼과 가족치료자들은 종종 다음과 같은 수많은 개입방법들(interventions)을 사용한다. **재구성**(reframe) 방법은 문제를 보다 긍정적인 시각으로 바라봄으로써 문제에 대한 인식을 바꾸는 것(relabeling)이다; **경계 설정**(boundary setting)은 가족관계 내에서 좀 더 많은 융통성을 이끌어 내기 위해 사용된다. 가족 구성원 사이에 분리선인 '벽'을 만들거나 경계선이나 관계 사이를 좀 더 자유롭게 오갈 수 있는 '다리'를 구축하는 것을 포함한다; **조각하기**(sculpting)는 비유적으로 가족관계를 표현할 수 있는 대형(formation)을 만들어 보도록 요청하는 것이다. 가족 구성원으로 하여금 물리적으로 자신이나 다른 가족들의 위치를 정해 보는 것이다; **가계도**(genogram)란 가족 및 치료자에게 세대를 거쳐 내려온 가족 내의 패턴을 이해할 수 있도록 만들어진 3세대를 한 번에 보여 주는 가족나무(family tree)를 말한다.

이 활동 단원에서 우리는 결혼과 가족치료에서 널리 사용되는 두 가지 치료법－**재구성**(reframe)과 **경계 설정**(boundary setting)－을 다룰 것이다. 한 번에 한 가지 기술을 다루면서 효과적인 치료적 상담 기술을 익히기 위해서 고안된 동일한 접근방법이 사용될 것이다.

1. 재구성(reframing)

1.1	내담자	나는 아내의 잔소리에 질렸어요. 그녀는 내게 운동을 하고 비타민을 먹으라고 매일 여러 번 말합니다. 내가 심장마비로 죽기 전에 아내의 잔소리 때문에 미칠 거예요. 가장 적절한 대답을 고르라.
	치료사	당신은 아내가 너무 반복해서 당신을 성가시게 하는 것 때문에 화가 나 있군요. (1.2를 보라)
	치료사	(조용하게 기다린다) (1.3을 보라)
	치료사	당신의 아내는 당신과 당신의 건강에 대해서 너무 돌보는 것 같네요. 그녀가 당신으로 하여금 운동을 하고 비타민을 복용하라고 매일 몇 차례씩 상기시켜 주는 이유는 그녀가 당신을 사랑하고 당신이 오랫동안 자기 곁에 있기를 원하는 마음으로 말하는 겁니다. (1.4를 보라)
1.2	치료사	당신은 아내가 너무 반복해서 당신을 너무 성가시게 하는 것 때문에 화가 나 있군요. 이 반응은 내담자에게 공감을 전달하려고 노력하는 치료자에게 더 특징적이다. 하지만 이것은 결혼 및 가족치료자가 더욱 긍정적인 시각으로 문제들을 검토함으로써 문제들에 다른 이름을 붙이기 위한 기술로서 재구성(reframing)을 사용하기 위한 가장 적절한 반응은 아니다. 1.1로 되돌아가서 다시 시작하라.
1.3	치료사	(조용하게 기다린다) 이 반응은 내담자에 의해서 떠오르는 더 많은 자유 연상이나 자료를 기다리는 정신분석치료자에게 더 전형적이다. 하지만 이것은 결혼 및 가족치료자가 재구성(reframing)을 사용하기 위한 가장 좋은 반응은 아니다. 1.1로 되돌아가서 다시 시작하라.
1.4	치료사	당신의 아내는 당신과 당신의 건강에 대해서 너무 돌보는 것 같네요. 그녀가 당신으로 하여금 운동을 하고 비타민을 복용하라고 매일 몇 차례씩 상기시켜 주는 이유는 그녀가 당신을 사랑하고 당신이 오랫동안 자기 곁에 있기를 원하는 마음으로 말하는 겁니다. 맞다. 이 반응은 결혼 및 가족치료자가 재구성(reframing)을 사용하기에 전형적인 것이다. 1.5로 가라.
1.5	내담자(아내)	당신 말이 맞아요! 나는 남편을 성가시게 하려는 게 아니에요. 나는 내 남편을 돌봐서 그가 아주 오랫동안 살기를 원해요. 그렇기 때문에 나는 매일 그를 상기시켜서 운동하고 비타민을 복용하도록 하는 거예요. 가장 적절한 대답을 고르라.
	치료사	으… 음… 더 말해 보세요…. (1.6을 보라)

치료사 당신의 아내는 내가 생각했듯이, 당신에 대한 자신의 진정한 감정들을 방금 표현했습니다. 그녀가 생각하기에 그녀는 당신과 당신의 건강 그리고 행복을 돌본다고 말하는 겁니다. (1.7을 보라)

치료사 당신은 남편에게 운동하고 비타민을 복용하라고 날마다 말하면서 남편을 돌보고 있다는 것을 보여주네요. 당신은 어떤 다른 방법들로 남편에 대한 사랑과 관심을 표현해서 그것을 더 잘 받아들이게 할 수 있나요? (1.8을 보라)

1.6 치료사 으… 음… 더 말해 보세요….

이 반응은 아내의 생각들이나 느낌들을 더 알아보고, 후속적인 분석과 해석을 위한 더 많은 자료를 얻기를 원하는 정신분석치료자에게 더 특징적이다. 하지만 이것은 결혼 및 가족치료자가 재구성(reframing)을 자주 사용하기 위한 가장 적절한 반응은 아니다. 1.5로 되돌아가서 다시 시작하라.

1.7 치료사 당신의 아내는 내가 생각했듯이, 당신에 대한 자신의 진정한 감정들을 방금 표현했습니다. 그녀가 생각하기에, 그녀는 당신과 당신의 건강 그리고 행복을 돌본다고 말하는 겁니다.

맞다. 이 반응은 결혼 및 가족치료자가 이미 이전의 반응에서 시작된 재구성(reframing)을 더욱 강화하기 위해서 말할지도 모르는 특징적인 것이다. 1.9로 가라.

1.8 치료사 당신은 남편에게 운동하고 비타민을 복용하라고 날마다 말하면서 남편을 돌보고 있다는 것을 보여주네요. 당신은 어떤 다른 방법들로 남편에 대한 사랑과 관심을 표현해서 그것을 더 잘 받아들이게 할 수 있나요?

이 반응은 아내에게 공감을 전달하지만, 또한 그녀가 남편에게 사랑과 관심을 보여줄 수 있는 또 다른 적절하고 효과적인 방법들을 탐색하고 문제를 해결하려고 시도한다. 그런 반응은 문제 해결에 아내를 개입시키는 인지치료자 혹은 행동치료자에게 더 전형적이다. 하지만 이것은 결혼 및 가족치료자가 재구성(reframing)을 사용하기 위한 가장 좋은 반응은 아니다. 1.5로 되돌아가서 다시 시작하라.

1.9 내담자(남편) 내 아내가 나에 대한 사랑과 관심을 표현하려고 할지 모르지만, 그녀는 그것을 매일 너무 자주 말하고 있어서 나는 성가시게 느낍니다. 나는 그녀가 그것을 덜 말하고, 나를 더 신뢰하기를 원합니다.

가장 적절한 대답을 고르라.

치료사 당신의 아내에게 그렇게 말하는 횟수를 줄이라고 요구하는 것 외에 그녀가 어떻게 하면 당신에게 더 도움이 될까요? (1.10을 보라)

치료사 그 밖에 마음속에 떠오르는 것이 있습니까? (1.11을 보라)

치료사 당신은 당신의 아내가 당신을 덜 성가시게 하기를 원하는데, 왜냐하면 그렇게 함으로써 그녀는 당신을 더 신뢰한다고 여기기 때문이군요…. 당신은 그녀가 당신을 더 신뢰하고, 그녀의 사랑과 관심을 이런 식으로 보여주는 데 감사해하는 군요. (1.12를 보라)

1.10 치료사 당신의 아내에게 그렇게 말하는 횟수를 줄이라고 요구하는 것 외에 그녀가 어떻게 하면 당신에게 더 도움이 될까요?

이 반응은 부부와 함께 문제 해결을 시도하는 인지 혹은 행동치료자에게 더 전형적이다. 하지만 이것은 결혼 및 가족치료자가 재구성(reframing)을 계속해서 사용하기 위한 가장 적절한 반응은 아니다. 1.9로 되돌아가서 다시 시작하라.

1.11 치료사 그 밖에 마음속에 떠오르는 것이 있습니까?

이 반응은 남편으로 하여금 그의 감정들과 생각들을 더욱 탐색하도록 돕는 데 관심을 둔(예를 들어, 정신분석, 인간 중심, 혹은 인지) 치료자에게 더욱 특징적이다. 하지만 이것은 재구성(reframing)을 더욱 진행시키기 원하는 결혼 및 가족치료자에게 가장 적절한 반응은 아니다. 1.9로 되돌아가서 다시 시작하라.

1.12 치료사 당신은 당신의 아내가 당신을 덜 성가시게 하기를 원하는데, 왜냐하면 그렇게 함으로써 그녀는 당신을 더 신뢰한다고 여기기 때문이군요…. 당신은 그녀가 당신을 더 신뢰하고, 그녀의 사랑과 관심을 이런 식으로 보여주는 데 감사해하는 군요.

맞다. 이 반응은 결혼 및 가족치료자가 내담자의 아내에 대한 긍정적인 바람과 그의 아내가 그를 더욱 신뢰하는 것에 대해서 감사하는 것을 표현함으로써 아내의 성가심에 대한 남편의 불만을 재구성(reframing)하기 위해서 종종 말하는 특징적인 것이다. 1.13으로 가라.

1.13 내담자(아내) 글쎄요, 당신이 그렇게 말한다면, 나는 당신에게 덜 상기시키고 당신을 더 신뢰하려고 노력할 거예요. 그것이 당신에게 더욱 도움이 된다면. 나는 정말 당신을 애인처럼 사랑하고, 당신이 너무 일찍 심장마비를 일으키는 것을 원하지 않아요.

가장 적절한 대답을 고르라.

치료사 좋아요! 나는 당신들이 처한 입장을 더 잘 이해하고 감사하는 것을 볼 수 있어요. 당신들은 분명히 서로에 대해서 깊이 돌보고 있네요. (1.14를 보라)

치료사 당신의 남편이 당신이 너무 걱정하는 심장마비가 걸린다고 생각해 보세요. 그러고 나서 그것이 당신에게 무엇을 의미하는지 내게 말해 보세요. (1.15를 보라)

치료사 으음…(1.16을 보라)

1.14 치료사 좋아요! 나는 당신들이 처한 입장을 더 잘 이해하고 감사하는 것을 볼 수 있어요. 당신들은 분명히 서로에 대해서 깊이 돌보고 있네요.

맞다. 이 반응은 남편과 아내가 더욱 긍정적인 시각에서 볼 수 있도록 그들의 관점들을 재구성(reframing)하기 위해서 종종 말하는 특징적인 것이다.

1.15	치료사	당신의 남편이 당신이 너무 걱정하는 심장마비가 걸린다고 생각해 보세요. 그러고 나서 그것이 당신에게 무엇을 의미하는지 내게 말해 보세요. 이 반응은 비합리적이고, 역기능적이거나 부적응적 사고를 인지적으로 재구성하고, "만일 그렇다면…?"이라고 질문하는 인지치료자에게 더 전형적이다. 하지만 이것은 재구성(reframing)을 사용하는 결혼 및 가족치료자에게 가장 적절한 반응은 아니다. 1.13으로 되돌아가서 다시 시작하라.
1.16	치료사	으음… 이 반응은 아내로 하여금 더 말하도록 권장하기 원하는 정신분석 혹은 인간 중심 치료자들과 같은 치료자들에게 더 전형적이다. 하지만 이것은 재구성(reframing)을 사용하는 결혼 및 가족치료자에게 가장 적절한 반응은 아니다. 1.13으로 되돌아가서 다시 시작하라.

2. 경계 설정(boundary setting)

2.1	내담자	내 아들 스티브(Streve)는 내가 자신의 사생활을 존중하지 않는다고 너무나 불평합니다. 하지만 좋고 책임감 있는 아버지가 되기 위해서 나는 열네 살 난 아이로서 그가 무엇을 하고 있는지 정확하게 알고 있어야 한다고 생각합니다. 나는 아들이 숙제를 하고 있는지 확인하기 위해서 매일 저녁 수차례 그를 체크합니다. 가장 적절한 대답을 고르라.
	치료사	당신이 이렇게 말할 때, 그 밖에 마음속에 떠오르는 것은 무엇입니까? 어떤 다른 생각들이나 느낌들이 있습니까? (2.2를 보라)
	치료사	좋은 아버지가 되기 위해서 당신은 아들이 무엇을 하고 있는지 알아야 한다고 생각해서 반복적으로 그를 체크하는군요. 그렇지만 스티브는 자신의 사생활이 존중되고 있지 못한다고 생각하는데, 그로 하여금 그것이 무엇을 의미하는지에 대해서 더 말해 보도록 합시다. (2.3을 보라)
	치료사	(조용히 기다린다) (2.4를 보라)
2.2	치료사	당신이 이렇게 말할 때, 그 밖에 마음속에 떠오르는 것은 무엇입니까? 어떤 다른 생각들이나 느낌들이 있습니까? 이 반응은 아버지에 의해서 떠오르는 더 많은 자유 연상이나 자료를 기다리고 있는 정신분석 치료자에게 더 특징적이다. 하지만 이것은 결혼 및 가족치료자가 개입으로서 경계 설정을 사용하기 위한 가장 적절한 반응이 아니다. 2.1로 되돌아가서 다시 시작하라.

2.3	치료사	좋은 아버지가 되기 위해서 당신은 아들이 무엇을 하고 있는지 알아야 한다고 생각해서 반복적으로 그를 체크하는군요. 그렇지만 스티브는 자신의 사생활이 존중되고 있지 못한다고 생각하는데, 그로 하여금 그것이 무엇을 의미하는지에 대해서 더 말해 보도록 합시다. 맞다. 이 반응은 결혼 및 가족치료자가 아버지(편부)와 그의 아들 스티브에게 공감이나 이해를 전달하고, 또한 스티브로 하여금 자신의 사생활이 존중되지 않고 있다고 느끼는 것이 무엇을 의미하는지 분명하게 하고 경계 설정을 시작하기 위해서 말하는 전형적인 것이다. 2.5로 가라.
2.4	치료사	(조용히 기다린다) 이 반응은 해석을 시도하기 전에 아버지가 자유 연상을 하거나 더 말하도록 기다리고 있는 정신분석치료자에게 더 전형적이다. 하지만 이것은 적극적으로 경계 설정을 시작하려고 시도하고 있는 결혼 및 가족치료자에게 가장 적절한 반응은 아니다. 2.1로 되돌아가서 다시 시작하라.
2.5	내담자(아들)	나는 아버지가 나를 혼자 내버려 두지 않고, 나를 믿지 못하는 것처럼 항상 나를 체크하고 있다고 느낍니다. 또한 나는 사생활이 없기 때문에 괴롭습니다. 나는 나의 공간이 필요합니다. 가장 적절한 대답을 고르라.
	치료사	당신은 아버지가 당신을 너무 많이 체크하기 때문에 아버지가 당신을 믿지 않는다고 느끼는군요. 이것이 정말 당신을 괴롭히는군요. 당신은 또한 어느 정도 사생활을 갖기 위해서 스스로 더 많은 시간과 공간을 원하고 있군요. (2.6을 보라)
	치료사	당신의 아버지가 당신을 너무 많이 체크함으로써 당신이 성가시고 귀찮다고 느낄 때, 그 밖에 마음속에 떠오르는 것은 무엇입니까? 어떤 다른 생각들이 있습니까? (2.7을 보라)
	치료사	더 적절하고 도움이 되는 경계선들을 설정함으로써 당신이 좀 더 많은 사생활을 갖는다고 느낄 수 있도록 여기서 당신의 아버지와 함께 동의할 수 있는 것은 무엇입니까? (2.8을 보라)
2.6	치료사	당신은 아버지가 당신을 너무 많이 체크하기 때문에 아버지가 당신을 믿지 않는다고 느끼는군요. 이것이 정말 당신을 괴롭히는군요. 당신은 또한 어느 정도 사생활을 갖기 위해서 스스로 더 많은 시간과 공간을 원하고 있군요. 이것은 스티브에게 공감적 이해를 전달하기 위한 좋은 반응이지만, 경계 설정을 시행하는 결혼 및 가족치료자에게 가장 좋은 반응은 아니다. 2.5로 되돌아가서 다시 시작하라.

2.7	치료사	당신의 아버지가 당신을 너무 많이 체크함으로써 당신이 성가시고 귀찮다고 느낄 때, 그 밖에 마음속에 떠오르는 것은 무엇입니까? 어떤 다른 생각들이 있습니까?
		이 반응은 스티브로 하여금 그의 생각들을 그의 느낌들에 연결짓고, 그의 자동적인 생각들을 더 많이 확인하도록 돕는 데 관심이 있는 인지치료자에게 더 특징적이다. 하지만 이것은 경계 설정을 시행하는 결혼 및 가족치료자에게 가장 적절한 반응은 아니다. 2.5로 되돌아가서 다시 시작하라.
2.8	치료사	더 적절하고 도움이 되는 경계선들을 설정함으로써 당신이 좀 더 많은 사생활을 갖는다고 느낄 수 있도록 여기서 당신의 아버지와 함께 동의할 수 있는 것은 무엇입니까?
		맞다. 이 반응은 결혼 및 가족치료자가 아버지와 그의 아들 스티브와 함께 경계 설정을 더 행하기 위해서 종종 말하는 전형적인 것이다. 2.9로 가라.
2.9	내담자(아들)	내가 필요로 하는 것은 단지 조금의 사생활이 보장되는 겁니다. 내가 숙제를 하고 있을 때, 아버지가 저녁에 30분마다가 아니라 단지 몇 번만 나를 체크하신다면, 많이 도움이 될 겁니다. 또한 그분이 나로 하여금 때때로 내 문을 닫게 해 주신다면!
		가장 적절한 대답을 고르라.
	치료사	당신의 아버지가 저녁 때마다 단지 몇 번 정도 당신과 당신의 숙제를 덜 체크한다면, 당신은 감사하겠군요. 또한 그분이 당신으로 하여금 때때로 자신의 방 문을 닫게 해 주신다면! 당신이 어느 정도 사생활을 갖고, 당신의 아버지가 여전히 당신이 하고 있는 것을 알고 있다고 느낄 수 있도록 더 좋은 경계선들이나 한계들을 지키려는 당신의 제안들에 대해서 당신의 아버지가 어떻게 느끼시는지 물어봅시다. (2.10을 보라)
	치료사	당신의 아버지가 당신을 덜 체크하고, 당신으로 하여금 때때로 문을 닫도록 한다면, 당신은 더 좋게 느낄 것이군요. 당신은 정말 어느 정도 사생활의 필요를 느끼는군요. (2.11을 보라)
	치료사	으음… (2.12를 보라)
2.10	치료사	당신의 아버지가 저녁 때마다 단지 몇 번 정도 당신과 당신의 숙제를 덜 체크한다면, 당신은 감사하겠군요. 또한 그분이 당신으로 하여금 때때로 자신의 방 문을 닫게 해 주신다면! 당신이 어느 정도 사생활을 갖고, 당신의 아버지가 여전히 당신이 하고 있는 것을 알고 있다고 느낄 수 있도록 더 좋은 경계선들이나 한계들을 지키려는 당신의 제안들에 대해서 당신의 아버지가 어떻게 느끼시는지 물어봅시다.
		맞다. 이 반응은 결혼 및 가족치료자가 아버지와 그의 아들 스티브와 함께 경계 설정을 더욱 시행하기 위해서 말하는 특징적인 것이다. 2.13으로 가라.

2.11 치료사 당신의 아버지가 당신을 덜 체크하고, 당신으로 하여금 때때로 문을 닫도록 한다면, 당신이 더 좋게 느낄 것이군요. 당신은 정말 어느 정도 사생활의 필요를 느끼는군요.

이 반응은 스티브에게 공감적 이해를 전달하기 원하는 인간 중심 치료자에게 더 전형적이다. 하지만 이것은 결혼 및 가족치료자가 경계 설정을 행하기 위한 가장 적절한 반응은 아니다. 2.9로 되돌아가서 다시 시작하라.

2.12 치료사 으음…

이 반응은 내담자에 의해서 나누어질 더 많은 자료를 기다리는 인간 중심 치료자나 정신분석 치료자와 같은 치료자들에게 더욱 특징적이다. 하지만 이것은 결혼 및 가족치료자가 경계 설정을 행하기 위한 가장 적절한 반응은 아니다. 2.9로 되돌아가서 다시 시작하라.

2.13 내담자(아버지) 스티브, 내가 얼마나 자주 너를 체크하고 있었는지 내가 알지 못했구나. 네게 조금의 사생활을 주어서 네가 숙제를 하고 있을 때, 30분이 아니라 한 시간마다 너를 체크하도록 하겠다. 너는 숙제를 하고 있을 때는 안 되지만, 잠잘 때는 문을 닫아도 좋다. 이 정도면 어때? 너는 나와 더 많이 이야기를 하고, 내가 항상 네게 물어보기 전에 네 생활 가운데 일어나고 있는 것을 내게 알려 준다면 또한 도움이 될 것이다.

가장 적절한 대답을 고르라.

치료사 당신의 아들이 더 자주 터놓고 당신과 이야기를 해서 당신이 그에게 너무 많이 질문들을 하거나 체크할 필요가 없기를 당신은 원하시는군요. (2.14를 보라)

치료사 (조용하게 기다린다) (2.15를 보라)

치료사 당신은 스티브가 어느 정도 사생활이 필요하다는 데 동의하시는군요. 당신은 그가 공부하고 있을 때, 30분마다가 아니라 매 1시간 정도로 그를 덜 체크하고, 어떤 때 그로 하여금 그의 문을 닫도록 하실 거군요. 당신은 또한 스티브가 당신에게 더 많이 터놓고 말하기를 원하시는군요. 이것은 타당하게 들립니다. 스티브, 어떻게 생각하세요? (2.16을 보라)

2.14 치료사 당신의 아들이 더 자주 터놓고 당신과 이야기를 해서 당신이 그에게 너무 많이 질문들을 하거나 체크할 필요가 없기를 당신은 원하시는군요.

이 반응은 아버지에게 공감적 이해를 전달하기 위한 좋은 요약이지만, 인간 중심 치료자에게 더 전형적이다. 하지만 이것은 결혼 및 가족치료자가 경계 설정을 행하기 위한 가장 적절한 반응은 아니다. 2.13으로 되돌아가서 다시 시작하라.

2.15	치료사	(조용하게 기다린다)
		이 반응은 내담자에 의해서 떠오르는 더 많은 자료를 기다리는 정신분석치료자에게 더 특징적이다. 하지만 이것은 결혼 및 가족치료자가 경계 설정을 행하기 위한 가장 좋은 반응은 아니다. 2.13로 되돌아가서 다시 시작하라.
2.16	치료사	당신은 스티브가 어느 정도 사생활이 필요하다는 데 동의하시는군요. 당신은 그가 공부하고 있을 때, 30분마다가 아니라 매 1시간 정도로 그를 덜 체크하고, 어떤 때 그로 하여금 그의 문을 닫도록 하실 거군요. 당신은 또한 스티브가 당신에게 더 많이 터놓고 말하기를 원하시는군요. 이것은 타당하게 들립니다. 스티브, 어떻게 생각하세요?
		맞다. 이 반응은 아버지와 그의 아들 스티브로 하여금 그들이 더 합리적이고 건강한 방법으로 서로 어떻게 관계를 맺을 수 있는지에 대한 새로운 규칙들과 경계선들에 동의하도록 하는 목표를 갖고서 결혼 및 가족치료자가 경계 설정을 시행하기 위해서 말하는 특징적인 것이다.

저자소개

레스 패럿 3세(Les Parrott III)

레스 패럿 박사(Les Parrott, Ph. D)는 시애틀 퍼시픽대학의 심리학 교수이다. 아내인 레슬리 패럿 박사(Dr. Leslie Parrott)와 함께 시애틀 퍼시픽 대학 내에 있는 '관계발전센터(The Center for Relationships Development)' 를 이끌고 있다. 이 센터는 좋은 관계의 기초를 가르치기 위해 만들어진 혁신적 프로그램이다. 레스는 풀러 신학대의 심리학 대학원에서 임상심리로 박사학위를 취득했다. 그 이후 서던캘리포니아 의대에서 경험을 쌓고 워싱턴 의과대학에서 2년간 박사 후 과정(postdoctoral fellowship)을 밟았다. *How to Write Psychology Papers, Helping the Struggling Adolescent, High Maintenance Relationships, Becoming Soul Mates* 등의 책을 저술했다.

시앙-양 탄(Siang-Yang Tan)

시앙-양 탄 박사(맥길 대학, Ph.D)는 풀러 신학대학교의 심리학 교수이며, 남캘리포니아 글렌데일 제일복음 교회의 담임목사이다. *Lay Counseling: Equipping Christians for a Helping Ministry, Rest: Experiencing God' s Peace in a Restless World, Counseling and Psychotherapy: A Christian Perspective* 등 여러 권의 책을 저술한 저자이기도 하다. 현재 캘리포니아의 아카디아에 살고 있다.

역자소개

유희동

숭실대 철학과와 장로회 신학대학원, 영국 글래스고 대학원을 졸업하고, 미국 Robert Wood Johnson University Hospital에서 임상 목회 훈련을 마친 후, 미국 뉴욕 신학대학원에서 전인 치유 연구 박사과정 중에 있다. 현재 애틀란타 성서신학대학 목회 상담학 교수, 애틀란타에 있는 광야교회 담임목사이며, 목회 카운슬러, 상담 컬럼니스트, 영어 통역 및 번역가로도 활동하고 있다. 번역한 책으로는 『목회와 성』(한국 심리치료 연구소), 『진단자로서의 목사』(기독교문사), 『목사의 아내, 그대 이름은 이브』(씨 뿌리는 사람 펴냄), 『영혼을 만지다』(죠이 선교회) 등이 있다.

E-mail: revhdyoo@hanmail.net

정동섭

경희대에서 영어영문학을, 침례신학대학교에서 기독교 교육석사(MRE)를, 미국 Trinity Evangelical Divinity School에서 상담심리 석사(MA/CP)를, 그리고 같은 학교에서 가정사역 전공 철학박사(Ph.D.)를 수료했다. 서울 극동방송 아나운서, 전국경제인연합회 국제부 차장, 영국대사관 부공보관, 미국대사관 홍보전문위원을 역임했고 대전 침례신학대학교에서 18년간 기독교 교육과 상담학을 강의했다. 2002년 이후 가족관계연구소장으로 부부관계와 부모자녀관계를 강화하기 위해 전력하고 있으며, 한동대학교 교육대학원 겸임교수로 있다. 『어떻게 사람을 변화시킬 수 있는가』, 『당신의 가정도 치유될 수 있다』 등 10여 권의 저서와 『서로를 이해하기 위하여』, 『훌륭한 상담자』, 『만족과 행복의 심리학』 등 50여 권의 역서가 있다.

E-mail: dschung@hanafos.com

효과적인 카운슬링과 심리치료 실습서

초판 1쇄 인쇄 2013년 12월 10일
초판 1쇄 발행 2013년 12월 15일

지 은 이 | 레스 패럿 3세 · 시앙-양 탄
옮 긴 이 | 유희동 · 정동섭
펴 낸 이 | 김기섭
책임편집 | 박연순
펴 낸 곳 | 창지사 www.changjisa.com
153-802 서울시 금천구 가산디지털 1로 83 파트너스타워1차 (9F, B1F)
전화 (02) 719-2211~3
팩스 (02) 701-9386
등 록 | 1977년 4월 28일 · 제1-421호

ⓒ 유희동 · 정동섭, 2013
• 이 책 내용의 전부 또는 일부를 재사용하려면
반드시 저작권자와 창지사 양측의 동의를 받아야 합니다.
• 저자와 협의하여 인지는 생략합니다.

ISBN 978-89-426-1092-1 (93180)

값 19,000원